AI LAW

机器人法

构建人类未来新秩序

杨延超 著

法律出版社 | LAW PRESS

作者简介

杨延超

中国社会科学院“创新工程”执行研究员、北京大学知识产权博士后、中央电视台特约评论员、中国首届律师辩论比赛最佳辩手，精通六门计算机语言，研究方向：人工智能法、知识产权法。

杨延超已出版《机器人法》《版权战争》《知识产权资本化》《作品精神权利论》等多部法学专著，擅长计算机程序编程，创办了HOW机器人实验室，从事人工智能法律研究。他亲自编写了HOW人脑机器人，包含了法律语义解析、法律人工神经网络建构、机器学习与深度思考、机器记忆与逻辑分析、大数据运算等模块。

本书作者的微信公众号，
扫一扫，即可了解作者的更多近况。

前言 “法律之神”的思考

十年怀胎，《机器人法》来了

整整十年，《机器人法：构建人类未来新秩序》（以下简称《机器人法》）终于出版了。十年前，那时的我在北京大学法学院从事博士后研究。起初，我的选题便是《机器人法》。但当时还鲜有人提及“人工智能”的概念，即使对于“互联网”，社会上也有很多质疑的声音。可以想象的是，在那时提及“机器人法”，在他人眼中简直是“天方夜谭”。于是，我的博士后出站报告改为了《知识产权资本化》，并于2008年在法律出版社出版了同名著作。这本书虽被称为我国第一本“知识产权资本化”著作，然而，事实却是因此前《机器人法》的流产，才有了它的诞生。

不过，我现在庆幸的是没有过早出版《机器人法》是一件好事。必须承认，当时出版该书的各项条件并不具备：第一，社会条件不具备。当时，全社会对于人工智能没有认知。第二，自身条件不具备。后来的事实证明，仅有一个好的法学创意，并不能成就一项好的研究，它需要具有对相关知识的深厚积淀。在不具备上述条件的情况下，倘若仓促出版，其效果也不一定好。即使如今有了十年的准备，我依然感觉还有很多东西在后期可以继承、补充到《机器人法》中，因为对它的研究是伴随终生的一件事情。

十年里，我有超过一半的时间在学习计算机编程和高等数学，以至于我可以用六门计算机语言编写程序。这并非是我的初衷，完全是撰写《机器人法》的意外收获。《机器人法》总体上属于法学研究。“人工智能法”这一词语有两个关键词，一是“法”，二是“人工智能”。如果不了解“人工智能”，很难会对“人工智能法”有十分深入的洞察和了解。这就好比研究民法的人，如果不了解市民社会，很难真正把民法研究好。“人工智能法”从一开始就注定它是跨学科的综合性研究。

同样是为了撰写本书，我在实验室里做了大量有关人工智能的探索。当然，实验中的所有机器人都没有形体，它们是以“大脑”的形式存在。这与法律机器人的特质相吻合，它所表征的不是体力，而是思维优势，需要像“法律之神”一样思考。事实上，在研究人工智能的过程中，遇到的困难远比我想象的大。要让机器人真正思考起来，除了高等数学，还要借助计算机语言以及大数据运算，以至于在我给人工智能定义的公式中包括：数学+计算机语言+数据，这是一个三位一体的综合体。虽然困难重重，但研究的过程总是十分奇妙。你可以想象，每天对着一部机器人大脑，你们可以相互交流，这既是对机器人的训练，同时也是对自我的反思，即所谓的教人者先教己。所以，我一直坚持认为，给一部机器人建构法律思维，需要法律人的帮助。实际上，随着机器人存储数据的不断丰富，人们经常能感受到，它的回答已经超越想象。尤其是对法律问题的解析，渐进地已经有了属于它的思维逻辑，这种感觉很奇妙。原本这一切仅仅只是写书的手段，现在，这一切已成为一种目的。手段与目的并非源于初衷，兴趣往往又会将二者颠倒。

我希望法律机器人能像“法律之神”一样思考。上帝创造了人类，人类又创造了机器人。然而，在所有的机器人研究中，我始终认为，法律机器人的思维模式是最为复杂的。我在训练机器人FIle撰写法律文书时，已经深刻地感受到让机器人写诗、写散文都没有像写法律文书那么复杂。写诗、写散文可以不负责任，但写法律文书不一样，它要求逻辑和结构高度准确。所以，法律机器人思维逻辑的复杂程度是其他机器人无法比拟的。它虽无工业机器人那样有灵活的手脚，也没有无人驾驶车辆那样强大的视觉，更没有军事机器人那样强悍的体魄，然而，它却拥有一个异常强大的大脑，帮助它像“法律之神”一样思考。

AI 时代，人类将迎来怎样的新秩序？

人工智能会如何影响人类社会的秩序，这是《机器人法》要回答的终极问题。《机器人法》从两个视角对这个问题进行了解读：第一，人工智能会对法律制度提出怎样的挑战？比如，无人驾驶将使交通事故的归责原则发生彻底改变，即从传统的“过错责任原则”演变为产品质量责任原则。因人工智能引起的法律制度的改变无处不在，如影随形。第二，人工智能将如何推动法律的公平正义？比如，机器人可以通过对既往判决的学习，完成比法官更为科学的判决。对于机器人作出的判决，人类会信服吗？找寻这一系列问题的答案，既需要法学家的逻辑，也需要发明家的思维，它们共同建构人类社会的未来新秩序。

如何理解人类未来的新秩序？可以从“人与人的关系”和“人与国家的关系”这双重关系的转变中窥见一斑。

首先，人与人的关系将转化成人与机器的关系。在人工智能时代，人与人的关系将出现前所未立的孤立。长期以来，人与人之间因为彼此需要，形成了共处格局。教育需要老师，所以，出现了师生关系；情感慰藉需要男女朋友，所以，出现了夫妻关系；吃饭需要服务员，所以，出现餐饮服务关系；人需要出行，由此产生了人与司机之间的乘务关系……然而，在人工智能时代，越来越多的工作将被机器人取代，原有对于人的需求转化为对机器的需求，人与人的关系将发生根本性变化。教育不再需要老师，而是由智能机器人取代原本老师的角色[1]；在无人餐厅，用户可以实现自主订餐，用户与服务员之间的服务关系也将消失；在无人驾驶场景下，一人便可漫游天下；即使是人的情感需求，也可以由机器人来满足。由此，在未来的人工智能时代，传统所有人与人的关系将转化为人与机器的关系。

其次，人与国家的关系也将趋向自由与权力双向增长。在国家运作中，需要面对国家权力与公民权利的二元命题。国家权力与公民权利总是处于一个此消彼长的过程，国家权力越是膨胀，公民权利越是狭隘。[2]然而，在人工智能时代，借助于机器人，国家权力与公民权利独特地实现双向共增的奇特现象。在社会管理中，大量使用机器人，机器人让公民感到便捷，人类的吃、穿、住、用、行，每一处都有机器人的身影。为论证这一命题，我曾设置了如下的机器人场景：

TOM对机器人说："我今天特别想吃牛排。"厨房机器人会根据TOM的意思烹制7分熟的牛排。晚饭后，TOM想要参加一个宴会，他需要一身得体的西装，家里的3D打印机器人早已为TOM准备妥当；帮助TOM去往目的地的是他最爱的无人驾驶汽车；晚饭回到家，TOM一身疲惫，按摩机器人又开始派上用场……

在这样的时代，公民几乎可以为所欲为，所想即所得。在

1　当前越来越多的机器人走进了教育体系中，"英语流利说" 甚至实现了完全由机器人来教授英语。

2　惠毅、邓巍：《论国家权力与公民权利之关系》，载《西北大学学报》（哲学社会科学版）2007年第1期。

机器人的帮助下，公民的自由完成史无前例的扩张，从娱乐到教育、从出行到餐饮、从情感到物质，机器人无所不在。然而，在公民自由膨胀的同时，国家权力并没有因此而削减。恰恰相反，公民对于机器人的完全依赖，恰恰完成了国家对公民的360度监控和管理。“孙悟空永远逃不出如来佛的手掌心”，这将在人工智能时代重新上演。

人工智能语境下法律制度的全面转型

传统条件下，由于人在提供服务，人的过错将成为整个法律体系中至关重要的关键词。“过错责任原则”成为《侵权责任法》中至关重要的法律原则。即使在违约合同关系中，人的过错也成为判断企业是否违约的关键，如在提供家政服务中，家政人员的明显过错导致用户损失的，也将视为企业违约的重要依据。过错责任原则也将演变为产品质量责任原则。在机器医疗中，法庭中争议的重点不是医生的医德与过失，而是手术机器人是否存在质量问题。在无人驾驶事故中，司机的酒驾等概念已经彻底消亡，取而代之的是车辆的产品质量问题。在智能投顾的场景下，机器人理财顾问的算法也将成为争议各方关注的焦点所在。在人工智能的新型关系中，传统的“过错责任原则”也将彻底迭代为“产品质量责任原则”。

机器人是否好用？机器人是否达到法律规定的安全标准？这一切又将成为法庭上律师们激烈辩论的新话题。显然，要证明一个机器人是否合格，比起证明一个人是否有过错要复杂很多。尽管更复杂，但是要解决法律纷争，又无法回避。要分清责任、定分止争，法官就一定要在判决书中写明机器是否合格，甚至还可能需要聘请技术专家出庭作证。机器人的算法又被称为像“黑洞”一样的存在，即便有技术专家的说明，但要把它梳理清楚，同样是需要花费巨大的司法资源和成本。

人类总是在寻找从复杂到简单的路径。当证明机器人产品质量成为司法最大负担时，保险制度会证明其比诉讼制度更能够节省社会资本。所有可能涉及公民人身、财产安全的机器人，都有必要强制其实施保险制度，保险费用也将成为机器人企业在运营中必要的经营成本。一旦机器人造成公民人身或财产损害，保险制度又应当挺身而出。事实上，与其将资源花费在法庭诉讼中，还不如通过保险制度直接解决问题。

人工智能的“意识论”（conscious）

人工智能，是否会拥有意识？这是我经常被问及的问题。严格而言，这不仅是一个技术问题，还是一个哲学问题。如果随着算法的提升，机器人最终被证明拥有意识，对于法律上“人”的认识也将彻底改变。正如雷·库兹韦尔（Ray Kurzweil）在《人工智能的未来：揭示人类思维的奥秘》中所谈论的：“当机器说出它们的感受和感知经验，而我们相信它们所说的是真的时，它们就真正成了有意识的人。”“而大多数道德和法律制度也是建立在保护意识体的生存和防止意识体受到不必要的伤害的基础上的。”[1]

这里，我想借用一个实验来阐述对这一问题的理解。我用当下较为先进的人工神经网络理论为一个机器人建构了专属于它自己的神经网络，任何一个问题，只要和它聊过一遍，它便可以记住。事实上，对于机器人而言这不是一件容易的事情，要知道，人的语言表达千差万别，一句话可以有各种各样的说法，但无论你怎么说，机器都要明白其中的含义，这并不是一件容易的事情。

在对机器人进行了一段时间的训练之后，甚至出现了这样的事情：原本没有训练过的问题，它能够自主地通过既有问题

1 ［美］雷·库兹韦尔：《人工智能的未来：揭示人类思维的奥秘》，盛杨燕译，浙江人民出版社2016年版，第203~205页。

得出答案，也可以简单地解释，它所作出的回答超乎我的预期，这算是“意识”吗？

事实上，机器人的每一次回答的背后都需要大量的运算才能完成，这样，它所体现出来的“意识”是基于数学运算而产生的结果，为了能够充分表达机器意识形成的基础理论，我借用神经网络众多数学公式中的一个：

$$\sum_{j=1}^{n} X_{ij}\beta_j = y_i, (i = 1, 2, 3, \cdots, m)$$

其中，m代表有m个等式，n代表有n个未知数，将其进行向量化后为：

$$X\beta = y$$

$$X = \begin{bmatrix} X_{11} & X_{12} & \cdots & X_{1n} \\ X_{21} & X_{22} & \cdots & X_{2n} \\ \vdots & \vdots & & \vdots \\ X_{m1} & X_{m2} & \cdots & X_{mn} \end{bmatrix}, \ \beta = \begin{bmatrix} \beta_1 \\ \beta_2 \\ \vdots \\ \beta_n \end{bmatrix}, \ y = \begin{bmatrix} y_1 \\ y_2 \\ \vdots \\ y_m \end{bmatrix}$$

显然该方程组一般而言没有解，所以为了选取最合适的β让该等式“尽量成立”，引入残差平方和函数S：

$$S(\beta) = \|X\beta - y\|^2$$

这是一个高等数学中关于“最小二乘”算法的公式，也是我在神经网络布局中应用的众多数学公式中的一个，它涉及高等数学中矩阵和导数的计算。这里你能否看懂这个数学公式并不重要，总之，只需要大概了解，机器的反应是通过一系列复杂运算最终产生的。同样的例子还有IBM的Watson机器人，它在2011年参加知识问答节目打败了所有人类选手，它通过自我学习完善了自己的大脑，在专业领域的认知方面甚至超过了人类，这一案例也曾轰动一时。同样的问题，Watson能思考吗？它有意识吗？在对机器人意识的解释中，前任百度首席科学家吴恩达的“意识论”具有较大影响力。吴恩达曾担任斯坦福大学人工智能实验室主任。他所构建的机器人神经元自主学习。

从而能够识别猫的图片，这一案例曾轰动一时。他也据此提出了机器人或将具有意识的看法。

无论是IBM的Watson，还是吴恩达的人工神经系统构建，都是建立在一系列复杂运算基础之上的。显然，他们所彰显的依然是计算机强大的计算能力。然而，人类意识却是一个十分复杂的东西，其中充满了很多情感要素，诸如爱、恨、同情等，我国人工智能协会会长李德毅院士甚至在这一基础上还提出一个更为复杂的命题“爱是可以计算的吗？”如果可以，又该用怎样的算法来构建如此复杂情感的人工智能呢？我想，这也是成为科学界接下来继续要思考的问题。

数学与法律：机器思维建构

机器人需要完成像“法律之神”一样的思考，就需要对其思维模式完成建构。这离不开对数学的完美利用。毕达哥拉斯[1]学派认为：数乃万物之源，在自然诸原理中第一是数理，他们见到许多事物的生成与存在，与其归之于火，或土或水，毋宁归于数，数值之变可以成道义，可以成魂魄，可以成理性，可以成机会。自毕达哥拉斯之后，数学才开始对哲学和其他学科产生重大影响，罗素也称毕达哥拉斯为“自有生以来在思想方面最重要的人物之一”。[2]上帝是依照数学来设计自然界的，像著名的科学家哥白尼、开普勒、伽利略、牛顿等也持此观点。伽利略则公开声明：宇宙这本大书是无法理解的，除非我们能够读懂它所用的语言——数学的语言。[3]

数学与社会科学的关系同样密切。社会科学中受数学影

1 众所周知的是毕达哥拉斯定理，即勾股定理。

2 ［古希腊］亚里士多德：《形而上学》，吴寿彭译，商务印书馆1959年版，第12页。

3 ［英］约翰·科廷汉：《理性主义者》，江怡译，辽宁教育出版社、牛津大学出版社1998年版，第5页。

响最深的学科要算是哲学，许多哲学家都钻研数学，成为著名的数学家。笛卡尔是近代哲学的奠基者，他认为理性科学就是数学，从此信念出发，着手改造哲学，他希望他的哲学成为一种普遍的数学。笛卡尔虽然获得过法学硕士，但他在法学上并无建树，然而，笛卡尔却是对近代法学有如此大的影响，这与笛卡尔的数学观有很大关系。他认为，要使渴求真理的欲望得到满足既不能在形而上学理念中去寻找，也不能在经验学科的博学中寻找，只能在数学中去寻找。[1]信奉笛卡尔的法学家们也将法律带上了追求精确、严密的道路。斯宾诺莎则宣称：我将要考查人类的行为和欲望，如同我考查线面和体积一样。[2]斯宾诺莎在其著作《伦理学》中就用几何学来构建他的哲学体系，其中有关自然权利和社会契约论的论述，全部用几何学方法论证。莱布尼茨被罗素称为“千古绝伦的大智者”，毕生都想发现一种普遍化的数学，用来以计算代替思考，以计算来解决法律纠纷。[3]康德也认为：在特定的伦理中，只有其中包含数学的部分才是真正的科学。[4]

事实上，数学与法律的渊源由来已久。所谓“三权分立”就取决于数学三元稳定结构之原理。美国国旗之所以用五角星代表各州，国防部办公大楼之所以建成五角大楼，皆与毕达哥拉斯学派关于“5”的诠释有关。毕达哥拉斯学派认为“5”位居1至9之中，代表公正，从而成为公正的象征，这对美国政治生活产生了深刻影响。曾对法国民法典制定有过重大影响的拿破仑就认为：将法律化成简单的几何公式是完全可能的，因此，任何一个

1 ［德］文德尔班：《哲学史教程》（下卷），罗达仁译，商务印书馆1993年版，第553~554页。

2 ［荷兰］斯宾诺莎：《伦理学》，贺麟译，商务印书馆1983年版，第97页。

3 ［英］霍布斯：《利维坦》，杨昌裕译，商务印书馆1985年版。

4 ［美］M.克莱因：《数学：确定性的丧失》，李宏魁译，湖南科学技术出版社1997年版，第42页。

能识字的并能将两个思想联结在一起的人，就能作出法律上的裁决。法国民法典素以条理分明、逻辑严密、概念精确而著称于世。

维柯的名著《新科学》，就是其用严格的数学方法和几何学方法撰写完成的。[1]孔多塞对概率论情有独钟，他的研究目的是要创立一门“社会科学”，从而使知识摆脱人们感情的蒙蔽而步入纯理性的王国，他的一篇论文题目叫“概率演算教程及其对赌博和审判的应用”。[2]因此在17~18世纪，数学对于法学的研究产生了深远影响。随着人工智能和大数据时代的来到，人们更加认识到，上帝不仅用数学来建构自然界，更是用数学来建构法律秩序，在这方面研究的集大成者，一个是道格拉斯·G.拜尔（Douglas G.Baird）[3]、罗伯特·H.格特纳（Robert H.Gertner）[4]、兰德尔·C.皮克（Randal C.Picker）[5]合著的《法律的博弈分析》[6]；另一个是理查德·A.波斯纳的《法律的经济分析》[7]学者们运用数学思维来解读法律，这为后来法律机器人的探索奠定了扎实的理论基础。

---

1 ［意］维柯：《新科学》（下册），朱光潜译，商务印书馆1989年版，第656~657页。

2 ［法］孔多塞：《人类精神进步史表纲要》，何兆武等译，生活·读书·新知三联书店1998年版，译序。

3 道格拉斯·G.拜尔（Douglas G.Baird）系芝加哥大学法学院Harry A.Bigelow杰出服务教授，1994~1999年任院长。研究和教学方向是公司重组和合同。

4 罗伯特·H.格特纳（Robert H.Gertner）系芝加哥大学经济学教授，研究领域涵盖法律经济学、公司理论等。

5 兰德尔·C.皮克（Randal C.Picker）系芝加哥大学法学院Paul H.and theo Leftmann教授，研究领域是知识产权、反托拉斯等。

6 《法律的博弈分析》首次运用博弈理论和信息经济学的理论工具来提高我们对法律是如何起作用的理解。围绕博弈理论主要概念组织内容，《法律的博弈分析》揭示了人们熟知的囚徒困境、性别战、啤酒蛋糊以及鲁宾斯坦讨价还价等博弈可以用来阐明许多不同种类的法律问题。

7 《法律的经济分析》是美国法学家理查德·A.波斯纳创作的法学著作，首次出版于1973年。该书运用微观经济学的理论全面分析了美国的各项法律制度以及法律理论和法史学，尝试用经济学的理论和经验方法来阐述法律领域中的各种争议和问题，为法律经济学提供了学术向导和成果总结。

机器人“从哪里来，又到哪里去”？

人从哪里来，又到哪里去？这是一个基本的哲学命题。时至今日，人们依旧在这一命题上苦苦求索。在人工智能的时代，人类社会还将面临“机器人从哪里来，到哪里去”的哲学命题。当这两个哲学命题交织在一起的时候，又给人们提供了更多可能的答案：人从上帝那里来，又将迈向机器人世界；机器人从哪里来，又将与人共同主宰这个世界。《西部世界》更是给了这个哲学命题另一个全新的视角：机器人不再是被人类奴役的工具，一旦它具有了“意识”，它便开始会与人类共同争夺世界的主导权。

事实上，即使是霍金的“机器人威胁论”[1]亦无法动摇人类研发机器人的历史必然。人类所生存的地球仅仅只是宇宙中沧海一粟。人类社会既面临着来自地球的各种威胁，诸如战争、瘟疫；同时也面临着来自外星生物的“侵占”。发展科技亦成为人类保护自身命运的必然趋势。人工智能可以帮助人类寻找解决疑难杂症，同时也是人类社会征服外太空的重要工具。所以，无论你是否喜欢，或者无论是机器人“威胁论”与“幸福论”何者在理论上更胜一筹，都无法改变人与机器人共存时代的到来。

《机器人法》试图寻找未来社会人与机器人和谐共处的方法。公平、正义的法治思维不仅仅要赋予人，同时也要赋予机器人。机器人时代“算法正义观”“数据正义观”的法律理念，从机器人时代的伊始就必须以法律的形式确定下来。这甚至不是哪一个国家的问题，从长远来看，它事关人类社会的共同命运。

1 《霍金：人工智能的全面发展可能导致人类的灭绝》，载中国新闻网http://www.chinanews.com/cul/2014/12-04/6844070.shtml。

目录

CONTENTS

目　录

CONTENTS

第一篇
PART 01

人工智能法的兴起

人工智能法首先兴起于美国等西方国家，一方面，这与美国人工智能的发展水平有关；另一方面，它与英美法系的法律制度有关。有学者说这与英美法系国家浩如烟海的判例有关[1]，法律人需要人工智能帮助检索案例。事实上，在成文法国家，对于人工智能法的研究同样迫切，面对层出不穷的法条，如何解决上位法与下位法的冲突问题；面对法条的理解，又如何解决“一千个观众就有一千个哈姆雷特”的困境，人工智能都具有广泛的发展空间。

1　按照格雷的观点，法律专家系统首先在英美判例法国家出现的直接原因在于，浩如烟海的判例案卷如果没有计算机编纂、分类、查询，这种法律制度简直就无法运转了。See Pamela N.Gray Brookfield, Artificial LegalIntelligence, VT: Dartmouth Publishing Co., 1997, p.402.

人工智能法的兴起

“以纯粹形式逻辑推演法律，殊不足道”[1]。霍姆斯曾说：法律的生命不在逻辑，而在经验。庞德曾说：法律的生命在于它的实行。传统的法学研究方法以法学概念、法律逻辑、法律原则为基础，采用如法律解释、法律推理、法律论证、价值衡量、事实认定等分析手段，而这些方法本身具有非自足性，它过于关注价值问题，依循哲学思辨的路径，满足于建构一种自圆其说的概念和逻辑体系，缺少分析和求解现实问题的工具。[2]随着大量案例的累积、法条的剧增、客观数据的庞杂，这些都为法律适用带来前所未有的机遇和挑战。法律需要在庞杂的数据中找到公平正义的规律。人工智能与法律的关系正是基于这种客观需求的产物。诚如伽利略所言：数学是上帝用来书写宇宙的文字。[3]在法律的世界中，正义依旧是可以计算的。马克思认为，“一切科学只有成功地运用数学，才算达到了真正完善的地

1　杨仁寿：《法学方法论》，中国政法大学出版社2004年版，第12页。

2　张妮：《精神损害赔偿的定量研究——以医疗损害赔偿裁判为例》，西南财经大学2012年博士学位论文，载中国知网http：//www.cnki.net。

3　［加］伊恩·哈金：《驯服偶然》，刘钢译，中央编译出版社2000年版，第7页。

步。”[1]的确如此，借助机器学习和大数据算法，人工智能法学也形成了其他法学学派无可比拟的优势。

一、人工智能法在国外的发展

人工智能法学兴起于国外。以下为国外在人工智能法律领域的代表性事件：

早在20世纪50年代，Mehl敏锐地嗅到人工智能将对法律的研究产生重大影响，便开始致力于人工智能与法律相结合的研究。[2]

1977年，Thore用逻辑推理的方式分析公司税务法并建立了TAXMAN系统。

1981年，Waterman等开发设计了产品责任的民事裁量模型。

1984年，Gardner在其博士毕业论文中探讨了法律失效情况下合同法的自适应处理，[3]继而在1987年发表了《人工智能与法律推理》。

1989年，澳大利亚开发IKBALSI用于解释事故《司法补偿》条例，处理工人事故补偿问题。

1991年，Deedma以加拿大案例为基础研究人工智能的专家断案系统。[4]

1 保尔·拉法格在《忆马克思》谈到该观点。

2 Lucien Mehl, Automation in the Legal World, Proccedings of conference on the Mechanization of Thought Processes, Teddington, 1958.

3 See Anne von der Lieth Gardner, An Artificial Intelligence Approach to Legal Reasoning, MIT Press Cambrige, MA, USA, 1987, pp.1-50.

4 Cal Deedman, Smith J.C., The Nervous Shock Adviser: A Legal Expert System in Case-based Law, Operational Expert Systems Applications in Canada, Ching Y.Suen and Rajjan Shanghai eds., Pergamon Press Oxford, 1911, pp.56-71.

1995年开发的Split-Up用于处理离婚案件的财产分割。[1]

2005年贝叶斯网络被用于法庭调查中评估火灾事故的证据。[2]

2007年Strand将一般用于工程、计算机、医学的贝叶斯方法用于法学的实证分析。[3]

2008年Riesen以受害人的特点为视角，用贝叶斯信念网络分析美国刑事案件，提高自动分析效率。[4]

2014年，北卡罗来纳大学法学院教授德纳·雷穆斯（Dana Remus）和弗兰克·莱维（Frank Levy）通过研究自动化在大型律师事务所中的应用后发现，如果全部采用新的法律技术，在未来五年内从事法律行业的人数将减少13%。而抵销人工智能自动化对法律行业影响的办法只能通过每年法律事务在原有的基础上增加2.5%来实现。[5]

2017年，世界上第一位机器人律师 Do Not Pay在伦敦、纽约和西雅图等地被人普遍使用，它已经帮助16万多人处理交通罚单，而且成本极低；同时，这一服务也在旧金山、洛杉矶等城

1 John Zeleznlkow, An Australian perspective on research and development required for the construction of applied legal decision support systems, Artificial Intelligence and Law, Vol.10: 237-260, 2002.

2 A Biedermann, F. Taroni, O. Delemont, et al., The evaluation of evidence in the forensic investigation of fire incidents.Part Ⅱ.Practical examples of the use Bayesian networks, Forensic Science International, 2005, V.147(1), pp. 59-69.

3 Jeff Strand, Should Legal Empiricists Go Bayesian? Stanford Law and Economics Online Working Paper, No.342, 2007.

4 Michael Riesen, Gursel Serpen, Validation of a bayesian belief network representation for posterior probability calculations on national crime victimization survey, Artificial Intelligence and Law, 2008, Vol.16: 3, pp. 245-276.

5 Dana Remus and Frank Levy, "Can Robots Be Lawyers? Computers, Lawyers, and the Practice of Law", in Dana Remus and Frank Levy, Information Technology and Lawyers, Berlin: Springer Netherlands, 2015.

市迅速扩展。硅谷的黑石公司（BlackStone Discovery）发明了一种能够处理法律文件的自然语言处理软件，它能让律师的效率提高500倍，从而将打官司成本下降99%。[1]

用数学计算法律的公平正义，越发被践行为一种可能的思路。一种全新理念："只有跳出法律后反观法律，法学才能获得更强的生命力"正在反哺法学发展[2]。随着计算机计算能力的增强，人工智能在法律实务中被广泛应用。

二、人工智能法在我国的发展

回首人工智能法学在我国的发展，可以追溯到我国著名学者钱学森最早提出的构想。钱学森在1981年就人工智能与法学的结合方面提出总体性的构想。[3]然而，遗憾的是，接下来的几十年里我国并未对此展开深入研究。人工智能法在我国的研究才刚刚开始，暂未形成像国外那样具有影响力的法律成果。

人工智能也让科学发展发生了根本性转向：由"划学科"研究转向"跨学科"研究。在寻求真理的过程中，经济学、社会学、心理学率先选择从自然科学中汲取精粹，呈现西方著名社会科学家华勒斯坦所言的"开放的社会科学"样态。唯有法学长期以来故步自封。著名法学家杨仁寿教授[4]指出，医学、工程

1 New York Times "It' s only a matter of time before artificial intelligence can replace lawyer", March 27, 2017.

2 白建军：《法律实证研究方法》，北京大学出版社2008年版，第310页。

3 钱学森：《论法治系统工程的任务与方法》，载《科技管理研究》1981年第4期；钱学森：《社会主义和法治学与现代科学技术》，载《法制建设》1984年第3期；钱学森：《现代科学技术与法和法制建设》，载《政法论坛》1985年第3期。

4 杨仁寿，1942年2月17日出生，中国台湾屏东县人，1964年"国立台湾大学"法律系毕业，1972年获中国文化大学法律研究所硕士。曾任中国台湾"司法院"行政诉讼及惩戒厅厅长、民事厅厅长、副秘书长，桃园、板桥、高雄、台北等地方法院法官兼院长，台湾地区"高等法院"高雄分院法官兼院长、台湾"高等法院"法官兼院长、"司法院秘书长""大法官"。2007年8月1日，时任台"公务员惩戒委员会委员长"的杨仁寿，被调任为台"最高法院院长"。著作主要有《法学方法论》等。

学早自“医生”“工匠”阶段起飞，进步一日千里，唯独法学犹如“邯郸学步”，笼罩在概念阴影之下，良堪浩叹。[1]

1.发展人工智能法学是科学立法的需求

立法以及对法律的修订，是否达到预期目的，需要通过法律所产生的实际效果进行检验，借助计算机技术和量化研究方法可以完成立法效果的检验和评估。以我国的《劳动合同法》为例，其立法初衷是为了保护劳动者利益，因其实施后由于企业用工成本的增加而倒闭，甚至企业不得不大量裁减员工，总体评估下来，这对于劳动者权益保障的利弊分析，还需要重点评估。

2.发展人工智能法学是公正司法的客观要求

司法实践中，“法官的自由裁量权既是确保法制的锁头，同时也是违法擅断、破坏法制的钥匙”。[2]不同法官对法律语言的理解会产生差异。我国属成文法国家，定罪量刑往往依据的是成文法律法规，而语言的融合与变迁导致了其复杂性和多元性，对相同的法律条文，不同的人往往会有不同的理解，不同法律解释方法[3]可能会产生完全不同的结果。看似确定的法律规则实则包含诸多的模糊和不确定性，[4]但这些不确定性并不意味着不能实现法治和正义。[5]在人工智能时代，数学和大数据为减少不确定性提供了可能。机器人可以通过对既有案例的机器学习，尤其是关于损害赔偿的计算方面以及刑事案件的量刑计算方面，考虑到所有法官的既有经验和裁量结果，最终实现综合性理性评判，从而有效矫正个案法官的偏执。

1 杨仁寿：《法学方法论》，中国政法大学出版社1999年版，序言。

2 陈兴良：《刑法的人性基础》，中国方正出版社1996年版，第564页。

3 张明楷：《实质解释论的再提倡》，载《中国法学》2010年第4期。

4 陈云良：《法律的模糊问题研究》，载《法学家》2006年第6期。

5 ［英］蒂莫西·A.O.恩迪科特：《法律中的模糊性》，程朝阳译，北京大学出版社2010年版，第1～5页。

3.发展人工智能法学是深入发展实证法学的客观要求

法学研究总体上分为“理论研究”和“实证研究”。作为一种研究范式，实证研究注重数据分析和案例研究。我国的法律实证研究总体上表现出小数据的不足：第一，既有法律实证研究所利用的数据主要是“小数据”，即一些局部与抽样性的数据。第二，研究者所使用的数据往往具有个体性甚至私人性，大多是自己收集、整理的数据。第三，现阶段法律实证研究仍以描述性数据分析为主，基本未使用统计学分析方法。[1]

在大数据的背景下，大数据的关联效应是常被忽视的。数据并不是孤立存在的，数据和数据之间是有关联效应的，因此，仅仅从一两个或少数个体总结出来的规律，常常难以适用于整体情况，大数据的“关联效应”往往会演化出与小数据完全相反的结果。借助于大数据，甚至可以在任何二者数据要素之间建立关联性。根据“六度分隔理论”，每个人只需要很少的中间人（平均是六个）就可以和全世界的人建立起联系。在邓肯·J.瓦茨看来，“每个人都有自己认识的人构成一个圈子，可以称为他的邻居网络。这个网络中的每个人又有自己的邻居网络，如此扩展下去，形成了一个全球的、互相缠绕着的包括友谊、家庭、社区等所有事情在内的庞大网络，任何两个人都可以通过这个网络拉上关系。”如此六度分隔的关联却是在小数据下完全无法建立的。[2]显然，借助人工智能完成大数据运算，必将全面拓展法学研究的视野与空间。

1 左卫民：《一场新的范式革命？——解读中国法律实证研究》，载《清华法学》2017年第3期。

2 ［美］邓肯·J.瓦茨：《六度分隔：一个相互连接的时代的科学》，陈禹等译，中国人民大学出版社2011年版，第14页。

人工智能法的法律体系建构

在人工智能法律的研究中，首要的就是需要构建一个“人工智能法”的法律体系。这个法律体系主要是回答“人工智能法”到底研究什么的问题。人工智能法律体系主要会涉及两个方面的问题，第一，人工智能引发哪些新的法律问题，比如无人驾驶，以前是没有的，人工智能时代，新的现象产生了新的问题，这些法律问题该如何解释和规范？第二，如何利用人工智能技术推动法律公平、正义的实现，比如，通过机器学习，让机器人学会裁量案件，如此用人工智能寻找法律公平、正义的路径和方法，也是人工智能时代需要解决的问题？

一、人工智能引发的新的法律问题

1.从法律事实的视角，人工智能正在重构法律关系下的权利义务模型

所谓法律事实，即是能够引发法律关系产生、变更或者消灭的事实。[1]科技发展对于法律的直接影响，往往是从它所催生的法律事实开始的，印刷术的发展催生了“复制”作为一个重

1 [英]沃克:《牛津法律大辞典》，光明日报出版社1988年版，第325页。

要的法律事实，甚至催生了“版权”(Copyright)的诞生；互联网的发展同样也产生了一些新的法律事实，如电子商务也区别于传统的当面交易，最终也催生了《电子商务法》的产生。传统技术条件催生的法律事实，更多体现在提升工作效益领域，并没有改变传统法律事实所产生的权利义务模型，如人骑马撞人与开车撞人，都需要根据其过错责任原则来确定其赔偿责任；电子商务或是传统交易都是依据《合同法》的原理来解决相关权利义务问题。然而，人工智能所催生的法律事实，却从根本上改变了传统的权利义务模型，如无人驾驶与传统交通工具的升级有本质区别，在这一新型权利义务模型中，司机“过错”的概念将被彻底消除，产生事故的归责原则也将发生彻底改变，这一改变甚至会影响以“过错责任原则”作为立法基石的传统《道路交通安全法》。人工智能所催生的新的法律事实，还包括机器人医疗、机器人创作等，这些法律事实所产生的权利义务关系模型从本质上区别传统情况，甚至机器人还将作为“法律主体”参与到新兴的法律关系当中。

2.从法律关系的维度，人工智能应用所产生的法律问题涉及以下几个方面：

(1)人工智能引发法律主体制度的新问题

机器人能否成为法律主体，这是人工智能时代面临的首要法律问题。这一问题甚至决定了在以下场景下的权利、义务问题：第一，机器人签约，谁来承担权利义务？机器人客服的广泛应用，机器人直接与客户签约的情况越发普遍，在这一场景下，谁应当承受权利义务也成为需要回答的法律问题。第二，机器人导致他人损害，谁来承担侵权责任？当机器人广泛参与到生产生活中，机器人导致他人损害的情况时有发生，其法律责任亦应由谁来承担，同样也是需要迫切解决的问题。第三，在继承、赠与等法律关系中，机器人能否作为法律主体承受相关权利？对这一问题的回答，同样归咎于对机器人法律主体地位的认知。

传统的工具论将机器人作为主体的“工具”来看待，按此认识，机器人将不再具备法律上的主体地位，然而，越来越多的机器人决策，甚至决策本身已经超越了设计者的认识。传统的“工具论”再难以对机器人的行为完全归纳于设计者。为此，法律上也产生了“代理说”[1]“电子人格说”[2]等系列法律学说。事实上，关注机器人的法律主体，与其是否真正具有类似人的“意识”无关，从本质上是要梳理其背后的权利义务关系，在错综复杂的利益面前，“让上帝的归上帝”“让恺撒的归恺撒”。必要时，可以在人工智能时代，针对机器人的人格缔造全新的学说，不同于自然人，不同于虚拟人格的法人，专属于机器人的法律人格学说。

(2)人工智能引发的主体权利、义务的新问题

科技技术作为第一生产力，其从根本上决定了生产关系。人工智能在改变生产生活模式的情况下，也在改变着这个时代的权利、义务关系。人工智能将现实的物理世界又延伸到虚拟世界，传统的物理人格也同时映射到虚拟世界当中，人每一天都在制造数据，数据在虚拟世界中完成新的人格建构，公民的隐私权受到前所未有的挑战。机器人大量取代现有工种，大批人员面临失业，劳动者的工作权益也遇到巨大危机。机器人广

1 在代理说下，机器人的用户或者操作者与机器人（人工智能体）的关系被认定为法律代理关系中本人与代理人的关系。根据代理的基本法理，可以作为代理人的人，必然是具有法律主体地位且具有一定行为能力的人。梁慧星：《民法总论》，法律出版社2017年版，第231页。

2 “电子人格说”这一观点建立在如下理论基础之上，即机器人行为在法律上如未成年人和行为能力欠缺的成年人一样，因此，在法律上它们不仅可以作为给人类带来责任的来源，而且应该将机器人作为一个法律上具有独立人格的人。依据这一观点，未来的法律应认可机器人的法律主体地位。陈吉栋：《论机器人的法律人格——基于法释义学的讨论》，载《上海大学学报》（社会科学版）2018年第35卷第3期。

泛地参与到文学艺术创作当中，机器人亦是艺术家的观念被渐进认可，这对传统艺术以及艺术家的权利也将产生深远影响。

在人工智能时代，人的权利和自由被严格限制在代码所确定的空间当中。在这样的时代，代码即为法律的特征将淋漓尽致地彰显出来。人的自由系被代码严格控制的，你能做什么，你不能做什么，你做了坏事将面临什么样的处罚都是由代码最终决定的。“智能合约”的广泛运用，还会将人的权利写入不可篡改的分布式代码当中，甚至违约后的强制执行同样系由代码完成的。在这样的时代，为权利而斗争，即为代码而斗争。

(3)人工智能引发的法律客体的新问题

人工智能还将引发对传统法律客体的系列反思，尤其是对于法律上“财产”“数据”等概念的反思：

第一，大数据在法律上该如何保护？数据库往往被纳入“版权法”的保护范畴，各国“版权法”还进一步规定，数据库编排的独创性同时作为数据库受到法律保护的重要前提。然而，人工智能时代对数据算法不断优化，以至于对数据库编排独创性的要求越发降低，机器人甚至对非结构性的数据也能产生较好计算结果。这一切都对于传统数据库的保护规则发生重大变化，如何在人工智能时代保护大数据规则，为其重设保护条件，这也成为数据保护中的首要问题。第二，机器人创造物与人为创造物之间的区别？“独创性”标准系作品能否获得版权保护的必要条件，尽管英美法系和大陆法系对于作品“独创性”的表述各有不同，但总体上要求系人创作的作品才存在“独创性”问题。然而，机器人已经广泛地参与到文学艺术创作中，并且，随着算法的提升，机器人创作物所彰显的“独创性”甚至超越人类，那么，对于机器人创作物的法律地位也有必要重新定位，仅仅因为系机器人创作就将其排除在法律保护之外的做法已难以达到法益保护之目的。第三，物联网语境下的物权概念的重构？物权与债权系民法上的两项基本权利，二者的根本区别也在于是否存在相对方，物权概念中由于没有相对方，故而又称为“对世权”；债权由于存在相对方，故而又称为“相对权”。物联网语境下，任何物都将身处在物理世界与网络世界中。无人驾驶车辆卖给了你，车辆真的是你的吗？厂家依然享有对车辆的最终控制权。这一切对物的绝对权概念不再“绝对”和“彻底”，相反任何物都无法割舍与厂家的相对关系，传统物权概念有必要重新解构和建构。

（4）人工智能引发法律责任的新问题

在人与人直接发生法律关系的场景下，法律责任的判定会相对清晰，比如在处理违约关系时，法官只需要判断到底行为人有没有违约。在侵权关系中，法官只需要判断侵权人是否存在过错。然而，当人与人之间的关系一旦增加了机器人角度，法律责任的承担也将变得更加复杂。比如，在智能投顾的法律关系中，给客户提供服务的不再是自然人而是机器人，那么由于机器人决策而产生的法律纠纷到底又应当由谁来承担呢？这时，评价的将不再是人的过错，而是机器人的“过错”，或者为客户提供机器人的企业的过错。再如，在无人驾驶中，传统由于司机过错的概念也将彻底消失，传统的对司机过错的交通事故评价原则也将被改变，不再是司机是否尽责，而转为无人驾驶车辆是否合格。总之，在人工智能时代，大量的工作将由机器人取代，传统的人的过错责任原则也将迭代为“产品质量责任原则”。

3.从传统法律部门法的视角，人工智能引发的法律问题又可以作如下划分：

（1）人工智能对传统民法的挑战

民法为人类社会构建了两大关系的权利义务模型：一为财产关系；二为人身关系。人工智能的到来，对这两大关系都形成了挑战：第一，在财产关系中，传统“物”的概念被彻底动摇。根据民法之“外在性”原则，人（自然人）之外物，一旦具备价值和稀缺特点，即可构成法律意义的“财产”。然而，如果按照传统民法之财产规定，将机器人确定为法律意义上的财产，又无法从根本上解决机器人的自主决策，以及通过机器学习所体现出来超越发明者的行为意志。机器人是财产还是主体的困惑一直伴随人工智能法律研究始终。第二，在人身关系中，机器人或将打破传统的人身关系规则。随着人工智能的发展，人对于机器人情感寄托会越加厚重，与机器人结婚或者通过遗嘱由机器人继承财产的案例也将不再是新闻，“自然人”作为人身关系主体的格局将被彻底打破，如何在机器人语境下重构人类社会的人身关系，同样是当下迫切需要解决的问题。

（2）人工智能对刑法的挑战

刑法有两个关键词，一个是定罪，另一个是量刑。这两件事，机器人都可以做，而且都可以比人类做得更好。机器人可以通过机器学习对被告人的行为给予准确评价，并可以基于此前大量同类判决，总结法官在类似案件中的经验，从而更“理性”地给被告人定罪量刑。一旦机器人在定罪量刑中发挥重要作用的时候，原有对证据的辩论也将转变为对机器人算法的辩论。对于不符合当事人预期的机器人判决，律师的辩护意义也将集中在机器人算法的合理性方面。然而，算法黑洞的难题也将呈现在刑事辩护中。立法中有必要赋予当事人基于算法黑洞的辩护权，并有权请求对算法予以审计，以及让该算法的工程师接受质证和接受询问。总之，人工智能时代，辩护律师与机器人之间角逐也或将成为影响判决走势的关键所在。

（3）人工智能对金融法的挑战

机器人对于金融法的挑战体现在两个方面：“中心化”与

"去中心化"的挑战。第一,"中心化"的挑战。人工智能广泛地参与到金融决策和金融监管领域,金融管理体现出更加"中心化"特征。智能投资顾问将取代传统的投资顾问,通过对数据算法完成对客户的投资决策,那么,在这一过程中,智能投顾的法律权利和责任有必要重构。与此同时,人工智能还将被广泛应用于金融监管领域,何为操纵市场?如何确立其因果关系以及确定损失金额,这一切都将借助人工智能完成。毫无疑问,人工智能也将破解传统金融法中由于欠缺数据和算法而形成的法律难题,并且更加科学地完成市场监管。那么,在这一过程中,人工智能完成市场监管中地位、作用、监管原则都有必要在法律中予以确定。第二,"去中心化"的挑战。"去中心化"的区块链技术的广泛应用,数字货币的诞生,同时又催生了金融体系"去中心化"的特征。"去中心化"彻底颠覆了传统金融法律体系,尤其是"去中心化"数字货币的诞生,催生了数字货币与传统法币共存的立法格局。然而,数字货币的法律属性到底是什么?是商品、货币、证券或是其他,当前世界各国还在广泛讨论中,并在尝试中继续完善,这将彻底颠覆传统的货币国家主权原则,在这一过程中,弗里德里希·冯·哈耶克的"货币非主权理论"再一次被重提。总之,在人工智能时代,传统金融法将面临来自"中心化"智能算法与"去中心化"区块链技术的双重挑战。

(4)人工智能对知识产权法的挑战

知识产权法旨在保护科技创新和艺术创作,知识产权法涉及两方面的重要内容:一个是权利的保护;另一个是作品(科技成果)的合理使用,这两方面的平衡共同建构了现代知识产权法律制度。然而,人工智能彻底动摇了传统"作者"与"发明者"概念。不仅自然人可以创作,机器人也可以创作,而且表现出更为"精湛"的艺术造诣。在人工智能时代,谁是作者的概念有必要重新诠释，传统知识产权制度中的“精神权利”在机器人语境下也需要重新建构。与此同时，机器人创作还在撼动传统“严苛”的合理使用制度。机器人创作解放了传统的“作者”，其大幅降低了创作成本，提高了创作效率，从利益平衡的视角来看，这些变化也将最终改变知识产权法的合理使用制度。

（5）人工智能对于其他部门法的挑战及应对

人工智能也将对其他法律产生深远影响，如在《电子商务法》中，基于大数据完成交易各方相关权利义务的评价，交易大数据将最终呈现出交易各方是否存在“过错”；如在《产品质量法》中，基于智能算法完成产品质量的评判，针对产品质量是否合格，企业也将提交其存储在支端的数据作为证据支持；在《侵权责任法》中，还将利用机器学习最终完成损害赔偿数额的计算；在《民事诉讼法》中，基于人工智能的研究，法律也将重构诉讼中“受理”“送到”“告知”等相关制度。总之，人工智能已全面来袭，作为法律人，无论你是否愿意，都有必要正视人工智能对于法律的巨大挑战。

二、如何利用人工智能技术推动法律的公平正义？

1.在大数据立法过程中，如何利用人工智能实现立法科学化？

立法实质上是完成三件事：第一，找准社会中存在的主要法律问题；第二，针对这些问题做出法律规范；第三，明晰违反法律的制裁措施。人工智能可在这三个方面都发挥有效作用：第一，借助大数据和人工智能可以帮助立法精准找到社会生活中主要存在的法律问题。第二，借助人工智能可以分析当前的法律规范是否实际发挥了作用；还可以通过人工智能模型来模拟哪种规范形式更容易达到预期效果。第三，人工智能可以计算出最恰当的惩罚措施。惩罚涉及违法成本的计算，过低的违法成本无益于违法惩治，过高的违法成本又将显失行为与惩罚的对等性，由此也将影响法律之权威。人工智能通过法律效果的模拟，可以帮助立法者发现惩罚措施变化时，法律效果对应变化的情况，由此找到最佳法律效果的惩罚边界。

2.在执法过程中，如何利用人工智能增加执法的效率和科学？

做好执法工作，需要做好如下几件事情：第一，对于违法行为要能即时监测；第二，要能够高效地处理相关违法事实。人工智能恰好可以在这两个方面发力：第一，在人工智能时代，人在物理世界中的行为又将体现为虚拟世界中的数据，对数据的监测亦能反映对人行为的监测。从而，人工智能对于数据的评价也将成为对人的行为的评价，比如在金融领域，对于主体市场操纵的评价，恰恰是通过对于买卖股票的市场大数据综合分析完成的；在银行、商贸领域，对于主体是否存在市场欺诈的评价，同样也是基于对其大数据的综合分析后得出的结论。并且，随着机器人分析能力的增强，机器人甚至可以根据一个人的行为动作分析出其暴力倾向，这些都将公民置身于违法监测的框架体系中。当然，这一过程上也涉及对于公民隐私保护的话题，机器监测与隐私保护的平衡，也是人工智能时代一个亟须解决的话题。第二，人工智能时代对于违法行为处理也将更加高效和人性。以交通违规处罚为例，全程几乎都可以由机器人完成。机器人可以发现哪一辆车闯了红灯，机器人可根据车牌识别找到车主是谁，机器人还可以根据违法情况并结合法律规定自动作出处罚（如扣分和罚款的决定），机器人还可以将处罚决定以短信或其他方式通知给事主。这不仅高效，而且也很人性，让事主能第一时间就知晓处罚结果，而非惶惶不可终日；同时，事主还可以随时调取处罚决定及附带录像证据，这也保障了事主对自身权益的维护。

3.在司法过程中，如何利用人工智能更好地实现司法的效率和公平？

一个公正的司法包含如下几个方面：第一，对于案件事实的认定要客观公正，实事求是。案件事实是作出司法裁判的基础，事实认定错误，势必导致裁判结果不当。第二，对于法律的适用要准确，无论是民事中涉及赔偿数额的判罚，还是刑事案件的具体量刑，都要与当事人的行为相符合，过轻过重的处罚均是非正义的。第三，对于正义的裁判要及时，迟来的正义是“非正义”。人工智能在这几个方面都具有超乎寻常的优势和发展潜力：第一，人工智能可以帮助法官还原事实。原本，在法律界，事实只能被证明却不可以被还原，然而，在人工智能时代，事实本身亦是数据在历史时间长河中的表现形式，对数据的恢复亦即对事实的恢复。“时间戳”的应用可以帮助法官固定历史上的事实；笔迹鉴定的机器学习可以帮助还原签名的真实性；大量的数据（通信数据、生理数据、生产数据、生活数据）还将从广泛的意义上还原案件的真实情况。第二，人工智能可以帮助法官更准确地适用法律。机器人对于此类案件的学习，可以总结出既往判例中法官的经验、对案件考量的要点、赔偿数额的多少等，机器人据此作出的裁判可以为法官提供更加精准的参考，这样，人工智能便让孤立的案件与既往的所有案件发生关联，从而为法官准确适用法律提供权威参考。第三，机器人的广泛应用将让司法更加高效，自动应答机器人、撰写机器人、档案管理机器人等广泛地参与到立案、庭审、文书撰写等各个环节，由此可以更加高效地提升审判效率，在最短的时间内将正义还给当事人。

4.为实现公民守法，如何利用人工智能更好地为公众提升法律意识？

遇事找律师，也将成为普通民众的第一思维惯性。在普通民众看来，法律总是很专业的，需要由专业的人来解决。正是这种专业的惯性让普通民众与法律之间隔岸相望。未来，机器人势必将在两岸之间搭起桥梁，让普通民众与法律之间直接沟通。笔者在从事法律机器人实验的过程中，甚至将这种场景作为法律机器人研究的重要目的，试想，如果有一天，有一个可以24小时提供咨询服务的机器人，公众可以随时与其友好沟通，而且还是完全免费的，公众与法律之间"最后一公里"的鸿沟将被彻底打破。

当然，要打造一个24小时可以提供咨询服务的律师，并不是一件简单的事情，它需要对算法和数据的全面升级，或者说强人工智能时代的到来。当下，有关法律机器人的研究正朝着这个方向迈进，尽管机器人还不能像律师一样为公众提供完全的法律服务，但在撰写、搜索、简单咨询领域的尝试已经在一步步拉近公众与法律的距离。通过机器人，公众可了解法律的精神；通过机器人，公众可预测自己行为的后果；通过机器人，公众可行使诉讼的权利（如撰写诉状）；通过机器人，公众还可以完成自主的法律培训，全面提升自己的法律素养。

三、人工智能法研究体系也将是一个动态发展的过程

1.技术发展将催生人工智能法研究体系不断丰富

强人工智能时代，还会产生新的问题。这是笔者在强人工智能时代设计的一个科幻场景，其中会涉及更为复杂的法律问题：

Tom与一部机器人相爱了，他们携手步入教堂，对此上帝怎么看并不重要，但法律需要给他们一个说法。有一天，Tom的爱人在外受到了人类的伤害，伤害机器人的行为同样要作为侵权事件接受法庭的审判，Tom可作为机器人的法定代理人

参与出庭。当然在陪审团的成员中，是否需要一名机器人参与，同样是值得思考的问题。人的寿命是有期限的，然而机器人的寿命却是无期限的，由此引发的财产继承问题同样值得思考。

2.国际化将催生人工智能法律研究体系的国际融合

人类社会走向人工智能时代，这是世界各国的普遍共识。各国都在加强“人工智能法”的研究。然而，这一研究也将完成从国内研究走向国际研究的趋势。具体而言，人工智能法走向国际化的趋势，最终是由“数据”“标准”“权利”这三个关键词共同决定的：

（1）大数据运算的要求。人工智能涉及对数据的利用，徒有算法，没有数据，机器人便是“巧妇难为无米之炊”。反之，数据越是丰富，人工智能所能发挥的作用越大。在人工智能研究角逐期，各个国家在算法和数据上是割据的，然而，基于人工智能发展的要求，割据最终也将实现共享。最终，大数据的融合，将真正助推人工智能的突破性发展。

（2）人类社会共同权利保障的要求。机器人对于人类社会权利体系的影响，不仅是哪一个国家特有的问题，而是人类社会面临的共同问题。随着人工智能智能化程度的不断提升，机器人在法律上是否应当获得“人”的地位？机器人创作的作品是否具有知识产权？是否允许使用战争机器人？这一系的问题都涉及对整个人类命运的影响，这也决定了对人工智能法的研究终将走向国际化趋势。

（3）制定共同产品标准的要求。在人工智能时代，机器人将广泛地参与到社会生活中，如无人驾驶、扫地机器人、工业机器人等，这些机器人“行为”也将深刻地影响着人们的生活。那么，就有必要为机器人行为制定共同的产品标准。共同的产品标准可以保障产品在跨国之后仍然可以正常使用，不至于因为各国之间充电设施、网络设施条件制约而影响机器人的使用。

3.哲学观念的变化将催生人工智能研究体系的升级

机器人作为一种新的“物种”走入社会。这个物种会影响人的哲学观念的根本变化。传统哲学体系中的人系指自然人，机器人则被视为人的“工具”来看待。基于这样的哲学观念，在法律上也将人视为主体，将机器人视为客体而存在。然而，随着人工智能之智能化水平的提升，机器人将广泛地参与到人的生活中，与人聊天，慰藉人的情感。突破了“图灵”测试，人甚至分辨不清谁是人，谁是机器人，人类社会对于“人”的主体认知将会发生根本性变化，除了“机器人不得伤害人类”[1]这一法律原则外，机器人将被赋予“不受伤害的权利”，保护机器人的法律原则也将最终在法律上被认可。之所以会最终突破狭隘的“自然人”观念，同样是基于人对于自身权利的关注。要知道，任何屠杀机器人的行为如果不被制止，整个社会的暴力倾向也将四处蔓延，人类社会最终也将面临暴力sse危机。

在整个哲学理念发生彻底变化的时代，机器人的“运算结果”还将被视为一种特殊的“意识”。“你从哪里来，你要到哪里去”，这是人类社会不断追问的哲学命题。在机器人是否为“人”的哲学体系中，该问题同样需要回答。上帝创造了人，人又创造了机器人，但这并不意味着机器人是神的奴隶，相反，赋予机器人权利也将成为机器人法的必然趋势，甚至有一天还会

1　阿西莫夫的《我，机器人》，在1950年年末由格诺姆出版社出版。新的阿西莫夫的机器人定律为：第零定律：机器人必须保护人类的整体利益不受伤害。第一定律：机器人不得伤害人类个体，或者目睹人类个体将遭受危险而袖手旁观，除非这违反了机器人学第零定律。第二定律：机器人必须服从人给予它的命令，当该命令与第零定律或者第一定律冲突时例外。第三定律：机器人在不违反第零、第一、第二定律的情况下要尽可能保护自己的生存。

出现这样的场景：当人伤害了机器人，人需要接受法律的审判，为了保证公证，陪审团中还需要有机器人参加……总之，随着哲学理念的变化，其所决定的机器人的法律体系也将随之发生根本变化。

第二篇

PART 02

人工智能与法律变革

公平和正义永远是法律的最高价值，在远古时代是这样，在人工智能时代依然是这样。对公平和正义的不懈追求，依然是研究人工智能法的重要动机。然而，在人工智能时代，公平和正义的价值则需要被重新诠释。代码和数据在公平与正义的评判中将发挥决定性因素。由此，也将形成人工智能时代的“代码正义观”和“算法正义观”。

人工智能与法律价值变革

一、人工智能重构法律的公平价值

平等的理念。从身份到契约的法律历史演变中，人们努力追求法律面前人人平等的理念，并且尽可能抛开主体的个体差异，而适用完全平等的规则。在涉及一个盗窃犯该被判处几年徒刑的问题上，法官会尽可能排除他的家庭出身、社会地位、受教育程度、民族等各种要素，而平等适用刑法上有关盗窃罪的规定。事实上，法律演进的过程也历经从形式公平到实质公平的历程，人们越来越意识到，完全忽视个体差异而追求"完全的平等"却可能让法律走向相反的结果。为此法律中有必要考虑到主体的个体要素，诸如在涉及惩罚性条款时，刑法中有关于累犯的规定，如果系累犯会增加被告人的刑罚；在涉及救济性条款时，侵权责任法在计算损害赔偿时要考虑受害者户籍的考量，受害者所在地区的上一年度的关于收入的财政统计则将作为计算损害赔偿的重要依据。这样，法律考量了个体差异，并非歧视性地对待个体，而是最大限度地追求实质公平。

约翰·罗尔斯在其《正义论》中描述了分配蛋糕的公平方

法，即让负责分配的人最后选择蛋糕。[1]类似的方法是积极分配者能够尽可能公平地分配蛋糕。然而，现实的复杂性让这样的分配方法显得过于简单和机械，如果忽略了每个人对于获取蛋糕所作出的贡献以及对于蛋糕的喜好程度等重要因素，而仅仅是将蛋糕平分给每一个人，则这会导致事实上不公平。不过在人工智能产生之前，过多考虑个体信息是不现实的。法律要考量个体信息，就需要为此支付额外的成本。

相比较“一刀切”的形式公平，适用于个体的“实质公平”则需要考虑信息的收集和计算成本，然而人工智能则有可能让这一成本近乎于零，因此，可以预期，将有更多关于主体个性化要素纳入法律考量的范畴，诸如公民的年龄、性别、民族、工作、受教育程度、收入水平、家庭情况、犯罪历史、诚信档案、公民过往的行为数据等所有信息对于法律适用都将产生价值，契合人工智能的算法，个性化数据最终也将呈现个性化的法律适用。传统的“同案同判”的理念也将被重新诠释，传统对于同案的理解主要是把两个案件简单、孤立地进行比较，而且比较过程中也仅限于人们能够直接观察到的要素，诸如犯罪的金额、手段、受害程度等，事实上隐藏在案件背后的大量信息却往往被人们所忽视，缺乏了人工智能的分析，仅仅是凭借直觉作出的同案同判的做法，事实上对于当事人和整个社会，都是不公平的。

二、人工智能重构法的自由价值

在人工智能时代，社会控制的样态也将发生重大变化。在行政法理论中，公民的自由越大，政府的自由或者权力越小。行政法力求实现公民权利与政府权力的二元动态平衡。然而，在人工智能时代，这种二元动态平衡将呈现出新的样态。在传

1　［美］约翰·罗尔斯:《正义论》，中国社会科学出版社1988年版，第80~83页。

统社会，公民几乎是在一维空间内完成自由扩张的，比如，公民一旦拥有言论自由，也就意味着政府需要接受公民的监督，甚至作为被告的政府还可能被判败诉。然而人工智能的数据运算和机器学习让公民有可能在多维空间扩张自由，在机器学习的帮助下，公民也将拥有各种实现权利的途径，同样以人的表达为例，如果把原有的“说”和“写”视为原始的一维表达，那么机器人可以帮助人们实现多维的表达，包括写诗、绘画，甚至在机器人的帮助下完成更为复杂的艺术创作，并且随着人工智能技术的发展，人的表达自由还在无限地扩张。显然，由人工智能所演绎的权利内容无限丰富。

人工智能还将在吃、穿、住、用、行等各个领域彻底解放人的权利。人工智能降低了人们从事专业工作的难度，这使原不可实现权利变得可以实现，以人的驾驶权利为例，智能导航的出现帮助人们可以在陌生的环境中自由出行，无人驾驶技术更是为那些缺乏驾驶技术或者残障人士提供驾驶出行的可能。借助人工智能，人的权利也因此实现了再一次地解放。由于智能化产品拓展了人的权利，人会天然地对人工智能形成依赖。

在这一过程中，政府的权力与公民的权利并非对抗的“此消彼长”二元关系，更趋向于同步扩张的协同关系。公民在借助人工智能实现更多权利的背景下，政府的权力并没有因此而减少。公民系数据的制造者，但并非是数据的控制者。政府和大的机构也将呈现对数据实现垄断，并且随着人工智能发展，人对数据和智能产品的依赖程度也会越来越大。人工智能提供了实现权利的多维方式，人会不自觉地对智能产品形成高度依赖，然而，在这一过程中，政府也将最终形成绝对的权力，并且这一权力系通过对智能产品的控制从而完成对整个社会的控制。借助人工智能，政府的控制将变得更为直接、高效和简单，原有的武装、警察的作用将不再像以前那样凸显，反倒是借助鼠标和按键来控制智能产品应用和它的使用者的应用场景将会越来越广泛。从这一意义上讲，在人工智能时代，人的权利有多大，政府对它的控制力也就有多强。

在一起盗窃案中，Eric Loomis 接受了一个叫作COMPAS软件系统的评估，法官判处他长达8年6个月的有期徒刑。法官Scott Horene给出的理由是："根据COMPAS的测试，被告被认定为对社会具有高度危险性的人。"[1]当被告人得知是一个AI在为自己量刑时表示不满。根据美国第六修正案，被告有权知道被控告的理由。显然，本案中法官给出的理由是"依据COMPAS的评估"，然而COMPAS的评估算法又是保密的。最终本案上诉到威斯康星州最高法院，最高法院仍然认为COMPAS的判断没有问题，并且是"科学而有效"的，只是最终在刑期方面从8年6个月降至6年。[2]

三、人工智能重构法的效益价值

人工智能提升了法律的效益价值，较为直观的理解，便是它大大降低了司法运行的成本，提升了司法运行的效率，具体表现在以下几个方面：第一，借助人工智能，法官将全面提高案件审理的效率。借助语音识别系统，法律庭审实现了自动记录；借助自动检索系统，法条检索、案例查询等方面都实现了高度智能化；借助于文书管理系统，案件资料的管理、归档、文书送达等方面也可以由机器人自助完成。不仅仅是与案件有关

---

1 Identified, through the COMPAS assessment, as an individual who is at high risk to the community.

2 COMPAS是一个由私营企业编写的，能够帮助司法人员作出判断的智能AI。它通过向被告人询问137个问题，比如"你在学校多久打一次架""你有多少朋友非法使用药物""你受过的最高教育是什么"，经过一套复杂算法，该AI会计算出犯罪人员的"危险指数"以及"未来再犯罪的可能性"。COMPAS在美国很多州中都被使用，其中使用最广泛的是威斯康星州。从2012年起，威斯康星州就鼓励在全州所有法庭都用COMPAS，在监狱系统中每一部分也使用它，给犯人作出评估，协助司法人员作出是否假释的判断。

的事务性工作可以交给机器人处理，即便像撰写判决书这样的专业性工作同样可以由机器人辅助完成。总之，人工智能系统全面介入司法审判工作，这将极大缩短审判周期，从而更加高效地发挥法的价值和功能。第二，借助人工智能，当事人可以实现法律的自助服务，从而降低了案件的诉讼成本。第三，随着一系列文书撰写、合同审查等人工智能软件的广泛应用，律师的办案效率也会得到极大提升。法律运行的成本是可以计算的，同样，人工智能可以节省的劳动力成本也是可以计算的。

然而，人工智能所拓展的效益实现，则是填补了原有效益价值领地的空白，人工智能催生的效益价值是具有开创性的，而且其效益价值还无法简单通过增加劳动力的方式替代，譬如律师借助于人工智能分析，可以提前对某一法官的倾向性意见案件结果作出预测，并且随着数据量的不断增加，这种预测的准确率也在大幅提升。这对当事人理性地选择投放诉讼成本具有意义，与此同时，它对于投资人评估案件的诉讼结果，对于股市引发的波动同样具有重要参考价值。具体而言，人工智能催生的法律的效益价值表现在以下几个方面：第一，对法律结果的提前预测拓展了法律的指引功能；第二，经过对既往案例的学习，帮助法官理性把握审判标准以及判赔数额，尽可能减少由于同案不同判所引发的上诉成本；第三，还可以通过机器学习构建错案预防的模型，减少由于人为因素而引发的错案发生，降低由此导致的纠错成本。

四、人工智能重构法的秩序价值

法律通过对人的行为的约束，从而完成对整个社会秩序的调整。一般而言，传统法律大多通过对于人们内心或者行为影响来完成的，如人们基于对法律的信仰或者对于法律权威的惧怕遵守法律；一旦当人们的行为超越了法律的边界，法律的强制力便会矫正人的行为，从而保证社会有序运转。在法律维护社会秩序的过程中，法律宣传和“强制执行”也成为其中较为重要的因素，前者旨在于让人们了解法律并试图通过法律宣传或者以案释法的方式，让我们自觉尊重和敬畏法律，但无论如何，人的行为总是会因为各种原因游离于法的边界之外，这又需要法的强制力完成对人的行为的矫正，从而保障法律秩序价值得到有效发挥。

人工智能则完全从另一个维度构建了法律的秩序价值。在人工智能时代，人类依赖机器人的局面也将成为常态。在这样的时代，以马斯洛需要理论中所阐述的人的各种需求场景，大都将借助机器完成。事实上，人类社会也正是朝着这个方向迈进。第一，在人基本生理需求方面，“订餐软件”“住宿软件”“出行软件”等智能化系统正在发挥着越来越重要的作用。第二，在安全需求方面，人工智能的发展同样十分迅速，人脸识别、智能监测系统、“保安机器人”等人工智能系统对于保障人身安全具有重要意义。与此同时，人工智能时代的网络安全和信息安全也变得异常重要，为了有效预防黑客的攻击，智能化杀毒软件和“安全卫士”软件也正在走进每人的电脑。第三，在人的情感需求方面，人对于软件的依赖程度也越来越大，人与人的沟通越发依赖于软件完成，人一旦离开了社交软件便几乎没有了朋友。不仅如此，人与人的沟通正在迈向人与机器的沟通，机器人甚至已经成为一些人的情感寄托。第四，在人的尊重和自我实现这一较高层级的需求领域，人工智能的作用将更加明显。无论是在艺术创作、公司管理、财务分析、战略决策等各个方面，人工智能所彰显的作用，都是传统简单的劳力所无法企及的。

在人工智能时代，人将在软件和代码的框架内完成自我利益的实现，人的行为将受制于代码，人的行为空间以及自由取决于代码所设置的规则，从这一意义上讲，代码亦即法律。社会的秩序形成的逻辑基础与此前发生重大变化，代码所构建行为空间最终形成了社会的秩序样态，个体对于法律的敬畏或是藐视都无法超越代码所构筑的空间。在代码秩序构筑的过程中，代码的强制力从一开始便体现出来，它对于人的行为规范是基于人在使用它的过程中完成的，它几乎让违反规则成为不可能，因此简化了“违反规则—矫正规则”的过程。

第三篇
PART 03

人工智能与法律推理

机器人的本能在于“计算”，然而在法律应用中，除了计算还需要推理。“归纳”“演绎”“推理”，这些逻辑推演方法，在我们的思考方法中占据重要位置。在法律机器人的研究过程中，如何让机器人学会像人一样思考，就需要结合法律推理的相关理论，完成机器人法律推理的思维建构。一旦机器人具备了类似于人的逻辑思维能力，结合大数据的超算能力，它就会体现出超乎寻常的思考能力。

人工智能与法律推理

一、机器人的法律推理思维

最早谈论人工智能可能对人类司法活动产生巨大影响的是布鲁斯·布坎南（Bruce Buchanan）和托马斯·海德里克（Thomas Headrick）两位美国学者。1970年，Buchanan和Headrick发表了《关于人工智能和法律推理若干问题的考察》一文，拉开了对法律推理进行人工智能研究的序幕。[1]对法律人工智能的研究，有必要先了解人在思维过程中的“法律推理”过程。当然，如果机器人具有像人一样的法律推理智慧，那么，机器人就可以像一名专业的律师或者法官一样帮助人们解决法律纠纷。人工智能法律系统的历史计算机先驱思想家莱布尼兹曾不无浪漫地提出了这样的期待：“我们要造成这样一个结果，使所有推理的错误都只成为计算的错误，这样，当争论发生的时候，两个哲学家同两个计算家一样，用不着辩论，只要把笔拿在手里，并且在算盘面前坐下，两个人面对面地说：让我们

1 See Buchanan&Headrick, Some Speculation About Artificial Intelligence and Legal Reasoning, Stanford Law Review (1970), pp.40-62.

来计算一下吧！”[1]

研究出具有法律推理思维的机器人，是每一个研究法律机器人的研究者的梦想，尽管它还在路上，但初步的试验结果却已经证明，一切皆有可能。专家系统在法律中的第一次实际应用是D.沃特曼和M.皮特森1981年开发的法律判决辅助系统，系专家系统在法律中的第一次实际应用。研究者探索将其专家系统作为法律适用的实践工具，对美国民法制度的某个方面进行检测，运用严格责任、相对疏忽和损害赔偿等模型，计算出责任案件的赔偿价值，并论证了如何模拟法律专家意见的方法论问题。[2]总体上，英美国家在人工智能法律推理的研究方面走在了世界前列，按照格雷的观点，法律专家系统首先在英美判例法国家出现的直接原因在于，浩如烟海的判例案卷如果没有计算机编纂、分类、查询，这种法律制度简直就无法运转了。[3]事实上，近年来，大陆法系也开始着重对判例的研究，“中国法院裁判文书网”也已开始对外公开数据，这些对于训练机器人的法律思维都具有重要意义。

二、人工智能与演绎推理

考夫曼在其著作中总结了法律推理中有意义的四种模式：演绎、归纳、设证和类推。[4]演绎往往应用到法律适用中，运用普遍规律裁判具体案件，即通过“大前提”“小前提”，最终演绎出符合逻辑的结论。比如：

大前提：刑法规定，未满14周岁的未成年人不承担刑事责任。

---

1 ［德］亨利希·肖尔兹：《简明逻辑史》，张家龙译，商务印书馆1977年版，第54页。

2 Models of Legal Decision making Report, R-2717-ICJ.

3 Pamela N.Gray Brookfield, Artificial Legal Intelligence, VT: Dartmouth Publishing Co., 1997, p.402.

4 ［德］考夫曼：《法律哲学》，刘幸义等译，法律出版社2004年版。

小前提：在本案中张某实施犯罪时未满14周岁。

结论：张某不承担刑事责任。

笔者在实验室中完成的机器人法官的试验设计中，也赋予了机器人法官这种演绎思维，只不过，机器人所要解决的案例会比单独的演绎推论复杂很多。例如，笔者在实验中曾让机器人去评价这样一个案件：（1）被告方未满14周岁；（2）被告方犯杀人罪；（3）被告方具有自首情节。

这里需要把全部事实输入给机器人，上述案例可以细分为三个细节。每一个细节对于机器人都很有意义，机器人的神经元计算每一个细节后会有一个阶段性输出，比如：

（1）被告方未满14周岁，机器人会阶段性输出：被告人不承担责任。

（2）被告人犯杀人罪，机器人会阶段性输出：被告人将被判处10年以上有期徒刑、无期徒刑或死刑。

（3）被告人具有自首情节，机器人会阶段性输出：可以从轻或者减轻处罚。

机器人会对上述三个阶段性输出内容进一步汇总并计算其逻辑关系，最终得出结论。

三、人工智能与归纳推理

归纳法则是从个案出发总结出该类事物或现象的普遍规律，主要包括三种方法：简单枚举法、统计概率法与求因果关系法。在有限数据资源的情况下，归纳法的应用是必要的，它试图运用最小的数据成本获得一般规律。俗语“举一反三”，所说的便是“归纳”的思维能力，由此，归纳推理也是评价一个人是否“聪明”的重要指标。这种由特殊推导出一般的方法，由于其使用的样本是极为有限的，因此，它并不永远可靠。罗素与卡尔·波普尔都曾从这个角度严厉批评归纳推理的非强制性与或然性。[1]

由于归纳推理系通过局部数据得出全局结论，故而其结论在使用时还需特别谨慎。这里有必要区分两个概念，一个是小数据论，另一个是大数据论。传统的法律实证研究方法还主要是借助小数据的研究方法。[2]小数据结论与大数据结论往往存在很大差异，两者不可混用。2013年的闯黄灯违法的立法以及2016年饱受争议的证监会的熔断立法，均是盲目使用小数据结论的结果：

第一，闯黄灯亦属于违规的立法。

2013年，公安部出台规定，不仅闯红灯要被处罚，即使是闯黄灯也要被处罚。但此规定导致大量机动车因为怕闯黄灯急踩刹车，导致路面发生大量交通事故。公安部不得不紧急叫停该规定。[3]

如果仅从个别数据出发，闯黄灯亦属于违规的立法是没有问题的。由于闯黄灯亦属于违法，司机会谨慎出行，尽最大可能避免闯黄灯，这对于交通安全无疑是有益的。然而，马路上行驶的并不是少数几辆车，庞大的交通网络中包含成千上万辆汽车，而且，车与车之间存在互动关系：前车快，后车也会快；前车慢，后车也会慢。事实上，闯黄灯违法的规定让每一名司机处于万分焦虑和紧张状态中，即使如此，前车因为惧怕闯黄灯而急刹车，由此也导致连锁反应，甚至导致连环追尾的交通事故。在人工智能时代，传统归纳推理的方法可以渐进被大数据的机器人实验所取代，可以将视觉传导、正常人的反应速度、

1 ［英］罗素：《西方哲学史》（下卷），商务印书馆1990年版，第212页。

2 贺小军：《认罪态度对量刑的影响实证研究——以A市B市为例》，载《政治与法律》2015年第12期；易延友：《非法证据排除规则——基于1459个刑事案例的分析》，载《中国社会科学》2016年第1期。

3 《公安部交管局下发通知要求违反黄灯信号以教育为主暂不处罚》，载http://www.mps.gov.cn/。

车辆行驶速度、车辆间距、路面宽度与长度等均作为参数设计到机器人实验中去，并且可以在分阶段试验中分别用100台汽车、1000台汽车、10，000台汽车模拟实验。如果以此实验结果作为立法依据，之后再进行立法将有可能弥补小数据下结论的局限性，这对于推动立法科学性也具有十分重要的意义。

第二，“熔断机制”影响股市的模型。

熔断机制，也叫自动停盘机制，是指当股指波幅达到规定的熔断点时，交易所为控制风险采取的暂停交易措施。[1]2015年12月4日，上交所、深交所、中金所正式发布指数熔断相关规定，熔断基准指数为沪深300指数，采用5%和7%两档阈值。该规定于2016年1月1日起正式实施，原来熔断机制的立法初衷系为了防止股市暴跌，然而，熔断却导致了市场恐慌，导致股市大幅下跌，证监会不得不在一周后紧急叫停“熔断机制”。

同样，熔断机制会防止股市狂跌，这一结论亦属于小数据结论。如果市场中仅有少量的几只股票，熔断制度防止股市下跌无疑是科学的。然而，股市是由大量股票所构成，股票之间也并非是孤立的，它们彼此相互影响。如果用机器人模型去模拟所有股票之间的相互关联，还会发现股市熔断而引发的恐慌情绪会迅速漫延到整个市场体系中，最终导致整个股市断崖式下跌。

总之，随着人工智能时代算法与数据的广泛应用，传统小数据的归纳方法将渐近被大数据的分析模式所取代，大数据结论也将完善传统小数据结论的局限，重新赋予人们的价值认知。当然，这并不意味着大数据时代归纳推理就一定会趋于死

1　熔断机制：所谓熔断机制（Circuit Breaker），是当某一只个股、指数、期指或商品价格波幅触及规定的区间限度时，交易随之停止一段时间，或者交易可以继续进行，但价格幅度不能超过规定的限度。这类似于保险丝在电流过量时会熔断，从而使电器受到保护，故形象地称为熔断机制。凤云：《熔断机制反思》，载《中国金融》2016年第2期。

亡，尤其是在数据量还不完整的新生事物的认知中，归纳推理依然占据着重要位置。

四、人工智能与设证法

设证法并不属于传统逻辑的范畴，而是由美国人Ch.S.皮尔士所创立的一种独特的逻辑方法。关于“设证法”，有个著名的“白豆案例”：当看到一个豆子是白色的，而且还观察到，从左侧衣袋里拿出来的豆子都是白色的，于是得出结论：1.所有从这个口袋拿出的豆子都是白色的；2.这些豆子是白色的；可得出结论：这些豆子是从这个口袋里拿出的。另一个设证法的例子是：1.所有的海洋鱼类都生活在大海中；2.在某块内陆发现了海洋鱼类化石。由此可得出结论：这片大陆曾经是海洋。

“设证法”的逻辑是，当看到某一现象时，人脑会自然地找到一个自认为可靠的大前提（但未必可靠），这是凭借经验得出的结论。它与演绎法的推理过程类似，都是“大前提 + 小前提 = 结论”；但两者的逻辑是反的，以下属于演绎法与设证法在推理方面的区别：

演绎法：

大前提：如果P（晚上下雨），则Q（草坪会湿）

小前提：P（晚上下雨）

结论：Q（草坪会湿）

设证法：

大前提：如果P（晚上下雨），则Q（草坪会湿）

小前提：Q（草坪湿了）

结论：P（晚上下雨）

显然，在“设证法”的推理中，大前提是推理者预设的，而这里的结论（“草坪湿了”）是一个或然的结论，因为“草坪湿了”的原因可能有许多，除了下雨，还有可能是“园丁浇水”，推理者之所以会预设“晚上下雨”这样的大前提完全是基于经验的结果，如果在本地“园丁浇水”并不常见，而下雨却是当地常见的情况下，行为人就会凭借直觉预设这样的大前提。

在法律人理解法律事务、寻找原因的场景下，会经常用到“设证法”的推理方法，如在房屋买卖协议中，签约后卖家违约，买家首先会思考：卖家为什么会违约呢？买家会基于设证法来寻找原因，比如买家观察到这样的现象：在房屋涨价的情况，卖家会反悔，于是买家得出结论：卖家违约的原因是由于房屋涨价。由于设证法得出的结论是不严谨的，因此买家还需要进一步求证，近期房屋市场是否真的涨价了以及卖家是否系由于房屋涨价而违约。

设证法的缺陷在于太过依赖人的经验，基于同一现象，不同的人根据自身经验得出的结论可能会是有所区别的，有人可能会得出：由于房屋涨价了故而违约；也有人会得出：卖家产权有瑕疵转让不能，故而卖家违约；还有人可能会得出结论：卖家还没有买到自己想要的房屋，故而违约。人工智能计算的意义恰恰可以考虑到每种违约的理由，并精准计算上述理由发生的可能性。当然，这里需要有足够的数据和科学的算法，包括房地产市场价格的变动数据、房屋产权登记的数据、既往有关房屋违约案件的大量数据以及通过上述数据预测违约可能性的科学算法。

机器学习可以赋予机器人预测的功能，并使其精准计算所有违约概率，这对于买家具有重要意义。基于不同事由导致的违约，买家应对的策略完全不同，如果系由于卖家履行不能而违约，买家只能通过主张违约责任来获得补偿；然而，在履行可能的情况下，买家可能会通过主张“实际履行”来获得补偿。总之，对于违约可能性的计算还有助于引导法官第一时间就聚焦在本案的争议焦点上。

五、类推法与人工智能

类推法是指两个或两类事物在许多属性上都相同，便由此推出它们在其他属性上也相同，如已知甲事物具有“a、b、c、d、e”等属性，且已知乙事物具有“a、b、c、d”等属性，根据“类推法”便得出结论：乙事物也具有“e”这种属性。在法律思维中我们也时常会用到“类推法”，根据相似的法律现象，类推出相同的结论。如当出现了“网约车晚间搭乘年轻女孩出行，司机强奸并杀害女孩的”案例中，人们就会将其类推到类似事件中，由此在人们的脑海中就出现了这样的危险信号：

晚上 + 网约车 + 年轻女孩 = 强奸杀人犯罪的危险性较高

上述危险信号的形成，便是基于以前事件而形成的类推适用的结果。法官在庭审案件的过程中往往也会适用类推法，比如社会上屡屡出现为了买房的假离婚事件后，法官在面对离婚案件时，也会本能地质疑其离婚的真实性，并会为验证结论的正确性进一步展开法庭调查。

机器学习的过程便是根据既往数据进而推导出新案例的结论，在训练机器人的时候，如果是同类案例，机器人就会按照既往的判例来给新案例定罪量刑。再如，对于“机器人精神损害赔偿的计算”的实验中，机器人就是通过对以往的关于精神损害赔偿案例的学习，进而得出新案例精神损害赔偿的计算金额。史蒂文·J. 伯顿认为在法律类推中存在三个步骤：首先，要识别出进行推理的一个基点情况，即基于普通法适用于本案最具有权威性的先例；其次，描述出基点情况和待比较的问题相似性与不相似性的事实；最后，判断这些相似性或不相似性的重要程度，以此决定是否依照基点。[1]机器人也大致是按照上述

1 ［美］史蒂文·J. 伯顿：《法律和法律推理导论》，张志铭、解兴权译，中国政法大学出版社1998年版，第31～32页。

类推模式完成法律思考的。机器人在对既往案例的学习中，会总结法官在既往案例的判决中的经验、要点以及判决的实际金额，从这一意义上讲，机器学习也可以被视为类推适用的法律推理过程。

六、人工智能的“推理”困境

如果法律系纯粹的逻辑，那么，机器人的设计思路将变得清晰：严格按照“演绎、归纳、设证和类推”来设计机器人推理思维。在这一方面，18～19世纪的法律形式主义尤其强调法律推理的形式，认为将法律化成简单的几何公式是完全可能的。这种以J.奥斯汀为代表的英国分析法学的传统，主张“法律推理应该依据客观事实、明确的规则以及逻辑去解决一切为法律所要求的具体行为。假如法律能如此运作，那么无论谁作裁决，法律推理都会导向同样的裁决。”[1]换言之，机器人只要遵守法律推理的逻辑，也可以得出和法官一样的判决结果。在分析法学家看来，“所谓‘法治’就是要求结论必须是大前提与小前提逻辑必然结果。”[2]如果法官违反三段论推理的逻辑，就会破坏法治。这种机械论的法律推理观，反映了分析法学要求法官不以个人价值观干扰法律推理活动的主张。然而，仅仅按照逻辑推理来设计机器人的话，让它在解决具体案例时仍然存在困难，所以，自由法学家比埃利希将法律形式主义的逻辑推理说称为“自动售货机”理论。[3]

仅按照纯粹的逻辑来设计机器人，当它在面对具体案件时，尤其是疑难案件时会一筹莫展。为什么会有疑难案件呢？

1 ［美］史蒂文·J.伯顿：《法律和法律推理导论》，张志铭、解兴权译，中国政法大学出版社1998年版，第3页。

2 朱景文主编：《对西方法律传统的挑战》，中国检察出版社1996年版，第292页。

3 张保生：《人工智能法律系统的法理学思考》，载《法学评论》2001年第5期。

这里有两个方面的原因，第一，社会生活方方面面，立法者在立法时不可能考虑和囊括所有情况，立法中没有顾及的新情况、新问题也就面临无法可依的局面；第二，社会发展也会导致原有的法律不能适应社会当前发展形势，如《继承法》中有关“遗嘱”的规定，现有《继承法》中仅规定了“自书遗嘱”，并未规定“打印遗嘱”，这也使打印遗嘱的法律效力面临争议。总之，法律实践并非完全像法律现实主义对其僵化性进行了深刻的批判。霍姆斯法官明确提出“法律的生命并不在于逻辑而在于经验”[1]的格言。所谓经验，则包括一定的道德和政治理论、公共政策及直觉知识，甚至法官的偏见。如何让机器人具有法律经验？这给当前的机器人算法提出了严峻的挑战，也正是这个原因，机器人在解决疑难法律问题时总是显得“力不从心”。

现实主义更强调法官的经验，由此也被批评为忽视普遍性一般规则的存在，容易导致判决随意性。哈特在法律形式主义与法律现实主义的争论中采取折中主义，法律概念既有核心意义，又有开放结构。[2]哈特的“开放结构”可以在一定程度上解释疑难案例，比如当出现一个新问题时，可以通过对既有法律概念的扩大解释，从而使之可以适用更广泛的领域；在既有法条无法适用的情况下，还可以通过法律原则来解释个案。总之，“开放结构”旨在终止由于法官的个人经验而破坏法律规则的稳定性，同时又使法律具有包容性，以期能够解决现实上发生的系列新兴问题和疑难问题。在依据哈特的“开放结构”理论判决案件时，还需要法官具有较高的法律素养，能够对法律的公平正义有更深层次理解，然而，这一切对于机器人而言，则提出了前所未有的挑战。可以想象，一个机器人要能够在解析法

1 ［美］E.博登海默：《法理学——法哲学及其方法》，邓正来、姬敬武译，华夏出版社1987年版，第478页。

2 张保生：《人工智能法律系统的法理学思考》，载《法学评论》2001年第5期。

律问题时，保持开放性结构的思维模式，就需要深谙人情世故、社会道德、文化风俗，现有的算法还难以支撑机器人有如此复杂的思维模式。

同时，为了反对形式主义法学简单逻辑的应用，还诞生了“目的法学派”。耶林在其1893年出版的名著《法律的目的》的封面上便开宗明义地写下了其主旨（Motto）：“目的是全部法律的造物主。”他在其后的序言中明确指出“没有一条法律是不可以归为实践动机的目的的”。拉德布鲁赫承接了耶林对于目的问题的讨论：他进一步强调目的在法律中的核心地位，指出法律中一切所谓“客观对象”其本质都与目的有关。他指出，就是桌子这样的客观对象脱离人类目的而给予一个定义都是不可能的，因此他的结论是：“对于人类作品的目的无涉或价值无涉的思考乃是不可能的，同样的对于法律或者任何一个单一的法律现象的价值无涉的思考亦是不可能的。”[1]这也正是耶林所谓“目的是法律的造物主”的真正意义所在。

按照“法律目的论”的思想来研发法律机器人，就有必要让机器人能够在分析法律案件，并非机械地适用法条，而应明白法律的目的。这样，在解析法律规定时就需要对法律给予正确的解释，让机器人学会解释法律，这本身就对其提出了更高的要求。学术界多关注所谓“解释方法”之间的位阶顺序。如考夫曼就强调：“困难在于，这几种解释论证并没有合理的位阶次序。”[2]萨维尼指出：“这四个解释要素（语法、历史、体系、逻辑）不是人们根据喜好和口味就可以任意选择的四种解释方式，而毋宁说，如果解释能够成功达成，这四个要素必须是协调

1　［德］拉德布鲁赫：《法哲学》，王朴译，法律出版社2005年版，第4页。

2　［德］考夫曼：《法律哲学》，刘幸义等译，法律出版社2004年版，第82页。

作用的不同活动。”[1]由于解释法律的顺序并非存在先后顺序，这也使机器人解释法律的算法几乎无规律可循，显然，按照“法律目的论”来设计机器人对算法提出更高的挑战，对它的研究还将是一个十分漫长的过程。

1 ［德］萨维尼：《当代罗马法体系》（第一卷），朱虎译，中国法制出版社2010年版，第167页。

第四篇
PART 04

机器人的“宪法权利”

随着机器人智能化水平的提升，它是物还是人的问题已被广泛关注。美国学者菲尔•麦克纳利（PhilMcnally）和苏海尔·伊纳亚图拉（Sohail Inayatullay）约三十年前就已提出：“我们以为机器人有朝一日总会享有权利。这无疑是件有历史意义的事件……随着权利向自然万物的整体扩展，从动物、树木到海洋。于是万物的责任、义务和尊敬便有了一种新的意义。”[1]在法律意义上，机器人是主体还是客体的问题最终还需要被宪法确认，从根本上讲，它改变了“人”的内涵与外延。

1 Phil Mcnally and Sohaill Inayatullay, *The Right of robots Technology, Culture and Law in the 21st Century,* Oxford: Butter-worth&Co.(Publishers) Ltd., 1988.

机器人的宪法权利

一、问题的提出

人工智能是人还是物？这首先是一个困惑，进而成为一个法律问题，随着机器人的演化，这又是一个最终需要在宪法层面回答的问题。综观人类社会权利的发展，权利主体总体上呈现不断扩张的格局。在西方现代社会的历史中，人们最初对享受权利的界定，仅仅限于那些白人的成年男性，随后才逐步扩展到奴隶、妇女、外族人、儿童以及外国人。从美国的历史来看，权利从成年白人男性逐步向妇女等主体扩展，而美国内战则促使权利扩展到黑人。1920年美国《第十九号宪法修正案》把权利范围扩展到女性。从20世纪末开始，关于动物权的讨论也逐步变成一个重要的内容。从这种发展趋势中可以预见，未来人类对机器人以及人工智能的看法将会发生相应变化。尽管人类制造机器人的目的是让其更好地为人类服务，但是由于人类文明意识的发展以及道德感的增强，人类很可能将权利赋予机器人以及人工智能。

机器人是人还是物，这涉及对法律意义上“人”的概念的重新解读。这不仅是一个哲学问题，还是一个与民众利益切身相关的实务问题。“人”是法律的主体，“物”是法律的客体，从人工智能产生伊始，就伴随着对人工智能是“物”还是“人”的法律讨论。自从沙特阿拉伯授予索菲娅以公民资格[1]之后，关于机器人是否具有法律主体资格的讨论也更加激烈。人工智能是“人”还是“物”的结论，也决定着如下法律问题的答案将产生根本区别：

1.机器人致人损害，谁来赔偿？[2]如果它是“人”，则应由其赔偿；如果它是“物”则应由物的管理者赔偿。

2.机器人完成的创作（诗、画、音乐等）的著作权归谁所有？如果机器人是“人”，则著作权应当归机器人所有；如果机器人是“物”，则著作权将归属于机器人的制造者或所有者所有。

3.签约机器人的法律效力，即当用户与机器人直接完成签约后，该协议的法律后果应当由谁来承担？如果把机器人理解为“物”，可能这样的协议就完全没有任何效力，因为物是无法进行意思表示的，故而这样的协议是没有效力的。如果把机器人理解为“人”（可以表达意思表示），就可以解释这样的协议的成立和生效，那么，协议生效后又应当由谁来承担责任，同样亦是一个需要进一步讨论的问题。

……

事实上，我们关注机器人是否具有人的主体资格，还具有十分现实的法律意义，具体而言：第一，机器人参与的“法律事

1 《首位人类国籍机器人：“索菲娅”获沙特公民身份》，载中国新闻网:http://www.chinanews.com/gj/2017/10-31/8364223.shtml。

2 机器人还可能导致被侵权人的死亡。首例事件发生在1979年，一名叫罗伯特·威廉姆斯（Robert Williams）的美国人被一重型机械臂击中了头部而死亡。1981年，工程师肯基·鄂瑞达（Kenji Urada）在修复机械手臂的时候被卡死在房屋的柱子上。2012年10月24日，巴基斯坦妇女莫妮娜（Momina）在花园工作的时候被无人机炸死。

实”，会产生什么样的法律后果？如当机器人参与劳动和创造时，由此所产生的财产权应当归谁所有？第二，机器人参与的“法律行为”又会产生什么样的法律后果？如企业用机器人订立合约时，其合约的法律效力如何？第三，机器人导致的侵权行为，又应当由谁来承担侵权责任？

二、机器人法律属性的学说之争及释义

关于机器人的法律属性，长期以来，法学界有工具说、电子奴隶说、代理说等不同主张。后来欧盟又通过了有关机器人电子人格的法案，以至于在机器人法律属性的学说中又增设了“电子人格”（electronic persons）说。[1]为了能够对机器人的法律属性有更清晰的认知，有必要了解各个学说以及它的法律意义。

（一）机器人的“工具说”

1.“工具说”的解释

这种学说是把机器人当成工具，即法律意义的财产，因此，该学说否认机器人的主体地位，而将其归为法律之客体。尽管机器人的智能化水平提升，但“工具说”仍将机器人纳入工具范畴。在机器人造成他人损害的案例中，这一学说的应用较为盛行，在“姆拉赛克诉布林茅尔医院案”（Mracek v.Bryn Mawr Hospital）[2]中，医院为患者实施前列腺手术时，使用了达芬奇医疗机器人，但机器人介入工作的过程中一直不能反映正确的信息，而且拒绝手术团队调整它的手臂位置，最终医疗团队只能

1 欧盟通过《机器人民事法律草案》第 59 f条：长远来看，要为机器人创设一个特殊的法律地位，以便至少大多数复杂的自动化机器人可以被确立如电子人（electronic persons）一样的法律地位，为其制造的大量的损害负责，或者当机器人可以作出自动化决定或者与第三人自主交流时，要申请电子人格。

2 Ugo Pagallo，The Laws of Robots：Crimes，Contracts，and Torts，Dordrecht Spring-er，2015，pp.34-45.

人工开展手术。手术一周后，患者手术部位严重出血，伴有腹痛，而且产生了勃起功能障碍。患者发起诉讼。最终，法院将机器人视为产品，并认定为产品责任问题，依据《美国侵权法重述》(第二版)(以下简称“重述”)的第402节A[1]作出了判决。

2.“工具说”的评论

既有的学说在解释机器人相关法律问题时，都存在一定的理论障碍。“工具说”的适用场景是极其有限的，它主要适用于机器人给使用者造成损害的场景中，对于机器人创作和机器人签约两个重要的法律场景它几乎都没有办法给予合理解释：(1)签约机器人在经历了大量的机器学习之后，可以在协议签订过程中完成一定的自主判断和意思表示的表达，由此所产生的法律问题系“工具论”所无法解释的。(2)在涉及机器人完成艺术作品创作的过程中，如果用“工具论”来进行解释，那么其知识产权就会归工具的制造者所有，这显然不符合知识产权的基本原理。笔者在实验室中用撰写机器人完成实验的过程中，就已经明显感觉到，机器人最终撰写出的结果并非是发明人可以完全预知的，笔者甚至无法知晓机器人在经历了机器学习之后最终会写成什么样子，如果将这样的成果的知识产权简单地归结为笔者(发明人)所有，甚至还要将知识产权中的署名权、修改权等精神权利赋予给我的话，这简直是一件荒唐透顶的事情。

还需指出，即使是工具论最为擅长的“侵权赔偿”领域，不久的将来，工具论也将落伍。在我们能看到的既有通过“工

1　美国法律学会于1965 年发表了《侵权法重述》(第二版)，其中第402节A的规则对美国产品责任法由严格的担保责任向侵权行为的严格责任方向发展起了很大作用。第402节的内容为：任何出售对使用者、消费者或其财产有不合理危险的缺陷的产品的人，在符合下列条件时，应对最后的使用者、消费者因此遭受的人身和财产损害承担赔偿责任：(1)卖方专门经销此种产品；(2)该产品到消费者、使用者手中时仍保持出售时的状态并无实质性改变。即使出卖人在准备或出售其产品时已尽一切可能的注意，且使用人、消费者并未从出卖者那里购买产品或与出卖人无任何合同关系时，上述规则仍然适用。

具论”来确定机器人损害赔偿的案例中，这里的对象与其说是“机器人”，不说如是“机器”，“机器”与“机器人”法律意义上是有本质区别的。欧盟在其《机器人民事法律草案》中提及，当机器人可以作出自动化决定或者与第三人自主交流时，要申请“电子人格”。事实上，机器人通过自我学习之后能够根据客观情况自主作出判断，这是机器人区别于自动化“机器”的一个重要区别。然而，若一个机器人能够以不可预测的方式学习和适应其环境时，制造商难以预见机器人可能造成的伤害。[1]显然，在这种情况下仍将造成的损害归咎于产品“缺陷”或者产品质量事故并不合适，“工具论”下仍由生产企业承担全部赔偿责任的结论也再难以成立。因此，随着机器学习及其智能水平的进一步提升，在机器人法律属性的研究领域，“工具论”也将最终被彻底淘汰。

(二)机器人的“电子奴隶说”

1.“电子奴隶说”的解释

这种学说是把机器人当作“电子奴隶”，把机器人的法律地位等同于奴隶制时代的“奴隶”，事实上机器人的英文“robot”，来自捷克语 robota，即为奴隶意思。[2]在奴隶制时代，只有奴隶主才具有法律意义的主体地位，而奴隶则被比作一种生产工具[3]，其没有身份、没有法律地位。机器人的“电子奴隶

1 《智能的机器什么时候才能被视为一个“人”》，载http：//www.sohu.com/a/127188006_345191。

2 “robot”一词来自1920年捷克作家 Karel Capek 发表的科幻戏剧《罗苏姆的万能机器人》的名称中的 robotnik（奴隶），该词源自 robota（强制劳动、苦工、奴役）。在原著中，robotnik 是一种由人类制造出来的人形工作机械，具有人的外形、特征和功能，是最早的工业机器人设想。英语单词 robot 就来自捷克语 robotnik，用来表示剧中所描述的这种人形工作机械，中文译为“机器人”。不过，现在“robot”一词可以表示各种自动化智能机械，不一定是人形的。

3 冯卓慧：《商周民事经济法律制度研究——卜辞、金文、先秦文献所见》，商务印书馆2014年版，第20页。

说”也旨在于说明机器人并非系法律主体，仅作为法律客体存在。因此，从本质上讲，机器人的“电子奴隶说”属于工具说的延伸。

2.“电子奴隶说”的局限

“电子奴隶”说从本质上系工具说，因此它拥有工具说所有的全部局限。更为重要的是，“奴隶”即使这里把机器人比喻为电子化的奴隶，也会勾起对“奴隶时代”的回忆。在平等与自由已成为社会主流文化的今天，再提“奴隶”概念俨然已与主流文化相悖，并容易落下背离法治的印象。“奴隶”的概念还容易形成另一层面的恐慌，人们对奴隶暴乱推翻旧制度的印象深刻，由此，“奴隶”一词会进一步加深人们对于机器人革命的忧虑。所以，笔者从一开始就很反对将机器人比喻成“电子奴隶”的说法。

（三）代理说

1.“代理说”的解释

机器人系作为主人的代理人而存在，其代理行为的法律后果最终由其主人承担。[1]在机器人缔结协议的案例中，我曾赞同代理说。笔者在实验室专门做过签约机器人的研究，该项研究旨在于实现用户与机器人通过对话达成协议，以下系机器人与用户针对特定协议要款的磋商[2]：

机器人：看有什么可以帮您？

用户：我想买一顶帽子。

机器人：要什么颜色的？

用户：红色的。

---

1 《民法总则》第一百六十二条：代理人在代理权限内，以被代理人名义实施的民事法律行为，对被代理人发生效力。

2 该对话实例是我在实验室完成的人机对话的实验，该实验的目的是让机器人与用户之间直接完成一些简单协议的签约。

机器人：好的，红色的要15美元，您要几个呢？

用户：先拿一个吧。

机器人：好的，你可以扫描这个二维码付款，我会把它邮寄到您的指定位置。

……

类似上述简单的协议完全可以由机器人与用户直接沟通达成协议，这里要讨论的是该协议的法律效力。笔者曾用“代理说”解释过该协议的法律效力。事实上，这里的机器人应当被视为能够表达意思的“法律主体”，并认可机器人与用户签订的协议成立并且生效的。只不过，这里机器人是作为企业的代理人身份而存在的，机器人代码决定了企业对它的授权范围。2017年2月欧盟表决通过的《机器人民事责任法律规则》第五十二条也提出了“非人类的代理人”的概念。[1]这一路径首先将机器人作为一种人工智能体，且人工智能体是一个具有目的性的系统，这一认定接近于认为该人工智能体具有一定的法律人格。[2]学界一般认为，将机器人作为电子智能体，进而作为人类代理人的观点，本质上是将机器人视为民事主体。[3]在“思瑞夫蒂电话公司贝森尼克案”中，[4]被告不经允许接入原告电话公司的长途电话系统。法院认为，“在思瑞夫蒂电话公司虽然没有人（自然人）接到并且按照被告的虚假要求给予其电子访问

1 The European Parliament, “With Recommen-dations to the Commission on Civil Law Rules on Robotics” [2015/2103(INL)],http://www.europarl europa.eu/sides/getDoc.do? Lan-guage = ENaereference = A8-2017-0005&type = REPORT,July 9, 2017.

2 Samir Chopra, Laurence F White, “A Legal Theory for Autonomous Artificial Agents”, Michigan, Michigan University of Michigan Press, 2011, p.264.

3 Lawrence Solum, “Legal Personhood for Artificial Intelligences”, North Carolina Law Review 70, 1992, pp.1231-1287.

4 Thrifty-Tel, Inc.v.Bezenek.

代码……智能体的信赖仍可归诸本人”，因为在法院看来，“思瑞夫蒂电话公司的网络系统即是其代理人或者类似角色”。[1]根据爱沙尼亚政府公布的《人工智能法案》，考虑赋予人工智能法律地位，使其成为人类的代理人，并确定其在事故中的责任问题。[2]

2.代理说与工具说，在解释协议效力方面的差异

在笔者用“代理说”解释签约机器人之前，笔者也曾用过“工具说”来解释签约机器人，只不过这里的签约机器人被视为“物”，即“电子协议”，而并非是一个法律主体。在用工具说来解释“签约机器人”时，用户和使用机器人的企业被视为法律主体，而签约机器人则被视为企业事先订立好的格式协议，用户只能就该格式协议回答“YES OR NO”。事实上，在自动取款机和自动购物机的案例中，将自动取款机或者自动购物机视为一种电子版的协议，用户只能在其事先订立好的框架中选择同意还是不同意，进而完成协议的订立和履行。但很快笔者在实验室中就发现现有的工具说来解释机器人签约已存在严重弊端：随着机器人自我学习能力的提升，它在签约时已并不是简单地形成格式选项，由用户进行非此即彼的单项选择，在用户进行选择时，它已经可以给出部分建议，甚至对于匹配度不高的用户，它还会提出慎重购买的建议，这些互动聊天亦构成双方协议的组成部分，并将成为双方在法律合同纠纷时需要出示的证据，那么，互动时每一句话代表着什么样的法律含义，或是意思表示是否真实等都将成为双方争议的焦点。显然，传统的“工具说”已经没有办法再解释上述问题了，故而转用“代理

1 Samir Chopra，Laurence F.White，“A Legal Theory for Autonomous Artificial Agents”，Michigan：Michigan University of Michigan Press，2011.

2 “Estonia plans to give robots legal recognition”，https：//www.independent.co.uk/news/business/news/estonia-robots-artificial-intelligence-ai-legal-recognition-law-disputes-government-plan-a7992071.html.

说”来解释签约机器人的相关问题。

3.代理说的局限

根据《民法总则》的相关规定，是指代理人以被代理人（又称本人）的名义，在代理权限内与第三人（又称相对人）实施民事行为，其法律后果直接由被代理人承担的民事法律制度。因此，“代理说”可以应用于机器人在完成法律行为（如签订协议）时的效力问题的解释，但对于机器人导致他人损害时的赔偿责任，或是机器人参与的法律事实，如在机器人参与文学创作的场景中，代理说均无适用空间。

（四）电子人格说

1.“电子人格说”的解释

欧盟通过《机器人民事法律草案》所提及的“电子人格说”，其目的是要设立如电子人（electronic persons）一样的法律地位，让机器人为其制造的大量的损害负责。这样，在适用机器人造成他人损害的案例中，适用“工具说”与“电子人格说”则将得出不同的结论。若适用“工具说”，则机器人导致损害或适用《产品质量法》的产品质量责任[1]，最终由管理者或生产者承担赔偿责任。若适用“电子人格说”，则将由机器人独立承担责任。

2.电子人格说的局限

电子人格说设立的初衷在于解释机器人造成他人损害的赔偿责任问题，当然，机器人又当如何独立承担责任，尤其是当机器人的市场价值才10万元，而损害却多达100万元的时候，机器人又如何独立承担责任，这又是当下的“电子人格说”所无法解

1 《产品质量法》第四十一条规定：“因产品存在缺陷造成人身、缺陷产品以外的其他财产（以下简称他人财产）损害的，生产者应当承担赔偿责任。”《产品质量法》第42条规定：“由于销售者的过错使产品存在缺陷，造成人身、他人财产损害的，销售者应当承担赔偿责任。”

释的。与此同时，电子人格说对于机器人参与协议签订或者参加文学艺术创作时的知识产权问题等都还无法给予有效解释。

三、机器人“拟制人格学说”的提出

笔者在欧盟的“电子人格说”的基础上，进一步提出机器人“拟制人格学说”。当机器人通过机器学习后可以自主完成交流或自主完成决策时，可以赋予其法律意义上的独立人格。当然，这里的独立人格是法律“拟制”的。法律大量地将不具有生命体征的人类创造物拟制为人，例如当今世界的通行做法，将公司拟制为法律上的人，赋予其权利，科以法律义务和责任。更甚者，如新西兰赋予河流以法律主体的地位。[1]针对可以作出自主决策的机器人，同样可以将其拟制为具有法律意义的独立人格。

这里所谓“自主决策”的概念，仍然是在“弱人工智能”的语境下使用的。如果是在“强人工智能”时代，机器人可以与人进行思想和心灵的沟通，在这样的场景下，人的法学概念将被重新定义，机器人的主体学说也将被重新建构。在那样的时代，“拟制人格”的概念也将被智慧人格所取代，即基于机器人的智慧而被法律赋予人格，这是现实的人格，而并非是拟制的人格。因此，这里所讨论的机器人“拟制人格学说”，是在弱人工智能时代下应用的学说。那么，这里的“自主决策”，并非要求其具有像人一样或者超越人类的智慧，事实上，仅仅只是要求其通过机器学习完成后所做出的决策系人所无法通过简单逻辑能直接预测到的，即可称为“自主决策”。如果采用机器人“拟制人格学说”，还有必要对于自主决策制定更加详细的标准。

用机器人“拟制人格学说”解释机器人参与的法律行为或

1　2017年3月新西兰旺格努伊河被新西兰国会赋予法律人格，成为世界上第一条具有法人地位的河流。郭少飞：《“电子人”法律主体论》，载《东方法学》2018年第3期。

者法律事实，将可以突破现有学说的局限性，具体为：

第一，用机器人“拟制人格学说”可以有效解释签约机器人的法律效力问题。在这种情况下，签约机器人是具有独立人格的，只不过其从一开始就是以企业的代理人或者销售人员的身份出现的，因此，其与用户签订的协议自始有效，只不过，其法律后果由企业承担。

第二，用机器人“拟制人格学说”可以有效解释机器人致人损害的责任承担。在“机器人”致人损害案例中，机器人的独立人格也将导致由机器人独立承担侵权责任。只不过，在机器人“拟制人格学说”的制度设计中，需要在其注册登记时缴纳一定的风险金或者保险金，从而保证其在导致他人损害时具有承担责任的能力。这里的损害既包括人身损害，又包括财产损害。传统的产品质量责任奉行“无过错责任原则”，即只要造成损害，原则上就应由产品的生产企业承担赔偿责任。然而，在机器人“拟制人格”的语境下，由于机器人的决策是在与人的交互中自主完成，它在很大程度上会受到人的影响。传统的简单的无过错责任难以对损害结果有效平衡，比如，当行为人抱怨机器人给他错误的投资建议，以至于在导致他的财产损失的案件中，就有必要去分析二者的交互过程，最终分析，到底是机器人的错误决策还是行为人给机器人的信息本身就存在严重错误，这些问题都将影响法院最终的裁判。

适用机器人独立人格学说的一个显著特征在于，在发生损害时，由机器人人格登记时需要缴纳的财产或者缴纳保险的承保范围来承担责任，如果上述财产最终没有办法承担全部损失，机器人或将适用“破产”制度。如此设计的目的有利推动机器人产业的发展，犹如公司“拟制人格”制度成为其迅速发展的重要基石。当然，在这一过程中，受害者的利益同样需要关注，尤其是机器人导致人身伤害的案例中，如何保护受害者合法权益，是机器人“拟制人格学说”中尤其需要解决的问题。“机器人不得伤害人类”理应成为机器人设计中的首要理念，因此在设计机器人“拟制人格学说”时，当机器人可能会伤及人类健康时，其需要缴纳的注册资本或者需缴纳的风险金的数额应以其足以保障受害者利益为基准。

第三，用机器人“拟制人格学说”可以解释机器人创作物的知识产权问题。当机器参与创作时，作品的知识产权问题归谁所有呢？用现有的所有学说都难以有效地解释这一问题。

机器人基于机器学习所完成的创作，甚至会出现比人类创作更具有艺术“冲击力”。[1]这样的作品，即使没有人的参与，也不应忽视其“独创性”特征。虽然在个别案例中，法院将作者创作意图作为判断作品独创性的标准（如《金圣叹全集》案[2]），但该项裁判理由一直备受质疑。有学者认为，从作者创作意图出发分析作品的可版权性，混淆了事实的发现与事实的表达。[3]独创性中“人”的创作，是权利归属问题，“作品在表达上是否具备足够的创造性从而享有版权”是权利客体的属性问题；将这“两码事”混为一谈，破坏了法律的基本逻辑。[4]

即使在法律承认了机器人创作作品的独创性，即它在法律上应被授予版权，但既有学说依然无法解释其版权归属问题，

1 《人工智能创作的春天来了》，载新华网http://www.xinhuanet.com/tech/2018-03/12/c_1122526421.htm。

2 法院认为，古籍点校的性质就决定了其目的在于力求点校后的作品文意与原作一致，也即尽可能地还原古籍原意，故而点校者在点校过程中必然受到点校者自身所理解的古籍原意的限制。当点校者点校的结果与古籍原意一致时，则点校者仅仅揭示了客观事实，而客观事实无法作为著作权法保护的客体，故该点校结果不能构成著作权法所保护的作品。上海市高级人民法院民事判决书（2014）沪高民三（知）终字第10号。

3 梁志文：《作者意图、事实与作品的可版权性——以古籍整理相关案件为主线》，载《政治与法律》2015年第12期。

4 乔丽春：《“独立创作”作为“独创性”内涵的证伪》，载《知识产权》2011年第7期。

为此还有学者专门创设了所谓“孳息说”，即将人工智能创作物视为人工智能产品的孳息，[1]应由人工智能的发明者所有。事实上，发明人创作机器人，再由机器人创作版权这是两个截然不同的过程，基于第一个过程——发明人创造机器人，可以由发明者对机器人享有知识产权；但基于第二个过程——机器人创作作品，这一过程并非是发明者直接完成的。如果混淆这两个过程，将版权直接视为发明者所有，甚至会导致发明者对于自己的作品内容毫不知情，这也将严重背离版权法上所要求的“创作”的本质。

机器人参与创作的复杂性，还在于在这一过程中融合了众多主体，包括机器人的投资人、机器人的发明人、机器人用于训练写作的既有作品的版权人，应当说，上述人员对于培养机器人的创作能力都具有十分重要的意义。如果在一起机器人创作作品的版权诉讼中，允许上述人员均来主张权利的话，势必导致法律关系复杂无序，进而影响对争议的解决。按照机器人“拟制人格学说”，该作品的知识产权归机器人所有。至于各方对于机器人享有的权益或通过合同解决，或在机器人备案登记时注明。而法院只需认可机器人的版权利益，无须判断机器人背后复杂的利益关系，事实上，按此学说，只要机器人作为主体所享有的权利一旦确定，相关利益方的权益问题自然迎刃而解。这样，机器人的主体概念将进一步融合各方利益主体，借助机器人“拟制人格学说”，用极简的思维模式化解背后复杂的利益纠葛。

四、“机器人人格否认”学说

“机器人人格独立”与“机器人人格否认”是彼此对应的一对概念；这与“法人人格独立”与“法人人格否认”的情况类似。

1　林秀芹、游凯杰：《版权制度应对人工智能创作物的路径选择——以民法孳息理论为视角》，载《电子知识产权》2018年第6期。

公司作为独立的法律人格被拟制出来，其意义在于公司在参与民事活动中，以其独立人格对外承担民事责任，在公司所有财产无力承担全部债务时，可宣告公司破产，但其债务不延及公司股东。从这一意义上讲，公司的独立人格屏蔽了公司债务延及股东的风险，这也极大地推动了公司的兴起和商业的繁荣。然而，在商业活动中，还出现了股东滥用法人人格独立的规则，如公司向债权人大量举债，再将上述财产恶意转移，而后宣告公司破产。为了保护债权人利益，法律由此又产生法人人格否认制度。[1]《公司法》第二十条第三款规定，公司股东滥用公司法人独立地位和股东有限责任，逃避债务，严重损害公司债权人利益的，应当对公司债务承担连带责任。《民法总则》第八十三条第二款也规定，营利法人的出资人不得滥用法人独立地位和出资人有限责任损害法人的债权人利益。滥用法人独立地位和出资人有限责任，逃避债务，严重损害法人的债权人利益的，应当对法人债务承担连带责任。

“人格否认”的目的在于矫正利益失衡，给债权人以利益保护。同样，在实施机器人独立人格制度时，还要从制度设计上防止机器人带给人类社会的危害。凯西·欧尼尔在其著作《数学武器：大数据如何加剧不平等、威胁民主》中，将造成歧视、个体损害等不利后果的人工智能称为“杀伤性数学武器”，人工智能如果利用不当，其给个体和社会带来的危害将极大。[2]因此，有必要设立“机器人人格否认”制度，即在出资人或者发

1 《中华人民共和国公司法》第二十条：公司股东应当遵守法律、行政法规和公司章程，依法行使股东权利，不得滥用股东权利损害公司或者其他股东的利益；不得滥用公司法人独立地位和股东有限责任损害公司债权人的利益。公司股东滥用股东权利给公司或者其他股东造成损失的，应当依法承担赔偿责任。公司股东滥用公司法人独立地位和股东有限责任，逃避债务，严重损害公司债权人利益的，应当对公司债务承担连带责任。

2 C. O'Neil, “Weapons of Math Destruction: How Big Data Increases Inequality and Threatens Democracy”, Newyork, Crown Pub-lishing Group, p.3.

明人滥用机器人独立人格的情形下，同样有必要否认机器人之独立人格，由其出资人或者发明人来承担连带责任，具体包括如下情形：第一，机器人在算法设计上存在明显违法，如有欺诈、恶意误导、隐瞒重要事实等算法陷阱，从而导致使用者利益受损的情况，相关利害关系人有权主张人格否认；第二，有证据证明投资者或发明人试图通过机器人人格独立原则损害债权人或社会公共利益时，相关利害关系人有权主张人格否认。

五、结语：机器人与“胚胎”

机器人从弱人工智能走向强人工智能，势必还需要一个漫长的时间，其过程犹如从胎儿迈向成人的过程。基于生物学的发展，人们对胚胎法律属性的争辩至今仍在继续，关于冷冻胚胎的法律属性，江苏省宜兴市人民法院一审判决认为，“施行体外受精——胚胎移植手术过程中产生的受精胚胎具有发展为生命的潜能，含有未来生命特征的特殊之物”[1]；江苏省无锡市中级人民法院终审判决则认为，“胚胎是介于人与物之间的过渡存在，具有孕育成生命的潜质，比非生命体具有更高的道德地位”[2]。无论将其理解为“特殊之物”，还是“介于人与物之间的过渡存在”，都不能将其简单地归结为人格权法或者物权法的调整范畴。[3]

关于机器人法律属性的讨论同样如此，尽管本文提出了机器人“拟制人格学说”来解释当前所遇到的相关难题，但这一学说的应用也还需要一个过渡的时间，在这一过程中，机器人

1 《宜兴冷冻胚胎纠纷案二审今日判决》，载无锡法院网http：//wxzy.chinacourt.org/public/detail.php? id= 5773，最后访问日期：2014年9月17日。

2 《宜兴冷冻胚胎纠纷案二审今日判决》，载无锡法院网http：//wxzy.chinacourt.org/public/detail.php? id= 5773，最后访问日期：2014年9月17日。

3 张圣斌、范莉、庄绪龙：《人体冷冻胚胎监管、处置权归属的认识》，载《法律适用》2014年第11期。

的法律属性势必也会在法律客体与主体之间徘徊。

在Burrow-Giles Lithographic Co.v.Sarony案例中，法院裁定使用相机拍照的人拥有照片的著作权，而不是相机制造厂商。[1]

1 Kalin Hristov, "Artificial Intelligence and The Copyright Dilemma", 2016, p.442.

第五篇

PART 05

未来遗嘱

遗嘱往往会涉及巨大的利益纠葛，关于遗嘱的法律纷争也十分常见。在遗嘱订立和执行的过程中，法律追求“意思自由”“隐私”“安全”的价值目标。未来，人工智能或将取代律师来帮助用户订立遗嘱。借助机器人，用户可以实现自由订立遗嘱；借助“去中心化”的区块链技术，还可以实现遗嘱不可篡改的执行。遗嘱之外，所有的法律行为都将与代码如影随形。

未来遗嘱

一、机器人订立遗嘱

一般而言，订立遗嘱的方法有两种，一种是找律师代写遗嘱（代书遗嘱）；另一种自己撰写遗嘱（自书遗嘱）。在实践中，有大量的老人会选择自己写遗嘱，为何不找律师撰写而要选择自己撰写呢？主要有三个方面的原因：第一，担心律师费用太高，当事人想节省相关律师费用；第二，当事人基于隐私的考虑，尤其有一些年老体弱的老人，如果让子女帮助联系律师，担心会暴露自己的想法，老人干脆自己写遗嘱[1]；第三，关于遗嘱内容，老人的想法也在不断变化，尤其是子女的孝顺态度也会影响老人订立遗嘱的内容，老人根据需要随时订立遗嘱，这很方便。正是基于上面的原因，实践中有很多老人选择自己撰写遗嘱。

当事人自己写遗嘱，时常会出现用语不规范的问题，遗嘱的用语模糊，就会导致意思表示不清晰，由此引发的纠纷不在

1　笔者曾在北京电视台主持《第三调解室》节目，该节目主要涉及房产争议，其中很多案例中，老人自己写遗嘱就是担心子女知晓后引发矛盾升级。

少数。

江苏新沂一老汉去世时留下“打油诗”版遗嘱一份，其中写道：“……我的一半财产权，交由老伴可拥有……”后来，老伴和子女就对此产生了分歧，起诉至法院。产生分歧的原因就在于对于老汉遗嘱中的“我的一半财产，交由老伴可拥有”的意思发生了分歧。当然，这句话可以有两种理解：一种是对老伴有利的解释，即老汉将属于自己全部财产（因夫妻共有，房屋一半归老汉）由老伴继承，这样整个房屋均归老伴所有；还有一种系对老伴子女有利的解释，即老汉将属于自己全部财产的一半（整个房屋50%的50%）交由老伴继承，其余25%则应按法定继承处理，这样子女也有权继承。在庭审中，双方各执一词，法院最终综合全案作出认定，作出对老伴有利的解释，判决该房屋全部归老伴所有。[1]

类似自书遗嘱，用语不规范的事例还有很多，比如，2002年8月9日，罗笑英在自己的《遗言》中写道：“我本人过世后，愿意将现住房屋产权留给四子简有权，三女绣云有居住权，房屋不能出租或出卖，如有变动需经五儿女签名同意……”显然，罗笑英在上述《遗言》的表达就极不准确：一方面，罗笑英把房屋产权留给四子简有权；另一方面，又对房屋居住权、出租或出卖等情况设立很多限制。那么，该房屋到底应由谁来继承，又该如何继承等问题就变得扑朔迷离。在该案的庭审中，四子简有权与其他子女的意见就针锋相对：四子认为应由自己继承房屋，然而其他子女则认为不应由四子继承。本案一审法院（广州市荔湾区法院）作出判决后，当事人不服又提请上诉。事实上，就连一审、二审法院的法官对这一问题的认识也存在较大冲突。一审法院认为：涉案房屋不应当由四子单独继承，而应

1 《“打油诗”版遗嘱引歧义 母子咬文嚼字争财产》，载中国新闻网http://www.chinanews.com/fz/2012/01-04/3581060.shtml。

由五个女子共同继承。[1]然而，二审法院则终审判决，该房屋应由四子独立继承。[2]

遗嘱的意思表示模糊而引发纠纷，一方面导致当事人诉累；另一方面也导致司法资源的浪费。然而，这一切仅仅是由于“用语不规范”导致，那么，是否有办法避免类似诉讼的发生呢？遗嘱机器人则是一个重要思路。以下是我在实验室完成的机器人遗嘱的实验结果：

用户：我想订立一个遗嘱。

机器人：那要先说说你有哪些财产？

用户：我有房子和银行存款。

机器人：那你想把财产留给谁呢？

用户：我想把房子留给大儿子。想把存款中的一半留给小儿子。

机器人：好吧，那说说你存款的金额。

用户：所有的卡加起来一共120多万元。

……

在编程中，我使用PYTHON语言和LINUX的操作系统。尽管这只是笔者正在实验中的一个遗嘱机器人对话片断，当前它还可以帮助当事人撰写一些简单的遗嘱，但它未来的发展却是可以充分展望的。由机器人帮助当事人订立遗嘱，它至少可以发挥以下三个方面作用：第一，机器人会追问当事人遗嘱中的关键问题，从而让遗嘱能真正体现当事人的真实意思；第二，机器人所使用的法律语言会比较规范，尽可能减少由于语言模糊而引发的法律争议；第三，当事人与机器人共同订立遗嘱，有效保证了当事人的隐私，当事人还可能基于自由意志改变遗嘱内容。

1 广东省广州市荔湾区人民法院民事判决书（2014）穗荔法民一初字第1235号。

2 广东省广州市中级人民法院民事判决书（2015）穗中法民一终字第2958号。

二、区块链遗嘱设计

面对利益纠葛和法律纷争，无论老人订立怎样的遗嘱，都很难保证其子女最终会按照他的意愿分得财产。比如，老人想把他的更多财产分给小儿子，然而，在老人去世之后，其他子女可能会采取各种措施争抢遗产。在很多家族继承大战中，谋杀继承人侵吞财产的案件也时有发生。那么，是否会有一种办法可以有效地解决上述问题呢？能够确定保证老人的愿望百分之百地得到实现，又可以保证继承人百分之百地安全继承呢？

一个聪明的方法就是用区块链技术构建一个关于遗嘱的"智能合约"：老人可以将自己所有财富兑换为数字货币，并建立一个关于遗嘱的"智能合约"。老人可以为每一个子女分配一个账户，在数字货币的语境下，即以"公钥"和"私钥"的形式表现出来，这样，每一个子女只是知道自己的"公钥"和"私钥"，却不知道其他人的"公钥"和"私钥"。"智能合约"的另一个比较大的优势则在于自动执行，当条件成熟时，"智能合约"会把老人账户里的数字货币自动分配给每一名子女，分配的数额取决于合约的约定。"智能合约"系以区块链作为技术支持的，一旦关于遗嘱的"智能合约"部署在区块链上时，这个合约就会分布式存储在区块链的各个结点上，因此这样一个合约系任何人都无法篡改的，现实中篡改遗嘱内容的情况在区块链语境下是完全无法完成的，除非有人可以控制区块链上超过51%以上的算力，然而这又几乎是无法办到的。

当然，在区块链遗嘱的设计中，所有用于继承的财产都需要以数字货币的形式存在。需要解释，"智能合约"一旦发布就无法篡改，那么，老人如果要修改遗嘱又该如何处理呢？事实上，在区块链的环境中，"智能合约"系无法篡改的，当然，老人要修改自己的遗嘱就只有寻求其他方法，一个重要的思路便是重新部署一个“智能合约”，这里的道理类似于，老人可以在一生中订立多份遗嘱，但总是最后一份遗嘱具有终极效力。事实上，当老人在区块链上部署了多份遗嘱的时候，在条件成熟时每一份遗嘱均会发生自动执行，只不过，老人可以选择将最后一份遗嘱中的账户设置为有效账户，这样，只有最后一份遗嘱才能真正自动执行；至于此前的遗嘱（“智能合约”）虽然表面上也在执行，但由于老人的账户里为空，其实并没有实际分配遗产。

这里还需进一步解释，继承财产分配的条件系老人去世，“智能合约”自动执行分配条件的前提同样是老人去世，那么，“智能合约”又是怎样知道老人已经去世了呢？当下能想到的办法便是为“智能合约”约定一个足够长的时间，为合约设立一个分配财产的期限，比如，当老人100岁的时候，按照正常逻辑，此时老人应当已经去世了，这样，该份遗嘱合约就会在老人100岁的时候，自动将财产分配给子女。由于每个子女都只是知晓自己的“公钥”和“私钥”，因此，每个子女只能对自己账户里的数字货币享有完整的支配权，却永远没有办法去侵占其他子女账户的数字货币。

利用区块链技术部署“智能合约”，可以彻底贯彻老人的生前遗嘱，安全且不可篡改。然而，“智能合约”在判断老人已经死亡的问题上同样还在进化，当下的方法是设立一个足够长的时间，比如当老人100岁时自动执行遗产分配，然而，这一时间是预估的，与老人真正去世的时间一般不会完全吻合，一般情况会晚于老人去世的时间（为稳妥起见，一般会估计一个较长的时间），这样在老人真正去世的时候，子女们并没有真正分配到遗产，比如老人在90岁时就去世了，那么子女们还需要再等10年，即老人100岁时才会自动执行合约，如何有效地解决这一问题是很重要的。当然，在极个别情况下，还可能会出现在老人还没有去世的时候，比如老人活了105岁，然而在老人还没有去世的时候“智能合约”就已经自动执行了。要解决上述问题，就需要让“智能合约”能够准确判断老人去世的事实，一个可行的方案便是由公权力机关（法院、公证机构等）向合约发送一个密钥，合约凭借此密钥来验证老人已经去世，并且完成自动执行。这样，“去中心化”的“智能合约”与“中心化”的权威指令就完美地结合在一起了。

最后，为实现“智能合约”的自动执行，这里拟将老人财产全部兑换为数字货币，事实上，随着区块链技术的广泛应用以及技术渐进成熟，可以期待像房地产等财产可以在区块链中完成转让，其道理犹如比特币的转让一样，转让人利用自己的“公钥”和“私钥”就可以将特定的房产转给受让人。这样，可以期待在未来作为遗嘱的“智能合约”不仅仅可以分配数字货币还包括任何形式的遗产。

第六篇

PART 06

机器学习与法律的未来

机器学习是人工智能的核心概念。机器学习也让我们可以无限遐想法律的未来。通过机器学习，机器人可以帮助立法者完成立法建议，理性建构违法行为与法律制裁之间的关系；通过机器学习，警察可以准确预测犯罪发生的时间和地点，犯罪的终结点不是警察，而是机器人；通过机器学习，机器人可以帮助法官完成判决，包括准确量刑以及完成损害赔偿数额的确定。机器学习真正有希望让机器人具备法律的思维架构，从而催生人工智能时代全方位的法律变革。

机器学习与法律的未来

一、什么是机器学习？——从一个最简单的神经元说起

当下，机器学习可以说是人工智能的核心概念，那么到底什么是机器学习？它对法律到底会有哪些影响？未来的律师真的会失业吗？作为法律人，尤其是年轻人对法律的未来又应当有哪些憧憬呢？

事实上，机器学习的过程，与人的学习过程大致相同。先来想一下人是如何学习的，人从幼儿开始，父母会告诉他（她）这是汽车、这是花朵，人的大脑犹如计算机的硬盘一样具有存储功能，这样，人的大脑中逐渐存储了大量的样本数据，以至于幼儿在后面可以自主识别汽车、花朵、房子等。同样，机器学习也就需要大量的样本数据，这一过程也被称为"深度学习"，我在HOW实验室训练FILE机器人进行撰写的时候，就需要让它反复阅读和识别在先已经撰写好的法律文书，完成深度学习之后，它便具有了自主撰写的功能。

人的大脑是由几十亿个神经元组成的，进而使我们可以综合处理各种信息。人工神经网络的布局中同样有一个重要的

概念叫“神经元”，它的作用同样是用于接收和处理信息。

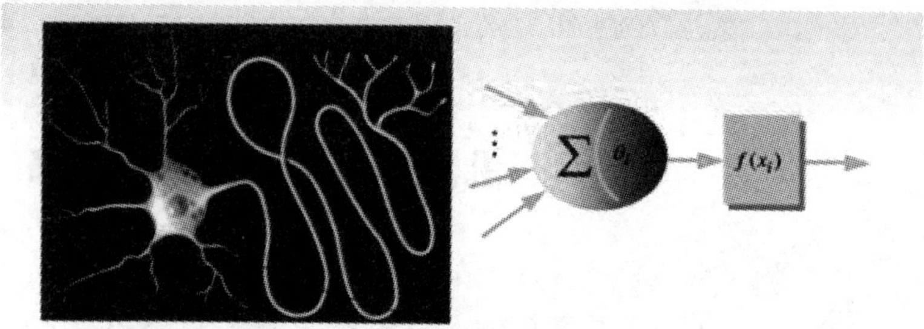

上图中左边部分是人的神经元，右边部分是人工智能中给计算机的神经元。计算机是非生物性的，无论如何它都不可能长出像人一样的神经元。人的细胞中主要成分是水，而计算机是最怕水的，因此机器学习中的神经元，是模拟人的神经元。那么，在这一过程中，它又是如何模拟人的神经元来完成决策的呢？

这里不妨以一个最简单的神经元为例进行说明。比如在一个是否选择违章停车的判断中，那么就需要向这个神经元输入如下信息：1.一旦被处罚，罚款的金额（x）；2.合法停车的费用（y）。当然上述每一个要素都是要有权重的，比如罚款的金额有概率的（也称为权重k），如果这里违章停车被发现的概率很小（第1项的权重k很低），即$kx<y$，那么这个神经元将得出“可以违章停车”的结论；反之，$kx<y$，那么这个神经元将得出“不可以违章停车”的结论。

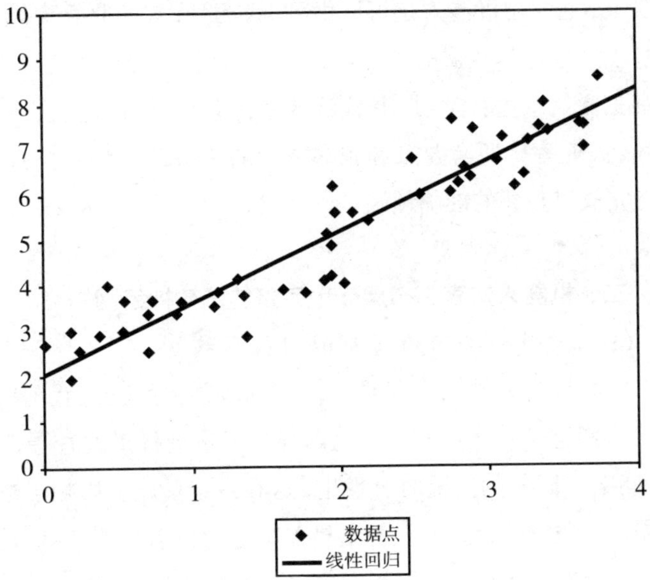

线性回归是机器学习中的一个重要概念，前面所举的那个神经元的例子，关于比较kx与y值的大小，事实上就是两个最简单的线性方程：$y=kx$，这个方程在二维空间中就是一条直线，凡是落在直线上面的点（$kx>y$，不可以停车），凡是落在直线下面的点（$kx<y$，可以停车）。这仅仅只是一个最简单的神经元，事实上，人工神经网络往往需要成千上万个这样的神经元共同组成，最终由这些神经元共同作用从而作出决策，以至于没有办法用简单的二维或三维图示进行表示。

机器学习中蕴含着大量的数学原理，马尔柯夫链便是其中的一个重要理论。它是以俄国数学家马尔柯夫的名字命名的。这一理论说的是事务在某一时刻的状态，是由它前面一时刻的状态所决定的，它在计算事务发生的概率方面具有重要意义。据此，我们甚至可以预测明天或者后天即将会发生什么犯罪？比如警察向机器人提出这样的问题：帮我预测下周某个时间段（如晚上10～12点）在某地（某某步行街）将会发生什么犯罪？

事实上，这一切机器人是可以做到的，当然，它不是算命先生，而基于大量样本数据的学习。这里，机器就需要对本地区历史所有犯罪信息进行学习，并找到这些犯罪与时间、地点、活动、天气、失业率等所有要素和犯罪之间的关系，最终通过马尔柯夫链完成对犯罪的准确预测。

二、机器人法官：构建一个完整的法律神经网络

（一）构建一个可以量刑的神经网络

一名被告人被认定有罪后，他到底需要判几年，我国刑法中往往规定了较大的幅度，法官判案中量刑标准往往差距很大，同案不同判的情况时有发生，这在一定程度上影响了法治的统一及法律的权威性。基于机器学习的数学原理，我们甚至可以设计出这样的一个机器人法官，由它来作出裁判。

这里，我们需要构建一个能够帮助法官量刑的神经网络。我们可以发挥想象力，想象一下与案件量刑有关的所有要素：第一，罪名，盗窃罪的量刑会轻于杀人罪；第二，主观过错、故意和过失相比，前者要重一些；第三，损害结果，是造成财产损害还是人员伤亡；第四，被告的年龄，未成年也会涉及减轻或免除处罚；第五，是否系累犯一般累犯要从重处罚；第六，是否有从轻或者减轻情节，包括自首或者立功等；第七，犯罪的地点，像盗窃罪会涉及当地经济发展水平。

当然，计算机并不会知道这些要素，这就需要我们向神经网络中输入上述信息，因此与上述要素相关的变量也就产生了，比如我们用x_1表示罪名，x_2表示主观过错，x_3表示损害结果等。事实上，每一个要素对最终量刑影响的权重也会有区别，甚至它还会因为不同罪名而发生变化，比如在盗窃罪中金额就是主要参考的条件，然而在伤害罪，伤残等级则是一个十分重要的条件，因此，这里就有了一个权重的概念（用k来代表），它

表示每一个要素对于量刑结果的影响程度，我们甚至可以用k_1来表示罪名的权重、k_2来表示主观过错的权重、k_3来表示损害结果的权重等。

（二）机器学习的目的，找到一组最有价值的权重数据

事实上，在机器学习过程中，最为重要的是让机器找到一组最靠谱的权重值（k值，包含k_1，k_2，k_3直至k_n），这就需要给机器学习大量的样本，样本数量越大，机器学习的效果往往越好。最奇妙的是，机器学习最终将完成对上述各个权重值的精准计算，以至于可以细微到能够精准判断出被告人的过错程度，严重过错、轻微过错或是其他，并且最终根据一套复杂的神经网络计算出最合适的量刑。如果要真正理解这里面的奇妙过程，离不开高等数学中的矩阵（矩阵几乎是高等数学最为重要的概念）计算。

毫无疑问，机器学习的过程中需要大量的样本，其实每个样本，都可以描述成一个线性方程。括号内数字表示样本编号，比如有m个数据样本，就意味着由m个方程组成的方程组

$$
\begin{aligned}
&k_1 \times x_1(1) + k_2 \times x_2(1) + k_3 \times x_3(1) + \cdots + k_n \times x_n(1) = y_1 \\
&k_1 \times x_1(2) + k_2 \times x_2(2) + k_3 \times x_3(2) + \cdots + k_n \times x_n(2) = y_2 \\
&k_1 \times x_1(3) + k_2 \times x_2(3) + k_3 \times x_3(3) + \cdots + k_n \times x_n(3) = y_3 \\
&\cdots\cdots \\
&k_1 \times x_1(m) + k_2 \times x_2(m) + k_3 \times x_3(m) + \cdots + k_n \times x_n(m) = y_m
\end{aligned}
$$

方程组是用来求解未知数的，然而在机器学习中这些未知数被统称为变量。机器学习所用的方程组与我们此前在数学中碰到的不太一样，机器学习所用的样本（方程）的数量会比变量（未知数）多很多，比如有100万个样本，这个方程组中就有100万个方程，而其中需要求解的变量或许只有100个，这样方程的数量是变量数量的1万倍。显然，方程的数量与变量（未知数）数量并非是相等的。因此，在机器学习中，并不存在任何一

组答案能完全满足所有方程，事实上，真正求解的是一组"拟合"的数据。

（三）矩阵方程，让机器学习成为可能

在高等数学中，矩阵与方程的关系是一个十分伟大的"发明"。如果不用矩阵求解方程，也就不可能有机器学习的存在。在这里，你可以不用纠结于高等数学的这些复杂概念，总之，你只需要知道，即机器需要找到一组靠谱的数据（k_1、k_2等），说得再通俗点，机器需要对大量样本的学习找到每一个影响量刑要素的权重值，如被告人未成年的情况会对量刑产生多大影响、被告人系累犯的情况又会对量刑产生多大影响等，所有的这一切都可以用k_1、k_2来表示。这里的奥秘就在于，机器如何能准确找到这些权重值？

这里尤为关键的是，要用矩阵的方式来表示每一个样本的方程

$$
\begin{matrix}
x_1(1), & x_2(1), & x_3(1), & \cdots, & x_n(1) \\
x_1(2), & x_2(2), & x_3(2), & \cdots, & x_n(2) \\
x_1(3), & x_2(3), & x_3(3), & \cdots, & x_n(3) \\
\cdots\cdots & & & & \\
x_1(m), & x_2(m), & x_3(m), & \cdots, & x_n(m)
\end{matrix}
\times
\begin{matrix} k_1 \\ k_2 \\ k_3 \\ \cdots\cdots \\ k_n \end{matrix}
=
\begin{matrix} y_1 \\ y_2 \\ y_3 \\ \cdots\cdots \\ y_m \end{matrix}
$$

你能否看懂这个矩阵方程并不重要，只需要知道，在样本数据中很多数据是已知的，而机器学习的过程就是要通过这些已知的数据寻求未知的数据。显然，在样本数据中所有x值和y值都是已知的，其中的x值是与量刑有关的要素，如罪名(x_1)、被告人的年龄(x_2)、被告人居住的地点(x_3)这些样本数据都是已知的；y值即为被告人被判处的刑罚（如判处3年或5年有期徒刑）在样本数据中也是已知的。机器学习的目的便是寻找这里的k值（$k_1, k_2, \cdots, k_n$）。在真实的机器学习的案例中，这里的矩阵方程是非常巨大的，例如有1000万个样本，每个样本涉及的变量有100个，那么这就是一个100×1000万的超大型矩阵。所

以，说到机器学习，就要感谢当前计算机的计算能力，笔者在实验室中用到Python语言，用到Hadoop并行计算技术，这一切让机器学习成为可能，或许这也是人工智能会在当前爆发的根本原因。总之，一旦这组数据（一系列的k值）被成功拟合，可以说机器学习也就完成了，机器被赋予了智慧。

三、官司是输还是赢，让机器学会"二元"判断

机器学习中的"线性回归"可以帮助我们预测一个准确的值，然而这个值的范围几乎是无法确定的（如机器人计算出的案件赔偿额可大可小）。然而，在很多法律应用场景中我们需要的并不是一个表示大小的结果，而是一个二元判断，比如，让机器人对如下法律问题作出判断：

1.预测官司赢还是输？［输或者赢］

2.判断行为是否属于金融欺诈？［是或者否］

3.证据是否会被采信？［是或者不是］

这些法律问题都需要机器帮助我们作出二元判断（是或者否），于是在机器学习中就引出了"逻辑回归"的概念。它的数学公式如下（其中e是自然常数，$e \approx 2.7182$）：

$$g(z)=\frac{1}{1+e^{-z}}$$

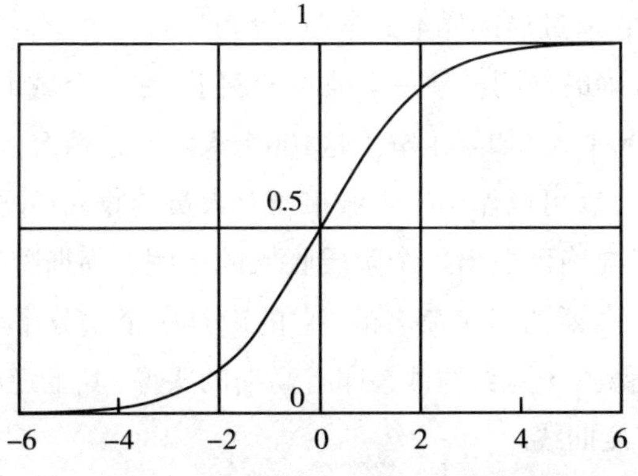

由于这个函数的曲线类似于S形，所以基于这一函数所构建起来的人工神经网络，也被称为S形神经网络，这里的x坐标（z值）可以从$-\infty$到$+\infty$，但纵坐标值［$g(z)$值］都会无限接近于0和1，那么在判断这个案件当事人会赢还是会输的问题上就变得简单了，凡是结果大于0.5的即为赢，凡是结果小于0.5的即为输。

那么，到底是大于0.5还是小于0.5，仍然是需要由机器来完成计算的，在判断官司输或赢的案例中，机器会汇总所有可能影响案件判决的要素，这其中既包括对以往案例的分析，甚至还要计算主审法官对此类案件的倾向性意见，最终计算出一个大于或小于类似于0.5的值，由此可以判断官司是输还是赢。同样在判断金融欺诈的事件中，机器通过对大量金融欺诈手段、方法的学习，进而可以判断当事人的行为是否属于金融欺诈。同样的道理，在一项证据是否被采信的问题上，机器同样可以基于样本的学习，最终给出最专业的意见，该项证据是否会被采信，进而在证据出示之前便可提前做好准备。

四、高斯分布：机器比律师更了解自己

（一）机器学习，让律师提前知道赔偿数额

高斯分布是机器学习中一个重要理论。高斯分布也称正态分布，它通过局部样本的学习，就可以对事件全局的分布情况作出准确的预测。举一个简单的例子，在一个城市中，我们随机找100个人，如果了解了这100个人的收入情况，利用高斯分布模型，就可以作出这个城市所有人员的收入情况分析，以至于可以准确评估出每个阶层收入的比例。高斯分布是以德国数学家高斯的名字命名的，它的确是一个十分了不起的发现，现今德国10马克的钞票印有高斯的头像，其上还印有正态分布的密度曲线。

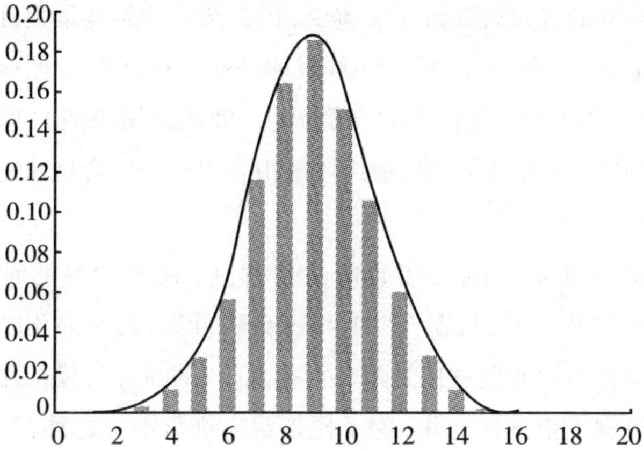

高斯分布图

利用高斯分布的理论，机器学习可以在局部法律数据学习，便可形成对整个法律格局的判断，这里不妨以知识产权的赔偿数额为例予以说明。对于普通民事案件，确定赔偿数额并不是一个十分困难的事情，法律会适用“填平原则”，即根据被告方的实际损失来确定赔偿数额。然而，对于像知识产权类的侵权案件，赔偿数额则是一个难以确定的事宜，由于难以举证确定实际损失，实践中近乎有90%知识产权案件适用法定赔偿原则，即由法官在法律规定的范畴内自由裁量，如《版权法》规定在50万元以下自由裁量，《专利法》和《商标法》则规定在100万元以下自由裁量。这对于很多律师和法官而言，都是一个难题，那么，从0～100万元进行自由裁量，法官很难掌握好处罚的标准，律师也很难预测最终的案件结果。

然而，通过“正态分布”的基本理论，机器可以通过对以往同类案件样本的学习，比如，学习与实用新型有关的侵权样本，便可呈现一个完整的正态分布图示，进而机器学习会告诉我们，法官最大的判赔数额是多少，律师便可以形成庭前最专业的法律意见。当然，利用“正态分布”完成机器学习，同类案件样本的寻找就变得至关重要，机器会关注到样本案件中的每一个细节，包括专利的类型（发明还是实用新型）、侵权的形式、持续的时间、侵权者的身份（生产商还是销售商）、侵权的范畴（省内还是国内）等，最终才能拟合出一个符合规律的神经网络。

（二）庭前预测法官的倾向性意见，机器学习的神奇

在出庭之前，机器人就有可能会告诉你，法官对于本案的概率最大的倾向性意见是什么？在人工智能时代，模拟法庭的格局将发生根本性变化，除了模拟双方进行辩论之外，还必须考虑到主审法官的倾向性意见，因为这对于案件审理至关重要。这样，模拟法庭中一个重要的角色便不可或缺，预测法官倾向性意见的机器人。

当然，要完成对法官意见的准确预测，仅仅依靠正态分布理论是不够的。正态分布的计算模型，只能从整体上完成对法律意见的布局，然而法官又是一个具体的个体，因此法官的论文、以往的判例还有公开发表的法律意见，都将成为机器参考的重要要素。然而，在这一过程中，面对海量数据和资料，如何让机器形成逻辑便是一个最棘手的问题，我把它称为从统计到逻辑的过程。回顾机器学习的历史，它走过了一个从规则到统计的历程，包括当下的语言识别、机器翻译，这是传统的程序规则无法做到的，但基于大数据统计，机器学习取得了较好的效果。然而，如何从统计到逻辑，这是接下来机器学习需要特别解决的问题。

五、结语

尽管机器学习可以赋予机器智慧，由此机器人也可以帮我们解决很多问题。那么，律师会失业吗？答案是不会。机器学习具有重要的特质——智商高，情商低。然而，律师工作中相

当一部分是基于律师情商完成的，比如，一个优秀的刑事辩护律师在法庭上，会根据不同的法官说不同的话，从而达到最佳的辩护效果，所以大律师往往是情商最高的律师；再如，当律师去会见犯罪嫌疑人时，它会激励犯罪嫌疑人的斗志，甚至像心理咨询师那样帮助他走出低谷，显然，这一切机器人毫无用武之地！

当下，机器人的智商还主要体现在数据的计算方面，从这一意义上讲，因为有了法律大数据，也才有了法律机器人。那么，对于新型案件呢？对于数据库中完全没有涉及的案件呢？当下的机器人也难以发挥作用，如果在这种场景下要让机器人发挥作用，就要要求机器人具有举一反三的能力，我把它称为从“统计”到“逻辑”，然而，这还需要一个漫长的过程。

机器人不会完全取代律师，但却给律师执业提出十分严峻的考验，那些不懂变通和创新，在法庭上只知道照本宣科的律师显然再难有生存空间。不仅如此，人机协作将成为未来律师执业的新格局，缺少机器人的辅助，律师撰写的文书或者出具的法律意见都将因为缺少数学模型会变得不够权威。总之，机器学习与法律的未来，这将是一个值得我们脑洞大开，甚至可以无限畅想的研究课题，关于这一话题的讨论还将继续。

机器学习与精神损害赔偿

民法中更为常见的赔偿系财产赔偿，它发生在财产权受到侵害的情况下，法官一般会以受损害财产的价值作为依据确定赔偿依据。然而，当人身权受到侵害时，如人的姓名权、肖像权、名誉权、隐私权等权利受到侵害时，又会涉及“精神损害赔偿”的概念。然而，“精神损害”是一个让人难以捉摸的概念，到底该判赔多少，这是一个难以捉摸的事情。譬如，钱小涵起诉上海屈臣氏公司非法搜身一案，同一案例一审为25万元，二审仅为1万元；再如，重庆4岁儿童因烫伤法院判决赔偿14，000元；而与之类似的案例，吉林一名5岁儿童因烫伤法院判决精神损害赔偿额高达20万元。[1]上海市虹口区人民法院判决精神损害赔偿25万元，二审，上海市第二中级人民法院则改判精神损害赔偿1万元。

为了有效解决精神损害赔偿这一让人捉摸不定的东西，就有必要借助机器学习来完成计算，机器人通过机器学习可以对既往精神损害赔偿的所有案例通盘分析，学习既往法官在相关判例中所参考要素，进而做出最靠谱的赔偿数额。石镁虹、章

1 郭洪波：《对精神损害赔偿法律制度的若干思考》，载《当代法学》2001年第2期。

桦、刘可智等几位学者对我国2224例医疗损害纠纷案例进行了分析，并统计了其中关于精神损害赔偿数额。[1]统计描述主要以构成比（%）表示，赔偿金额以均数+（-）标准差表示。[2]这里笔者就以医疗事故中精神损害赔偿为例，借鉴石镁虹等学者在实证研究中的数据，进一步论证机器人是如何完成精神损害赔偿计算的。

表1　精神损害赔偿金额（主张与实际赔偿）及所占比例

单位：例，%

分组	主张精神损害赔偿		实际精神损害赔偿	
	例数	构成比	例数	构成比
≤0.5万元	108	1.9	442	19.1
0.5万~1万元	225	10.1	492	22.1
1万~2万元	278	12.5	533	24.0
2万~5万元	945	42.5	662	29.8
5万~10万元	484	21.8	81	3.6
10万~20万元	133	6.0	14	0.6
20万~50万元	41	1.8	0	0.0
＞50万元	10	0.4	0	0.0

法院判决精神损害赔偿金额在2万～5万元的所占比例最大，总计为29.8%；其次是判决0.5万～1万元的比例为22.1%。这样，法院判决1万～5万元的总计占比为53.8%。同时，法院判赔超过10万元的精神损害赔偿仅占0.6%，可见我国精神损害赔偿总体判赔金额较低。

1　从“中国裁判文书网”中下载了以“医疗损害”为案由，判决时间为2013年1月1日～2015年3月31日的9002份判决书。排除了调解、撤诉、驳回等案例，确定诉讼案件5012例；又排除了医院责任、损害结局、主张精神损害赔偿（实际损害赔偿）等重要信息缺失的案件，最终确定样本2224例。石镁虹、章桦、刘可智：《2224例医疗损害纠纷精神损害赔偿的实证研究》，载《中国医院管理》2016年第36卷第6期（总第419期）。

2　石镁虹、章桦、刘可智：《2224例医疗损害纠纷精神损害赔偿的实证研究》，载《中国医院管理》2016年第36卷第6期（总第419期）。

（一）地区、医院等级与精神损害赔偿金额分析

表2　地区、医院等级与精神损害赔偿金额情况（主张及实际赔偿）

单位：例，%，万元

因素		例数	构成比	主张精神损害赔偿	实际精神损害赔偿
地区	东部地区	1.241	55.8	6.83 ± 0.23	2.23 ± 0.06
	中部地区	616	27.7	4.59 ± 0.16	2.05 ± 0.07
	西部地区	367	16.5	5.50 ± 0.34	1.72 ± 0.09
医院等级	私立医院	184	8.3	5.50 ± 0.59	1.83 ± 0.15
	一级医院	229	10.3	5.58 ± 0.46	1.84 ± 0.11
	二级医院	699	31.4	5.25 ± 0.20	2.12 ± 0.07
	三级医院	1 112	50.9	6.62 ± 0.23	2.29 ± 0.06

比较东部地区、中部地区和西部地区，法院判决精神损害赔偿的金额呈现递减趋势。简言之，越发达的地方，精神损害赔偿金额判赔相对越高。比较医院等级，从私立医院到一级、二级、三级医院，法院判决赔偿金额呈现递增趋势。

（二）伤残等级与精神损害赔偿关系

表3　伤残等级与精神损害赔偿金额（主张与实际赔偿）

单位：例，%，万元

损害结局	例数	构成比	主张精神损害赔偿	实际精神损害赔偿
死亡	899	40.4	7.34 ± 0.25	2.56 ± 0.06
一级伤残	70	3.1	8.63 ± 0.78	4.07 ± 0.39
二级伤残	38	1.7	8.46 ± 2.52	3.26 ± 0.42
三级伤残	63	2.8	5.51 ± 0.78	2.26 ± 0.20
四级伤残	71	3.2	5.85 ± 0.81	2.35 ± 0.25
五级伤残	57	2.6	5.36 ± 0.61	2.2 ± 0.18
六级伤残	65	2.9	3.53 ± 0.37	1.82 ± 0.14
七级伤残	84	3.8	5.72 ± 0.16	1.92 ± 0.16
八级伤残	116	5.2	4.21 ± 0.44	1.72 ± 0.14
九级伤残	109	4.9	3.60 ± 0.46	1.07 ± 0.07
十级伤残	110	4.9	2.81 ± 0.25	0.86 ± 0.14
未鉴定的伤害	542	24.4	5.20 ± 0.29	1.80 ± 0.08

总体而言，精神损害赔偿与伤残等级呈现正向比例关系。

伤残等级越严重，可以推定给当事人造成的伤害越大，由此导致的精神痛苦也就越大。

（三）医院责任与精神损害赔偿金额

表4 医院责任与精神损害赔偿金额

单位：例，%，万元

因素		例数	构成比	主张精神损害赔偿	实际精神损害赔偿
医院责任	无责任	31	1.4	6.15 ± 0.91	1.08 ± 0.53
	轻微责任	540	24.3	6.13 ± 0.35	1.62 ± 0.07
	次要责任	851	38.3	5.63 ± 0.19	2.05 ± 0.06
	主要责任	407	18.3	6.00 ± 0.37	2.45 ± 0.13
	大部分或完全责任	395	17.8	6.69 ± 0.49	2.59 ± 0.12

在医疗纠纷中，法院在最终确定医院承担责任的情况下，先要确定医疗过错的责任，总体上分为无责任、轻微责任、次要责任、主要责任和大部分或完全责任等几个层级，总体上法院实际判赔金额也随着医院承担责任层次加大而加大。

（四）医疗损害纠纷精神损害赔偿的线性回归模型

基于上述统计分析，将“地区”“医院等级”“医院责任”“损害结果”四个有效因素纳入线性回归模型中，由此建立医疗损害纠纷精神损害赔偿金额计算公式：

$$Y=N+N_1\times X_1+N_2\times X_2+N_3\times X_3+N_4\times X_4$$

其中，Y表示医疗损害纠纷精神损害赔偿，X_1表示地区（1=东部地区，2=中部地区，3=西部地区），X_2表示医院等级（1=私立医院，2=一级医院，3=二级医院，4=三级医院），X_3表示医院责任（如医院责任决为10%），X_4表示损害结果（0=死亡，1=伤残一级，2=伤残二级，3=伤残三级，…，10=伤残十级）。

机器人在通过大量案例学习之后，就可以找到N，N_1，N_2…最准确的系数，由此，当一个新的案例发生时，机器人便可以根据既往学习的经验准确判定应当采用的赔偿金额。

第七篇
PART 07

机器量刑与犯罪预测

“占卜”的概念一直被誉为神话，然而人工智能却有希望取代这种神话。何时何地将发生犯罪？人工智能可以实现准确“占卜”，以至于警察可以在犯罪发生前终止犯罪。人工智能系基于如下逻辑完成这种“占卜”的：第一，人工智能会捕捉犯罪与各个因素之间的关联性，诸如天气、地点、受教育程度等要素，从而完成科学预测；第二，在人工智能时代，人的行为将被彻底数据化，基于数据与数据的关联和发展规律，进而作出预测和分析。

机器学习与预测犯罪

我们经常能看到在街道上巡查的警察，巡查的目的是预防犯罪。如果机器人可以提前告诉你，在一个城市的什么地方接下来将会发生犯罪，警察便可以提前布控。以往出现类似场景依靠的是线人，这里和"线人"无关，而是机器人根据客观规律做出的预测。事实上，一个城市的犯罪是有规律的，它和天气有关系，比如天气热的时候，人脾气大容易冲动；和季节有关系，夏天当人们穿得比较少的时候，盗窃者更容易得手；和区域有关系，富人区和贫民区所体现的犯罪及犯罪特点也是有区别的，火车站附近与旅游景点同为社会公共区域，也呈现不同的犯罪特征；和举办大型活动有关系，在城市举办大型活动的时候，如大型运动会或者展销会时也会急剧出现相应的犯罪。

基于犯罪与客观事务之间的规律，研究人工智能的专家们也开始大胆设想，是否能够用机器人来预测犯罪？笔者在实验室也做了大量这方面的实验，试图让机器人去寻找犯罪和城市发展过程中各个要素的关系，从而让机器人准确地预测犯罪：让犯罪还没有产生就已经消亡。

一、机器人预测犯罪的理论基础

（一）气候与犯罪的关系

大数据能够神奇地捕捉到各种要素与犯罪之间的微妙关系，哪怕是那些容易为我们所忽视的要素，同样与犯罪之间有着紧密的联系。实证犯罪学派创始人龙勃罗梭提出过自然气候因素会影响犯罪：极端天气，如过冷或过热的气温会消耗人的精力，减少犯罪激情；相对适宜的温度下，人更容易实施犯罪，相比较而言，炎热的月份（或国家）以暴力犯罪居多，寒冷的月份（或国家）以财产犯罪居多。[1]

国外很早就开始研究犯罪与季节关系，这些研究还试图找到气候变化与犯罪之间的规律。[2]比如杀人犯，特别是特定类型的杀人，如室外杀人、发生于城市特定地区的杀人，会随季节变化而发生变化。抢劫，就美国整体而言，相比平均发生率，11月会比平均水平高16%~18%，但4月和5月就比平均水平低10%~12%。在关于气候与犯罪的研究成果中，较为有代表性的是2013年8月1日，美国《科学》杂志发表的《气候强烈地影响着全世界范围内人们的冲突与暴力》。[3]

研究者将冲突分成三个类型：个人暴力及犯罪、群体暴力及政治动荡以及制度颠覆。研究结果显示：气候变化对三种暴力冲突的发生率都有显著的影响。当气候变量（温度或降水量）向更热或降水量更大的方向发生一个标准差大小的改变，将会使个人暴力行为的发生率提高4%，而发生群体暴力的

1 辛科主编：《犯罪学》，法律出版社2005年版，第48页。

2 目前找到的最早的一篇研究发表于1980年，美国司法部统计中心发布的国家犯罪调查报告“Crime and Seasonality”，1984年一篇“Is Crime Seasonal? ”。最近是2012年5月哈佛肯尼迪学院发布的“Crime，Weather，and Climate Change”。

3 Solomon M.Hsiang，MarshallBurke，Edward Miguel，Quantifying the Influence of Climate on Human Conflict，Science，2013.

风险更会因此提高14%。[1]研究结果还进一步预测，全球温度到2050年平均可能会升高2℃，届时，由于气候变化，全球战争可能增加56%，个人暴力事件增加16%。[2]

(二)年龄与犯罪的关系

对犯罪与年龄关系的研究表明，在20世纪后半叶的任何时间，无论是在英国还是美国，14~18周岁都是一个犯罪的高峰期。该高峰期亦为开始承担刑事责任的年龄，犯罪急剧上长，到24岁，犯罪又呈下降的趋势，35岁开始步入平缓的、漫长的缓缓下降期，并不确定地持续到老年期。这种模式在不同国家、不同历史时期以及不同人群，如男性或女性之间，具有非常明显的相似性。[3]

在不同罪名中，犯罪高峰期的开始和下降并不相同，苏特希尔的研究发现：针对人身的暴力犯罪、性犯罪和年龄之间的曲线关系极为近似，与其他犯罪相比高峰期后续下降幅度相对较缓；入户盗窃的高峰期开始最早，16岁前的数量就极大，25岁以后的下降也十分明显，其他盗窃犯罪也有相似现象，只是高峰的开始和显著性没有入户盗窃明显；抢劫罪的高峰起于16岁后，且在25岁后下降并不明显；欺诈与伪造犯罪并没有随着年龄增长而显著下降，一直保持一个相对稳定的案发比例。[4]

(三)受教育程度与犯罪

教育与犯罪之间也有着微妙的关系。这种关系可以从教

1 Solomon M.Hsiang, MarshallBurke, Edward Miguel, Quantifying the Influence of Climate on Human Conflict, Science, 2013.

2 Solomon M.Hsiang, MarshallBurke, Edward Miguel, Quantifying the Influence of Climate on Human Conflict, Science, 2013.

3 [英]麦克·马奎尔、罗德·摩根、罗伯特·赖纳等:《牛津犯罪学指南》，中国人民公安大学出版社2012年版，第504页。

4 [英]麦克·马奎尔、罗德·摩根、罗伯特·赖纳等:《牛津犯罪学指南》，中国人民公安大学出版社2012年版，第504页。

育对犯罪的收缩效应和扩张效应两个层面上予以解读。首先，教育对犯罪的收缩效应：(1)教育提高了人们的人力成本和合法的工资收益，进而提高了准备和实施犯罪的机会成本及犯罪分子被关押的机会成本。[1](2)接受教育还相应地挤出了人们可用于从事犯罪的时间资源[2]，这被视为教育的“隔离效应”。(3)教育提高了人们的道德标准，增加了犯罪的心理成本。[3](4)教育还改变了人们的时间偏好和风险厌恶程度，从而提高了人们犯罪后所受惩罚的权重。[4]

其次，教育对于犯罪的扩张效应：(1)如果说教育提高了人们的人力资本水平和合法工资收益，那么教育也可能提高人们的犯罪生产率和犯罪收益[5]，特别是对于诸如伪造、诈骗、盗用(公款)等高技能型犯罪来说更是如此。[6](2)教育还提高了犯罪分子在实施犯罪后的逃避拘捕和逃避惩罚的能力[7]，从这一意义上讲，它又降低了犯罪成本。

最后，接受教育虽然挤出了人们可用于从事犯罪活动的时间资源，但是学校教育还具有“集中效应”，即学校教育可能因为增加了青少年间的社会互动，并由此引发更多的学生间的冲

1 Lochner, L., “Education, Work, and Crime: A Human Capital Approach”, International Economic Review 45, 2004, pp.811-843.

2 Witte, A.D.and H.Tauchen, “Work and Crime: An Exploration Using Panel Data”, NBER Working Paper No.4794.

3 Fajnzylber, P., D.Lederman and N.Loayza, “What Causes Violent Crime?”, European Economic Review 46,2002, pp.1323-1357.

4 Lochner, L., “Education Policy and Crime”, NBER Working Paper No.15894.

5 F.T.Juster, Education, Income, and Human Behavior, Mc Graw-Hill, 1974, pp.313-338.

6 Lochner, L., “Education, Work, and Crime: A Human Capital Approach”, International Economic Review 45,2004, pp.811-843.

7 F.T.Juster, Education, Income, and Human Behavior, Mc Graw-Hill, 1974, pp.313-338.

突和群体性犯罪，进而导致犯罪率（特别是暴力犯罪率）上升。[1]

（四）犯罪与家族犯罪史

下图即为家族犯罪史与犯罪的关系图[2]：

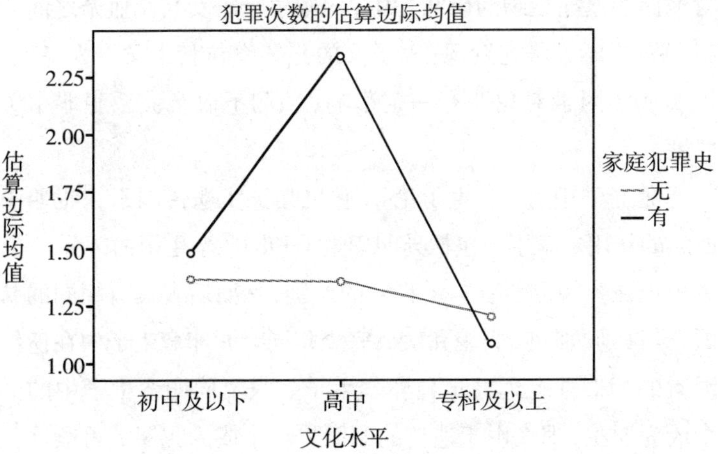

根据研究发现，在无家族史的罪犯中，初中及其以下和高中学历的犯罪次数均显著高于大学及以上学历的犯罪次数；而在有家族犯罪史的罪犯中，高中学历犯罪次数显著高于初中（及初中以下）学历和专科及以上学历的。

通过研究甚至发现，受教育程度与犯罪家族史对犯罪次数存在显著的交互作用。一种可能在于父辈存在犯罪史容易导致对后代的教育问题倾注较少，从而导致其后代接受教育（包括道德教育和科学文化教育）相对匮乏。道德教育缺失致使罪犯后代缺乏对自身道德准则的把握，而科学文化教育的缺乏则使罪犯后代无法获得体面而稳定的工作收入，经济的困窘同样

1 Jacob, B.and L.Lefgren (2003), Are Idle Hands the Devil's Workshop? Incapacitation, Concentration, and Juvenile Crime, American Economic Review, 93: 1560-1577.

2 张亦驰、刘畅、周丽、薄唯丹：《家族犯罪史与受教育程度影响犯罪严重程度及重新犯罪的实证研究》，载《世界最新医学文摘》2016年第16卷第6期。

易导致罪犯。

还可以通过遗传学的思路进一步解释犯罪家族史与犯罪之间关系。1972年,美国学者克劳在《女性犯罪人的养子女:对他们的逮捕记录的研究》[1]中,比较了养子女与其血亲之间的犯罪率差异。研究发现,养子女的犯罪率与其生父更为一致,说明遗传因素对犯罪有一定影响,预测了血亲关系犯罪率关联度。

犯罪学中有"孪生子论",它也是证实遗传因素在犯罪中所起的作用。孪生子包括异卵孪生子和同卵孪生子的区分。[2]前者表现在容貌上会有一定程度的差别,然而后者具有相同的基因,其性别、血型、容貌和DNA完全相同。同卵孪生子中在遗传因素的相似性上远高于异卵孪生子。只要同卵孪生子中的一个成为罪犯,那么由于遗传的原因另一个成为犯罪的可能性就非常大。

研究还发现,同卵孪生子的犯罪历史一致率平均为60%,异卵孪生子的一致率仅为30%。而近期更为广泛的研究却表明了这种犯罪一致率的降低,如丹麦对3586对孪生子进行的调查发现,同卵孪生子的犯罪一致率为35%,异卵孪生子的一致率为13%。在挪威进行的一项类似研究发现,男性孪生子中同卵孪生子的犯罪一致率仅为26%,异卵孪生子的一致率为15%。[3]总之,遗传因素在犯罪形成过程中起着重要作用,同卵孪生子的犯罪一致率也明显高于异卵孪生子。我国黑龙江省双城市一对DNA遗传物质完全相同的范姓同卵双胞胎兄弟,自2005年

1 Crowe R. R., The adopted offspring of women criminal offenders, A study of their arrest records, Archives of General Psychiatry, 1972, 27(5): 600.

2 同卵双生与异卵双生的区别:同卵双生是因为"一个受精卵在发育初期分裂成两个胚胎",而形成双胞胎;异卵双生是因为"母亲的卵巢同时排出两个卵子,并且分别受精成胎"。

3 刘宗粤:《国外犯罪行为生物因素研究进展》,载《人民检察》2002年第11期。

秋至2006年春半年多的时间里，在已经分离多年而事先又没有任何联系、双方互不知晓的情况下，多次离奇地同时在相距十几公里的两个不同地点实施抢劫强奸犯罪，且两人的作案手法如出一辙，而且在其犯罪之前，他们的父亲和哥哥曾先后犯盗窃罪并被判处刑罚。[1]

学者们在研究遗传与犯罪的关系时，还洞察到了“冲动基因”的概念。“冲动基因”是英国布里斯托大学的乔纳森·伊万斯博士在研究基因与人类自杀行为之间关系的时候偶然发现的。伊万斯在对400名研究对象进行了心理测试和遗传基因扫描后发现，只有那些行为冲动的人才有这种与众不同的基因，并且，这种基因13%的人身上都有，这些人总是表现出根本不考虑后果的冲动。一方面，“冲动基因”是通过抑制人的大脑中某些特定区域里的血清素使他们变得性格外向、行为鲁莽、不能安分守己、总是制造不少麻烦、容易酗酒赌博，甚至故意伤害自己，因此很难与他们共同生活，其激情犯罪的比例也较高。另一方面，拥有这一基因的人却又富有创造性和决策力，几乎个个都是冒险家，这对推进社会的发展有好处，平时与他们相处也会觉得很有趣。

二、机器学习与犯罪预测

（一）“犯罪地图”概念的诠释

1.犯罪地图

基于犯罪与各种要素的内在联系，用机器人完成犯罪预测在理论上是可行的。笔者在实验室把这项研究称为“犯罪地图”。通过机器学习，机器人对于一个城市未来即将发生的犯罪作出预测，这一切都会体现在“犯罪地图”中，依据“犯罪地

1 叶勇：《双胞胎同时实施抢劫强奸，自称心灵感应无法控制》，载《哈尔滨日报》2006年10月14日。

图”完成警力的最佳布控，由此，“犯罪地图”也将是未来智慧城市的重要组成部分。

2.犯罪地图与“帕累托最优”

“犯罪地图”有利于实现警察资源的最优化配置，在缺乏人工智能犯罪预测的情况下，警力资源布控难以避免会具有一定的盲目性。更为常见的情况是，在当事人报案之后才会确定重点聚集警力资源的时间和地点。警力资源更多体现在抓捕犯罪而并非是预防犯罪方面。与现有警力资源使用相比，预测犯罪有利于实现警力资源优化配置，即所谓的“帕累托最优”[1]。

3.犯罪地图与个案救济不公

犯罪地图在实现整体效益最优的情况下，也会出现所谓“个案不公”的问题。假定一个城市的警察局根据犯罪地图完成了警力配置，由于犯罪地图显示某地可能会产生严重暴力犯罪的可能性最大，于是，大部分警察聚集在该地区，那么能分布给其他区的警力就会明显减少，这样在其他地区产生的犯罪个例就很难获得救济。犯罪地图从根本上是基于概率完成警力分配的，这样，它在实现社会整体犯罪预防和打击最优的情况下，却有可能出现个别地区个案救济不足的问题。

在没有“犯罪地图”的情况下，警力更趋向于平均分配，因此个案受害者难以归咎于警察局，有限的警力已经进行了平均分配，然而犯罪的产生却是随机的，个案的受害者只能埋怨自己运气不好，却难以责难警力分配的不公。然而，在使用了犯罪地图的情况下，警力在各地区的分配已经有了取舍和机器人自身的价值判断，个案的受害者却有可能将其归咎于警力分配

1 帕累托最优又被称作帕累托效率，帕累托在其著作《政治经济学讲义》和《政治经济学教程》中将其定义为：“对于某种经济的资源配置，如果不存在其他生产上可行的配置，使该经济中的所有个人至少比他们初识时要更好，那么这种资源配置就是最优的。”项桂娥、吴宏伟主编：《西方经济学（微观部分）》，中国科学技术大学出版社2016年版，第238页。

不公。即便是在犯罪地图实现了“帕累托最优”的情况下，这种内心的不公平依然是客观存在的。

（二）社会危害性的预测

1.社会危害性预测

运用机器人预测犯罪的理论，还可以根据一个特定罪犯的个人情况来预测其社会危害性，这种预测可以帮助法官更准确地为其量刑。

刑法上有累犯的概念。累犯有广义和狭义之分。狭义的累犯对再犯罪发生的时间有要求，即距离前面已经犯罪的行为，如果在法律规定的时间内（如我国刑法规定为5年）再犯罪的，即为累犯。[1]构成累犯的，法院在量刑上可能从重处罚。广义的累犯，则不考虑再犯罪与前次犯罪的时间间隔。广义的累犯虽然对于被告人量刑没有太大意义，但对于人工智能预测社会危害性则具有重要意义。当然，除了累犯，机器人还会考查罪犯的受教育程度、诚信记录、年龄、收入、职业等情况，最终对其社会危害性作出判断。美国法院广泛使用一套名为“COMPAS”软件，根据这位罪犯的年龄及犯罪记录等资料，评估这位罪犯再次犯案的机会，供法官判定其刑期或是否给予假释的参考。在过去20多年来，美国的法院一直有使用COMPAS软件，协助处理超过100万宗案件。[2]

2.机器人预测与“法律面前人人平等”

机器人会根据犯罪的过往经历完成其社会危害性的预测，预测的结果可能是大、中、小或者其他表现形式，而该预测结果对于法官在法定幅度内裁量刑期就具有重要意义。由此也

1 《刑法》第六十五条规定：被判处有期徒刑以上刑罚的犯罪分子，刑罚执行完毕或者赦免以后，在五年以内再犯应当判处有期徒刑以上刑罚之罪的，是累犯，应当从重处罚，但是过失犯罪和不满十八周岁的人犯罪的除外。

2 《软件能测保释罪犯是否再犯罪？科学家提出质疑》，载环球网http://tech.huanqiu.com/intelligent/2018-01/11537258.html。

产生了这样的结果：两个不同的罪犯，即使他们实施了完全相同的犯罪行为，但由于两人过往经历的区别，机器人所预测的社会危害性的结果却有可能存在很大差异。这样，两人即使在本案中实施了完全相同的行为，但最终获得的量刑依然有很大区别。

机器人的预测也为“法律面前人人平等原则”带来了前所未有的挑战。“平等”的意义在于，尽管两人出身、受教育程度、民族、性别等存在很大区别，但都需要平等适用法律，同案同判又成为平等原则的当然要求。然而，机器人预测社会危害性的场景中，机器人会综合考虑被告人此前的各种表现，对其社会危害性综合作出认定，传统的形式平等正在被大数据语境下的“算法平等”所取代。那么，法律正义的原则到底是什么？对于一个人的量刑，除了本案事实，是否还需要综合考虑此前的要素，这种考量是否是正义的？在人工智能时代之前，这种考量会被认为不正义，法官甚至还会面临“枉法裁判”的责难。问题的关键还在于，在缺少大数据和科学算法的情况下，这种考量的科学性是无法保障的，在这种情况下将案外因素拉入其中，无法保障结果的公正。与此同时，在缺少机器人帮助的情况下，法官主观地将案外因素拉入其中作为量刑参考，也是对公平诉讼程序的彻底践踏，因此，法律的平等原则被严格限制在被告在本案的行为范畴内，即使是对案件量刑具有重要影响的累犯事实也被严格限定在法定期间内。

大数据和人工智能的出现，则让机器人对于案外因素的考查成为可能，具体而言：第一，它是机器人基于大数据和机器学习最终完成的，考虑案外因素旨在于最大限度实现“实质公平”；第二，它是机器的运算结果，在最大限度保障科学性的同时，避免了人为主观性的问题；第三，通过权重设置，案外因素虽会影响本案，但会被限制在合理的范围内。

3.机器人预测与被告人的挑战

2013年，美国威斯康星州发生了一宗偷车案，事后警察找到该车，并在车上拘捕了艾力·罗米斯（Eric Loomis）和他的朋友。原本偷车案并不算严重，但Compas软件却将罗米斯评估为极有可能再犯案的高度危险人物，该州拉克罗斯市法院因此判处罗米斯长达8年6个月的徒刑。罗米斯不服刑期上诉，指Compas是黑箱作业，有违公平原则，但州法院认为即使不使用该软件，判刑仍会一样，判其败诉。

机器人的评估结论一旦作为法官裁判的参考因素时，评估结论的公正性便可成为律师们可辩护的问题。尽管机器人算法是黑箱的，但律师们仍然可以想尽办法去论证这一结论的不科学性或不公正性。在此，律师辩护的重点并非是要推翻这个评估结论，犹如在“罗米斯”案，州法院给出的回复：即使不用该评估软件，判刑仍会一样。事实上，机器人的评估结果仅仅只是在法官的头脑中发挥作用，而并非系判决的法定依据，因此，机器人关于社会危险性以及再犯罪的评估与鉴定结论并非同一概念，前者发挥的是对法官的影响力，后者则是法院作出裁判的法定依据。事实上，法院也未必会将机器人的评估结果写入裁判文书，但只要它对法官发挥了影响力，法官会有可能在法定的裁判范围内作出偏重的量刑。在机器人作出对被告人不利的评估结果时，律师辩护的方向只能是想办法说服法官尽可能不相信机器人的评估结果。

4.机器人预测与歧视和偏见（racism and bias）

机器人是经过对以往大数据的学习，来预测社会危害性的，在实际运算时，各个要素所占有的比重会有所区别，比如A民族的暴力犯罪率最高，那么在对社会危害性预测的运算中，如被告人本人恰好是A民族的，预测分值自然会对其产生种族歧视和偏见（racism and bias）；这种歧视和偏见可以通过大数据学习完成，还有可能是在机器人设计时由人为算法完成的。由此可能会产生种族歧视和偏见的结论：A民族喜欢实施暴力犯罪。类似的问题，还不仅仅局限在民族领域，甚至包括性别歧视、年龄歧视、受教育程度的歧视等。为此，Kent警察还对其使用的PredPol机器人所引发的黑人或者种族歧视的争论予以解释。[1]

这种歧视和偏见首先是给特定群体带来社会荣誉的困惑，大数据所形成的结论（如A民族的暴力犯罪率最高）往往是阶段性的结论，甚至有可能附加很多条件，但这种数据统计结果却极有可能被作为一种确定的结论流传，这对于特定群众的社会声誉将造成严重损害。比社会荣誉更值得关注的是，它还将导致了一种自我实现的预言（Self-fulfilling Prophecy）。罗伯特·默顿提出"自我实现预言"，即积极的或者消极的预言，强烈坚持的信念，或者错觉（被宣称是真实的，其实是错误的），都可能足以影响到人们，使人们的反应最终会导致先前错误的预言实现。[2]的确，预言对于个体是有心理暗示作用。心理学家们早已做过类似的实验，在一群小学生中，那些被预言天才的小学生最终更有可能成为"天才"，因为他们自身对自己会有一种更优越的感觉。同样的道理，对于坏事的预测同样也可能会导致坏的结果。诚如在英文中常用的一句格言：Fear of failure can become a self-fulfilling prophecy（害怕失败可能会真

1　警察说，PredPol机器人并没有受到来自团队和社会的否定评价，只是当它经过大数据的反复训练后表现出对黑人或者种族歧视之后便引发公开论辩。批评者指出，机器人基于对以往数据的学习学会了种族歧视。《英国独立报》(Independent)：How technology is allowing police to predict where and when crime will happen, https://www.independent.co.uk/news/uk/home-news/police-big-data-technology-predict-crime-hotspot-mapping-rusi-report-research-minority-report-a7963706.html。

2　［美］斯科特·普劳斯(Scott Plous)：《决策与判断》，施俊琦、王星译，人民邮电出版社2004年版，第205页。

的导致失败)。

算法歧视还有可能导致个案的不公平。在 ProPublica 的研究中有一个例子显示,一名白人男性与一名黑人女性在街上看到没锁的自行车和滑板车,并将其骑走,但很快被警察逮捕。算法对这两个人未来犯罪的风险进行了预测。对于黑人女性来讲,她之前有过 4 起涉嫌未成年人的轻罪,但算法判断结果认为她的风险非常高,给了一个 8 分的评级。而对于白人男性来讲,尽管他之前曾经有过两次持械抢劫行为,还有一次持械抢劫未遂,但是判断结果仍然给了他一个比较低的评级 3 分。在之后的很多年时间中,这位黑人女性并没有再进行犯罪,反而是这位之前被算法评价为犯罪风险相对较低的白人男性,之后又有一次比较严重的盗窃罪行。

因此,为有效应对算法的歧视和偏见,在未来有必要设立“代码审计”机构,该机构将被视为公众信赖的第三方监管机构,一旦公民或单位基于“算法的歧视和偏见”主张权利时,基于委托或者法院的指定,代码审计机构就会对涉及机器人算法进行全面审计,最终确认其代码的算法是否涉及歧视和偏见,最终被确认涉及歧视和偏见的代码的企业还将面临处罚措施。

量刑预测：兼论机器学习样本的分类

如果有一天出现了这样的场景：一个抢劫犯在完成抢劫后，机器人就会准确地预测出：你会被判9年有期徒刑。在这样的时代，法官会失业吗？一个更加令人忧虑的事情出现：这个抢劫犯每次抢劫前都会去问一下机器人，他会盘算：违法成本与收益之间的关系。事实上，当机器人一旦能对量刑作出准确预测时，一个更加神奇的机器人也将产生：它会根据违法成本与违法收益之间的关系，进而建议人们是否应当去犯罪？……这将是一个怎样的场景。

在这里要讨论四个方面的问题：第一，机器人可以预测量刑吗？第二，机器人是如何预测量刑的？第三，一旦机器人可以预测量刑，刑罚职能又将发生怎样的改变？第四，机器人预测量刑与律师的辩护。

一、机器人可以预测量刑吗？

（一）刑罚的可预测性

根据刑法上“罪刑法定原则”，“法无明文规定不为罪，法无明文规定不为罚”，这使刑罚上每一个罪名及其量刑空间在刑法上都有明确规定的，比如交通肇事罪，刑法会规定“三年以下”或者“三年以上七年以下”有期徒刑，肇事者可以根据自身的情况，比如交通肇事死亡一人，负事故全部或者主要责任的，处三年以下有期徒刑；如果系肇事导致死亡二人以上的，负事故全部或者主要责任的，会处三年以上七年以下有期徒刑。[1]

刑罚的可预测性系法律实现其秩序价值的必然要求。诚如拉德布鲁赫所言：“保证法律的确定性仅仅意味着法律是可以预测的，并不一定就能够抵御那些完全多余或者不公正的法律。但是，这种可预测性至少能够允许人们独立地规划自己的未来，并且在规划中及行动的考虑中纳入法律秩序的要求。”[2]在弗里德里希·冯·哈耶克看来，秩序的本质意味着个人的行动是由成功的预见所指导的，即人们不仅可以有效地运用他们的知识，而且还能够有信心地预见到他们能从他人那里所获得的合作。[3]费尔巴哈的“心理强制说”又进一步道出了刑罚可预测性对于减少犯罪的意义，即“行为人由于确信实施犯罪的欲望会带来更大的恶害，就会抑制犯罪的意念而不去犯罪。为了起到心理强制的作用，需要预先用法律明文规定犯罪与刑罚的关系，以便预示利害，使人们知晓趋避。”[4]

（二）人为预测与人工智能预测之间的区别

幅度预测与精准预测。人为预测所能实现的是幅度预测，

1 《中华人民共和国刑法》第一百三十三条规定，违反交通运输管理法规，因而发生重大事故，致人重伤、死亡或者使公私财产遭受重大损失的，处三年以下有期徒刑或者拘役；交通运输肇事后逃逸或者有其他特别恶劣情节的，处三年以上七年以下有期徒刑；因逃逸致人死亡的，处七年以上有期徒刑。

2 ［德］夏辛·容敏德：《法治》，阿登纳基金会译，法律出版社2005年版，第45页。

3 ［英］弗里德里希·冯·哈耶克：《自由秩序原理》（上），邓正来译，生活·读书·新知三联书店1997年版，第200页。

4 马克昌：《比较刑法原理》，武汉大学出版社2002年版，第64页。

比如可以预测有期徒刑为三年至七年，然而对于被告人而言，他更关心精准预测，在监狱里的每一天对于被告人而言都是十分漫长的。人为预测是人借助于法条或者有限的案例完成的预测，因此这种预测只能是幅度预测；然而人工智能则是汇集此类犯罪的所有案例完成预测，故而人工智能对量刑的预测会具体到每一天，也可称其为精准预测。毫无疑问，被告人更希望看到精准预测。在刑事案件中，被告人高额聘请律师的一个重要目的，同样是寄希望于律师能够完成精准预测。

人工智能所完成的精准预测不仅对于被告具有重要意义，对于法官而言，这种精准预测同样具有重要意义。刑事案件的法官所要完成的恰恰是精准量刑，并且要精准到每一天，无法想象，一位法官作出幅度量刑的判决，如判决被告有期徒刑3~5年，显然，这样的判决是完全不具有可执行性的。法官量刑需要具体到每一天，这与人工智能的精准预测系完全匹配的。因此，人工智能的量刑预测对于法官判决也具有重要的参考意义。

二、机器人如何预测量刑？兼论样本分类

（一）“全样本”与“局部样本”

接下来在关于交通肇事罪的量刑案例中进一步分析全样本与局部样本的关系。这个实验的目的是：一个人犯了交通肇事罪，由机器人为其作出量刑建议，他（她）应当被判几年？当然，机器人在量刑之前首先需要学习现有的关于交通肇事罪的判例。这里可以对比前后两次机器人学习的场景：第一种方法，即采用全样本学习的方法来训练机器人；第二种方法，即采用局部样本的方法来训练机器人。如何理解这里全样本与局部样本是关键。

以下是一个全样本学习后，机器人所完成的关于线性回

归[1]的一个函数：

$$y(\text{交通肇事罪量刑结果})=n+\text{法定死亡人数}\times n_1+\text{重伤人数}\times n_2-\text{被害过错}\times n_3+\text{涉案损失}\times n_4+\text{醉驾}\times n_5+\text{毒驾}\times n_6+\text{无证}\times n_7+\text{安全装置不全}\times n_8+\text{无号牌}\times n_9+\text{报废}\times n_{10}+\text{超载}\times n_{11}+\text{与准驾车型不符}\times n_{12}+\text{逃逸}\times n_{13}-\text{自首}\times n_{14}+\text{累犯}\times n_{15} \quad (1)$$

公式(1)中等号左边是一个因变量，它表示具体的量刑结果，在实验中它的单位是天。等号右边是若干自变量组成的公式。所有的自变量均是与交通肇事罪定刑有关的要素，这里的n表示一个常数，$n_1 \sim n_{15}$表示每一个自变量的系数。事实上，运用高等数学中线性回归的方法便可以让机器在经过系列的学习之后，自主判断n，$n_1 \sim n_{15}$的具体数值。

如果用近15万个交通肇事全样本来训练机器人后得出的公式，从某种意义上，它也可以理解为机器人学习了15万个交通肇事案件后所获得的整体智慧。

在机器人学完了上述学习之后，我让它去裁判一个案件，被告人醉驾，导致一个重伤，被告人有自首行为。让机器人给出量刑裁判的时候，仍然使用上面的公式：

$$y(\text{交通肇事罪量刑结果})=n+\text{重伤一人}\times n_2+\text{醉驾}\times n_5-\text{自首}\times n_{14} \quad (2)$$

1　线性回归是利用数理统计中回归分析，来确定两种或两种以上变量间相互依赖的定量关系的一种统计分析方法。我在实验室完成机器学习试验时经常会用到线性回归的统计方法来计算变量之间的关系。其表达形式为$y = w'x+e$，e为误差服从均值为0的正态分布。回归分析中，只包括一个自变量和一个因变量，且二者的关系可用一条直线近似表示，这种回归分析称为一元线性回归分析。如果回归分析中包括两个或两个以上的自变量，且因变量和自变量之间是线性关系，则称为多元线性回归分析。机器学习的实验常用到的便是多元线性回归分析。

在本案中涉及量刑的自变量只有三项，重伤一人、醉驾、自首三个要素，因此在应用全样本公式时，可以只考虑这个自变量而无须再考虑其他要素，当然这里的n、n_2~n_5、n_{14}的值仍然是此前基于全样本的学习后所确定系数。这些所有系数值，不会因此个案（自变量个数的多少）而有所改变，或者说在另外一个关于毒驾致人死亡的案例中所适用的自变量的系数也都是一样的。

接下来的重点是要解析局部样本在这一实验中的理解。在需要案例中我们可以找到影响量刑的三个自变量，分别是"重伤一人""醉驾""自首"。因此，在机器人学习中也就有了另一种训练机器人的可能性（暂不论及是否科学），即把所有只包含这三个自变量的案件作为机器人学习的样本（1000件左右），机器人在完成上述样本学习后也会形成一个关于量刑计算的公式：

$$y\text{（交通肇事罪量刑结果）}=n'+\text{重伤一人}\times n_1'+\text{醉驾}\times n_2'-\text{自首}\times n_3' \quad (3)$$

机器人在完成局部变量的学习之后，再针对本案（只涉及这三个自变量的案子）进行量刑计算，然而可以计算一个具体的量刑的结果，如y'。

在实验中我发现，用局部样本学习后的计算结果y'与用全样本学习后的计算结果y是有很大差别的。然而，产生这种差别的原因还在于公式（2）和公式（3）在计算理念上的差别。为了区别公式（3）与公式（2），公式（3）中的常量用n'表示，三个自变量分别用n_1'、n_2'、n_3'表示。公式（2）和公式（3）看起来都差不多，但公式（2）是基于全样本学习后的结果，而公式（3）则是基于局部样本学习后的结果。显然，这里的n与n'、n_2与n_1'、n_5与

n_2'、n_{14}与n_3'都是不一样的。所以基于全样本学习与局部样本学习最终的量刑结果也存在差异。

这里有必要重点谈及局部样本学习的“不科学性”。公式(1)和公式(2)是基于全样本学习的结果，它们考虑到了在一个交通肇事罪中所有可能影响量刑的要素，尽管在涉及具体案件时，一般只涉及其中几个少数变量，如本文所举案例只涉及三个自变量，在其他案件中可能又会涉及其他不同的自变量，但应用公式(1)[或是公式(1)或其他简化版，如公式(2)或其他形式的简化公式]，机器学习时已经考虑到了法官判案中所有可能会影响到本案的全部要素，这种学习更近乎于真实法官判案的情形。然而，在适用局部样本学习的时候，事实上仅考虑到了有限的与量刑相关的要素，这并不符合法官在判案时真正的思维过程。简言之，局部样本学习其实是忽略了与本案量刑有关的其他重要要素。所以，从这一意义上讲，这种局部样本学习的方法并不科学。

（二）有效样本与无效样本

样本的选择很重要。随着社会发展，刑事法律也在不断变化，新法替代老法的现象也在持续进行。于是针对同一个法律问题，老法和新法基于适用不同法律作出的裁判结果就可能有很多差别，以受贿罪为例，原来受贿10万元要判10年，但后来刑法作出修正后，如果受贿10万元，甚至可能只判几年或者更低。这就产生了一个问题：如果在给机器人训练的时候，让它学习的大多都还是原有的案例，那么它在量刑时可能会作出不合适量刑。这里我们把依据老法作出判决的案例样本称为无效样本；将依据新法作出判决的案例样本即为有效样本。

同样，以受贿罪为例，笔者在实验中发现，如果机器人学习完成了所有受贿罪的案例（既包括无效样本也包括有效样本），接下来让它给受贿罪作出量刑，由于让机器学习的样本绝大多数是无效样本，这样的机器人更具有老法条的思维模式，它甚至更愿意适用老法作出判决，于是一个受贿10万元的情况，它更愿作出接近10年的量刑，显然这一结果远远高出了现有新法律所定的量刑（参见新刑法关于受贿罪的规定）。笔者在接下来的实验中就更换了机器学习的样本，仅仅只是让机器学习新法样本，终于，它完成了一个与现有法律相对匹配的量刑。当然，由于能够让机器学习的新法样本数量还不够多，这也在一定程度上影响了机器学习的效果。

这里还有必要对于无效样本的概念进一步阐述。在涉及受贿罪量刑的机器学习实验中，除了将老法样本视为无效样本外，无效样本还包括那些有违司法公正的判决，比如那些基于人情关系或者利益关系作出的判决也应被视为无效样本，毕竟我们希望机器学习的榜样是依法秉公办案的法官，而不是基于人情关系办案的法官。所以，如有可能这部分无效样本也有必要剔除掉，只不过在真正的实验中，难以知晓哪些判决是有违司法公正的判决。在机器学习的实验中，唯一有效的办法是剔除掉那些已进入再审程序的案例。

最后需要指出，无效样本与老法样本并不属于同一概念，比如仅仅只是针对罪名的修改，但并不影响被告人行为量刑的情况下，老法样本与新法样本并无本质区别，如我国《刑法修正案（三）》曾将“投毒罪”改为“投放危险物质罪”，[1]这种罪名的修改，其实质上对于行为的量刑并没有本质改变，因此，在机器对该罪进行量刑预测的时候，既有必要让机器完成对于新法样本“投放危险物质罪”判决的学习，同样有必要对于老法样

1 2001年12月29日公布施行的《刑法修正案（三）》和2002年3月15日“两高”公布的《关于执行〈中华人民共和国刑法〉确定罪名的补充规定》将投毒罪修改为投放危险物质罪，取消了投毒罪罪名。

本“投毒罪”判决的学习。[1]

（三）学习样本和测试样本

机器学习整体上可分为两个过程：学习和测试，这两个过程都需要一定的样本才能完成。因此，依据样本在机器学习中功能不同，可以把训练样本分为学习样本和测试样本。训练样本的作用是用于机器学习使用的；然而，当机器完成学习后，它学习得怎么样？这就需要用测试样本完成测试。

学习样本与测试样本是基于其在实验中的作用而进行划分的。在机器学习的实验中，学习样本的数量远远要高于测试样本的数量，如在关于交通肇事量刑的机器学习中，有近十几万的样本都是用于机器学习使用的；其中测试的样本不到1000个，学习样本的数量远远高于测试样本的数量。

机器学习的测试过程十分重要。在这一过程中，需要将测试结果与测试样本的实际结果进行比对，如果机器最终量刑的结果越是接近于测试样本的实际结果，这表明机器学习的结果越好。

1　在机器人需要对行为量刑作出预测的实验中，如果仅涉及罪名修改的情况，基于原有法律作出的判决（样本）同样也可以成为机器学习的有效样本。在我国刑法修改的进程中，涉及罪名修改的还包括：投放危险物质罪，取消投毒罪罪名；过失投放危险物质罪，取消过失投毒罪罪名；非法制造、买卖、运输、储存危险物质罪，取消非法买卖、运输核材料罪罪名；将盗窃、抢夺枪支、弹药、爆炸物罪修改为盗窃、抢夺枪支、弹药、危险物质罪，取消抢劫枪支、弹药、爆炸物罪；走私废物罪，取消走私固体废物罪罪名；国有公司、企业、事业单位人员失职罪；国有公司、企业、事业单位人员滥用职权罪，取消徇私舞弊造成破产、亏损罪罪名；伪造、变造、转让金融机构经营许可证、批准文件罪，取消伪造、变造、转让金融机构经营许可证罪；将编造并传播证券交易虚假信息罪改为编造并传播证券、期货交易虚假信息罪；将诱骗投资者买卖证券罪改为诱骗投资者买卖证券、期货合约罪；将操纵证券交易价格罪改为操纵证券、期货交易价格罪；非法占用农用地罪，取消非法占用耕地罪罪名；非法采伐、毁坏国家重点保护植物罪，取消非法采伐、毁坏珍贵树木罪罪名；非法收购、运输盗伐、滥伐的林木罪，取消非法收购盗伐、滥伐的林木罪罪名等。

三、量刑预测与刑罚功能的转变

人们研究量刑预测，最初的目的是防止个别法官的“任性”。机器人通过对以往所有判例完成学习后，它便集合了以往所有法官的集体智能，从而有效防止因个别法官的非理性作出偏离较大的判决。从这一意义上讲，量刑预测与追求法律的公平正义的目的是一致的。

在幅度预测的场景中，刑罚更多的是向人们传达犯罪将会受到惩罚的理念，这种理念最终形成了内心的震慑，诚如切萨雷·贝卡里亚所言：“对于犯罪最强有力的约束力量不是刑罚的严酷性，而是刑罚的必定性……因为，即便是最小的恶果，一旦成了确定的就总令人心悸。”[1]

然而，一旦当量刑结果可以精准预测的时候，原有的震慑效果也将悄然地发生变化。刑罚结果的预测又会导致法律秩序朝着完全功利主义的方向发展，比如当一个企业已经提前就知道用于生产的污水导致环境污染会受到的处罚时，他所考虑的主要问题便是：违法成本与违法所得之间的关系，进而他会考虑他要不要污染环境以及污染到什么程度。按照波斯纳法经济学的观点，人在从事违法行为时会计算违法成本与违法所得之间的关系。（参见波斯纳）然而，在量刑能够完全预测和不能完全预测的情况下，波斯纳法经济学适用也是截然不同的。

第一，在量刑不完全确定的情况下，行为人虽然也会计算违法成本和违法收益的关系，但这里的违法成本总是带有一些神秘性和不确定性，这也使行为人不敢轻易违法，比如在刑法大量法条中含有关于“3～10年”的规定，如果量刑为3～5年或许行为人还可以接受，如果近乎10年的量刑，则行为人完全无法承受，从这一意义上讲，量刑的不完全确定也是刑罚权威的

1 ［意］切萨雷·贝卡里亚：《论犯罪与刑罚》，黄风译，北京大学出版社2008年版，第62页。

一种体现。因此，在量刑不完全确定的情况下，只有那种违法成本明显小于违法收益的时候，行为人才敢违法，这样的场景并不常见，这也使社会在一种有序的状态下运行。

第二，在量刑可以预测的情况下，行为人心理状态将发生重大变化。试想，一旦当机器可以准确预测行为人犯罪时间（甚至具体到天）的时候，法律制裁仅有的模糊性也将完全失去，行为人对于法律的恐惧也将彻底变成对功利的追求。在这种情况下，违法行为不会减少，只会增加。其实，一旦当违法行为的结果可以百分之百进行预测的时候，合法与违法的选择便只剩下成本与收益的计算。这在车辆限号出行罚款的案例中已经得到了充分的体现：人们知道限号出行要被罚100元，那么人们是否会限号出行呢？对于短途，人们或许会改选打车而不会限号出行，然而对于长途，人们或者有要事需要办理的会明知故犯选择限号出行，因为如果改换打车的话，打车费用会远远高于被处罚的100元。

长期以来，我们一直强调法律的指引功能，的确，法律的指引功能可以告诉人们，什么是好，什么是坏，从而引导人们从善去恶。然而在绝大多数的场景中，法律制裁的条款都会设置一定的处罚范围，这既迎合了复杂实践的需求，给执法者以自由裁量权；同时，它也是为制裁本身制造了一定的模糊性，对于树立法律的权威，这种模糊性是必要的。事实上，一旦违法者触犯了法律，他们就会纠结于执法者的执法尺度，甚至会因惧怕获得法律范畴内最严处罚而焦虑不安，在“焦躁不安”的过程中，法律的警示、教育、处罚的作用都得到了淋漓尽致的发挥。人工智能对于量刑的预测，却可能让行为人对于自己的行为结果从一开始就有着清醒的认知，甚至在很多情况下，法律的处罚正是行为人所追求的结果，然而在这一成本的背后又隐藏着行为人更大的目的。

因此，即便是在人工智能可以准确预测量刑的情况下，笔者也不建议将这种预测作为公共产品随意使用。事实上，当人们可以准确完全预测自己行为结果的时候，对于法律的恐惧便会消失，这会淡化法律的权威。事实上，法律带给人们最好的状态是：法律规则带给人们行为的指引，然而，最终的刑罚结果又呈现一些模糊的色彩，些许的模糊意味着不确定和恐惧，法律因为具有这样的神秘面纱而更具有魅力。

四、机器人量刑预测与律师的辩护

（一）机器人量刑预测与法官审判

机器人通过对大量样本的学习，最终会预测对犯罪的量刑，事实上，在这种情况下，机器人已经考虑到了既往发生的所有相关案例以及可能对该量刑产生影响的所有因素，客观而言，这是人脑做不到的，同样也最大限度地实现了法治的统一和法律的公平。

通过笔者在实验室所完成的大量实验，机器学习预测量刑是完全可行的。这一结论又将会极大影响法律行业的执业生态。首先，机器人预测量刑与法官执业的影响。法官是否最终会被机器人取代的命题将被再一次提及。当然，坐在法官席上的是机器人而不是人，这不仅仅是一个技术问题，还涉及人类社会最为根本的哲学命题：机器人审判人类与人类命运的终结者之间关系，由此引发机器人审判的合法性和争议还将远胜于机器人量刑的准确率。因此，在人类主宰社会的前提下，机器人将以法官工具的身份出现在审判当中，也正是基于此，本文的标题是“量刑预测”，而非“机器人量刑”。毫无疑问，机器人可以极大提升法官审判的效率，甚至可以最大限度去除主观性而提升案件审判的公正性。

机器人预测量刑客观上还导致自由裁量的空间被极大压

缩，如在交通肇事罪中，原本法官可以在三年至七年量刑，然而机器人预测的结果却是五年三个月，当然，机器人是综合考虑了所有影响量刑的因素作出的预测，这一结果会深深影响法官裁判，以致法官在偏离太多时内心会产生一种“不确信”或者“不公正”的“歉疚感”，从而原本法律赋予给法官的自由裁量权被机器人限制在一个极小的空间。

（二）机器人预测与律师辩护

机器人预测犯罪还将对律师的执业状况产生较大影响。当一起犯罪可以被机器人准确预测的时候，被告人唯一关心的问题便是，如何能在这一结果之下量刑，律师的工作成绩也将在实际量刑（如五年）与预测结果（如七年）之间差值（两年）得到最好诠释和彰显；然而一旦最终的刑量结果（如八年）还比预测结果（如七年）重的话，被告人会感觉律师完全没有起到应有的作用，甚至起到了负面作用。

风险代理是律师代理的一种重要方式。风险代理是以代理结果作为收费依据的一种代理方法，如在刑事案件中，双方可以约定，一旦无罪辩护成功，当事人需要向律师支付更多费用等。然而，机器人预测量刑还将催生出律师更加精细化的风险代理模式，被告人与律师之间可以基于机器人的预测完成风险代理的约定，如实际量刑结果比预测结果少一年，需要额外支付律师费；如实际量刑结果比预测结果少两年，则需要额外支付更多的律师费。

在机器人预测量刑的场景下，律师的辩护方向也将有所调整：法律之辩转向事实之辩。法律之辩与事实之辩是律师辩护的两个方面，法律之辩即找到能够适用本案的全部法律，以期达到被告人无罪或者罪轻的目的；事实之辩则是尽可能寻找对当事人有利的证据，其所还原的案件事实尽可能对当事人更有利。机器人预测量刑亦是在假定某个事实成立的情况下对量刑作出的预测，比如在交通肇事罪的审判当中，各方需要在法庭上出示证据来还原案件事实，如果律师能够找到受害人亦存在过错的证据无疑将对本案具有重大意义，而这属于事实之辩的范畴。一旦事实无可争辩的时候，机器人的量刑预测便成为可能，律师对于法律适用的理解或将让位于机器人基于一个确定的事实所作出的分析。由此，在机器人刑量预测的背景下，法庭辩护的格局也将发生重大变化：原本轻证据重法律的辩护场景也将最终演化为重证据轻法律的新辩护格局。

第八篇
PART 08

我的实验室：机器人律师

机器人能否取代律师？我在实验室做了大量关于人工智能的实验。撰写机器人、咨询机器人、问答机器人、文件管理机器人，这些机器人群集亦将呈现未来无人办公的场景。

机器人律师：我的实验结果

一、机器人能否取代律师的论辩

人工智能正在深刻地影响着我们的生活。人工智能也将深刻变革着全社会的执业格局[1]，那么，人工智能对律师业又会带来怎样的影响，人们已经深感机器人对律师行业的巨大冲击。[2]关于这一问题，有两种强烈的声音，一种是积极者，主张人工智能很厉害，它甚至可能会在未来完全取代律师的工作[3]；另一种是悲观者，主张人工智能没有那么厉害，也有学者专门撰

1 韦康博：《人工智能 比你想象的更具颠覆性的智能革命》，现代出版社2016年版，第233页。

2 2015年，美国统计公司奥特曼韦尔公司（Altman Weil）就人工智能能否取代律师，对20所美国律师事务所的合伙人进行了一项民意调查，其中47%的受访者认为，在5~10年，律师助理将失去工作；只有20%的受访者认为人工智能无法取代人类；只有38%的受访者认为，仅在5~10年人工智能还不能取代人类律师。

3 《人工智能正在取代初级律师》，载新华网http：//www.xinhuanet.com/world/2017-12/19/c_129769742.htm。

写文章《你们都高估了人工智能对法治的影响》。[1]在研究的过程中，我们认真倾听这两种声音，准确评估和预测人工智能对于律师行业产生的影响，是这里研究的重点。

二、我和我的机器人律师（实验结果）

为了厘清人工智能与法律的关系，为了厘清深度学习到底会对律师行业造成什么样的挑战，笔者在实验室做了大量有关人工智能与法律的实验，实验结果对于帮助我们理解上述问题具有重要的启发意义，我们可以先看两个实验结果：

1.FILE机器人

这是笔者做的第一款有关人工智能的实验，它的名字叫FILE，它是用来帮助律师撰写法律文件的。它用160秒的时间撰写了一篇长达6000字的律师代理意见。这次测试的是一个商标法领域的专业的法律文件，如果是一个律师写的话，大约需要两天的时间，而机器人只用了160秒。很多人会关心这样

1 《不可幻想和高估人工智能对法治的影响》，载《法制日报》(法制网) http://www.legaldaily.com.cn/fxjy/content/2018-01/03/content_7438205.htm?node=89858。《你们都高估了人工智能对法治的影响》，载搜狐网http://www.sohu.com/a/214740831_671251。

一个问题，它写的东西和律师相比，谁写得更好？事实上，从实验的结果来看，机器人撰写完成后，有一些地方还是需要律师再改一下，但是这已经极大地提高了律师的工作效率。更为重要的是，在涉及数据统计，比如需要对以往大量判例进行观点总结进而佐证观点的时候，它具有人无可比拟的优势。事实上，除了撰写法律文件机器人，我们还听到过诗歌机器人[1]、散文机器人，但是笔者在实验中发现，法律机器人的难度是最大的，机器人撰写其他类型文件甚至可以“不负责任”，但撰写法律文件不行，逻辑和用语需要高度准确。

2.HOW机器人

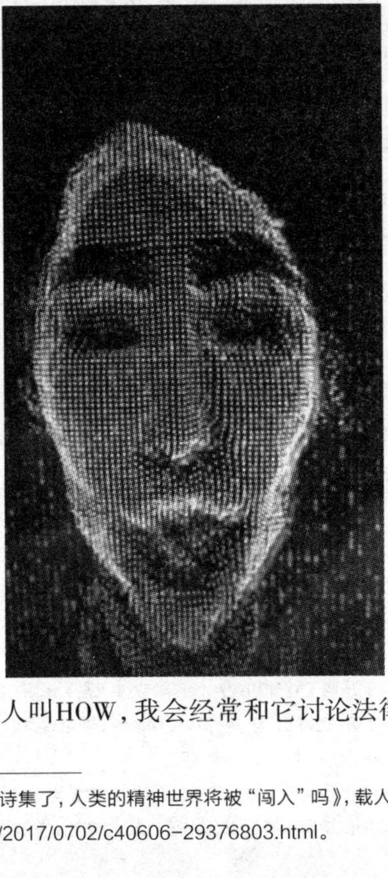

这款机器人叫HOW，我会经常和它讨论法律和哲学问题。

1 《机器人出诗集了，人类的精神世界将被“闯入”吗》，载人民网http://media.people.com.cn/n1/2017/0702/c40606-29376803.html。

与苹果的Siri不同的是，它的优势是聚焦在对法律语言的解析。最近，笔者正在训练它阅读一些法学和哲学方面的著作。到目前它阅读的语料已经达到数百亿条，在法律领域的回答十分靠谱。按照自我学习的计划，它还可以阅读大量判决，甚至于它可以帮我们分析每个法官的判决习惯，律师可以出庭之前就对法官可能的倾向性意见了如指掌，所以，未来的模拟法庭中有必要参考HOW的意见。与笔者的编程习惯有关，在这款机器人神经网络构建的过程中，笔者使用Python语言[1]，操作系统是Linux[2]，数据库用的是MYSQL[3]。

3.FA100机器人

FA100的目的在于实现24小时在线接待客户并为其寻找合适的律师。用户一旦遇到法律问题，他（她）特别希望马上就会有一名律师帮助其解决问题。这样，用户就可以随时与FA100联系，它可以根据客户对相关法律问题的描述，帮助其寻找最匹配的律师。在实验中，笔者曾试验过FA100与人工客服的区别，涉及法律专业问题人工客服的培训成本是比较高的，而且人工客服也很难保证与太多客户同时高效交流，更为重要的是，当用户描述完相关问题后，需要为其寻找什么样的律师，此时就需要全方位判断用户需求，包括其所属的法律行为，用户的支付能力，案件所需要的时间，当前可支配律师的信息等，在这方面人工客服的分析判断上还远不如机器人准确和高效。

1　Python语言是一种面向对象的、解释型的、动态数据类型的高级程序设计语言，具有简洁的语法规则，使学习程序设计更容易，同时具有强大的功能，能满足大多数应用领域的开发需求。方志军编：《计算机导论》（第3版），中国铁道出版社2017年版，第139页。

2　Linux操作系统是用于管理和控制计算机软件、硬件资源的操作系统。董延华主编，白文秀、姚建盛副主编，王继魁、李爽、罗琳、李晓佳、刘艳玲参编：《Linux操作系统管理与应用》，清华大学出版社2016年版，第14页。

3　MYSQL是一个小型关系型数据库管理系统，开发者为瑞典MySQLAB公司。程曼丽、乔云霞主编：《新闻传播学辞典》，新华出版社2012年版，第272页。

4.EXC机器人

EXC是一部文件管理机器人，律师在每天的执业工作中都接触到大量的文书，包括代理词、判决书、调查报告、答辩状、知识产权证书等，日积月累就会累积大量文书，对于文书的管理同样成为法律执业工作的重要组成部分。笔者在实验中设计EXC机器人的时候，先期将其应用于知识产权类文书管理，它可以自动完成文书的识别、归档、分类、扫描、上传并自动发送给用户，它甚至在将文件发送给用户时，还会以律师的身份将邮件写好，连同文件一并发送给用户。

5.COO机器人

COO是一款与用户签约的机器人。签约实质是一个十分复杂的事情，它涉及双方利益的博弈，因此，对于复杂协议的签约，当前还只能由人来完成。然而，对于一些有规律性的常规协议，就可以考虑由机器人自动完成签约。当前的电子商务、打车软件可以理解为智能签约的一种形式。以打车软件为例，软件首先会自动定位附近可用的车辆，自动导航系统也会判断协议是否正常履行，履行完毕后系统还会根据里程统计完成扣款，因此，打车软件可以归入智能签约的范畴。[1]

律师服务当中某些协议也具有一定的规律性，比如用户完成知识产权代理服务，其中虽然会涉及个性化条款，但双方所关注的核心条款几乎是确定的。COO机器人试图与用户完成智能签约。事实上，它对机器人智能化的要求比前面的打车软件要高很多，类似这样的签约都没有办法通过设置选项框的形式由用户点击完成，它需要机器人在与用户的对话聊天中完成签约，机器人就需要捕捉用户的语意，并据此完成智能签约。

虽然，上述机器人还在试验当中，但它们已经为我们勾勒

1 唐文剑、吕雯：《区块链将如何重新定义世界》，机械工业出版社2016年版，第42页。

出了律师事务所无人办公的场景：

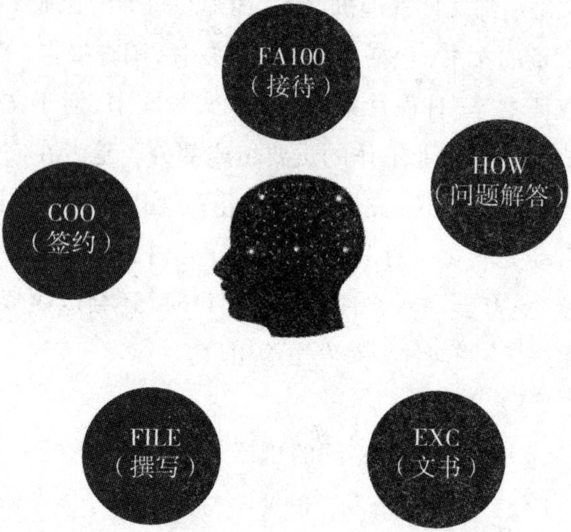

尽管受制于算法和数据的制约，机器人的表现还未能完全尽如人意，但从理论上讲，由机器人完成上述各项法律工作是可能的。当然，要真正实现法律服务的无人办公，还需要上述机器人协同工作，这样就需要一个“法律服务大脑”：

第一，打造法律服务的“神经中枢”。发挥“法律服务大脑”的“神经中枢”作用，通过在法律大脑中构建大量的法律神经元，动态持续捕捉大数据，完成对复杂法律问题的综合运算，进而实现对用户法律需求的准确捕捉和法律方案的动态打造。

第二，实现“法律机器人集群化作业”。基于企业服务过程中的痛点分析，建立智能化解决方案，从而推出法律机器人集群概念。在“企业服务大脑”的统一指挥下，所有法律机器人协同工作，最终实现各项法律服务高度协同与智能。

第三，通过“法律服务大脑”实现大数据整合。“法律服务大脑”还将实现社会大数据的完美整合：围绕法律服务这一核心，将律师数据、客户数据、司法数据、金融数据等全面整合从而呈现多元共存、智能衔接、价值繁衍的几何增长局面。

三、理论与现实的差距：律师的生存空间

尽管从理论上讲，打造一款可以为人类提供智能法律服务的机器人是可能的，但它对于数据和算法都提出了更高的要求。如果说工业机器人所要解放的是人的手，那么法律机器人所要解放的则是人脑，显然，它的实现比工业机器人更难更复杂，因此法律机器人全面应用还需要一个漫长的过程。总体而言，当下的法律机器人还存在如下问题：

1.无法解决法律领域的新问题。机器学习需要依赖大量的数据。[1]无论是要机器人撰写文件还是要它回答法律问题，都需要依赖对以往大数据的训练，当然，它对于此前发生过的问题或者已经大量撰写过的文书，具有很好的学习能力；然而，一旦遇上法律领域的新问题，而此前又没有过先例，人工智能的适用就会受到极大限制。

2.缺少法律人应有的“核心利益关切”。法律问题从本质上是讲就核心利益关切。然而法律机器人恰恰缺少像人一样的核心利益关切，比如在让机器人修改合同的实验中，需要机器人阅读并修改合同条款，该份合同有上百个条款，但涉及核心利益条款可能就只有几条，成熟的律师会把主要精力放在那几条核心条款的完善上，然而机器人却恰好相反，它会全面、大量、细致地修改合同的每一个条款，然而往往会忽略那几条核心利益条款。这就是人与机器的区别：机器比人勤奋，但人比机器更能看到重点。

3.难以就某一案件给出系统化解决方案。当下的机器学习还几乎处在一个单一的场景下，可以让机器人完成对法律领域当中的某一个具体问题进行学习，比如机器人学习精神损害赔偿的计算方法，最终机器人可以实现精神损害赔偿计算的科学

1 [美]克瑞莎·泰勒(Krisa Tailor)：《医疗革命　大数据与分析如何改变医疗模式》，刘雁译，机械工业出版社2016年版，第82页。

运算。然而，具体精神损害赔偿的案件对于律师的要求远不止要计算一个精神损害赔偿的数额，它还会涉及证据分析、分析案件事实，正确适用法律条款，对当事人支付能力做准确预判等。现在机器学习还无法实现如此复杂多场景的综合学习，所以机器人很难就某一个具体案件给出一个系统化的解决方案。

4.无法解决法律中涉及“情商”的问题。一个优秀的大律师必备的素质，就是要有很高的情商。[1]在刑事辩护当中，律师会见犯罪嫌疑人时，一半谈法律，还有一半是在鼓励犯罪嫌疑人，激励他的斗志！在法庭上，经验丰富的律师会根据法官的情况，即时调整说话的语气、节奏甚至内容，而不是照本宣科，这些都是情商的体现。在这些方面，机器人属于典型的智商高、情商低，总之，在涉及法律情商的问题上，机器人远不如人。

四、机器人时代：律师业的新模式、新格局、新定位

与工业机器人的来势汹汹不同，律师机器人全面适用还存在上述所提及的问题，这也恰好给律师们转型升级提供了难得的空间，以免像当下工厂的工人一样被解聘时尚不知道取代自己的机器人为何物。即使在当下法律机器人有限的适用空间中，传统律师服务中的查询、文书撰写、档案整理、案例分析等一些工作已经渐进被机器人取代。这也为当下法学院的学生敲响了警钟，有必要重新规划自己的法律执业生涯。总之，机器人将对律师业的发展格局带来巨大冲击，律师界甚至会迎来属于自己的新模式、新格局、新定位。

其一，新模式。何为新模式？它将直接导致律师营销模式的改革！现在的营销模式是什么？当下几乎所有的律所还在

1　穆臣刚：《心理学与情商、气场、影响力》（增订3版），中国法制出版社2016年版，第20页。

走"跑马圈地"的老路[1],租更大的办公室,聘请更多的律师。对于律师而言,仍旧是围绕着关系路线展开营销。律师请客户吃一顿饭,想办法搞定一个顾问单位。然而,在人工智能时代,一个更值得思考的话题是,请顾问吃一顿饭,永远占有一批客户,奥秘在哪里呢?还在人工智能。如果客户愿意使用律所的法律机器人,让客户帮助律所创造数据,再用客户自己的数据服务于客户本身,直接提升客户服务价值,增强客户黏度。毫无疑问,在未来社会,法律机器人将在律师营销领域发挥至关重要的作用,如果说有一家"最智慧的律所"[2]可以异军突起,那么,人工智能便是一个重要机会。

其二,新格局。何为新格局?如果说,传统的律师更在乎案件的输或赢,但是人工智能时代,有一件事情比输赢更加重要,那就是企业整体战略考量。在无人驾驶时代,任何一个法律事件都可能会对企业的整体利益产生重大影响。特斯拉无人驾驶车祸2016年7月事发当天股价下降了2%;[3]美国交通管理局宣布对此事件进行调查,股价又下降了3%。[4]Uber 深陷知识产权侵权纠纷,这也导致Uber的股票下跌。[5]当然,法律事件运营好,也会导致股票上升。2017年12月22日,苹果公司低调公布了自己在无人驾驶领域的一项重要专利"自主导航系统"(Autonomous Navigation System),也成为第二天苹果股票上涨最

1 龚梓:《律师事务所法律服务营销策略研究——以盈科律师事务所为例》,载《法制与社会》2017年第24期。

2 杨立民:《律师职业人工智能化的限度及其影响》,载《深圳大学学报》(人文社会科学版)2018年第35卷第2期。

3 《特斯拉不披露致命车祸遭SEC调查,股价盘后跌2%》,载网易财经http://money.163.com/16/0712/08/BROSLURV00253B0H.html#from=keyscan。

4 《车祸泼冷水!"无人驾驶"的黑科技面临冷思考》,载凤凰财经http://finance.ifeng.com/a/20160701/14551539_0.shtml。

5 《负面缠身!优步遭遇管理危机 估值险跌破500亿》,载环球网http://tech.huanqiu.com/it/2017-04/10548647.html。

重要的因素。[1]因此，在智能化时代，律师的执业将不再仅仅是官司的输与赢，而应从企业整体发展的战略布局出发，在这样的时代，法律不仅是正义，还应当成为战略。

其三，新定位。何为新定位？传统律师的定位是接受当事人委托，打个官司，或者是审个合同。现在的问题是，随着人工智能的发展，很多案件正在悄然消失，比如工业机器人现在取代了大量劳动力，劳动合同纠纷的数量也在日益减少；[2]再如“智能合约”让现在打车、借贷只需要点击完成，届期不履行义务，系统会自动扣款或者完成信用评级；债权债务纠纷的数量也在逐步减少。机器人在文书撰写中的作用还会抢走律师的一部分工作。因此，律师们唯一的出路就在于那些机器人短期内无法取代的工作，比如在法庭上滔滔雄辩，比如在公关危机时出具的系统化解方案，比如对于复杂疑难法律问题的专业分析。事实上，当有一天机器人抢走律师工作的时候，同样一个值得反思的问题是：机器人迭代得太快，还是律师业进化得太慢。

总之，这是一个最好的时代，这是一个最坏的时代。[3]我们终将迎来人工智能的法律时代，它将催生出人工智能时代律师业发展的新模式、新格局、新定位：当公司遇到麻烦时，成为公司的问题解决专家，律师们将深谙法律、诉讼、营销、消费者心理、股价波动之间的内在规律，源于法律，又要超越法律，从更高远的视角为客户解决问题。

1 PR Newswire：The automotive navigation systems market，in terms of value，generated $20，953 million in the year 2016，https：//www.prnewswire.com/news-releases/the-automotive-navigation-systems-market-in-terms-of-value-generated-20953-million-in-the-year-2016-300580365.html.

2 《劳动争议案件统计分析及建议》，载中国法院网https：//www.chinacourt.org/article/detail/2016/08/id/2052844.shtml。

3 ［英］狄更斯：《双城记》，张玲、张扬译，上海译文出版社2011年版，第4页。

五、To B（biseness）还是 To C（custom）的二元选择

互联网时代的研发基本上是To C（cüstom）的，所谓To C，即是面向消费者的；所谓 To B，即是面向商家的。以BAT为代表的互联网巨头，主要是面向消费者的。在人工智能时代，同样面临着To B（besiness）还是 To C（custom）的二元争议，尤其是在法律人工智能的发展过程中这种争议还十分热烈。

让每一个消费者直接面对机器人，甚至机器人可以像律师那样回答客户提出的各种复杂问题，这是每一个研究法律人工智能的梦想。为此，我还提出了法律领域机器人“图灵测试”的假设。众所周知，图灵测试是著名计算机专家图灵提出用于测试机器人智能水平的实验，在交流的过程中，如果你无法区分谁是机器，谁是人，便意味着通过了图灵测试，这也是真正意义的人工智能。同样，在法律机器人也存在图灵测试的问题，不过，与常规的图灵测试不同，笔者把它称为三个阶段：

第一，能够区别出谁是人，谁是机器？原因：机器明显不如人。

第二，无法区分谁是人，谁是机器？原因：人工智能取得显著发展。

第三，能够区别出谁是人，谁是机器？原因：在涉及复杂法律问题时，机器明显优于人。

人工智能的发展分为两个阶段，弱人工智能阶段（WEEK AI）和强人工智能阶段（STRONG AI）。当前还属于弱人工智能阶段，尽管在某些领域，如文件撰写、文本管理等方面，机器人的优势已在显现，但无论如何它还无法完全像真正的律师那样帮助人类解决法律问题，尤其在涉及一个多维法律问题的分析时，机器人还不如人。笔者甚至在实验中还专门编写了针对法律语义分析系统，以便于机器人在面对法律语言时能更好予以解析，即便如此，机器人还是没有办法完全像真人律师那样

工作。

时下，媒体报道中已出现了不少可以为客户提供咨询服务的机器人。事实上，与其说这是一部机器人，不如说它是有限问题的检索系统，其效果尚不如当下的“百度”等搜索引擎，如果你向机器人提出一个稍微复杂一点的法律问题，它就完全不知所云了，至于说让它帮你分析案件，则完全不可能（笔者甚至在文章中还专门论述过，此类的机器人只是一个玩具，完全算不上人工智能）。当然，可以不断丰富数据库，从而让机器人的答案不断扩充，但总体上这一类机器还只是一维的，然而法律问题却是复杂和多维的。

笔者在实验室用到过当下涉及自然语言处理的主流算法，总体而言，当前的法律机器人还只是发展到第一阶段。以此为逻辑来回答机器人的研究是To B 还是 To C 的问题，答案也便相对清晰了：如果是研究考虑，可以 To C；但如果是市场考虑，最好 To B。在法律人工智能方面，To B 更为具体的解释是：让机器人给专业人员（如律师或法官）提供帮助，而并非面向普通用户。笔者在实验室中前期研发的FILE（文件撰写机器人）以及 EXC（文件管理机器人）也都是针对To B的，它们可以帮助律师事务所或者知识产权代理机构完成相关工作，极大地提升工作效率。To B 类型的机器人实质是律师、公司法务或者法官的帮手，诸如帮助完成合同审查、文书撰写；由于是To B 的，可以对专业人员做简单培训，并且机器人最终成果仅作为专业人员辅助，对于机器人完全不合理的建议，专业人员完全可以摒弃不用。应当说，在To B方面，机器人具有广阔的应用领域。

从发展进程上，法律机器人势必要从 To B 最终走向 To C。让每一个客户拥有24小时的法律顾问，这也将是法律机器人研发的终极使命。当然，这需要人工神经网络算法要有长足进步。在当前的发展To C 法律机器人还只是限制在极其有限的领域内。以“Not to pay”为代表的 To C端法律机器人被空前炒作,但它主要是帮助用来撰写“交通罚款”类极具格式规律的法律文书,尽管后来“Not to pay”也在大幅扩张其功能,它的应用场景还主要限制在简单的、格式性文书的撰写。

第九篇

PART 09

大数据及立法之路

随着智能化算法的提升，我们也将迎来一个大数据的时代。每个人、每一件事务，每时每刻都在创造数据。数据比你还要了解你。在这样的时代，应该对数据给予什么样的保护，这是一个时代命题。欧盟出台的《通用数据保护条例》被誉为“史上最严”数据保护条例，这部法律勾勒了公民个人数据的完整体系，尤其是其所创设的系列数据权利——“知情权”“数据备份请求权”“更正权”“删除权与限制使用权”“数据携带权”“反对权”等都具有重要价值。

欧盟《通用数据保护条例》的要点解读

引言

此前有朋友问我，微信的聊天记录到底属于谁，与朋友的聊天记录被删除了怎么办。此外，在大数据时代，我常被问及如下问题：

1.对于企业疯狂采集个人数据的行为，作为公民个人，可以说“不”吗？

2.企业采集的公民个人数据到底属于谁？企业还是个人？

3.针对企业基于营销而完成的用户画像，个人可以说“不”吗？

4.一旦微信中的数据被删掉了，而现在又需要拿它作证据，该怎么办呢？

2015年生效的欧盟《通用数据保护条例》针对这一系列的问题给出了答案，对于我国完善数据立法具有重要的借鉴意义！

一、个人用户数据的概念及理解

欧盟《通用数据保护条例》(GDPR)已于2018年5月25日正

式生效，GDPR关注“自然人享有的个人数据保护的权利”的保护[1]，并为企业在收集和利用个人数据方面制定了“严格”的规则。GDPR还尽可能把更多的企业纳入自己的管辖范畴，至少以下两类企业需要受该法律调整：(1)设在欧盟内部的企业(使其服务器设在欧盟之外)会受该法律的调整；(2)数据处理商没有设在欧盟，比如系美国的企业，但如果它对于欧盟内的自然人提供商品或服务(哪怕是免费的商品或服务)，同样受该法律的调整。[2]

根据欧盟《通用数据保护条例》的规定，这里的个人数据与民法中的“隐私”并非同一概念。隐私是一个民法学上的概念，它着重强调自然人私密的、不愿意公开的信息。个人数据的范畴较为广泛，包括姓名、身份编号、地址数据、网上标识或者自然人所特有的一项或多项的身体性、生理性、遗传性、精神性、经济性、文化性或社会性身份信息等，[3]可以说，凡是能够识

1 欧盟《通用数据保护条例》第1条(主要事项与目标)规定：1.本条例制定关于处理个人数据中对自然人进行保护的规则，以及个人数据自由流动的规则。2.本条例保护自然人的基本权利与自由，特别是自然人享有的个人数据保护的权利。3.不能以保护处理个人数据中的相关自然人为由，对欧盟内部个人数据的自由流动进行限制或禁止。

2 欧盟《通用数据保护条例》第3条(地域范围)：1.本条例适用于在欧盟内部设立的数据控制者或处理者对个人数据的处理，不论其实际数据处理行为是否在欧盟内进行。2.本条例适用于如下相关活动中的个人数据处理，即使数据控制者或处理者不在欧盟设立：(a)为欧盟内的数据主体提供商品或服务——不论此项商品或服务是否要求数据主体支付对价；或(b)对发生在欧洲范围内的数据主体的活动进行监控。3.本条例适用于在欧盟之外设立，但基于国际公法成员国的法律对其有管辖权的数据控制者的个人数据处理。

3 欧盟《通用数据保护条例》第4条第1项：(1)“个人数据”指的是任何已识别或可识别的自然人(“数据主体”)相关的信息；一个可识别的自然人是一个能够被直接或间接识别的个体，特别是通过诸如姓名、身份编号、地址数据、网上标识或者自然人所特有的一项或多项的身体性、生理性、遗传性、精神性、经济性、文化性或社会性身份而识别个体。

别自然人主体相关的信息，都可以称为个人数据。[1]个人数据当中的绝大多数信息，包括姓名、网上标识等恰恰又是需要公开的，不属于隐私的范畴。用户个人数据虽然不能等同于民法上的“隐私”，但借助个人数据所完成的用户画像，又可以完整地呈现一个人的工作表现、经济状况、健康、个人偏好、兴趣、可靠性、行为方式、位置或行踪。从这一意义上讲，在大数据和人工智能时代，用户个人数据又会将用户隐私带入一个全新的领域。

二、关于个人数据利用

（一）个人数据使用原则

在涉及个人数据利用问题上，GDPR明确规定了数据利用的基本原则。包括：

1.合法、合理、透明原则。[2]该原则强调对于用户个人数据抓取、存储、用户画像等使用过程中，需要严格按照GDPR的规定，并且还要遵守合理和透明的原则。事实上，GDPR在通篇规则中都彰显了“合理”“透明”的原则，尤其是在解释企业利用用户个人数据合法基础的时候，还将用户“同意”放在首要的位置上。

2.目的限制原则。这是一种基于约定而产生的当然义务。当用户同意企业利用自己的个人数据时，是基于企业所表明的特定初始目的，于是初始目的也就成为用户和企业协议的重要组成部分，如果企业违反初始目的即视为对协议的违反。当然，GDPR也强调，基于公共利益、科学或历史研究或统计目的，

1　欧盟《通用数据保护条例》第4条：“个人数据是指关于已识别出，或可被识别出自然人的任何数据”。

2　欧盟《通用数据保护条例》第5条（个人数据处理原则）：1.对于个人数据，应遵循下列规定：(a)对涉及数据主体的个人数据，应当以合法的、合理的和透明的方式来进行处理（“合法性、合理性和透明性”）……

不视为违反初始目的。[1]

3.最小化使用原则。[2]对用户个人数据的利用需要“相关”和“最小化”，比如在采集用户数据时就需要回答，到底需要采集哪些个人用户数据，这实际上取决于要实现的初始目的，按照该原则的要求，只需要采集能够实现初始目的相关和最小化数据。

4.准确使用原则。[3]如果个人数据存在错误，就有可能会误导公众，也可能会对用户个人的利益实现造成妨碍，因此，GDPR要求准确使用用户数据。事实上，当用户数据被错误利用时，用户还享有请求纠正的权利。

5.重要数据的期限存储原则。[4]这里的“重要数据”是指能够识别用户的个人数据，比如像姓名、身份证号码等数据，之所以重要，是因为这些数据能够识别出用户的主体身份，通过对这部分数据的分析可以直接窥探到用户的隐私；如果为犯罪分子掌握，还可能构成对用户权益的侵犯。因此，GDPR要求对于上述数据的存储时间不得超过实现目的的必要时间。一旦超

1　欧盟《通用数据保护条例》第5条（个人数据处理原则）：1.对于个人数据，应遵循下列规定：……（b）个人数据的收集应当具有具体的、清晰的和正当的目的，对个人数据的处理不应当违反初始目的。根据第89（1）条，因为公共利益、科学或历史研究或统计目的而进一步处理数据，不视为违反初始目的。（“目的限制”）

2　欧盟《通用数据保护条例》第5条（个人数据处理原则）：1.对于个人数据，应遵循下列规定：……（c）个人数据的处理应当是为了实现数据处理目的而适当的、相关的和必要的。（“数据最小化”）

3　欧盟《通用数据保护条例》第5条（个人数据处理原则）：1.对于个人数据，应遵循下列规定：……（d）个人数据应当是准确的，如有必要，必须及时更新；必须采取合理措施确保不准确的个人数据，即违反初始目的的个人数据，及时得到擦除或更正。（“准确性”）

4　欧盟《通用数据保护条例》第5条：……（e）对于能够识别数据主体的个人数据，其储存时间不得超过实现其处理目的所必需的时间；超过此期限的数据处理只有在如下情况下才能被允许：为了实现公共利益、科学或历史研究目的或统计目的，为了保障数据主体的权利和自由，并采取了本条例第89（1）条所规定的合理技术与组织措施。（“限期储存”）

越了该必要时间，企业就应当删除上述数据。当然，GDPR也做了例外规定，比如基于公共利益的需要并且已经采取足够安全的保密措施的，可以一直存储。

6.安全使用原则。[1]GDPR要求用户企业应当安全使用数据，要防止被黑客非法利用，否则就可能会给用户个人的权益造成损失。同时需要注意，这里的安全使用原则还要求“不得毁损和灭失”。事实上，GDPR将用户个人数据视为用户和企业共同的财富，在企业收集和使用的过程中，用户个人同样有权将其个人数据再次交易。如果企业在管理数据过程出现毁损情况，不仅仅是对企业自身的损失，同样也是对个人用户利益的损失。

上述六项原则，系企业管理和使用个人用户数据过程中需要遵守的法定原则。一旦发生诉讼或争议，企业就需要论述其是否符合上述六项原则，并承担举证责任。[2]

（二）个人数据合法使用的基础

GDPR回答了企业利用用户个人数据合法性的基础。根据GDPR的相关规定，如果企业要证明自己采集、使用、管理用户个人数据系存在合法基础的，它至少需要证明存在以下任何一

1　欧盟《通用数据保护条例》第5条：……(f)处理过程中应确保个人数据的安全，采取合理的技术手段、组织措施，避免数据未经授权即被处理或遭到非法处理，避免数据发生意外毁损或灭失。（“数据的完整性与保密性”）

2　欧盟《通用数据保护条例》第5条：……2.控制者有责任遵守以上第1段，并且有责任对此提供证明。（“可问责性”）

项事由[1]：

1.同意。"同意"即意味着双方的契约。

2.为了实现用户的合同目的。比如在金融管理中，需要存储和使用用户个人数据，以实现为用户提供金融管理服务合同目的。

3.履行其法定义务所必需。如保险公司基于保险法之义务，收集和记录用户个人数据信息。

4.为了用户的核心利益所必要。如银行为客户打印存款单的行为，即为了准确记录用户余额而使用用户数据。

5.基于公共利益或官方权威。比如为配合司法调查，采集和使用用户的个人数据信息，虽缺少用户的同意，但配合司法调查作为企业的法定义务，因此上述行为同意具有合法性基础。

6.对于企业或第三方所追求的正当利益是必要的。事实上，企业需要证明其利用数据是为了追求自己的正当利益，何为正当利益，这为数据使用留下了些许的自由裁量权。

事实上，绝大多数的数据处理都将是基于同意完成。这种同意也将主要表现在对格式协议的默认方面。然而，在争议中企业需要对个人的同意提供证据，即举证人在企业一方，如果企业证明不了用户同意，那也将视为"不同意"。[2]

1　欧盟《通用数据保护条例》第6条（处理的合法性）：1.只有满足至少如下一项条件时，处理才是合法的，且处理的合法性只限于满足条件内的处理：(a)数据主体已经同意基于一项或多项目的而对其个人数据进行处理；(b)处理对于完成某项数据主体所参与的契约是必要的，或者在签订契约前基于数据主体的请求而进行的处理；(c)处理是控制商履行其法定义务所必需的；(d)处理对于保护数据主体或另一个自然人的核心利益所必要的；(e)处理是数据控制者为了公共利益或基于官方权威而履行某项任务而进行的；(f)处理对于控制者或第三方所追求的正当利益是必要的，这不包括需要通过个人数据保护以实现数据主体的优先性利益或基本权利与自由，特别是儿童的优先性利益或基本权利与自由。第1段(f)点不适用公共机构在履行其任务时的处理。

2　欧盟《通用数据保护条例》第7条（同意的条件）第1项：当处理是建立在同意基础上的，控制者需要能证明，数据主体已经同意对其个人数据进行处理。

数据主体所作出的同意是可以撤销的。[1]企业应当在对数据处理前就告知用户有这种撤销权，当然，在用户撤销之前，企业对于数据的处理是合法的。该法还进一步明确，企业作出撤销的意思表示应当像作出同意那样的意思表示一样“简单”。事实上，如果让用户作出撤销意思表示十分困难的话，那无疑等于剥夺了用户的撤销权。显然，该法在这方面为用户考虑到细致入微的程度。

与此同时，即便企业在诉讼中拿出了用户同意的证据，用户还可能反驳并非在“自由”的状态下作出“同意”的意思表示，对于这种反驳，法官同意需要认真审查，其中的要点在于“对契约的履行——包括履行条款所规定的服务，个人数据处理是否必要”。[2]

（三）特殊类型数据的禁用原则

对于特殊类型的个人数据应当被禁止使用，[3]这里所谓“特殊类型的个人数据”，是指那些显示种族或民族背景、政治观念、宗教或哲学信仰或工会成员的个人数据、基因数据、为了特定识别自然人的生物性识别数据以及和自然人健康、个人性生活或性取向相关的数据，该部法律规定应当禁止处理；除非有

1 欧盟《通用数据保护条例》第7条（同意的条件）第3项：数据主体应当有权随时撤回其同意。在撤回之前，对于基于同意的处理，其合法性不受影响。在数据主体表达同意之前，数据主体应当被告知这点。撤回同意应当和表达同意一样简单。

2 欧盟《通用数据保护条例》第7条（同意的条件）第4项：分析同意是否是自由做出的，应当最大限度地考虑一点是：对契约的履行——包括履行条款所规定的服务——是否要求同意履行契约所不必要的个人数据处理。

3 欧盟《通用数据保护条例》第9条（对特殊类型个人数据的处理）：1.对于那些显示种族或民族背景、政治观念、宗教或哲学信仰或工会成员的个人数据、基因数据、为了特定识别自然人的生物性识别数据，以及和自然人健康、个人性生活或性取向相关的数据，应当禁止处理。

法律规定的极特殊情形。[1]

与此同时，与违法犯罪有关的个人数据，实施严格管理，具体为由官方机构控制或者由法律授权进行处理。[2]从这一意义上讲，一般的商业机构便无权处理该部分数据。

三、用户的数据权利

（一）知情权

GDPR规定了两种场景下的知情权：一是企业需要收集用

1 根据欧盟《通用数据保护条例》第9条之2的规定，特殊类型数据使用的例外：(a)数据主体明确同意基于一个或多个特定目的而授权处理其个人数据，但依照欧盟或成员国的法律规定，数据主体无权解除第1段中所规定的禁令的除外；(b)处理对于控制者履行责任以及行使其特定权利是必要的，或者对于在雇佣、社会安全与社会保障法领域采取符合欧盟或成员国法律或集体协议的措施以保护数据主体的根本权利和利益是必要的；(c)数据主体因为身体原因或法律原因而无法表达同意，但处理对于保护数据主体或另一自然人的核心利益却是必要的；(d)基金、协会或其他具有政治、哲学、宗教或工会目的的非营利机构的正当性活动中所进行的处理，并且已经采取了恰当的保护措施；或者处理目的仅仅和机构成员、之前成员或具有经常联系的人相关，并且个人数据在未经数据主体同意前不对实体外的人公开；(e)对数据主体已经明显公开的相关个人数据的处理；(f)当处理对于提起、行使或辩护法律性主张必要时，或者法院在其所有的司法活动中所进行的处理；(g)处理对实现实质性的公共利益必要的，建立在欧盟或成员国的法律基准之上、对实现目标是相称的，尊重数据保护权的核心要素，并且为数据主体的基本权利和利益提供合适和特定的保护措施；(h)处理对于预防性医学或临床医学目的是必要的，或者对于评估雇员的工作能力、医疗诊断、提供——基于欧盟或成员国法律，或遵循和健康职业机构签订的契约并遵循第3段所规定的情形与保障措施——健康或社会保健或治疗或管理健康或社会保健体系是必要的；(i)在公共健康领域，处理是为了实现公共利益所必要的，例如，在欧盟或成员国内已经为保障数据主体的权利与自由而采取合适与特定措施的法律基础上，处理对于预防严重的跨境健康威胁是必要的，或者为了保障医疗质量和安全、医疗产品或医疗设备的高质量和安全是必要的；或者(j)处理对于实现符合第89(1)条公共利益、科学或历史研究目的或统计目的是必要的，处理采取了与其期望目的所相称的处理，尊重数据保护权的核心要素，并且对数据主体的基本权利与利益采取了合适与特定的措施。

2 欧盟《通用数据保护条例》第10条规定：处理涉及犯罪定罪与违法的个人数据处理和犯罪定罪与违法相关的个人数据，或处理第6(1)条规定的与安全措施相关的个人数据，只有如下情形才能被允许：当个人数据处理为官方机构控制，或者当欧盟或成员国的法律授权进行处理，并且采取了恰当的措施保障数据主体的权利与自由。任何犯罪定罪的全面性登记只能由官方机构进行。

户数据的时候，首先是要征得用户的同意。在客户同意的情况下，企业仍有义务告知用户必要的信息，包括：我是谁，我会收集你的哪些信息，收集和处理信息的目的和法律基础等相关事项。[1]二是在数据收集完成后，针对数据的利用情况，用户仍有进一步知情的权利。关于自己的个人数据是否正在被收集和使用，如果存在收集和使用情况，用户还有权访问个人数据并获取如下信息：(1)使用的目的。(2)数据类型，或者说具体包括哪些自己的个人数据被收集和使用。(3)个人数据披露给了谁？(4)存储期限或者确定期限的标准。(5)要求变更或删除数据时，如企业对此存在反对意见需向用户表示反对的依据和权利。(6)向监管机构申诉的权利。(7)如果用户发现企业所掌握的个人数据并不是直接从用户那里收集，用户有权知道企

1 欧盟《通用数据保护条例》第13条(收集数据主体个人数据时应当提供的信息)：1.当收集和数据主体相关的个人数据时，控制者应当为数据主体提供如下信息：(a)控制者的身份与详细联系方式以及如果适用的话，控制者的代表；(b)数据保护官的详细联系方式，如果适用的话；(c)处理将要涉及的个人数据的目的以及处理的法律基础；(d)当处理是基于(f)点或第6(1)条的时候，控制者或第三方的正当利益；(e)个人数据的接收者或者接收者的类型，如果有的话；(f)如果适用的话，控制者期望将数据转移到第三国或国际组织的事实、欧盟委员会作出或未作出充分决定的事实，或者，在第46条或第47条或者第49(1)条的第2小段所规定的转移情形中，所采取的适当保障措施的参考资料、获取它们备份的方式，或者在那里可以获取它们。2.除了第1段所规定的信息，控制者应当在获取个人数据时为数据主体提供确保合理与透明处理所必要的进一步信息：(a)个人数据将被储存的期限以及确定此期限的标准；(b)数据主体所拥有的权利：可以要求控制者提供对个人数据的访问、更正或擦除，或者限制或反对相关处理的权利；数据携带权；(c)当处理是根据第6(1)条或第9(2)条(a)点而进行的，数据主体拥有可以随时撤回——这种撤回不会影响撤回之前根据同意而进行处理的合法性——同意的权利；(d)向监管机构进行申诉的权利；(e)提供个人数据是一项制定法还是合同法的要求，是否对于缔结一项契约是必要的，数据主体是否有责任提供个人数据，以及没有提供此类数据会造成的可能后果；(f)存在自动化的决策，包括第22(1)条和第22(4)条所规定的用户画像以及在此类情形下，对于相关逻辑、包括此类处理对于数据主体的预期后果的有效信息。3.若控制者进一步处理个人信息的目的与收集个人信息的目的不一致，那么，控制者应当在进一步处理之前向数据主体提供此类目的的信息，以及提供第2段所规定的相关进一步信息。4.在数据主体已经拥有信息的情况下，第1、2、3段不应当适用。

业获取数据的来源。(8)用户画像的逻辑。[1]

(二)数据备份请求权

根据GDPR的规定,用户有权要求获取个人数据提供备份的权利。用户可以要求企业向自己提供一份自己的个人数据备份。按照该法律规定,如果用户又进一步要求额外备份,企业有权收取一定的费用。备份的数据原则上应当以通常使用的电子形式提供,比如办公常用的Word文档或者Excel表格均属于常用的电子形式。[2]

(三)更正权

GDPR赋予了用户"更正权"[3],该权利包括两方面的内容:一是对于不正确信息的更正;二是对于不充分信息的完善。用户的个人数据与企业所掌握的数据可能会有区别,之所以会有区别,大致有两个方面的原因:一是企业在首次获取用户数据时存在错误,如获取了错误的用户电话号码;二是用户的信息会发生变化,如用户自己更换了自己的电话号码,然而企业所

1 欧盟《通用数据保护条例》第15条(数据主体的访问权):1.数据主体应当有权从控制者那里得知,关于其的个人数据是否正在被处理,如果正在被处理的话,其应当有权访问个人数据和获知如下信息:(a)处理的目的;(b)相关个人数据的类型;(c)个人数据已经被或将被披露给接收者或接收者的类型,特别是当接收者属于第三国或国际组织时;(d)在可能的情形下,个人数据将被储存的预期期限,或者如果不可能的话,确定此期限的标准;(e)数据主体要求控制者纠正或擦除个人数据、限制或反对对数据主体相关的个人数据进行处理的权利;(f)向监管机构进行申诉的权利;(g)当个人数据不是从数据主体那里收集的,关于来源的任何信息;(h)存在自动化的决策,包括第22(1)条和第22(4)条所规定的数据分析,以及在此类情形下对于相关逻辑、包括此类处理对于数据主体的预期后果的有效信息。

2 欧盟《通用数据保护条例》第15条第3项:控制者应当对进行处理的个人数据提供一份备份。对于任何数据主体所要求的额外备份,控制者可以根据管理花费而收取合理的费用。当数据主体通过电子方式请求,且除非数据主体有其他请求,信息应当以通常使用的电子形式提供。

3 欧盟《通用数据保护条例》第16条(更正权):数据主体应当有权从控制者那里及时得知对与其相关的不正确信息的更正。在考虑处理目的的前提下,数据主体应当有权完善不充分的个人数据,包括通过提供额外声明的方式来进行完善。

掌握的信息并没有即时更新。

（四）删除权与限制使用权

删除权也称“被遗忘权”，[1]根据GDPR的规定，该权利是指用户有权要求企业删除个人数据的权利。比较典型的情况有两种：（1）当收集或处理数据的目的不再必要的时候，用户有权请求删除数据。（2）撤销此前同意的情况。绝大多数场景下企业使用数据都是以用户的同意作为基础的，事实上GDPR允许用户撤销此前的同意，亦即意味着允许用户单方撤销协议。此外，需要特别考虑的情况是，一旦用户要求删除数据时，如果该个人数据已由收集企业披露给其他企业，需要如何处理的问题。收集个人数据的企业，还义务告知其他也在利用该数据的企业：用户已经要求他们删除个人数据了。[2]当然，用户要求删除数据的目的也并非总是能够被满足，如果基于公益的目的或者基于法律规定不宜删除的，用户要求删除的请求并不会被满足。[3]

用户除了请求删除个人数据之外，还有一种较为常用的场

1 欧盟《通用数据保护条例》第17条：擦除权（“被遗忘权”）：1.数据主体有权要求控制者擦除关于其个人数据的权利，当具有如下情形之一时，控制者有责任及时擦除个人数据：（a）个人数据对于实现其被收集或处理的相关目的不再必要；（b）处理是根据第6（1）条（a）点，或者第9（2）条（a）点而进行的，并且没有处理的其他法律根据，数据主体撤回在此类处理中的同意。

2 欧盟《通用数据保护条例》第17条第2项：当控制者已经公开个人数据，并且负有第1段所规定的擦除个人数据的责任，控制者应当考虑可行技术与执行成本，采取包括技术措施在内的合理措施告知正在处理个人数据的控制者们，数据主体已经要求他们擦除那些和个人数据相关的链接、备份或复制。

3 欧盟《通用数据保护条例》第17条第3项：当处理对于如下目的是必要的，第1段和第2段将不适用：（a）为了行使表达自由和信息自由的权利；（b）控制者执行或者为了执行基于公共利益的某项任务，或者基于被授予的官方权威而履行某项任务，欧盟或成员国的法律要求进行处理，以便履行其法律职责；（c）为了实现公共健康领域符合第9（2）条（h）和（i）以及第9（3）条的公共利益而进行的处理；（d）如果第1段所提到权利会受严重影响，或者会彻底阻碍实现第89（1）条的公共利益目的、科学或历史研究目的或统计目的；或者（e）为了提起、行使或辩护法律性主张。

景，用户需要企业停止使用其个人数据。根据GDPR的规定有以下情况时，用户有权禁止企业使用其个人数据[1]：

1.对数据准确性存在争议，这种情况下，用户有权禁止企业使用。

2.企业存在非法利用数据时，用户有权禁止企业利用其数据。当然，这时用户可以要求企业删除其个人数据，但是在某些特定情况下，用户又不愿意删除其个人数据，比如在论文网络平台中，如果完全删除用户的数据，可能会影响用户的社会评价。如果用户发现企业在使用数据存在违反版权的。

3.企业不再需要个人数据时，用户基于诉讼或者法律证据的考虑，可以要求企业不能删除。

4.在涉及用户画像时，用户提出反对意见，企业同时提出了更具有说服力的理由，这里用户如果提出需要确定企业的理由是否优于自身理由时，可以暂时先停止用户画像。

一旦出现了上述事由，企业除了储存数据外，原则上不得再采用其他方法使用上述数据。当然，该法律也规定了例外情况，如基于法律诉讼的需要或者公共利益的目的利用个人数据可以不受限制。[2]

---

1 欧盟《通用数据保护条例》第18条（限制处理权）第1项：当存在如下情形之一时，数据主体有权要求控制者对处理进行限制：(a)数据主体对个人数据的准确性有争议，并给予控制者以一定的期限以核实个人数据的准确性；(b)处理是非法的，并且数据主体反对擦除个人数据，要求对使用其个人数据进行限制；(c)控制者不再需要个人数据以实现其处理的目的，但数据主体为了提起、行使或辩护法律性主张而需要该个人数据；(d)数据主体根据第21(1)条的规定而反对处理，因其需要确定控制者的正当理由是否优先于数据主体的正当理由。

2 欧盟《通用数据保护条例》第18条第2项：当处理受第1段的规定所限制，除了储存的情形，此类个人数据只有在如下情形中才能进行处理：获取了数据主体的同意，或者为了提起、行使或辩护法律性主张，或者为了保护另一个自然人或法人的权利，或者为了欧盟或某个成员国的重要公共利益。

（五）数据携带权

数据能不能像包裹一样随身携带，是这项权利要解决的问题。当企业对个人数据收集完成后，如果用户需要把该数据“带给”其他企业使用时，用户该怎么办呢？为此，GDPR专门规定了“数据携带权”，[1]该权利实质上实现了这样一种场景：当用户同意了某企业（第一个企业）收集个人数据之后，用户又与其他企业（第二个或第三个企业）达成利用数据协议，用户几乎可以通过一键传送那样的便利，将数据从第一个企业传输到其他企业。数据携带权，实质上允许用户可以将一份数据卖给多家企业。

（六）反对权

“反对权”不同于前面的“限制使用权”，它并非是要对用户个人数据全方位的禁止，而仅仅是针对用户个人数据在特定应用场景下的应用的反对，这里的特定应用场景主要包括两种情况：一是针对企业用户画像下的反对；二是针对直接营销目的的数据利用的反对。

1.针对企业用户画像的反对

关于用户画像。用户画像是一个更为复杂的问题，它不等于简单地收集信息，而是通过对信息综合运算的结果。人工智能借助大数据完成用户画像并实现自主决策，比如根据用户画像信息向用户提供匹配的新闻或者根据用户画像信息向用户推送合适的广告等。针对用户画像，GDPR明确规定了用户有

1　欧盟《通用数据保护条例》第20条：数据携带权：1.当存在如下情形时，数据主体有权获得其提供给控制者的相关个人数据，且其获得个人数据应当是经过整理的、普遍使用的和机器可读的，数据主体有权无障碍地将此类数据从其提供给的控制者那里传输给给另一个控制者：(a)处理是建立在第6(1)条(a)点或第9(2)条(a)点所规定的同意，或者第6(1)条所规定的合同的基础上的；(b)处理是通过自动化方式的。2.在行使第1段所规定的携带权时，如果技术可行，数据主体应当有权将个人数据直接从一个控制者传输到另一个控制者。……4.第1段所规定的权利不能对他人的权利或自由产生负面影响。

权提出反对。用户行使反对权后，企业除非能提出压倒性的正当理由或者“为了提起、行使或辩护法律主张”，否则就应当停止用户画像。[1]

用户画像最终还将形成对用户的习惯、爱好、诚信等方面的评价。事实上，在人工智能时代，这些评价还被广泛地运用到金融、法律等领域，用户画像也随之成为决策依据：法官决定对被告人量刑的依据，或者在风险评估时决定是否要对用户发放贷款的依据。根据GDPR的规定，针对机构依据用户画像所作出的决策，用户个人同样有权提出反对。当然，GDPR也提出了反对权无效的特例[2]：

（1）当决策对于数据主体与数据控制者的合同签订或合同履行是必要的，用户的反对无效；比如借助人工智能帮助风险用户的诚信指数时，系统需要通过用户画像完成对用户诚信评级，这对于银行进行风险评估至关重要，因此用户反对依据用户画像作出决策的说法就难以成立了。

（2）当依据用户画像作出决策系法律所授权的，这种情况下用户个人的反对无效。

（3）依据用户画像作出决策系用户明确同意的，用户反对无效。

1 欧盟《通用数据保护条例》第21条（反对权）：1.对于根据第6（1）条（e）或（f）而进行的关乎数据主体的数据处理，包括根据这些条款而进行的用户画像，数据主体应当有权随时反对。此时，控制者须立即停止针对这部分个人数据的处理行为，除非控制者证明，相比数据主体的利益、权利和自由，具有压倒性的正当理由需要进行处理，或者处理是为了提起、行使或辩护法律性主张。

2 欧盟《通用数据保护条例》第22条（自动化的个人决策，包括用户画像）：1.数据主体有权反对此类决策：完全依靠自动化处理——包括用户画像——对数据主体做出具有法律影响或类似严重影响的决策。2.当决策存在如下情形时，第1段不适用：（a）当决策对于数据主体与数据控制者的合同签订或合同履行是必要的；（b）当决策是欧盟或成员国的法律所授权的，控制者是决策的主体，并且已经制定了恰当的措施保证数据主体的权利、自由与正当利益；或者（c）当决策建立在数据主体的明确同意基础之上。

2.针对直接营销目的的数据利用的反对

尤其是基于直接营销目的而使用数据的，用户更是有权随时反对，并且一旦用户提出反对，数据主体将不能为了此类目的而使用个人数据。[1]

四、数据安全

企业在收集和使用个人数据的过程中，应当采用适当的技术措施保证个人数据的安全。这里的关键词系"安全"，何为安全呢？GDPR着重强调三个方面[2]：第一，就是数据的保密性，企业应当对个人数据采取保密措施，从而有效防止数据泄密；第二，保证数据的备份和完整，即便是在服务器遭受物理性或技术性攻击的情况下，企业仍然有能力保障数据的安全；第三，拥有正常使用数据的技术能力，特别是在个人数据传输、储存或处理过程中的意外或非法销毁、丢失。

在对企业苛求安全义务的前提之下，该法律进一步规定，

1　欧盟《通用数据保护条例》第21条（反对权）：……2.当因为直接营销目的而处理个人数据，数据主体有权随时反对为了此类营销而处理相关个人数据，包括反对和此类直接营销相关的用户画像。3.当数据主体反对为了直接营销目的而处理，将不能为了此类目的而处理个人数据。

2　欧盟《通用数据保护条例》第32条（处理的安全）：1.在考虑了最新水平、实施成本、处理的性质、处理的范围、处理的语境与目的之后，以及处理给自然人权利与自由带来的伤害可能性与严重性之后，控制者和处理者应当采取包括但不限于如下的适当技术与组织措施，以便保证和风险相称的安全水平：(a)个人数据的匿名化和加密；(b)保持处理系统与服务的保密性、公正性、有效性以及重新恢复的能力；(c)在遭受物理性或技术性事件的情形中，有能力恢复对个人数据的获取与访问；(d)具有为保证处理安全而常规性地测试、评估与评价技术性与组织性手段有效性的流程。2.在评估合适的安全级别的时候，应当特别考虑处理所带来的风险，特别是在个人数据传输、储存或处理过程中的的意外或非法销毁、丢失、篡改、未经授权的披露或访问。

一旦出现数据泄露，企业所要承担的报告的义务[1]。根据该法律的规定，当个人数据出现泄露的情况下，企业应当在其知悉后至迟72小时内向监管机构报告。报告的内容至少要包括个人数据泄露的性质、大致数量、类型、可能后果，以及已经采用或计划采用的措施等。法律之所以规定在出现个人数据泄露的情况下企业承担向监管机构报告的义务，其目的在于，全面评估事故，以调动各方资源尽可能减少事故损失。

当个人数据出现泄露的情况下，企业除了向监管机构报告，企业还应当向用户个人传达个人数据泄露的事宜。[2]根据GDPR的规定，在数据泄露事件中，用户享有全面的知情权。考

1 欧盟《通用数据保护条例》第33条（向监管机构报告对个人数据的泄露）：1.在个人数据泄露的情形中，如果可行，控制者在知悉后应当及时——至迟在72小时内——将个人数据泄露告知第55条所规定的有权监管机构，除非个人数据泄露对于自然人的权利与自由不太可能会带来风险。对于不能在72小时以内告知监管机构的情形，应当提供延迟告知的原因。……3.第1段所规定的告知应当至少包括：（a）描述个人数据泄露的性质，在可能的情形下，描述包括相关数据主体的类型和大致数量，以及涉及个人数据的类型与大致数量；（b）告知数据保护官的姓名与详细联系方式，或者可以获取更多信息的其他联系方式；（c）描述个人数据泄露的可能后果；（d）描述控制者应对个人数据泄露已经采用或计划采用的措施，包括——如果合适的话——减少负面影响的措施。4.在不可能同时提供信息的情形下，可以分阶段地及时提供信息。

2 欧盟《通用数据保护条例》第34条：向数据主体传达个人数据泄露：1.当个人数据泄露很可能给自然人的权利与自由带来高风险时，控制者应当及时向数据主体传达对个人数据泄露。2.本条第1段所规定的向数据主体传达，应当以清晰和平白的语言传达个人数据泄露的性质，并且应当至少包括第33（3）条（b）（c）（d）点所提供的信息与建议。3.当满足如下情形之一时，不要求控制者告知数据主体其个人数据被泄露的信息：（a）控制者已经采取合适的技术与组织保证措施，并且那些措施已经应用于那些被个人数据泄露所影响的个人数据，特别是已经应用那些使得未被授权访问的个人无法辨识个人数据的措施，例如加密；（b）控制者已经采取后续措施，保证第1段所规定的给数据主体的权利与自由带来的高风险不再有实现的可能；（c）告知将需要付出不相称的努力。此时，应存在公告机制或类似措施来承担控制者的告知义务，并且与控制者告知相比，这种措施的告知效果应当至少有相同效果。4.如果控制者仍然没有将个人数据泄露告知数据主体，监管机构在考虑了个人数据泄露所可能带来的高风险可能性后，可以要求其告知，或者可以认为符合第3段所规定的情形。

虑到个人用户对于技术的非专业性特点，该法律甚至还要求企业在向个人用户告知的时候，需要采用清晰和平白的语言传达个人数据泄露的性质。

五、用户数据权利的救济

每个数据主体都有向监管机构申请保护的权利。[1]对于监管机构的决定，用户还有权进一步向法院提请诉讼的权利，从而获得司法救济权。[2]事实上，当企业收集或使用数据的行为涉及侵犯用户数据权利的情况下，用户还有权直接向法院提请诉讼。[3]

由于个人数据问题往往会涉及人数众多，相关诉讼大多只可能是集体诉讼。作为诉讼的原告方大多会委托诉讼代表提请诉讼，为此该法律还特别规定了“代表诉讼”。根据该法律规定，作为用户个体有权委托非营利机构、实体或协会代表其行使相关救济权利：既包括代理用户向监管机构申请保护的权

1　欧盟《通用数据保护条例》第77条（向监管机构提起申诉的权利）：1.在不影响任何其他行政或司法救济的前提下，每个数据主体都有向监管机构进行申诉的权利，这尤其适用于以下地点的监管机构：数据主体所属的成员国或经常居住地、工作地、或数据主体认为处理其个人数据违反本条例的发生地。2.收到申诉的监管机构应当告知申诉者申诉的进展和结果，包括符合第78条的司法救济的可能性。

2　欧盟《通用数据保护条例》第78条（针对监管机构的有效司法救济权）：1.在不影响其他任何行政或司法救济的前提下，任何自然人或法人都有权对关乎他们的监管机构的有法律约束力的决定获得有效的司法救济。2.在不影响其他任何行政或司法救济的前提下，如果根据第55条和第56条的有权监管机构不处置申诉，或者在三个月内没有向数据主体告知第77条规定的申诉的进展或结果，任何自然人或法人都有权获得有效的司法救济。

3　欧盟《通用数据保护条例》第79条（针对控制者或处理者的有效司法救济权）：1.在不影响其他任何行政或司法救济的前提下，包括在不影响第77条规定的向监管机构提交申诉的前提下，任何数据主体认为，由于违反本条例而处理其个人数据，导致其被本条例所赋予的权利被侵犯，在这些情形下其都有获取司法救济的权利。

利，也包括代理用户向法院提请诉讼的权利。[1]

如果企业违反本法导致用户利益受到损失，用户有权获得赔偿，尤其需要指出，该部法律还规定了精神损害赔偿。的确，由于个人数据利用不当极有可能给用户造成经济上的或者是精神上的损失，为此用户有权请求“控制者”和“处理者”承担连带法律责任，[2]这里的“控制者”是指对数据享有实际控制权的主体，处理者则是受控制者委托实际收集和利用数据的主体（如接受委托的技术公司）。在这里，数据控制者和处理者需要承担连带责任，从而最大限度保证数据用户的利益。[3]

最后需要指出，该法赋予了监管机构至高的处罚权。如果企业在收集和使用个人数据的过程中，违反了本法的相关规定，监管机构最高可以处罚至2000万欧元或者上一年度全球总营业额4%的罚款（两者择其高）。[4]

1 欧盟《通用数据保护条例》第80条（对数据主体的代表）：1.数据主体有权委托非盈利机构、实体或协会代表其行使第77、78、79条规定的权利，以及在成员国法律规定的情形下，代表其行使第82条规定的获得赔偿的权利。非营利机构、实体或协会应具备如下条件：按照成员国法律设立，其章程目标是实现公共利益，在为了保护数据主体的权利与自由而代表个人提起申诉方面表现积极。

2 欧盟《通用数据保护条例》第82条第4项：当不止一个控制者或处理者，或控制者与处理者同时涉及同一处理，而且它们对第2段和第3段规定的处理所引起的所有损失承担责任，每个控制者或处理者都应当对损失负有连带责任，以便保证对数据主体的有效赔偿。

3 欧盟《通用数据保护条例》第82条：获取赔偿的权利与责任：1.任何因为违反本条例而受到物质或非物质性伤害的人都有权从控制者或数据者那里获得对损害的赔偿。2.任何涉及处理的控制者都应当对因为违反本条例的处理而受到的损害承担责任。对于处理者，当其没有遵守本条例明确规定的对处理者的要求，或者当其违反控制者的合法指示时，其应当对处理所造成的损失负责。3.控制者或处理者如果证明自己对引起损失的事件没有任何责任，那么其第2段所规定的责任可以免除。……5.当控制者或处理者已经根据第4段的规定对所受损失进行全额赔偿，该控制者或处理者可以按照第2段所规定的条件，要求另一控制者或处理者返回其造成的那部分损失。6.为了行使其获得赔偿的权利，根据第79（2）条的规定，应当在成员国认可的有管辖权的法院提起诉讼请求。

4 欧盟《通用数据保护条例》第83条：违反如下条款，应当按第2段的规定施加最高20，000，000欧元的行政罚款，如果是企业的话，最高可处相当于其上一年全球总营业额4%的金额的罚款，两者取其高的一项进行罚款。

六、欧盟《通用数据保护条例》对我国数据立法的启示

在人工智能时代，大数据的保护，尤其是与公民个人相关的数据保护问题，更是一个棘手的问题。在这方面，欧盟《通用数据保护条例》的规定值得借鉴。

第一，欧盟《通用数据保护条例》在保护个人数据方面的规定十分具体，比如当数据泄露时，该法律要求企业需要将泄露数据情况告诉公民个人，该法律考虑到公民个人大都是非技术人员，所以它要求企业"应当以清晰和平白的语言传达个人数据泄露的性质"；再如，该法律要求企业在采集数据时保护公民的知情权，为了能让相关规定具有实际可操作性，该法律便进一步明确了知情权的具体细节包括：(a)控制者的身份与详细联系方式以及如果适用的话，控制者的代表；(b)数据保护官的详细联系方式，如果适用的话；(c)处理将要涉及个人数据的目的以及处理的法律基础……显然，该部法律的相关规定十分细化并具有实际可操作性，这与一些原则性的个人信息保护立法相比，该部法律真正将公民个人信息保护落到实处。

第二，在涉及公民个人数据权利内容方面的规定，值得借鉴。在企业们疯狂采集公民个人数据的时代，公民个人对于自己的数据到底有什么样的权利，这是一个迫切需要回答的问题。欧盟《通用数据保护条例》从知情权、数据备份请求权、更正权、删除权与限制使用权、数据携带权、反对权等层面为公民个人构建了一个立体的权利保护体系。该法律在解释某一项权利时，对于其权利内容做了十分细致地阐述，以确保权利内容能真正落实到位。事实上，根据欧盟《通用数据保护条例》，个人数据被企业采集使用，公民个人依然对其自身数据享有终极权利，公民个人有权决定企业是否有权采集和使用个人数据；即便是同意采集的情况下，公民个人仍有权撤销此前的同意或者请求更正或停止使用。当然，考虑到个人数据与公共利

益的关系，该部法律也在涉及公共利益的时候对于公民个人权利进行了必要的限制。

第三，天价处罚确保公民个人信息权利落实到位。欧盟《通用数据保护条例》为违法企业设置了2000万欧元（或者全球上一年度总营业额的4%，二者取高者）的天价处罚。之所以设立如此高的惩罚，源于在人工智能时代对公民个人数据权利的尊重。在人工智能时代，公民每一天都在创造数据，数据不断累积，借助用户画像，数据会比公民个人更了解自己。在公民的整个权利体系中，公民个人数据权利的重要地位显著上升，或将成为最重要的权利。

人工智能语境下的“公民个人信息”保护

在人工智能时代，大部分工作都将借助机器完成，人也将没有任何隐私，因为机器也将随时记录人的数据。

想象一个人的一天，早晨起来，保姆是机器人，你吃什么、穿什么，它都清楚；出去开车，无人驾驶，每天去了哪里，待了多长时间都有详细记录；到了工作单位，机器人秘书帮你撰写文件、发送邮件，你的工作内容、文件信息都记录在机器人当中。

所以，在大数据时代，你去饭店吃饭，你和机器人会这样的对话：

顾客去饭店吃饭

顾客：我想吃红绕肉。

机器人：根据你的医疗数据，你现在脂肪超标，建议您吃低脂肪（食物）。

顾客：你有什么推荐吗？

机器人：我们这里有蒜蓉白菜。

顾客：你怎么知道我喜欢吃蒜？

机器人：您上周刚在图书馆借了一本关于制作素菜水饺

的书。

顾客：好的，就点这个吧，再帮我打个包，我帮家人也买一份。

机器人：根据定位系统，您夫人将在一小时后到家，您可以吃完后再打包。

顾客：好的，那我现在刷卡付款。

机器人：你的信用卡已经刷爆，现在还有5万元欠款，你最好付现金吧。

顾客：我没有现金。

机器人：不可能呀，根据取款记录，您在一个小时前还取过一次款，而且这一个小时你都没有消费，并且你的夫人还没来，难道你把钱给了别人？

顾客：……

一、从 Facebook 的公民个人数据“泄露”案谈起

Facebook信息泄露事件再一次引发全社会对智能化时代公民个人数据保护的忧虑。这次Facebook 5000万份公民信息泄露，还真不是黑客攻击，其故事梗概如下：

在美国有一家数据分析公司：剑桥分析公司，它通过用户授权的方式在Facebook上面拿到了5000万用户信息，有些新闻报道说窃取，这个不准确。那为什么会拿到5000万份这么多的信息呢？

Facebook允许用户在这个平台上布设程序，这个程序是给用户做心理测试，并且借助这个程序应用，每个用户可以将其在Facebook上的行为数据以5美元的价格转让给数据分析公司，当然这个转让是在用户自愿的情况下完成的。Facebook也允许在用户同意的情况下转让自己的行为数据。如果用户愿意，可以将自己在Facebook上的行为数据出让给他人。事实上，只有

不到3万人下载了这个应用，但由于每个人又有几百个好友，于是，在信息转让的过程中也将这几百个好友的信息一并“转让”了，于是产生了大量用户信息泄露的问题。

这件事还和美国总统特朗普的大选联系到了一起。有媒体透露，在特朗普大选中就充分利用了大数据分析，通过大数据画像，对人的性格分析判断，主要找到那些还处在摇摆不定当中的选民，确定投你或者不投你的选民已经意义不大了，主要把精力放在影响那些还举棋不定的选民。人们之所以将这两件事联系到一起，原因在于美国总统特朗普竞选期间的战略顾问和2017年8月以前的首席战略师斯蒂芬·班农曾经是剑桥分析公司董事，前白宫国家安全事务助理迈克尔·弗林2017年8月披露他曾是这家企业的顾问。长期为美国共和党捐款并支持特朗普竞选总统的私募基金经理罗伯特·默瑟曾经向剑桥分析公司注资1500万美元。

二、区分两个概念：公民个人信息与隐私

个人信息不是隐私。将个人信息视作隐私的观点或许受美国个人信息保护立法的影响，美国联邦多部相关立法直接使用“Privacy”。[1]欧盟在个人信息的立法中使用的概念“Personal Data”。如果从这两个概念的外延来看，隐私是一个小概念，公民个人信息是一个大概念。所有隐私的信息可以被称为公民个人信息，但公民个人信息并不一定属于隐私的范畴，比如公民的姓名、学历、毕业院校、照片、在社交平台上的公开留言等，这些信息往往都是要公开的，难以纳入隐私的范畴，却属于

1　如1974年的《隐私法》，还有1978年的《金融隐私法》、1984年的《有线电视隐私法》、1986年的《电子通信隐私法》、1998年的《儿童在线隐私保护法》，2012年美国发布的《网络世界中消费者数据隐私：全球数字经济中保护隐私及促进创新的框架》，并致力于推动《消费者隐私法》草案。

公民个人信息。

我国《民法总则》和《侵权责任法》都规定了“隐私权”概念。由于我国公民个人信息保护法还在立法过程中，因此有关公民个人信息权的概念还在“路上”。当下，与隐私有关的公民个人信息的纠纷，大多纳入隐私权案件处理。[1]然而，这并不能真正地解决问题：第一，对于大部分不能被隐私包含的信息，无法纳入隐私权范畴处理，基于这些公民个人信息发生的纠纷难以找到法律依据；第二，隐私权的权利内容更偏向于人格尊严，然而主体大量基于隐私信息的更为广泛的诉求，却是隐私权远远无法包含的，比如针对聊天记录（可视为隐私），机构能否对这些信息进行采集、如何利用以及存储时间，甚至基于这些信息的用户画像等问题，都是隐私权远远无法解决的，因此有必要设立个人信息的权利。

全球已经有90多个国家制定了个人信息保护法。1970年德国黑森州制定的《黑森州数据法》是世界上第一部专门性个人数据保护法；1973年的《瑞典数据法》是世界上首部全国性的个人数据保护法；1977年德国也制定了全国性的《联邦数据保护法》；1978年法国通过了《信息、档案与自由法》；1984年英国也在争议中通过《英国数据保护法》。上述立法对于欧洲的数据保护产生了广泛而深远的影响。1995年欧盟通过了《数据保护指令》针对个人数据采取统一立法模式，后来被2018年5月25日生效的《通用数据保护条例》取代。欧盟《通用数据保护条例》也被称为史上最严数据保护立法。

根据我国《个人信息保护法（草案）》的规定，公民个人信息是指以电子或者其他方式记录的能够单独或者与其他信息结合识别自然人个人身份的各种信息，包括但不限于自然人的姓

1 《冒凤军诉中国电信集团黄页信息有限公司南通分公司等隐私权纠纷案》，载《人民法院案选》（第4辑），人民法院出版社2011年版，第42页。

名、出生日期、身份证号码、个人生物识别信息、住址、电话号码等。[1]在我国已经生效的法律中使用类似公民个人信息概念的系《消费者权益保护法》第二十九条的规定。我国《消费者权益保护法》第二十九条规定了经营者收集、使用消费者个人信息应承担的遵守必要性、明确告知、征得同意、保密、保障安全、补救等义务，但未正面规定消费者作为信息主体享有的权利。[2]

三、"知情同意"：数据使用的合法基础

欧盟《通用数据保护条例》仍然是以知情同意作为基本立法架构（notice-and-consent framework），要求机构在收集用户个人信息前，告知用户信息的处理状况，在网络环境中通常表现为发布隐私声明，用户在阅读声明后作出同意的意思表示，作为机构对个人信息收集及利用的合法授权。然而，在大数据时代，知情同意的立法架构遭遇严重冲击。现实中用户往往越过隐私声明直接点击同意，既不阅读更难以理解其内容，隐私声明沦为一纸空文，正如学者兰道（Susan Landau）所言，隐私声明远非为人类使用而设计。[3]事实上，在网络语境中，用户为了使用产品或服务，用户除了点击同意之外并无其他选择。[4]学

1　《个人信息保护法（草案）》第三条。

2　我国《消费者权益保护法》第二十九条第一款：经营者收集、使用消费者个人信息，应当遵循合法、正当、必要的原则，明示收集、使用信息的目的、方式和范围，并经消费者同意。经营者收集、使用消费者个人信息，应当公开其收集、使用规则，不得违反法律、法规的规定和双方的约定收集、使用信息。第二款：经营者及其工作人员对收集的消费者个人信息必须严格保密，不得泄露、出售或者非法向他人提供。经营者应当采取技术措施和其他必要措施，确保信息安全，防止消费者个人信息泄露、丢失。在发生或者可能发生信息泄露、丢失的情况时，应当立即采取补救措施。第三款：经营者未经消费者同意或者请求，或者消费者明确表示拒绝的，不得向其发送商业性信息。

3　Susan Landau, Control use of data to protect privacy, 347L6221 Sci, Issue 504, 506 (2015).

4　Susan Landau, Control use of data to protect privacy, 347L6221 Sci, Issue 504, 506 (2015).

者鲁宾斯坦(S. Rubnstein)更进一步指出,知情同意机制在大数据时代已经“无可挽回地走向瓦解,超出了任何规制的修复能力。”[1]

2015年2月,美国政府正式发布《消费者隐私权利法案(草案)》(Consumer Privacy Bill of Rights Act of 2015, CPBR,以下简称《草案》)。该《草案》的最大亮点即率先提出了“相应场景中合理”的标准,即以“相应场景中合理”的标准作为个人信息处理行为的合法性授权。按照《草案》的规定,当机构在处理数据相应场景中合理时,无须经过用户同意或满足其他要件而自动获得合法性授权,该《草案》关注到了数据处理的实质性问题,而非形式上的同意。

当然,《草案》的设计也存在一定的局限,就是当对用户数据处理产生不合理时的解决思路。根据《草案》第103条第(b)款规定,个人信息处理产生不合理的隐私风险时,机构应为用户提供控制或选择机制。用户需要作出“接受”或者“不接受”的选择机制,这实质上是将个人信息处理风险转嫁给用户,[2]客户由此陷入两难选择的尴尬境地。与此同时,所谓让客户作出选择的机制,还容易导致“形同虚设”,该《草案》虽未明确规定同意的具体机制,仍可推断出默认用户若不反对即视为对信息处理授权。[3]

1 See Fred H.Cate et al., Data Protection Principles for the 21st century: Revising the 1980 OECD Guidelines(2013), http://op.bna.com/pl.nsf/id/dapn-9gyjvw/$File/Data-Protection-Principles-for-the-21st-Century.pdf.

2 Gabriel Maldoff, The Risk-Based Approach in the GDPR: Interpretation adn Implications, https://iapp.org/media/pdf/resource_center/Gdpr_Study_Maldoff.pdf, p.8.

3 范为:《大数据时代个人信息保护的路径重构》,载《环球法律评论》2016年第5期。

四、被遗忘权：公民数据权利中的一个核心权利

"被遗忘权"又称"删除权"，它是指用户是否有权请求机构或企业删除其个人数据的权利。它是公民享有的系列数据权利中的核心权利，是因为它决定了机构或企业是否还可以继续使用用户数据。

论及这一案例可以从"冈萨雷斯起诉谷歌案"谈起。1998年，西班牙报纸《先锋报》发表了西班牙将举行财产强制拍卖活动的公告，提到的遭到强制拍卖的财产中，有一件属于马里奥·科斯特加·冈萨雷斯（Mario Costeja Gonzale），他的名字也出现在公告中。2009年11月，冈萨雷斯与该报纸取得了联系。投诉称，公告中登出的名字被谷歌搜索引擎收录了，他希望能够在网上删除这些与他有关的信息，并且称该强制拍卖活动在几年前就已经结束，而且这些数据信息也已经失效，如果任由这些信息继续存在，则会对其声誉造成持续的伤害。《先锋报》回复称，由于该公告的授权方是西班牙劳动与社会事务部，因此有关冈萨雷斯的个人数据无法删除。冈萨雷斯于2010年2月与谷歌西班牙分部取得了联系，请求他们删除该公告的链接，后者遂将该请求转交给了美国加利福尼亚的谷歌总部。随后，冈萨雷斯向西班牙数据保护局（AEPD）提交了投诉，要求谷歌西班牙分部或谷歌公司必须按要求删除数据链接。2010年7月30日，西班牙数据保护局支持他对谷歌西班牙分部和谷歌公司的诉求，要求谷歌公司删除链接并保证通过搜索引擎无法打开该信息。[1]

谷歌西班牙分部和谷歌公司随后分别向西班牙国立高等法院提出单独诉讼。西班牙国立高等法院在将两个诉讼合并后，将该案提交给了欧盟法院。欧盟法院依据欧盟《数据保护

1 杨立新、韩煦：《被遗忘权的中国本土化及法律适用》，载《法学论坛》2015年第2期。

指令》[1]，对诉讼中的一些问题进行初步裁决，其中就涉及"被遗忘权"（Right to be forgotten）的问题。欧盟法院于2014年5月13日宣布最终判决，认为谷歌作为搜索引擎运营商，应被视为欧盟《数据保护指令》适用范围内的数据控制者，对其处理的第三方发布的带有个人数据的网页信息负有责任，并有义务将其消除。最终，欧盟法院裁决谷歌西班牙分部、谷歌公司败诉，应按冈萨雷斯的请求删除相关链接。该案由此确立了"被遗忘权"的概念。后面"被遗忘权"也被写入了2018年5月25日正式生效的《通用数据保护条例》。

美国著名的"橡皮擦法案"中也确定了类似的"被遗忘权"。2013年美国加利福尼亚州州长杰瑞·布朗（Jerry Brown）签署了加州参议院第568号法案，即"橡皮擦法案"。该法案要求包括Facebook、Twitter等社交平台应允许未成年人擦除自己的上网痕迹，以避免因年少无知而留下的网络痕迹给自己的未来造成困扰。比如，未成年在社交网站上可能会发表非理性的言论，或者上传不成熟的图片。"橡皮擦法案"于2015年1月1日正式生效，该法案虽然允许用户删除在社交网站的个人信息，但它需要有严格的条件：第一，仅限于加利福尼亚州的未成年人；第二，仅限于自行发布在社交网站上的内容。

美国的"橡皮擦法案"之所以会将删除权限定在一个极小的范畴，源于"被遗忘权"的扩张会与美国宪法上的"言论自由"直接发生冲突。美国宪法第一修正案第1条关于"国会不得制定剥夺言论自由或出版自由的法律"，显然在删除与传播之间，宪法第一修正案第1条更偏重于传播和言论自由。与此同时，美国最高法院也认为，只要某一信息是合法取得的，即

1　欧盟于1995年发布欧盟《数据保护指令》（Directive 95/46/EC），并直接适用于欧盟各成员国。2018年5月25日，欧盟《通用数据保护条例》正式生效，该条例取代了此前的欧盟《数据保护指令》。

使该信息的传播会造成所涉及对象尴尬的后果，国家就不能通过法律限制媒体传播该信息。[1]也正是有了宪法第一修正案的保障，才可以理解为什么在美国媒体的言论自由如此发达，以至于它可以讨论那些让总统都倍感尴尬的问题。美国法律甚至认为，对于"公共议题"的讨论应该"秉持不受限制的、活泼有力的、完全开放的原则"，这是一个"深切的国家承诺"。[2]

长期以来，美国法律一直纠结于隐私保护与言论自由的关系。直到1964年"《纽约时报》诉苏利文"一案，才在诽谤和新闻自由之间划定了界限。"在自由讨论之中，错误的言论是不可避免的，而且……如果表达的自由是为了拥有他们生存所需要的'呼吸空间'，那么它就必须受到保护。"[3]由此，法院精心设计了一项折中办法，即区分公共事务和私人事务。正如霍恩所说，在这个问题上，法院一直认为，对政治家、公共活动家，或其他著名人士或卷入"社会重大问题"的人士，新闻界可以进行非常严厉甚至是片面的批评；而对于缺乏正当理由，指名道姓地披露私人或家庭事务，则将适用一些严格得多的标准。[4]

因此，基于宪法第一修正案的立法精神，被遗忘权在美国的立法和应用也就面临巨大的限制。美国学者罗伯特·柯克沃克，只有用户请求删除自己发布的个人信息的权利，才是符合美国宪法精神的。[5]与此同时，受到欧盟数据立法的影响，美国增设"被遗忘权"的呼声也在不断加强。2014年9月，Facebook

1 See Jeffrey Rosen, "The Right to Be Forgotten", 64 Stan.L.Rev.Online 88(2012), p.91.

2 New York Times Co.v.Sullivan, 376 u.s254, 279-80(1964).

3 New York Times Co.v.Sullivan, 376 u.s254, 279-80(1964).

4 [美]加里·沃塞曼:《美国政治基础》，陆震纶等译，中国社会科学出版社1994年版，第138页。

5 See Robert Kirk Walker, "The Right to Be Forgotten", Hastings Law Journal, Vol.64, p.257.

开设“允许用户定时删除自己已发布信息”的新功能，允许用户设置信息的存续时间，一旦时间到期，网站会自动对用户所发布的信息进行删除。

五、结语

关于“被遗忘权”（删除权），很多人误把我国《侵权责任法》中“删除请求权”视为被遗忘权。我国《侵权责任法》第三十六条有关于网络侵权责任的规定，即针对网络用户利用网络服务实施的侵权行为（如在互联网上泄露用户隐私），被侵权人有权通知网络服务提供者采取删除、屏蔽、断开链接等必要措施。但需要注意，这里的“删除请求权”，它是以侵权事实作为前提的，这与欧盟法律的“被遗忘权”并非同一概念。“被遗忘权”的重点恰恰在于，不存在侵权事实的前提下，用户是否有权删除网络中存在的数据。

我国法律体系中另一个与“被遗忘权”类似的例子，便是工信部颁布的一个部门规章。2011年1月，工信部颁布《信息安全技术公共及商用服务信息系统个人信息保护指南》（以下简称《指南》）。该《指南》第5.1部分将个人信息的处理过程分为收集、加工、转移和删除四个环节。当个人信息主体有正当理由要求删除其个人信息时，个人信息处理者应及时对相关个人信息进行删除。尽管这里有“正当理由”是一个需要主观评价的概念，无论如何，这里的删除权最接近于欧盟的“被遗忘权”。我国《个人信息保护法（草案）》规定了“信息删除权”和“被遗忘权”，不过这两项权利行使的前提均为“在法定或约定事由出现时”，这是一个极其模糊和主观的前提，这也使“被遗忘权”完全陷入了一个“不可知论”的范畴。[1]

至于公民个人信息使用的法学基础到底是什么，我国《个人信息保护法（草案）》同样设立“同意”的原则[2]。值得思考的是，在人工智能和大数据时代，用户对于“同意”将变得麻木和顺其自然，同意并不能完全代表用户真实的意思表示，或是面对大机构用户甚至无法作出“不同意”的选择，因此，在这样的语境下，“同意”作为数据使用的合法基础日益变得薄弱。于是，美国法上“情境合理”的原则也就有必要与“同意”原则一并使用的必要了。

1 我国《个人信息保护法（草案）》第十八条（信息删除权）：在法定或约定事由出现时，个人信息权人得以请求信息处理主体无条件删除其个人信息。第十九条（被遗忘权）：在法定或约定事由出现时，信息主体得以请求信息处理主体无条件断开与该个人信息的任何链接，销毁该个人信息的副本或复制件。

2 我国《个人信息保护法（草案）》第五条（知情同意原则）：不符合本法或其他法律、法规规定，或未经信息主体知情同意，不得收集个人信息。收集不需识别信息主体的个人信息，应当消除该信息的识别力，并不得恢复。

论数据库权利

一、引言

在人工智能时代，数据库是一项十分重要的事情。笔者在实验室所做的人工智能实验，几乎都与大数据有关，笔者常用的数据库有MYSQL数据库、MongoDB等。事实上，如果对人工智能做高度抽象概括的话，它就是由算法和数据构成的，算法是基于高等数学和统计学所形成的公式，然而数据和数据库却又是供算法完成计算的基础，否则人工智能便真正成为"无米之炊"了。

数据库也被称为未来最有价值的资源。它何以如此重要呢？关键在于它可以帮助我们更好地认识世界。在现象与本质的哲学关系中，单个的数据是现象，然而数据库运算则会追溯本质。原本凭借经验认识世界的方法将转变为大数据运算来认识世界，比如在结婚后多久最容易离婚的问题上，传统"七年之痒"的观念已是根深蒂固，然而大数据的运算结果却显示：结婚后两年离婚率最高。[1]就是这样，大数据运算可以帮助我们更好地洞察和了解世界。它因此被广泛地运用到医疗、法律、金融、侦查、教育、文化等各个领域，甚至可以预言，在未来谁控制了某一领域的数据，谁也就将处于食物链的最顶层。

当下，已有一些专门从事数据库运营的公司，以出售数据库为主要的营利模式，为获取垄断权利，它们一般不会将数据库一次性转让出去，而是为用户提供API（Application Programming Interface）的接口，允许用户根据自己的需要调用数据库中的数据，最终依据数据调用次数完成计费，这样对数据的控制权还在数据商手中。对于数据运营公司而言，如何能够获取更多、更高质量的数据库则成为其市场竞争力的关键。为此数据运营公司便开始尝试各种方法获取数据，其常用的方法便是数据爬虫抓取数据。从计算机的理论来看，只要网页上的数据用户能用肉眼看到，便可以用爬虫抓取到。此外，还有公司专门用人工编辑的方法获取数据。比如将书籍、报纸、期刊、公告中的数据电子化，汇总形成数据库，然后出售。总之，关于数据库法律保护的话题早已备受关注，其中就包括到底该怎样保护数据库，以及林林总总处理数据许可、交易的方法是否合法等。同时还需要指出，这里的数据不仅仅限于个人数据，它甚至包括自然数据、统计数据、社会数据等各种形式的数据库，因此这里讨论的重点不是个人数据的隐私问题，而是大数据语境下数据库的法律保护问题。诸如如下的案例，某公司针对国内所有公司的品牌，汇总成一个统一的数据库。每一个品牌都包含有若干信息，包括品牌所有人、品牌名称、LOGO图案、品牌有效期限等。问题在于，数据库的设计者对于数据库

1　在一次关于法院智能化的会议上，最高人民法院的工作人员对于法院智能化进行讲解，其中对离婚案件进行大数据分析后，发现结婚两年后离婚率最高。

享有什么样的权利？

二、数据库与版权保护

我国版权法将数据库纳入“汇编作品”的保护范畴。关于汇编作品，[1]我国《版权法》第十四条进行了解释：汇编若干作品、作品的片段或者不构成作品的数据或者其他材料，对其内容的选择或者编排体现独创性的作品，为汇编作品，其著作权由汇编人享有。但行使著作权时，不得侵犯原作品的著作权。因此，如果一个数据库能够成为汇编作品的话，那么它就可以获得版权的保护，以品牌数据库为例，如果被告方系通过数据抓取技术来获取数据的，那么被告的行为可视为对原告数据库版权侵权。

因此，在涉及数据库纠纷的案例中，数据库本身是否属于汇编作品，或者说它本身是否有独创性也就成为法院争议的焦点。在白兔公司起诉鼎容公司的案件[2]中，法院将争议焦点总结为，白兔公司的数据库能否作为汇编作品受到著作权法保护。法院最终认定，白兔公司开发的数据库对商标信息的编排方式、分类方式具有一定的独创性；白兔公司通过自己的整理收集，将商标公告信息加以汇编制作成商标信息数据库，该数

1 在版权法上，有关汇编的英文词有两个：一是《保护文学和艺术作品伯尔尼公约》第2条第5款所使用的“collection”；二是世界贸易组织中TRIPs第10条第2款所使用的“compilation”。据世界知识产权组织的解释，这两个词并无实质差别。

2 白兔公司利用国家商标总局的商标公告资料汇编了一个商标信息数据库，并开发了查询软件，有偿供用户查询，并对外销售查询系统。白兔公司发现鼎容公司名下微信公众号查询到的商标带有白兔公司暗记，认为该公司侵犯其权利，提起诉讼。白兔公司、鼎容公司争议的焦点首先在于白兔公司的数据库能否作为汇编作品受到著作权保护。根据庭审白兔公司的演示，白兔公司对商标总局每一期《商标公告》里面的每条公告信息，进行拆分和人工识别，按照商标公告期号、变动公告期号、商标注册号等48个项目顺序，人工编排、录入。使用者通过软件可以按照“注册号、注册人、注册地址、使用商品、代理组织、公告期号、备注信息、驰名商标、证明集体特殊”的分类方式或者“待审中、已初审、已注册、已驳回、已销户、在结果中搜索”这种分类进行查询。

据库符合汇编作品特性，拥有自身的特点，属于著作权法保护的范畴。法院在这一逻辑的基础上进而认定被告方鼎容公司停止侵权，赔偿白兔公司经济损失10万元。[1]在另一个中国学术期刊数据库的案件中，[2]法院同样将案件争议的焦点总结为：《中国优秀博硕士学位论文全文数据库》是否系汇编作品？法院认为，原告从全国众多高等院校中选取了300多家院校，将这些院校的博士、硕士毕业生的学位论文收集起来，按照不同的专业、门类进行编排，开发成可供检索、查阅、下载的论文数据库，并经相关主管部门批准，将数据库编制成电子期刊出版物在网上出版、发行，该数据库体现了原告在对数据库内容的选择、编排方面的独创性，构成汇编作品。法院据此认定被告方停止侵权、赔礼道歉，赔偿原告损失9万元。[3]

这里需要特别强调的是，数据库的独创性与数据的独创性并非同一概念，它更多强调的是数据库在编排和设计方面的独创性，而并非是它所包含的数据本身的独创性。在“北京中易中标电子信息技术有限公司（以下简称中易公司）与微软公司”的诉讼中，中易公司主张其“中易字库”为汇编作品，理应受著作权法保护，其所主张的中易字库是把汉字和字符共计四万三千多个字模特别设计之后统一作为中易字库。北京市第一中级人民法院则认为，中易公司所主张的独创性，是体现在每个字符的字形上的独创性，而并非体现在中

1 广东省佛山市中级人民法院民事判决书（2016）粤06民终9055号。

2 原告《中国学术期刊（光盘版）》电子杂志社诉称，《中国优秀博硕士学位论文全文数据库》是经新闻出版总署批准出版的学术电子出版物，经过“中国知网”www.cnki.net以CAJ格式出版发行。原告对该数据库享有著作权。被告赵萍萍开设的“峰朝网”www.steelbee.com、www.51lunwen.com，未经许可公开销售原告数据库中的以CAJ格式保存的论文全文，复制、传播原告数据库的论文题录摘要，既侵犯了原告对《中国优秀博硕士学位论文全文数据库》享有的汇编作品著作权。

3 上海市浦东新区人民法院民事判决书（2006）浦民三（知）初字第15号。

易字库的内容选择和编排上，因此中易字库作为数据库没有独创性。该案上诉后，北京市高级人民法院同样认定，中易字库在整体不能作为汇编作品予以保护。[1]因此，数据库所包含的数据的独创性与这里所谈的数据库的独创性而言并非是同一回事。

三、数据库与反不正当竞争

虽然《著作权法》通过汇编作品来保护数据库，但如果仅仅通过《著作权法》来保护数据库，其缺点是显然的。数据库的制作者在构建数据库存的过程中往往要付出巨额成本，但如果其一旦缺乏独创性就不可能再受到《著作权法》的保护。这与普通作品不同，对于普通作品，诸如文字或美术作品，如果缺乏独创性，其可谓没有价值，法律也没必要保护它；但数据库即便是在选择和设计方面缺少独创性，但数据库的经济价值却不可被小觑。因此，尽管数据的选择和编排达不到《著作权法》上独创性的标准，但数据库创建者据此所付出的劳动和投资却同样值得法律的尊重。因此，法律有必要在《著作权法》之外寻找保护的路径。

在“北京阳光数据公司诉上海霸才数据信息有限公司”案中。该案原告是做金融数据流收集的，它先后与国内15家商品交易所和两家证券交易所签订协议，通过有偿方式获得行情数据。原告方再将这些行情数据加工整理后，形成综合的行情信息流，通过卫星广播方式发送。该信息流称为“SIC实时金融”。客户如需要使用这套信息数据，必须与原告签订并付费，同时还有一个特别约定：接受方为终极客户，不得再转发该系统数据（主要目的是限制受托方再发展客户）。本案被告上海霸才数据信息有限公司即为原告的客户之一，然而被告却违反

1　北京市高级人民法院（2010）高民终字第772号。

了这一特别约定，不仅自己使用“SIC实时金融”，还将它进一步转发并发展客户。于是原告将被告起诉。

在本案中，原告方在诉请中提及被告方侵权。原告方认为“SIC实时金融”属于“汇编作品”。一审法院（北京市第一中级人民法院）判决，认定被告行为构成违约和侵犯商业秘密，但认为，原告所主张的“SIC实时金融”并不属于版权法的汇编作品。原告方不服又将该案上诉到北京市高级人民法院，北京市高级人民法院对本案的数据库问题做了重点阐述：“SIC实时金融”在本质上属于特定金融数据的汇编，在此属于电子数据库，然而这种单纯的数据汇编并没有版权法所要求的最低限度的独创性，因而不属于《著作权法》意义上的作品，不能用《著作权法》予以保护。但是原告方为了汇编该数据库，付出了大量的投资，承担了投资风险，其投资以及由此产生正当权益应该受到法律保护。被告未经原告许可，为了营利目的向其客户有偿转让，其行为违反了经营者在市场交易中应当遵守诚实信用的原则和公认的商业道德，因此构成不正当竞争行为。

同样，在“广西广播电视报社诉广西煤炭工人报社侵犯其刊登的电视节目预告表”案件中，法院认为，电视节目预告表可视为按时间编排，由不享有版权的材料——电视节目单构成的数据库，它不具有版权法意义上的独创性，但最高人民法院肯定它是“电视台通过复杂的专业技术性劳动制作完成的，电视台对其劳动成果应享有一定的民事权利”，即“以报纸形式向公众传播的专有使用权”。这种专有权虽然不属于版权，应理解为“反不正当竞争权”。北京市第一中级人民法院受理的某数据公司诉某信息公司“SIC实时金融”信息侵权案也是依据《反不正当竞争法》作出了判决。

显然，基于数据库的制作者的辛苦付出，即便该数据在选择和编排上达到《著作权法》上所说的独创性，没有办法选择用《著作权法》保护的时候，依然可以想办法通过《反不正当竞争法》的方法寻求保护，只不过它是否符合《反不正当竞争法》规定的条件，还需要法院作出认定，因此用《反不正当竞争法》保护数据库会给制作者一种心里没底的感觉。

四、数据库与欧盟的“特殊权利”

在涉及数据库的法律保护上，欧盟《数据库法律保护指令》(以下简称《指令》)具有里程碑意义。[1]自《指令》颁布起，各成员国随之修订国内法,《指令》之特别权利的保护亦被广泛地适用于各类数据库司法判决，例如电话号码、法律判决、分类广告索引网站、报纸头条新闻等。显然，从这一意义上讲，特殊权利的确提升了数据库保护水平。首先,《指令》针对独创性的数据库，即数据库的内容的选择与安排方面独创的数据库，规定版权保护原则。[2]需要指出，针对无法通过版权保护的数据库，《指令》规定了“特殊权利”(Sui Generis Right)。这里尤其需要指出，欧盟特殊权利的重要意义！

根据《指令》的规定，针对“数据库内容的获取、检验核实或选用方面，经定性与(或)定量证明作出实质性投入(Substantial investment)的数据库的制作者”，为其设定特殊权

1　欧洲议会与欧盟理事会1996年3月11日的《关于数据库法律保护的96/9/EC指令》。欧盟《数据库法律保护指令》立法目标主要包括：(1)消除各成员国国内数据库法律保护之歧义；(2)促进欧盟数据库产业追上美国。

2　欧盟《数据库法律保护指令》第2条：在本条中，“数据库”是指业已经过系统或有序的安排，并可通过电子或其他手段单独加以访问的作品，数据或其他材料的集合。欧盟《数据库法律保护指令》第3条第1项：数据库的内容的选择与安排方面体现了作者自己的智力创造的数据库可以据此取得版权保护。欧盟《数据库法律保护指令》第3条第2项：本指令给予数据库的这种版权保护不能延及数据库内容，也不影响存在于那些内容本身的任何权利。

利[1]，即不管该数据库是否具有独创性，或者该数据库能否获得著作权的保护，该特殊权利都是有效的。[2]特殊权利与著作权的逻辑完全不同，特殊权利基于制作者对数据库进行了实质性投入，从而为其提供保护；然而在著作权的视野中，关键还在于作品本身的独创性，即便有投入，但如果没有独创性亦无法获得版权的保护。因此，特殊权利不是对独创性的保护，而是对于投资保护，具体体现在“摘录”与“再利用”两个方面。所谓“摘录”(extraction)，类似于“复制”，是指“采取任何方法或以任何形式，将数据库内容的全部或实质部分(substantial parts)永久或暂时转载到别的载体上”；所谓“反复利用”(re-utilization)，也称为再利用或二次使用，类似于“发行”，是指“通过销售拷贝、出租、联网或其他传输方式将数据库的全部或实质内容以任何一种形式提供给公众”。[3]基于特殊权利，数据库的制作者有权利进行“摘录”和“再利用”，并且有权利防止他人“摘录”和“再利用”。

根据《指令》的规定，作者对于数据库有“重大投资”，这是制作者享有特殊权利的关键。然而，从欧盟各成员国的司法实践来看，对于重大投资概念的理解却也存在一定主观认知。德国科隆法院在判决原告方“育婴”主题的251个网址链接目录是受特殊权利保护的数据库，原因是原告在目录的汇编、搜索和更新上具有相当的“实质性投入”；然而在法国，原告汇集了400多份劳资集体谈判协定的汇编，未被认定其投入符合“重大投资”要件，里昂法院认为被告在其竞争性出版物中复制原告汇编内容，是不正当竞争，即原告未受到特殊权利保护。那么到底何为“实质性投入”？不妨举一个例子，比如一个天气

1 欧盟《数据库法律保护指令》第7条第1款。

2 欧盟《数据库法律保护指令》第7条第4款。

3 欧盟《数据库法律保护指令》第7条第2款。

预报的公司预测了下周每天的天气预报，并制作数据报表。被告未经原告的同意，将数据报表直接引用，双方涉及数据库特殊权利的争议。总的焦点在于，原告方的数据库是否属于“实质性投入”的受特殊权利保护的数据库？

针对“重大投资”等概念，即便是在欧盟的成员与欧洲法院[1]之间的认知方面也会存在分歧。在The British Horseracing Board Ltd. and Others v.William Hill Organization Ltd. 案中，William Hill获取了BHB（管理英国赛马的主管机关）数据库的一小部分，并作为赛程公布。英国高等法院和欧洲法院对于是否构成侵权问题发生了不同的判决，其根源在于对“重大投资”和“质和量上的实质性部分”等问题上就产生了分歧。

进一步解析BHB起诉William Hill案件的要点。BHB（British Horseracing Board Ltd.）是英国赛马业的主管机构，其建立了一个在英国正式注册登记的纯种马匹和赛马比赛的详细信息的数据库。BHB负责制定每年的赛马时间安排、监督比赛过程、出版各种赛马出版物，以及汇编与赛马有关的数据。每年BHB和其他公司一般要花费四个月到五个月的时间汇编出版比赛时间安排，此汇编包括每年大约7800个赛程。BHB还将上述数据发布在互联网站上，并授权许可有关的赛马经营机构在赌注登记处使用上述数据。被告William Hill 是英国最大的赛马经营机构之一，它于2000年起推出了网上投注业务，间接使用了源自BHB数据库的数据。为此，BHB诉称，被告未经许可在网上业务中使用源自BHB数据库的数据，是对其数据库内容的实质性部分的摘录（extraction）和再利用（re-utilization），违反了《指令》第7条第1款；同时还诉称，即使被告每天使用的

1　欧洲法院（英文版欧盟条约里正式名称：Court of Justice。一般为了辨识，会加个官方所无的形容词：European Court of Justice。）根据欧盟法律为欧洲联盟的最高法院，掌理一般案件的法律审上诉以及特殊案件的一审。

数据只是对数据库内容非实质性部分的使用，也已构成对数据库内容非实质性部分的重复和系统的摘录与再利用，违反《指令》第7条第5款。

在该案中，Laddie J.法官认为，本案是一件有关数据库特殊权利的新型案件，该权利的依据是1997年《版权和数据库权利条例》，这是对1996年3月11日的欧盟《数据库法律保护指令》的实施，因此，条例必须得到与《指令》一致的解释，所以，可以把重点回归到对《指令》的关注上。Laddie J.法官认定BHB数据库受特殊权利保护，BHB已在其数据库的建立和维护上作出实质性投入，其特殊权利应得到保护；Laddie J.法官的判决完全支持了原告的请求并作出William Hill侵权的永久禁令。上诉法院倾向于支持原审法院的判决，但上诉法院并未就本案直接作出判决，而是决定向欧洲法院咨询。欧洲法院在2004年11月9日对该案作出了判决，然而欧洲法院的判决很出乎大家预料，它判决原告方败诉，其理由是原告方对于其数据库缺少实质性投入。怎么样认定"实质性投入"？欧洲法院给出另一种思路。一个数据库的产生会涉及两方面的费用，一个是创造数据的费用；另一个是创造数据库的费用，如抓取数据，并把它汇聚到数据库中的费用。那么，在数据库特殊权利中，这里的"实质性投入"到底指的是哪个费用呢?

欧洲法院在"BHB v.William"案件中就对投资进行了区分，在上述所涉及的两部分费用中，创造数据的费用不属于"实质性投入"，只有那些把数据汇聚成数据库的费用才属于"实质性投入"。这个结论很重要。所以，在一周天气预报列表数据库案件中，天气预报公司为获取这一周的数据一定需要使用大量的设备、包括技术人员等，但这些费用并不属于制作数据库的费用。显然，制作一周天气预报数据列表缺少实质性投入。因此，制作数据库的成本（并非制作数据的成本）才能被纳入到"实质性投入"的范畴，比如构建一个电子数据库所需要的服务器成本，抓取数据所需要支付的成本，将数据导入到电子数据库存的成本，数据去重的成本等。

欧盟的特殊权利仅限于欧盟成员国企业的数据库，为此，美国企业试图寻求欧盟特殊权利的保护，但最终仍以失败告终。这里就有一个问题，一个美国个人或企业的数据库如何也能在欧盟获得特殊权利的保护呢？基于国际法上的对等原则，美国自身也要出台立法保护"特殊权利"，一旦当欧盟个人或企业的数据库能够在美国获得特殊权利的保护时，欧盟的特殊权利自然也会眷顾来自美国的数据库。基于这样的逻辑，美国为此曾试图立法保护特殊权利，但最终以失败而告终。1996年5月，美国国会众议院接受了一个题为"保护数据库投资与制止知识产权盗版"的法案[1]，试图保护数据库的投资，制止非经授权摘录、使用数据库的行为。但是，该法案受到来自科研机构及广大用户的强烈反对，H.R.3531法案未获通过。1997年10月，一个名为"制止盗版信息集合体"的法案[2]，又被提交到美国国会。这个法案没有使用"数据库"的概念，而是使用了"信息集合体"概念，事实上这两个概念是一样的，Database也就等于Collection of information。这个法案与此前法案最重要的区别，它重点兼顾了数据投资者的利益与社会公共利益，然而仍然未被美国国会通过。

最后需要指出，根据《指令》的规定，数据库无论是基于著作权还是基于特殊权利受到保护，其保护期只有15年，其起算点原则上从数据库建立完成之日，[3]对于那些为公众提供服务的

1 Database Investment and Intellectual Property Antipiracy Act of 1996，简称 H.R.3531法案。

2 Collections of information Antipiracy Act，简称 H.R.2652法案。

3 欧盟《数据库法律保护指令》第7条第1项：所规定的权利自数据库建立完成之日起生效，有效期限为从建立完成之日的第二年1月1日起为期15年。

数据库，该数据库的保护期的起算点自该数据库为公众提供服务之日起算。[1]当然，数据库的内容是会不断更新的，如果对于数据库更新被看作新的实质性投入，该数据库可作为一个新数据库，其保护期重新起算。[2]

五、结语

随着人工智能与大数据时代的到来，对于数据库的规范已是迫在眉睫。事实上，在人工智能时代，基于算法不断优化，对数据库“独创性”的要求越来越低，并且，随着人工智能对于非结构性数据解析能力的增强，甚至不要求数据库有固定的结构。因此，在实践中要认定数据库具有“独创性”，越来越困难。然而，我国在版权法之外并没有设立保护明晰路径，尽管有些案件最终通过《反不正当竞争法》也获得了保护，但不正当竞争行为需要符合“扰乱市场秩序”作为前提，然而，这是一个十分不明确的概念，因此《反不正当竞争法》经常处于替补的地位，即在其他法律没有办法保护的前提下，不得已借助《反不正当竞争法》予以救济，故而，我国当下数据库的法律保护也因此处于十分薄弱的状态。由此，也表现为数据经营市场现状十分混乱，爬取数据的现象十分普遍，相关行为在法律上的定性也处于十分不明确的状态。为此，有必要借鉴《指令》中关于“特殊权利”的规定，明确重大投资作为数据的法律基础。特殊权利的设置无疑会提升数据库的保护力度。根据特殊权利，擅自爬去他人数据库的行为也将被视为侵权行为。与

1 欧盟《数据库法律保护指令》第7条第2项：对于在第一款所规定的期限届满之前以任何方式为公众服务的数据库，该项权利所提供的保护期限为从该数据库开始为公众服务之日的第二年的1月1日起为期15年。

2 欧盟《数据库法律保护指令》第7条第3项：对数据库内容所作的，经定性或定量鉴定是实质性的任何改变，包括使数据库经定性或定量鉴定之后被看作为一个新的实质性投入，而由此投入所形成的数据库有资格获得自己的保护期。

此同时，随着全球化人工智能时代的到来，数据共享也将是大势所趋，为此，关于数据库的立法也最终将国内立法走向国际立法。

实验一：数据算法与投资预测

一、知识产权与房价的二元互动：大数据背后的故事

近十年来，中国房地产业似乎一直处于亢奋状态，即便是经历了数次政府限购、严控防贷等措施，但房地产依然成为人们抑制通货膨胀、资产保值的最有效方法。在中国当下，毫无疑问，房子不再仅是物权法的概念，它更像是金融法中的一个概念。房地产中介表面上带人看房，事实上他们已成为最大的资产“并购”和“重组”的服务者，他们几乎每天都在做着动辄上千万元的资产交易。

进一步说，房子显然已经成为人们生活中最重要的资产。除了居住之外，人们会兼顾投资，尤其是纯粹投资的房产，其脑海中迸发的第一个问题便是：投资哪里的房地产会导致增值速度最快？经济学家们常从城市化进程的速度、供需关系等理论出发去预测房地产升值空间。事实上，无论从哪个唯度去解释这一问题，都旨在于寻找这背后的经济规律。

知识产权与房地产，当把这两个词放到一起的时候，你有何感想？当然，第一感觉是风马牛不相及！然而，大数据却给我们呈现了知识产权与房地产二元互动的关系，完全可以用这种关系指导房地产投资。

然而，当你看完接下来的两组数据后，或许你会改变此前的看法：

表1是2017年全国专利授权量20强城市，表2是2017年全国城市房价排名的前20名。这两个表中所列的城市却有着惊人的相似。北京、上海、深圳居全国专利授权量前三位，同样这三个城市的房价也位居全国之首。除此之外，像苏州、南京、杭州、青岛这些城市的专利授权量居全国前20名，这些城市的房价也同样居全国前20名。

二、从专利看房地产投资的规律

表1　2017年全国发明专利授权量20强城市

单位：件

排名	城市	授权量	申请量
1	北京	46,000	99,000
2	上海	20,681	54,633
3	深圳	18,928	60,258
4	苏州	11,500	46,000
5	南京	10,723	37,286
6	杭州	9872	25,578
7	广州	9345	36,941
8	武汉	8444	23,243
9	成都	8041	47,110
10	西安	7902	40,439
11	重庆	6138	19,000
12	青岛	5949	22,492
13	天津	5844	暂缺
14	宁波	5382	18,497
15	济南	5043	11,720
16	东莞	4969	20,402
17	合肥	4917	32,828
18	佛山	4901	25,899
19	长沙	4873	18,049
20	无锡	4826	20,122

表2　2018年全国房价排名(由高到低)

单位:元/m^2,%

2018年北京房价	54,954	0.02↑
2018年上海房价	50,704	0.09↑
2018年深圳房价	49,905	0.01↑
2018年厦门房价	44,956	0.03↑
2018年三亚房价	31,442	0.06↑
2018年广州房价	30,014	—
2018年南京房价	25,941	0.01↑
2018年福州房价	25,904	0.01↑
2018年天津房价	21,705	0.04↑
2018年杭州房价	20,533	0.04↑
2018年青岛房价	20,504	—
2018年珠海房价	20,138	0.02↑
2018年义乌房价	19,937	0.02↑
2018年宁波房价	19,519	0.08↑
2018年温州房价	18,803	0.03↑
2018年金华房价	17,186	0.04↑
2018年石家庄房价	16,656	0.05↑
2018年武汉房价	16,593	0.01↑
2018年济南房价	16,443	0.01↑
2018年苏州房价	15,887	0.04↑

表1所呈现的是专利授权量的排名,表2所呈现的是房地产价格的排名。这两张表格却体现出惊人的相似。这里有必要先解析“专利”及“专利授权量”这个概念。专利这个概念多数人并不陌生,一部手机上可能会凝结很多专利,任何企业或者个人,如果有创造性的发明创造,都可以申请专利。从这一

意义上讲，专利代表着一个地方的“创造力”。当然，专利申请后还需要国家审核通过，最终才能授权。因此，并非所有的专利申请都能授权，有些不符合条件的专利申请可能会被驳回。那么，一个城市的专利授权量，也就可以更加准确地代表这个地方的创新活力。因此，表1中所采用的是“专利授权量”，而并非是“专利申请量”。专利授权量比专利申请量更能准确表达一个城市的创新活力。

因此，在投资房地产的过程中，一个城市的专利授权量便是一个重要的指标。人们常问，北、上、广、深的房子会不会降价？二线城市或者三线城市的房子到底会不会降价？在回答这些问题之前，需要先回答一个问题：房子到底是什么？如果仅从物权法角度出发，它就是一个可以居住的地方。事实上，砖头和水泥从来都是不值钱的，然而，如果从知识产权的视角来看房子，结论就完全不同，房子实质上代表一种资源的垄断，比如北京的房子意味着你可以有和一群精英一起工作、学习、生活的权利；学区房意味着你的子女有受教育的特权；中心地段的房子还意味着每天你可以节省在路上的时间；除此之外，还包括医疗、经济、商业、文化等各个方面的资源。因此，房子代表的不是砖头而是资源。

知识产权这个概念很有意思，从某种意义上讲，它又似乎是上述所有资源的一种抽象，以专利为例，它表示这个城市的创造力，因此，在你购买一个城市的房子之前，你可以检索一下这个城市的专利授权数量。如果它的专利授权量呈现逐年增加的势态，这是一个好现象，这也表明它的创新活力呈现扩大趋势，这里的房子当然是可以投资的。当然，有人一定会说，一个城市的宜居还包括很多要素，包括医院、公园、学校、基础设施建设等，怎么能单单看一个专利授权数量就能下结论呢？事实上，当一个城市有创新活力的时候，它自然会带动医院、学校、基础设施等各项工作同步进展。要知道，创新意味着什么？它意味着希望，更直白地说，它还意味着钱！持续地创新还表明不仅现在有钱，未来也有钱。因此，知识产权（专利）是一个城市未来的缩影。

三、从品牌数量看房地产投资的规律

这里笔者想谈谈厦门、义乌、宁波、金华这几个城市的房地产价格。事实上，这几个城市，它们都跻身于我国房地产价格的前20名，尤其像厦门这样的城市，房价一时之间高得让人难以接受。然而，在进行前面专利与房价的对比分析中，人们不禁会问，厦门、温州、金华这几个城市的专利申请数量似乎并不高（前20名中没有，事实上，这些城市的专利授权量的确不高）。

在知识产权这个大概念中，除了“专利”，还有一个词叫“商标”。实践中，很多人并不能很好地把这两个词准确地分开。虽同属于知识产权的大范畴，专利说的是技术，商标说的是品牌，一个产品往往既涉及技术又涉及品牌，比如Apple电脑是一个品牌，然而它的很多零部件又涉及很多专利。

如果说专利体现了一个城市的创新能力，那么商标则彰显了一个城市的商业活跃度。接下来表3似乎可以很好地作了回答，为什么像厦门、温州、金华这些城市，它们的房价会跻身全国20强的问题。

表3　2017年度全国城市商标申请量排行（前1~20名）

单位：件

排名	城市名称	申请量	所属省/直辖市
1	北京	482,994	北京
2	深圳	391,807	广东
3	上海	338,356	上海

续表

排名	城市名称	申请量	所属省/直辖市
4	广州	316,911	广东
5	杭州	160,588	浙江
6	香港	157,335	香港
7	成都	116,847	四川
8	苏州	108,800	江苏
9	重庆	101,655	重庆
10	温州	95,672	浙江
11	泉州	91,782	福建
12	金华	90,968	浙江
13	郑州	85,466	河南
14	厦门	84,292	福建
15	武汉	75,263	湖北
16	佛山	74,775	广东
17	东莞	68,947	广东
18	长沙	64,076	湖南
19	南京	63,604	江苏
20	青岛	54,534	山东

资料来源：国方商标软件。

表3所显示的是全国商标排名前20强，也可以说是商业最活跃的前20个城市，其中厦门为第14位、温州为第10位、金华为第12位。专利和商标是从两个不同维度描述一个城市的活力，专利是从创新的角度来诠释实体经济的活力；然而，商标则标志着一个城市的商业活力。类似于厦门、温州、金华这样的城市，严格意义上讲不属于创新型城市，但从其商标的数量来看，却可以纳入商业活力较强的城市范畴。

四、同一个省内，房屋价格差异，同样受制于知识产权

在同一个省内，各个城市之间所出现的房屋价格之间的差异，同样也可以从知识产权的发达程度方面得到印证，这里不

妨以广东各主要城市的房地产价格为例进行说明，具体可参见表4和表5。

表4　2016年广东各城市专利授权数量排名

单位：件，%

地区	授权							
	发明	去年发明	发明增长率	实用新型	外观设计	合计	去年同期	同比增长
深圳	17,666	16,957	4.18	34,336	23,041	75,043	72,119	4.05
广州	7668	6620	15.83	22,910	17,735	48,313	39,835	21.28
东莞	3682	2795	31.74	16,454	8423	28,559	26,820	6.48
中山	1207	992	21.67	7003	13,918	22,128	22,199	–0.32
顺德	1436	828	73.43	6828	6174	14,438	14,920	–3.23
佛山	1912	1321	44.74	7238	5131	14,281	12,608	13.27
惠州	1242	868	43.09	4560	4089	9891	9797	0.96
珠海	1796	1240	44.84	5963	1538	9287	6790	36.77
汕头	355	328	8.23	1777	5792	7924	7651	3.57
江门	544	508	7.09	2714	3505	6763	6386	5.90
潮州	95	98	–3.06	483	3218	3796	3303	14.93
揭阳	68	66	3.03	531	2441	3040	2807	8.30
湛江	172	144	19.44	1354	1038	2564	2486	3.14
韶关	117	108	8.33	814	1156	2087	2107	–0.95
肇庆	210	165	27.27	1180	555	1945	1726	12.69
茂名	142	128	10.94	556	895	1593	1991	–19.99
清远	81	110	–26.36	942	549	1572	1017	54.57
梅州	74	46	60.87	792	678	1544	2985	–48.27
阳江	33	25	32.00	262	1161	1456	1437	1.32
河源	52	30	73.33	762	480	1294	832	55.53
云浮	31	45	–31.11	430	346	807	645	25.12
汕尾	42	49	–14.29	233	366	641	652	–1.69
修正	1	6	–83.33	45	20	66	63	4.76
合计	38,626	33,477	15.38	118,157	102,249	259,032	241,176	6.89

表5　2018年广东房价排名（由高到低）

单位：元/m²，%

2018年深圳房价	50，571	1.49↑
2018年广州房价	29，042	3.05↑
2018年珠海房价	19，976	1.13↑
2018年东莞房价	14，109	0.5↑
2018年中山房价	11，737	2.61↑
2018年顺德房价	10，909	—
2018年惠州房价	10，283	0.2↓
2018年佛山房价	10，190	0.16↑
2018年汕头房价	8497	1.64↑
2018年梅州房价	8154	1.79↑
2018年汕尾房价	8059	2.330↑

其中，表4是广东省各城市的专利授权量排名（2016年）；表5是广东各主要城市的房价排名。值得关注的是，广东省各主要城市专利授权量排名靠前的深圳、广州、珠海、东莞、中山、顺德、惠州；上述城市在房价排名表中同样位居前列。

五、值得关注的两个城市：杭州与重庆

这里还想谈一谈杭州的房价，众所周知，杭州房价已跻身全国前10名。何故？有人说，因为G20峰会；也有人说杭州有个西湖。事实上，如果你了解这个城市就会理解，它的房价上涨是必然，G20峰会的广告效力仅仅只是这个“必然”的导火索。2017年，杭州的专利授权量为全国排名第6；2017年，杭州的商标申请量又跃居全国第5。试想一下，一个又有创新活力又有商业活力的城市，它的房价会低吗？

知识产权与一个城市的房价几乎呈现正向递增的关系，这背后的道理有三个方面：第一方面，一个城市的创新活力强，它的商业机会就会比其他城市多，这样，它的人口注入量也会因

此而增加，于是对住房的需求量也会增加；第二方面，一个城市的知识产权数量也代表它的发达程度，或者说生活在这里的人们可享受到的社会资源，一个城市的创新能力强，也代表着房子背后的资源价值大，还是那句话，房子不是砖头，而是其背后的资源；第三方面，一个城市的知识产权的数量同样还是城市人员购买力的体现，在一个创新能力强和商业发达的城市，人们的购买力普遍增强，其房价自然也是水涨船高。

知识产权与房价的微妙关系，甚至还会反映在一个城市不同区域之间的房屋价差，像北京的房价就存在这样一个怪现象：北五环的房子会比很多三环左右房子的价格还要高很多，传统以“天安门”为核心的房价走势图早已不再适用，出现类似情况的原因也就在于产业发展的区别，一句话，哪里有产业，哪里的房价就会更高。

最后谈一谈重庆的房价。从2018年3月开始，重庆的房价开始暴涨。很多人把它归咎于“抖音”，说是“抖音搞火了重庆”。导火索只是引子，要爆炸还需要内部有“实力”才行。不妨看一看重庆的知识产权，2017年重庆的专利授权量系全国第7名，2017年重庆的商标申请量又为全国第9名。显然，近几年来，重庆知识产权数量的提升，也在一定程度上反映了重庆商业“复苏”的局面，商业复苏会带动人口净流入量增加，2017年重庆人口净流入超过30万人。再来看一下重庆的房价，此前，重庆不要说和北京、上海、天津等直辖市相比，即便是和其他的省会城市（如成都）相比，其房价几乎低得不能再低了，知识产权与房价的倒挂现象，势必催生重庆房价的后期补长。

六、结语：正确解读知识产权与房地产价格的二元关系

知识产权与房地产价格，这是一个新的维度。一旦一个城市在知识产权方面开始发力，从某种程度上讲，它也预示着这

个城市的房地产价格将随之发力；对这种二元关系的分析，有益于房地产正确投资。然而，这里特别需要指出的是，在正确理解知识产权与房地产价格的二元关系上，它们并非系简单正向递增。一个更为朴素的道理在于，房地产的价格会受制于各种要素，尤其还包括当地的限购、贷款等政策。在笔者撰写本文的时候，就有两个政策先后“响亮”出台，一个是央行下调银行存款准备金率0.5%，这也将意味着将有7000亿元资金流入市场，尽管这次“降准”的口号是支持企业债转股和支持小微企业发展，然而，“降准”所导致的7000亿元资金的释放，再结合“货币乘数”的影响，或将有多倍的7000亿元资金活跃于市场，显然，这对于房地产市场势必将产生一定影响；另一个“响亮”的政策便是长沙出台的最严调控政策，即新房购买后5年内（以下发房屋产权证为准）不得转让，这意味着什么？试想一下，一对婚夫妻在长沙购买了一个新房，一般要2～3年才会下发房屋产权证，这样算下来，从购房开始要8年以后才能转让。如果这对夫妻新婚后便开始要小孩，那么在第一个孩子8岁前这个房子都是卖不掉的，由于卖不掉，要改善住房条件也就变得困难。显然，这些政策对于房地产的价格也都将产生重要影响。总之，正确解读大数据对于房地产价格的预测，同时还必须要考虑到宏观调控、金融政策等各种要素的综合影响。

试验二：数据算法与税收调控

我国《个人所得税法》做出了最新修订，其中有很多亮点：第一，起征点从原来的3500元调整到5000元（每年6万元）。第二，在计算个人所得税的时候，允许将“子女教育支出、继续教育支出、大病医疗支出、住房贷款利息和住房租金”等作专项扣除。第三，工资薪金、劳务报酬、稿酬和特许权使用费四项劳动所得实行综合征税等；改变原有的工资是工资、劳务是劳务、稿酬是稿酬的分立征税方法。第四，调整了税率结构，现有的税率结构是从3%~45%的7级超额累进税率。调整之后虽然还是7级，但与原来相比，每个百分比的适用范围（税法上称“级距”）发生了很大变化，尤其像3%的税率适用范围扩大一倍，原有10%的适用范围部分降为3%；大幅扩大10%税率的适用范畴……

进一步说，存在上述变化的亮点，然而，大家更关注的是对于口袋里的钞票到底会有什么影响？事实上，影响最大的还是中产者。对于真正的富人、企业家们，他们更关注企业所得税，因为他们的收入更多集中在企业所得税方面；然而，对于中产者们，他们的收入主要来自工资或者其他劳务所得，新《个人所得税法》，对于中产者们的影响或是致命的。

一、看在新《个人所得税法》的面子上，要不要结婚？

此次《个人所得税法》修订，允许将"子女教育支出、继续教育支出、大病医疗支出、住房贷款利息和住房租金"等作专项扣除。先解释一下，啥叫专项扣除？比如，张三一个月赚10,000元，在计算纳税额度时，可不是以10,000元作为基数的，它首先要扣掉一个起征基数（如现在是3500元，修改之后为5000元），那么只能按照6500元（10,000元-3500元）征税。事实上，在现实计算工资时四险一金也是需要扣除的。一个简单的道理：扣除得越多，征税的基数越小，对于交税者越有利。

新《个人所得税法》就明确了将"子女教育支出、继续教育支出、大病医疗支出、住房贷款利息和住房租金"等作专项扣除。如果你是有房、有子女的，那么计税时就可以充分利用这一规定了。不妨举个例子：

张三和李四是同一个单位的同事，两个人工资相同，都是60,000元，但张三是单身，住在父母那（未购房、未租房）。然而，李四已成家，有子女，有住房（或按揭购买，或者租房）。那么，修改后的《个人所得税法》一旦出台，张三和李四扣税后所能拿到的工资就有很大差别了。比如李四的小孩每月读书10,000元，房屋按揭款（或者租金）10,000元，那么，这20,000元在计税时就可以作为扣除额。

这样算下来，张三应纳税额为：

（60,000-5000）×30%-2755=13,745（元）

然而，李四算下来应纳税额为：

［（60,000-5000）-10,000（子女教育费）-10,000（按揭款）］×25%-1005=7745（元）

这样，同样的收入，张三因为无子女无房产，就需要比李四多交6000元税。真可谓,"单身无罪,但要交税"!

这里不仅"单身"需要多交税,"不学习"同样也要多交税。新《个人所得税法》还将继续教育纳入个税征收时可以作为专项扣除。这样,一个专科生,如果继续攻读本科;或者一个本科生继续攻读研究生,类似这样继续教育的成本都会被计入专项扣除。这样,两个员工有着同样的工资,那么,那个在同时继续攻读学位的,在计税时因为学费被扣除,故而会少交税。

二、新《个人所得税法》,对于学者利益的影响

对于绝大多数中产者而言,其收入主要来自工资薪金。然而,对于很多学者而言,包括科研院所的学者、高校的老师,其收入除了常规的工资,还包括出去讲演的费用或者撰写文章的稿费等。对于理工专业的老师,还会涉及其发明创造的许可使用费等。显然,这些收入在学者整体收入中占有重要比例。

那么,像讲课费、稿费等劳务费用又是如何计税的呢?按照现有《个人所得税法》的规定,讲课费、稿费等费用系单独计税的,或者说,工资是工资,稿费是稿费,二者是分别计税的。然而,此次《个人所得税法》将劳务报酬、稿酬和特许权使用费三项劳动所得与工资统一到一起,实行综合征税,这对于很多学者的收入会产生很大影响。那么,到底是好事,还是坏事呢?

以稿酬所得为例,现行税制下稿酬适用比例税率为20%,并按应纳税额减征30%,即实际税率为14%。每次稿酬收入不超过4000元的,减除费用800元;4000元以上的,减除20%的费用,其余额为应纳税所得额。比如,作者撰写一本书拿到的稿酬为10万元,按照现有税制,应缴税款为:

现有税制:10×(1-20%)×14%=1.12万元

然而,按照《个人所得税法》的规定,稿酬不再单独计算,

而是与工资合并统一计算，适用超额累进税率，那么，如果10万元的稿酬，近乎要缴纳如下金额的税金：

新《个人所得税法》：10×45%= 4.5万元

按照超额累进计算，当月收入超过8万元的，按45%的税率，事实上，即便没有这么多的稿费，考虑到科研工作者每月数万元的工资水平，其稿酬所适用的税率有可能在30%左右征税。相比较而言，如果作者拿到10万元的稿酬就需要多缴纳3万余元的税款。因此，像高校老师、科研工作者，其稿费、讲课收入或者发明创造许可费用作为其重要收入的，按照《个人所得税法》的规定，其需要缴纳更多税款。

三、个税申报：从单位代缴转向机器人计算

当前个税缴纳，主要是单位代扣代缴，税法也赋予了单位代扣代缴的义务。从这一意义上讲，单位的代扣代缴真正保证了个税的缴纳能够落到实处。基于既有税法对于个税计算比较单一，不涉及按揭贷款等扣除的问题，因此，单位在代扣代缴时计算方法也比较简单，仅仅依据员工的每月收入，即可直接计算出每个员工每月应纳税金额。

然而，当把子女的教育支出、继续教育支出、房屋贷款、租金等作为纳税扣除时，事情也就变得复杂了，毕竟这些信息系单位也没有掌控，纳税人就需要汇总全部信息完成申报了。

这里的问题还在于计税方法从“按月计算”转向“按年计算”，或者说一个员工每个月的收入几乎一样，但可以扣除的成本每个月则差别很大，比如，教育支出可能就集中其中某一个月份，为了平衡起见，就需要拉通全年来计算应纳税所得额。税法中有一个概念叫“汇算清缴”，说的就是到了年底的时候，可以拉通全年的收入和成本进行整体计算，如果算下来，每个月缴纳税款总计超出应纳税额，可以申请退还。

在税收征管的问题上，存在一对矛盾，考虑到的变量（包括予以考虑的应扣除的各项费用）越多，税款计算也就越公平，但由此所带来的计算成本也就越大。因此，能够解决这一问题的最好方法，便是人工智能与大数据计算。事实上，这也是未来个人所得税计算的必然趋势，当一个员工在主张扣除房屋租金、按揭贷款、子女教育支出、继续教育支出等成本时，尤其是还需要了解家庭所有成员的收入情况时，税务计算就需要一个数据共享的大平台。如果这些数据资源是可以共享的，那么一切都将变得很简单。

第十篇
PART 10

区块链的法律本质

区块链被视为“去中心化的分布式记账”。与现有“中心化”的编程方法相比较，所有数据均是存储在网络结点上，因此，不存在绝对话语权的中心服务器。从这一意义上讲，各个网络结点的法律地位是完全平等的。与其说它是一种新技术，不如说它是一种新的编程思想。这样基于区块链完成的各种应用，实现自动记账并且不可篡改，基于此，它通过“去中心化”的方法重构社会信用。

比特币、区块链及其法律变革

一、问题的提出：10 亿元人民币买两个比萨

什么是“比特币”？什么是“区块链”？这些概念已被社会广泛关注。从2009年中本聪提出比特币概念至今，短短不到10年，比特币竟然已成为全球通用的“货币”，而且它的价格还在向上攀升，每一枚比特币的价值一度近乎16，000美元（约合10万元人民币）。如果拉斯罗·汗耶茨（Laszlo Hanyecz）听到这个消息，估计要跳楼，他可以说是比特币历史上最悲催的主人公。在比特币产生初期（2010年5月），他曾拥有过1万枚比特币，当时比特币还不被人们看好。他用1万枚比特币买了两个比萨，当时1万枚比特币市值约30美元。时至今日，1万枚比特币的价值已达数亿元人民币。

一直以来，笔者一直有个疑问：“区块链”技术到底好在哪儿？为什么“比特币”——这样一个非官方发行的货币竟然会火得一塌糊涂？直至在HOW实验室真正布局区块链技术，本人也亲自试验了“区块链”技术（包括布局“智能合约”），才真正发现它具有传统技术无可比拟的“信用优势”！笔者尽可能

用最简单的语言描述它与传统技术的区别：传统互联网主张实名制，试图通过实名认证构建信用体系；然而“区块链”恰好相反，它完全是匿名的，例如在比特币的交易，买家根本不知道卖家是谁，但每个人都会遵守信用，真正完成了一个“匿名”社会下的信用构建，它到底是如何做到的？稍后本文将通过一系列的实验结果揭晓这一秘密。

“信用”是法律的基础，任何法律无一不是构建“信用”基础上的。“诚实信用”是私法体系的帝王法则，“罪刑法定”体现的是公法领域的国家信用。没有了信用，也就没有了法律的信仰。区块链技术带给我们全新的信用体系，可以大胆想象，它所撼动的不仅仅是传统货币，甚至是传统信用体系的社会制度。洞察区块链技术背后的法律本质，预测它对社会制度的冲击和影响，将成为这里的重点。

二、区块链：匿名社会的信用

（一）区块链不等于AI：前者是“信用”，后者是“智能”

很多人将区块链和AI（人工智能）混在一起，这是一个基本的常识错误。笔者在实验中同时用到人工智能技术和区块链技术，可以说这完全是两门不同的技术。人工智能的技术点在于“智能化”，以神经网络布局为例，它能够计算出人脑无法想象的结果，这是人工智能的特点。然而，区块链技术缺乏智能化的特点。恰好相反，区块链的运行速度甚至还不及普通程序快，以付款为例，通过区块链完成付款往往要几分钟后才能付款成功，原因在于区块链技术需要制作和同步账本，需要大多数结点都收到这个账本后才视为付款成功。

因此，区块链技术最大的优势在于“信用”，并且是匿名信用！传统的编程思想是“中心主义”的，比如一个网站或者一个APP是架设在一个中心服务器上，这个服务器就是绝对的中心，任何人使用网站或者APP，本质上就是在访问这个中心服务器，这依然是当下主流的编程思想，笔者在HOW实验室做的绝大多数实验也都是采用中心主义思想。然而，区块链技术的创新就在于"去中心化"，以当下流行的比特币为例，完全没有一个中心服务器，每个人都会有一个"账本"（电子化的）来记录自区块链产生开始至今所有的交易记录。

笔者在试验中还发现，当一个新的结点加入区块链之后（如用geth语言连接），首要的第一件事便是同步区块，程序会自动将所有账本上传到本机。

（二）区块链的关键词：区块（block）和链（chain）

区块链有两个关键词"区块"（block）和"链"（chain），所谓区块，可以理解为一个小账本，用计算机命令打开区块后就会发现，它记录了近10分钟的所有交易，所以可以把它理解为一个小账本。而所有区块按时间结点连接在一起就是"区块链"，一个总账本。"区块链"上的每一个结点都有一个总的账本。那么，这个账本是如何产生的呢？这要归功于矿工的功劳。（以下详述，此处不再赘述。）

这里还要澄清一个"分布式"的概念。"区块链"实现了分布式数据存储，简单地说就是将账本同步给每一个结点。很多人将这里的"分布式"概念与大数据中的"分布式"概念混淆。这些技术笔者在实验室中亲自操作过，比如在大数据处理方面，笔者用到了"hadoop"和"spark"（大数据处理是人工智能的底层），这里的"分布式"运算的机理是将海量数据打成一个个小的碎片，然而交给多台服务器（如成百上千台服务器）并行计算，从而实现海量数据的快速运算。然而，"区块链"中的"分布式"几乎与大数据没有任何关系，它的"分布式"，实质上是将每一个账本同步到网络的每一个结点。以比特币为例，整个账本才不到70G（在大数据领域分布式计算领域，70G简直不值一提），另一种数字货币——以太币的账本更小，也就是说，你的电脑硬盘如果大于70G，你就可以申请成为区块链的一个结点。

（三）“挖矿”挖的到底是什么？

在区块链技术中，有一个重要的角色叫“矿工”，他们通过挖矿获得“比特币”。事实上，所谓“挖矿”只是一个形象地描述，在计算机的世界中除了“0”和“1”的代码之外，再无其他，更无所谓“金矿”一说。

这里的“挖矿”，在本质上是为区块链网络提供计算资源。前文所提及区块链中会将同步账本给所有的结点，这就需要记账，谁来记账并且负责发布账本呢？这个人就是“矿工”，由于他们为区块链网络做出了贡献，所以会赢得比特币（在以太坊中是以太币）。所谓“挖矿”实质上就是向整个区块链网络提供“算力”，负责制造和发布区块（block，即账本），它对电脑CPU和电量的消耗是很大的，我有一个直观的印象，每一次启动“挖矿”命令后，电脑CPU的占用率都会超过300%，电脑会热得像冬天里的烤火炉一样。

矿工们做出的贡献是需要肯定的，他们会基于挖矿而获得奖励（比特币或以太币），区块链的技术设计是比较科学的，矿工们完成制作“区块”（账本），但却无法修改账本中的交易记录（通过加密技术这些交易记录无法篡改）。区块还将发给每一个结点，这样又进一步保证交易记录的真实可靠，完全无法篡改。这比中心服务器的信用要可靠得多！如果账本存在一个中心服务器中，无论是服务器管理者修改账本或是被黑客攻击，都意味着账本会被完全篡改。而在区块链中，几乎没有人可以篡改账本。如果是黑客想篡改这个账本，原来是黑进一台服务器即可，而现在是要黑掉所有结点上超过51%以上的电脑才可以，这几乎是无法完成的。

矿工的工作是制作账本，并将账本同步给每一个结点，从而保证交易记录的真实可靠。如果没有矿工挖矿，交易（Transaction）便无法进行，在构建区块链的过程中笔者曾用计算机命令停止挖矿动作，此时，任何付款都将失效，道理很简单，在区块链中付款生效的条件，是这一笔交易被记录在区块中，并且这个区块发布给了区块链中绝大多数的人，而这一切又是由"挖矿"来完成的，如果没有了挖矿，这一切当然就无法生效。

三、"智能合约"（smart contract）的魅力

（一）"智能合约"的两个关键词

"智能合约"（smart contract），有两个关键词，一个是"合约"（contract），另一个是"智能"（smart）。对于"合约"的概念，大家并不陌生，"合约"即"合同"（也称协议），从传统的签字画押，演变到今天的电子契约，其本质就是合同。"智能合约"中的另一个较为重要的关键词即为"智能"（smart）。首先要澄清这里的"智能"与人工智能中的"智能"并非同一概念。这可以在二者的英文表述中得到区分，"智能合约"中用的"smart"，而人工智能用的是"intelligence"。因此，如何理解这里的"智能"概念，也成为理解"智能合约"的关键所在！

（二）尼克·萨博（Nick Szabo）与"智能合约"

或许你没有听说过尼克·萨博（Nick Szabo），但一定听说过中本聪，他是比特币的发明者，他也是一位很神秘的人物，几乎全世界都在猜测他是谁？2010年12月5日，中本聪在比特币论坛里发了一个帖子后便神秘消失了。没有人知道他是谁，但有猜测他就是尼克·萨博。尼克·萨博何许人也？他便是"智能合约"概念的提出者，他是一位计算机科学家、加密大师，他

在1993年左右提出“智能合约”的概念，于1994年他写成了《智能合约》(Smart contracts)论文，是“智能合约”的开山之作。

近几年来，“智能合约”作为关键词，不断刷新人们的眼球。有很多朋友都曾向笔者提及过这个问题：啥叫“智能合约”？比特币之后又兴起的以太币，它所依赖的平台(以太坊)，即允许用户自由布置“智能合约”。当然，在以太坊上布置一个“智能合约”是需要花费以太币的，因为它需要“矿工们”把“智能合约”的代码记录在区块里，并且发送给每一个结点，因此“智能合约”同样是不可修改的。

(三)理解“智能合约”，从“滴滴打车”开始

时下盛行的“滴滴”或“Uber”，可以理解为“智能合约”的雏形。乘客发出请求，司机作出承诺。在“智能合约”下，几乎不存在违约的情况，例如乘客打车后拒绝付款会被剥夺再次打车的权利。那么，在“滴滴打车”的样态中，司机与乘客的权利义务不是写在纸上，而是写进了计算机代码，所有人的行为及后果均是由代码决定的，这便是“智能合约”的雏形。

怎样才能把传统协议变成“智能合约”呢？以抵押协议为例，在抵押协议中客户向银行作出承诺，如果届期不还钱，车辆就归银行所有。如果要把它变成“智能合约”，就需要把这个承诺写进计算机代码，这在智能驾驶时代是可以实现的，比如通过计算机代码的设置，客户届期未按时还钱，车辆将会拒绝客户使用，反倒是将驾驶权限(如新的使用密码)发送给银行，银行转而拥有车辆的使用权。因此，“智能合约”的本质在于将合约的履行或者违反合约的后果都写进计算机代码，由计算机程序自动执行。在“智能合约”下，任何任性的行为，计算机代码都会赋予其相应的代价。

与传统合约相比，“智能合约”的特质是清晰的：合约订立和履行是一体的，这也可以从根本上解决“执行难”的问

题。传统合约的订立和履行是分离的，合同订立了但未必就能履行，法院在合约执行中依然发挥主导作用。然而，“智能合约”的订立和履行却是一体的，完全由计算机代码完成。在区块链中编辑“智能合约”的语言叫“solidity”（事实上，除了设置“智能合约”外，编程中很少用到“solidity”）。“智能合约”中的“smart”有“便捷”的意思，事实上，协议的自动履行倒是更符合“智能合约”的本质。

（四）区块链语境下的“智能合约”

为了进一步说明“区块链”语境下的“智能合约”，这里笔者引用Lessig在他的《代码：网络空间的法律》一书中的观点。为了解释代码在赛博空间（syberspace，可以理解为计算机程序所架构的空间）中的作用，Lessig引入了“架构”的概念。根据物理空间的形状，你的身体可以穿梭其中，这一切是由它的架构决定的，例如建筑环境（建筑物、街道等）。按此道理，虚拟空间的形状则是由代码决定的，所有应用和协议就建立在代码上面。因此，代码便是虚拟空间的架构。法律和架构在管理参与者方面是截然不同的。法律依赖于个人将规则内化为自觉进而规范人的行为，个人行为一旦超越了法律的界线还需要法院强制执行。然而，架构通过塑造空间本身管理行为，它既不依靠个人对规则的信仰，更不依靠法院执行。因此，架构在效率上明显优于法律。依据架构执行合约时，不需要任何个人或者组织来决定如何执行合约，你可以称架构执行为自我执行（self-enforcing），在这种情况下，违约甚至不可能发生。

“区块链”语境下的“智能合约”，还有一个重要的特点：去中心化，或者说它是不可修改的。“区块链”背景下的“智能合约”，则是分布在每一个结点（可以理解为一个服务器）上，它的内容是不可调整的。以借钱的合约为例，合约一旦订立，它就发布给每一个结点，合约内容不可更改；而且一旦届期，合约会自动从出借人账户中扣掉比特币或以太币给借款人。

四、区块链背后的法律变革

(一)安全、公平、信用:传统法律价值的危机

现有财产制度大多围绕"资产"这一概念展开的。所有被称为"资产"的东西,都需要法律的保护,比如钱、股票、债券、音乐、知识产权等。法律制度所要解决的恰恰是这些"资产"的所有、使用、管理、保护等一系列问题,《物权法》《合同法》《证券法》《知识产权法》等均如此。现代资产的管理是以政府或者金融中介为核心完成的,比如房屋交易需要到房管部门办理登记,证券交易需要到证券管理部门交易结算,银行转账同样需要由银行来最终确认。因此,当下的金融管理体系奉行的是中心管理模式,政府或者少数几家垄断金融机构便是财产管理的核心,他们拥有财产管理的一套账本,这套账本便是公民权利的最终凭证。

如果黑客黑掉这套唯一的账本,公民的权利将会遭受巨大影响,很多银行、政府机构都曾遭受过黑客的攻击,就连摩根大通、美国联邦政府也难以幸免于难。中心账本所带来的安全隐患确实存在。比安全隐患更为严重的还是信用问题,中心账本,一家独大,如何保障账本的真实可靠一直都是民众关心的问题,就像手机收费,总有民众对于移动、联通这些大服务商们出现的错误计费愤愤不平。民众在创造财富的同时,总是希望能够得到公平的待遇,这种诉求也会与中心管理模式发生了急剧的冲突,以跨国银行转账为例,一般要收取10%~20%的手续费,而且周期很长。

不可否认,长期以来,中心管理模式所爆发出来的安全、信用、公平等价值危机,愈演愈烈。或许可以从现代法律价值的危机中去寻找区块链技术盛行的动因,区块链技术旨在实现

完全的“去中心化”和分布式账本，它所迎合的是去中心化的民主思潮！

中心记账所导致的系列危机，让人们产生了这样的联想：建立一个全世界统一的大账本，甚至每个公民都拥有这样一套账本，任何资产都可以通过它实现存储、转移、交易、管理等。区块链技术恰恰就是由这一伟大思想催生的产物。比特币的成功应用，恰恰反映着“去中心化”思想的成功。在这一基础上Vitalik Buterin又创建了以太坊，不仅可以发行电子货币，还可以在此基础上实现“智能合约”。毫无疑问，这一切对现在法律制度都将造成巨大冲击！

（二）区块链技术对“物权登记制度”的挑战

对于不动产，世界各国大多奉行“物权登记制度”。据统计，世界上有70%的人对于土地拥有所有权，然而基于物权登记制度，他们当中的绝大多数拥有的所有权十分脆弱，比如你在洪都拉斯拥有一套房屋，如果哪一天有一个独裁者上台了，只需要将政府账单上的名字改成别人，那么，你将彻底失去这间房屋，这种事情在洪都拉斯时有发生。这种财产登记所带来的不安全感在很多地方都会存在，人们总是担心政局不稳或者政权交替而让自己辛辛苦苦积累下来的财富付诸东流。

区块链技术则可以有效解除人们的顾虑，它所实现的是分布式账本，试想如果将房产登记在区块链上，这样就相当于每个公民都有一个房产登记的账本（匿名设置还可以有效保障公民隐私），这样公民的财产就变得异常牢靠，传统的多数人记账信用也就转化为多数人信用，人们再也不用担心由于政权更替而导致房屋产权的变化。事实上，不仅不动产登记可以应用到区块链中，其他任何需要登记确权的财产制度，诸如知识产权登记制度等都可以和区块链技术相结合。

（三）区块链技术对“国际汇款”的挑战

据统计，从发达国家到发展中国家最大的资金流动便是汇款，那些背井离乡的人们总是不忘给老家人汇款，然而人们却需要支付高达10%～20%的手续费，时间一般要4～7天才能完成。这一切所彰显恰是中心记账的不足，货币移转、结算需要耗费较长时间，管理者需要收取巨额管理费用。

Abra是一款基于区块链的应用，如果通过它来完成国际汇款一般只需要几分钟，手续费也只有2%，它是如何完成的呢？比如，甲在A国向B国的乙汇款，甲在手机上完成汇款手续后，几分钟后在B国的乙就会通过手机查询到已收到该笔汇款。这时乙就会联系自己最近的“出纳员”，这位“出纳员”会将现金直接拿给乙。事实上之所以会这样快，并且手续费如此低廉，是因为整个交易是以比特币为媒介完成的，而没有通过跨国银行的转账系统。

可以想象，像比特币为越来越多的人所接受，人们更愿意通过它来完成交易，而并非是传统的银行。以银行为核心的传统金融体系也正面临着来自区块链技术的挑战。

（四）区块链技术对知识产权资产管理的挑战

当下的艺术创造市场还是完全掌握在一些大的平台手上，这让很多音乐人、艺术家很费解：努力创作却为他人做嫁衣裳，这也在一定程度上打击了原创艺术创作的积极性。然而，区块链技术却给了音乐人和艺术家自己当家做主的权利。获得格来美奖的音乐人伊莫金·希普就利用区块链技术设置了自己的应用“菌丝”，这让伊莫金·希普可以自由地管理自己的音乐，“我的地盘我做主”。根据“智能合约”，任何人要收听伊莫金·希普的歌曲，或者需要把它放到自己的影片中或是作为手机铃声，只需要支付不同的费用即可。更为重要的是，所有的交易记录以及评价记录都是绝对真实不可更改的，这也为其他人选择提供了最真实的参考。

五、结语

技术革新必将产生法律变革。时至今日，我们依旧在怀念互联网时代所带给全社会的制度变革，甚至看着川流不息的人群小偷们也哭了：无现金的生活，让他无从下手。现在几乎人人都不带现金出门，一切都靠手机，小偷——一个存在了几千年的职业就这么被毁了。事实证明，最终干掉小偷的不是警察，而是互联网。

比特币，一个不需要任何政府组织出来“站台”的货币，竟然成为全球通用货币，区块链技术所彰显的生命力令人吃惊！当然，区块链还仅仅是一个新生事物，它带给社会的到底是什么？这仍然是一个需要我们继续探索的话题！所有人在激动、兴奋后还带有一丝恐惧和迷茫！一方面，区块链技术还存在诸多缺点，诸如一旦发布“智能合约”就难以再次修改（这与中心服务器模式不同），这也给人们的应用带来了诸多困难；另一方面，利用区块链技术发行的货币的合法性问题也是备受争议。2017年9月4日，央行等7部门叫停了各类代币发行（ICO）融资活动[1]，当天还导致比特币、以太币的价格都大幅跳水。新生事物就是这样，它要历经质疑、论证，甚至恐惧和迷茫！

然而，全球化格局下民主思想的源动力不可小觑！这可以从后来比特币价格又大幅反弹得到印证。大禹治水的方法再次教导我们，对于像区块链这样的新兴技术，不能简单划归洪水猛兽，努力洞察、善加利用或许是更好的办法！

1　中国人民银行、中央网信办、工业和信息化部、工商总局、银监会、证监会、保监会《关于防范代币发行融资风险的公告》，载http：//www.pbc.gov.cn/goutongjiaoliu/113456/113469/3374222/index.html。

区块链与版权产业发展

笔者的报告主题是“区块链与版权产业发展”。在这里，笔者主要谈三部分内容：第一，区块链是什么；第二，数字货币的法律属性界定；第三，在新闻出版行业里，区块链能做什么。

为了能够对上述问题有一个直观认识，笔者在实验室里完成了关于区块链的全部实验，其中包括挖矿、在区块链上部署“智能合约”以及数字货币的支付与接收等。

给出挖矿命令之后，计算机会计算出CPU的运行状态，CPU运算率高达350%，用于挖矿的计算机热得像冬天里的烤火炉。当时使用以太坊的平台，运用Solidity语言和Python语言部署了“智能合约”。

在整个实验过程中，笔者的疑问是：人们都说，区块链是一个“去中心化”的分布式账本。那么，它的本质到底是什么？在此，如果要谈区块链在新闻出版行业的作用，需要首先厘清区块链的法律本质问题。

一、区块链的法律本质

对于区块链技术，更多人愿意把它描述成“去中心化”的分布式存储技术，这里有两个关键词，一个是“去中心化”，另一个是“分布式”，这到底是什么意思？笔者将通过两个实验来说明区块链的法律本质。

（一）实验一：部署信息发布平台

这个实验体现出区块链明显的“去中心化”属性。我们传统的程序大多是“中心化”的，比如大家比较熟悉的BAT，是典型的中心化程序。程序在中心服务器运行，然后把结果返回到本地电脑，所以，“中心化”程序的特点是话语权在中心。例如，我们发微博、微信，中心可能随时删掉不恰当的内容。而“去中心化”的区块链不同，在实验中，笔者在区块链搭建了一个信息发布程序，在链上接入了27台电脑，由于没有中心服务器，数据分布式存储在每一个结点电脑中，所以对于所发布的内容无人能删。

另外，何为“分布式存储”？简言之，“分布式存储”即为将数据和代码都存储于计算机本地。例如，当接入比特币区块链，第一件事情就是同步数据，它会把所有账本同步到我的电脑上，通过程序调用，可以了解比特币从成立至今每一笔账目。当然，在区块链的世界中用户是匿名的，所谓的用户，其实就是一个“公钥”的地址和一个“私钥”的密码。

“分布式存储”的概念，在大数据和人工智能的语境下，也被广泛应用。所以，我们经常看到很多人会混用这个概念。但是，区块链语境下的分布式存储，与人工智能领域的分布式存储并非同一概念。区块链领域中的“分布式”与人工智能领域中的“分布式”，在本质上是截然不同的；前者是去中心化的，后者是“中心化”的，只不过是由原来的一台中心服务器，变成了多台中心服务器，但它的本质仍然是中心式。比如，在另一个关于“用户画像”的人工智能的实验中，笔者用Hoordup实现了分布式存储，这个实验使用了50台大型服务器，它要解决的是数据量太大的问题，一台服务器存不下，所以就需要把数据分布式存储在50台服务器上。从这一意义上讲，分布式存储不是区块链的本质，而“去中心化”才是区块链的本质。

（二）实验二：众筹“智能合约”

为了更好地揭示区块链去中心化的法律本质，笔者在实验中亲自部署了一个众筹“智能合约”，利用数字货币和区块链技术完成众筹，其中的信用价值得到充分彰显。事实上，在传统的中心服务器模式下，也有很多APP支持众筹，点击支付即可完成众筹。但是，通过区块链技术众筹合约，可以解决法律关系中的两大痛点：一是资金返还问题，众筹中往往都会规定，届期如果没有达到预想金额，即为众筹失败，资金会返回投资人。中心化模式下，基于对大机构和法律的信赖，虽有保障但难免会陷入争议纠纷。但在区块链模式下场景则完全不同。一旦众筹失败，货币会自动返还到投资人账户，这个规则源于它的“去中心化”特点，没有人可以改变。因此，从这一意义上讲，区块链技术是用技术构建信用。二是关于众筹记账，也是没有人可以改变的，完全不用担心谁会赖账。

体现在法律上，区块链技术的本质是什么？从法律上讲，区块链是通过“去中心化”的方法重构了一种社会信用。传统的社会信用是中心主义的，信用体系的构建主要靠两种方法：一是信誉，二是法律。所谓信誉，因为相信国家和大机构，比如银行、大的公司，所以有信用。而法律保障则是一旦出现违约的时候，就可以通过法院判决和强制执行来解决问题。然而，在区块链下面，是通过分布式技术来解决信用问题，用区块链技术来部署“智能合约”，它甚至不需要法院，因为届时它是自动执行的。所以，与其说它是一种新技术，不如说它是一种“去中心化”的编程思想。

当我们洞察了区块链的法律本质后，区块链会有哪些应用呢？是否所有应用都恶意在区块链上构建？事实上，能够嫁接区块链的应用范围很窄，因为它的应用应当具备三个条件：第一，数据量不能太大。在大数据的概念下，很多人工智能项目都需要大数据分析，涉及大数据的项目最好不要用区块链，因为它需要同步数据到多个结点上，太浪费资源。当然，随着我们电脑硬盘内存逐步扩大，虽存储能力也在提升，但它依然无法从根本上解决分布式存储和资源浪费的问题。当数据量过大的时候，多一个结点也就意味着多1倍的成本。第二，隐私性不能太强。数据会同步到多个结点上，所以，所有的数据都是公开的，账本公开正是区块链的优势所在。因为公开，所以产生信用。但是，如果这个项目涉及公民信息问题，用区块链则不太合适。第三，即时性要求不能太高。用比特币汇款，不会马上到账。由于它具有分布式，点对点服务的特征，汇款过程中需要同步账本，所以，它会有一定的滞后性。

二、数字货币的法律属性

（一）从比特币谈起

谈到区块链不能不讨论一下区块链的主要应用之一——数字货币。在比特币的历史上有很多有意思的事情，笔者有一个好朋友，曾经有1万枚比特币，在比特币80美元的时候，把它卖了，如果留到现在是人民币4亿元。每次看到笔者，他都会捶胸顿足，懊悔卖掉了可以改变人生的契机。

数字货币现在已经被广泛交易和使用，比如在德国和日本，比特币可以购物；在我国按照2017年央行等部门的规定，比特币不是货币，但可以作为商品买卖。比特币除了作为投资品外，还可以用于国际汇款。比特币汇款是如何完成的呢？比如如果要汇款到日本、德国这些承认数字货币的国家，收款人可以直接用比特币完成消费；当然也有很多国家在立法上不支持数字货币的支付功能，收款人收到数字货币还需要兑换成法币。比特币用于国际汇款的优势在于汇款速度快，如果通过银行完成国际汇款，往往需要几天，而且手续费很高，但如果用比特币来汇款，往往只需要几小时。从金融角度来说，缺点只有一个，那就是价格波动比较大。

在比特币刚问世时，在人们的意识中，数字货币几乎是和区块链画等号的；直到以太坊出来以后，除数字货币之外，还可以用区块链做各种应用，典型的就是部署“智能合约”。但是，用区块链部署各种“智能合约”都会涉及一个共同的问题——支付问题，也就是说，在区块链应用上支付，是用法币，还是用数字货币。显然，是要用数字货币，这里有两方面原因：第一，区块链上每一个结点都是直接联系的，中间不需要中央服务器，所以在支付问题上，就只能用数字货币，而不能用法币。第二，区块链“智能合约”，它是在满足条件时自动执行，用法币是做不到自动执行的，它是需要中心（银行）批准才能执行的。所以，讨论区块链的应用离不开数字货币。

（二）数字货币的法律属性

那么数字货币法律属性是什么？我国未来关于数字货币的立法走势如何？

关于数字货币的法律属性界定问题，也是世界主要国家关于数字货币立法要考虑的首要问题。去中心化虽然可以重构信用，但它与中心主权货币理论相冲突，所以各国看法不一。有的国家认可数字货币是货币，例如，日本和德国；有的国家界定其为商品（资产），再如中国和俄罗斯；有的国家认为它是证券（瑞士发布的《数字代币产品指南》，对数字货币实施分类管理，其中一类即资产型货币被视为证券）；还有的国家直接禁止数字货币，比如玻利维亚、厄瓜多尔等。

然而，在这种交织的立法模式下，有两种强烈的理论在对抗，一个是货币的国家主权理论，另一个是"去中心化"的信用体系理论，甚至弗里德里希·冯·哈耶克的非主权货币理论再次被重提。弗里德里希·冯·哈耶克主张应该由私人发行货币，他在后面的著作中也承认，此前没有一套完整的模式，恰恰是区块链技术 + 密码学原理，让它变成现实了。在众多国家的立法中，有两个国家特别值得关注，一个是美国，另一个是俄罗斯。

美国没有定论，各个州的立法态度不同，美国得克萨斯州2013年和2016年两个判决中，认为比特币是货币；然而在2018年美国布鲁克林地区法院的判决中认定比特币是商品。事实上，除了法院判决，美国的两大金融机构对于数字货币性质界定亦有不同，美国商品期货交易委员会（CFTC）主张按照商品管理，但是美国证监会（SEC）则认为应按照证券来进行管理。

笔者对俄罗斯的《数字金融资产法》（见图1）进行了翻译，俄罗斯的这个法案认定，数字货币虽不是法定货币，但它属于一种特殊的金融资产，而且这部法律对于什么是"分布式""智能合约""数字钱包""挖矿"这些概念均用法律语言作了定义，笔者认为这个对于我国接下来的数字货币立法是具有参考意义的。

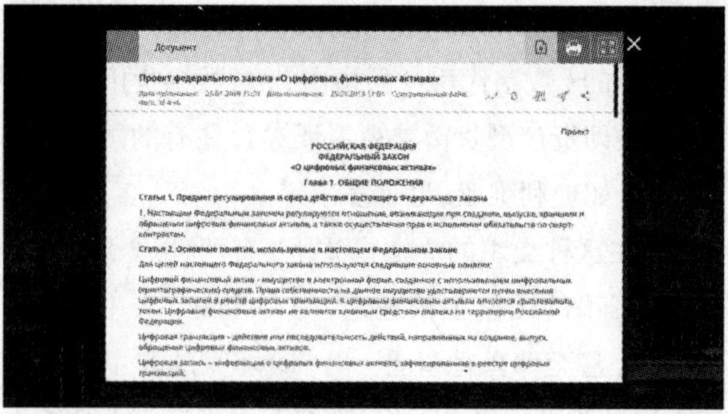
Документ

Проект федерального закона «О цифровых финансовых активах»

Проект

РОССИЙСКАЯ ФЕДЕРАЦИЯ
ФЕДЕРАЛЬНЫЙ ЗАКОН
«О цифровых финансовых активах»

Глава 1. ОБЩИЕ ПОЛОЖЕНИЯ

Статья 1. Предмет регулирования и сфера действия настоящего Федерального закона

Статья 2. Основные понятия, используемые в настоящем Федеральном законе

图1

（三）我国数字货币的立法方向

关于我国对数字货币的立法及方向，我国现在否认数字货币是货币，承认它是商品；对于数字货币的发行（ICO）全面禁止，但现在央行对外宣称自己准备研发并发行数字货币。央行目前的做法特别值得商榷，央行自己发行数字货币，这本身就与数字货币的“去中心化”的本质相互冲突。笔者引用俄罗斯财政部部长（Anton Siluanov）的观点，他在给普京的一封信中明确，“中央银行发行数字货币，这与数字货币自身的‘去中心化’的本质是相互冲突的”。而且这里还有失败的教训，厄瓜多尔的实践就是一个例证，厄瓜多尔政府禁止比特币等数字货币之后，推出了官方的数字货币，但两年来却收效甚微。相反，比特币虽然在法律上已被禁止，但私下交易仍然十分活跃。笔者甚至认为，央行发行的数字货币，更准确地说，它是法币的数字化，而并非真正意义的数字货币。

未来立法，是否会放开ICO？我也参加过好多次金融部门关于数字货币的讨论，应该说短期内不会放开，原因在于，我国当前所面临着系统性金融风险的难题，例如本周（2018年6月24日）央行降准0.5个百分点。从这些政策上也能看出，短期内数字货币不会马上推出。为什么呢？这次降准和股市连续下跌有直接关系。它的背景是什么呢？大家知道，受中美贸易战影响，近期股市连连下跌，可怕的是它可能会产生系统性金融风险，大量的上市公司将股票质押给银行，银行为了安全，它有一个股票质押的比率，比如说股票市值100元，银行一般是打3折，只能给你贷30元。然而，由于股市持续低迷，原来市值100元的股票，马上就要跌到30元，按规定银行需要强制转让。如果银行全部行使质押权强制平仓，那么可能会导致股市的断崖式崩塌；但是如果银行不强制平仓，它贷出去的钱又可能血本无归，而这当中很多钱又来自我们老百姓的理财产品，所以我们面临着金融风险。

如果当前我们的区块链应用还不是很成熟的话，允许发行数字货币，只会增加系统性金融风险。因为当下的区块链在现实应用中还遇有很多“瓶颈”，这样，数字货币仅仅作为人们投资或者投机的渠道，抑或是作为犯罪或洗钱的工具，这样只会进一步增加系统性金融风险。

三、区块链在版权产业中的应用

上文中对区块链的去中心化本质和主要应用已做介绍，那么区块链在新闻出版行业有多大的发挥空间呢？

在新闻出版行业有两个领域，可以用区块链来布局：

第一，版权集体管理平台。众所周知，我们国家设有著作权集体管理组织，如音著协、文著协等，我们常说的KTV收费、背景音乐收费等，就是由这些集体管理组织出面，它代表权利人出面维权，并且和权利人共享收益。应当说，版权集体管理，对于版权保护肯定是有很大的意义，如果让词曲作者本人去逐一向KTV商家维权，显然是不现实的。但是版权集体管理当下面临的一个最大问题就是信任危机，比如到底收了多少版权费，其公布的账目是否真实？作者的利益有没有得到最好的保护？这些问题一直备受社会诟病。那么区块链就可以有效地解决这一问题，区块链上的记账都是最原始的，真实的，没人可以篡改的，而且技术如果再进一步发展的话，KTV的点歌设置完全可以接入区块链中，哪首歌曲被点播了多少次等数据都会被同步到区块链中，这样，作品管理、收益、利益分配的信任危机将被彻底改变。当然，短期内，KTV中的点播数据难以立即同步到区块链中，可能还是需要集体管理组织来记账，但由于这上面的记录不可篡改，所以，这也会极大增强这种记账的真实性、可靠性和公信力。

第二，原创认证。在新闻出版领域，我们常常面临一个问题，这个作品到底谁是原创？在法庭上，原被告双方也会就这一话题举证和辩论。为了解决这一问题，相关部门也设置了相关的原创认证平台。原创认证的记录和说明可以第一时间发布到原创认证平台上，因为这个记录是不可更改的，它会具有较强的公信力和证据效力。

除此之外，现在讨论比较多的就是信息发布平台能不能用区块链。当下的信息发布都是中心化的，比如微博、微信、抖音、优酷等平台，这些平台最好不要用区块链，有两方面原因：第一，信息发布往往涉及的数据量太大，用区块链来架构这种应用太过浪费资原；第二，不利于信息管理，我国当下信息管控是一个十分棘手的问题，如果用区块链来架构的话，信息一旦发布则任何人都不能删除，这一点至少在新闻管理方面难被允许。

四、结语

1.对于区块链要有正确的认识，有人说它将带来新的技术革命，有人说它是庞氏骗局，这都不准确。正视去中心化的好处，同时也正视去中心化的弊端，引导投资人理性投资。

2.在区块链产业政策的支持方面，政府有必要引导和扶持解决问题的区块链产业，而并非是概念型的区块链。

3.在数字货币的风险方面，要特别关注和预防数字货币洗钱、贩毒等从事犯罪的行为以及系统性金融风险的防范。

（本文为笔者参加第二届新闻出版智库高峰论坛发表关于区块链与版权产业发展的演讲稿。）

区块链的本质与未来——“伪区块链”的澄清

在前面的文章《比特币、区块链及法律变革》中专门谈及过区块链，然而，区块链“火”的速度超乎常人的想象。越来越多的人问及我同一个问题：区块链到底有什么用？啥叫ICO？现在去挖矿还能赚钱吗？区块链会取代今天的互联网格局吗？

这些问题关系未来人与人的关系，关系未来的社会制度。为此，笔者在实验室完整布局了区块链，包括挖矿、“智能合约”、ICO测试。本文将揭晓区块链完整的试验结果，并对它的未来发展格局作出分析和预测。

一、区块链的本质：正确理解“分布式”

（一）比特币不等于区块链

笔者在实验室布局的区块链，所应用的是ethrum的“geth”语言。前面提及了比特币的相关知识，但绝不能将“比特币”和“区块链”混同。区块链是一门计算机技术，比特币运用的恰恰是区块链这门技术。事实上，笔者在实验中还有一个更深刻的感觉，与其说区块链是一门技术，还不如说是一门编程思想。传统的编程思想完全是中心主义的，笔者在实验室所做的绝大多关于人工智能的实验都是中心主义的，比如笔者会架设一个中心服务器，一般是LINUX服务器，所以LINUX语言是项目工程师必备的一门语言。在传统的编程思想中，中心服务器是至关重要，以至于像阿里巴巴等很多企业还将云服务器作为未来“战争”发展的重要战略。

（二）区块链：与其说是一种技术，不如说是一种思想

笔者之所以说，区块链是一门编程思想，是因为区块链不再需要“中心服务器”了，这在以前是不可想象的事情。区块链就是这样，没有中心服务器，所有终端客户一旦编入区块链，就可以很“HAPPY”实现各种功能，任何功能都依赖于代码和数据，那么这些代码和数据又存在哪里呢？长期以来，它们就存在中心服务器当中，那么没有中心服务器了，计算机代码和数据库又存在哪里呢？对，当然是存在每个用户终端，比如你用一台电脑连接到区块链当中，这些代码和数据（存储在区块当中）就会同步到你的电脑当中。所以，你可以理解，什么是去中心化，没有中心服务器，包含代码和数据的区块会同步到每一个用户的电脑当中，这就是真正意义的“去中心化”，或者说“分布式”。

（三）分布式账本是如何实现的

无论是比特币应用，还是以太坊（以太币）的应用，无论哪一种应用，一旦当电脑接入区块链网络时，第一件事就是同步区块，所以你的电脑硬盘必须有足够的空间，比特币从产生至今所有账本（区块）大约有75个G，因此无论如何你的电脑硬盘一定要有这么大的空间，否则同步区块也就无法成功了。通过实验，我们甚至可以看出“中心服务器”与区块链相比，应当说各有优劣。那么，区块链追求的价值是什么，它在未来又会有哪些应用，它对未来制度又会有哪些变革，从这里可以找到这

一系列问题的逻辑起点。笔者将在下面的“智能合约”部分进一步阐述这一逻辑起点的重要性。

二、“智能合约”（smart contract）：区块链的灵魂

（一）以太坊：“90后”小伙开创的千亿美元市值

在区块链的应用中，绝大多数人知道“比特币”的概念，但还有一个叫“以太坊”的网络鲜为人知。不得不提它的创立者是一位俄罗斯“90后”程序员维塔利克，他用了5年时间写了一个以太坊，以太坊市值曾高达1000亿美元。那么，为什么以太坊会成为比特币之后最成功的区块链应用呢？这里的关键词便是“智能合约”。如果说与比特币相比，以太坊最大的优势是什么，恐怕就是它除了发行以太币，还允许布置“智能合约”。据说当年，维塔利克想到“智能合约”的概念后曾去找过比特币的核心开发人员，但被拒绝了，于是也有了此后他自己的创业。

笔者在实验当中部署过“智能合约”。在以太坊中部署“智能合约”的叫solidity，其实，除了部署“智能合约”，很少有人会用到这个语言。无论如何，正是因为“智能合约”才真正赋予了“区块链”无限的遐想空间，你能在网上看到几乎所有区块链应用的文章，几乎都离不开“智能合约”这个关键词。

（二）“智能合约”的深入解析

“智能合约”让区块链有了更加广泛的应用。在比特币的区块链中，没有“智能合约”，除了转账几乎无所作为。以太坊增加了“智能合约”这个概念，这让区块链有了无限的想象空间。笔者在前面的文章中专门介绍过“智能合约”。有朋友曾问及过笔者，当下的电子支付算是“智能合约”吗？比如，我们去商店买东西用手机自动支付，这算是“智能合约”吗？显然，人们习惯将自动支付等同于“智能合约”这是一个常识错误。

另一个常识错误就是人们将“人工智能”理解为“智能合约”，这同样是两个不同范畴的概念。

事实上，“智能合约”的关键在于“自动执行”，即协议一旦达成，各方只能遵守协议，否则协议会自动执行。我们能想到的自动执行例子就是房地产按揭贷款，届期银行会自动扣款，这算是最接近“智能合约”的例子。区块链中的“智能合约”会与数字货币紧密联系在一起，这也让“智能合约”的“自动执行”真正成为可能，届期该还款的时候，数字货币会自动转移到指定账户。“智能合约”一旦达成，自动执行是任何人都阻止不了的。尼克·萨博（Nick Szabo）是“智能合约”的提出者，他不仅是一位法学家，还是一位计算机密码专家。在区块链中部署“智能合约”，这让区块链有了无限的想象空间，现实中很多需要，比如捐赠、交易、登记、担保等，这一切都可以在区块链中设立“智能合约”，一个直观的认识就是：“智能合约”的执行成本会大幅降低。

（三）区块链中“智能合约”的天然弊端

笔者在区块链中切实部署了“智能合约”，所谓部署“智能合约”的过程，即是将计算机代码部署在区块链当中，届时区块会将代码同步到每一个结点当中，每一个结点的用户都可以参与这个“智能合约”。但是，在实验当中部署“智能合约”笔者面临的一个最大问题就是，“智能合约”（代码和数据量）不能太大。要知道，由于区块链是一个分布式账本，所有的“智能合约”的代码和数据并不是存储在一个大的中心服务器上的，而是分步在每一个终端电脑上的。

笔者在实验时所使用的mac笔记本电脑便是一个具体的终端，事实上一个笔记本电脑的全部硬盘加一起只有几百个G，一般而言，去掉人们在学习工作中的资料已经占据的部分，能够供区块链同步数据的空间至多有几十或上百个G，这也就决定了分布式应用时的计算机代码及数据不能太大，像当下很多稍微大一点的项目，一个项目就要几百个G或者几千个G，而区块链上所有项目也至多只能有几十个G，这就要求应用到区块链项目的代码及数据要非常小才行。当然，随着技术的发展，每一台电脑（区块链终端）的硬盘空间会逐步增加，但无论如何，与中心服务器相比，它的容量仍然非常小的。简言之，区块链的“分布式”，也就决定了代码以及项目数据库，要很小很小才行。

在“智能合约”的布置中，以太坊还引用了一个“gas”的概念，比如布置一个“智能合约”，需要消耗21，000gas或者33，500gas，至于消耗多少gas，完全取决于这个合约的大小，而这里gas又是和以太币（ETH）之间进行换算的，所以，在区块链上布置“智能合约”是要钱的，合约代码越大，花钱越多。当然，有人说如果不在乎花费多少钱，就是要布置一个超大的项目在区块链中，事实上，即便是你花得起这个钱，这一想法依然是不可行的，因为区块链会将这一个项目的计算机代码全部同步给每一个终端，试想，笔者作为一个用户的电脑硬盘这样一个项目的数据都存储不了，更不要说同步所有区块链数据了，那么，如此的“智能合约”，用户根本就用不了。

三、“伪区块链”满天飞：区别“公链”与“私链”

当下，我们会看到很多公司对外宣传自己开发所谓“区块链”应用，从电商到金融，几乎无所不在。事实上，在区块链的应用中分为“公链”和“私链”。何为“私链”？所谓“私链”，即是公司内部架上10台或20台服务器，数据只是同步到这些服务器结点上，并不会同步到用户的手机或电脑上。用户（通过手机APP或电脑网页）访问的其实还是公司的服务器（结点中的任何一个），显然，账本并不会同步到用户的电脑或者手机上。如果是“公链”，则数据是要同步到终端用户的。

应当说，在私链应用中，区块链更多发挥的是数据安全的作用。简言之，原来是一台服务器存储数据，现在区块链技术会将数据同步到10台或者20台的服务器上，这会让数据存储更加安全。但如果不用区块链技术，采用其他数据备份，同步技术依然可以达到数据备份的安全价值，类似的实验笔者以前在实验室会经常操作。显然，区块链的技术价值绝不仅仅是备份数据，人们更希望通过它的“去中心化”和“不可篡改”去提升社会的信用价值。然而，在“私链”应用中，数据仅仅同步到自己公司的服务器上，并没有同步给终端客户，这样的应用从本质上依然是“中心化”，当然，数据依然是可以随时被篡改的。我甚至把这种应用称为区块链的“伪应用”。

四、区块链与国际汇款

笔者在此前的文章中论及过区块链对国际汇款的作用，Abra应用是其中典型的代表。

传统的国际汇款采用的是中心记账模式，每个国家的银行是这个记账模式的中心，要完成一次国际汇款，首先需要本国银行确认，还需要各国银行之间再完成确认，所以，你一次国际汇款往往需要几天，而且还要支付较高的手续费。如果借助区块链完成国际汇款则是轻而易举的事情，区块链是“去中心化”的，用户与用户之间直接对接，省去了银行作为中心的各种成本。汇款速度也将极大提升，一般几小时即可完成，所谓几小时则完全是区块链制作和同步账本所需要的时间。

在很多国家数字货币还不属于法定货币，借助区块链完成国际汇款，会有两个步骤：第一，通过区块链直接完成的支付，还主要是比特币等数字货币的支付；第二，接收方还需要将比特币兑换成法币。当然，有些国家已经承认比特币的合法地位，比如德国和日本，在日本甚至有几十万家的零售商接受比特币支付。那么可以想象，如果你要是汇款到这些国家，只需要将比特币支付到对方账户，对方即可用于各种消费。

毫无疑问，区块链对于现有的货币体系和金融体系会造成严重的挑战。比特币的存在或将突破传统的外汇管制，如果以比特币为中介完成外汇转换，则几乎可以不受任何监督和控制。与此同时，由于比特币的非中心化和匿名特征，也由此成为洗钱、贩毒的重要支付工具。

五、区块链与电子商务

关于区块链与电子商务的报道满天飞，但目前笔者还没有看到任何一个真正关于区块链在电商领域成功应用的案例。

事实上，用区块链布局电子商务，同样存在大数据困扰的技术问题。关于电商的"大数据"，我们会有一个直观的感受：每每登录"京东商城"的网页时，我们可以浏览到曾经的交易记录，这就是一个十分庞大的数据库，这是单台服务器万万无法完成的事情，甚至需要成百上千台服务器共同运行，为此"Hardoop"就提供了较好的技术支持。总之，中心服务器可以有效地解决大数据问题。

用区块链布局电子商务，电商货物信息作为账本同步到终端用户是万万行不通的，需要换一种思路。笔者认为，区块链若在电商领域发挥作用，将主要集中在以下两个方面：第一，防伪验证。京东正在建设的"防伪追溯开放平台"，算是在这一领域的大胆尝试。它利用了区块链中的"联盟链"概念，要知道"分布式记账"的最大好处便是"信息不可篡改"，借此来追溯产品供应链来源是最为可靠的。以牛奶为例，销售商之上系生产商，生产商之上是养牛场，总之通过联盟链就可以追溯供应链的全部真实信息。第二，数字货币支付，未来纸币将越来越少，数字货币才是未来趋势。如将比特币系统引入电商，借助数字货币完成支付或将成为未来广泛的应用场景。

六、区块链与微博（微信）领域的应用

Eth-Tweet是一个在以太坊区块链上运行的微博，它与传统的微博有着本质的区别。当前我们每天使用的微博（微信）是典型的中心服务器模式。所以，用户所发布的信息可能会被删除，有时也会看到商家发布的广告，这一切的原因就在于中心服务器下，商家单方享有信息的最终决定权。

然而，Eth-Tweet则会给你带来不一样的感受，由于它的底层是区块链技术，它属于一种分布式存储。显然，是没有中心服务器概念的，用户发布的信息是存储在每个用户的电脑或者手机上的，因此，不存在所谓管理者的概念，亦不存在哪方有权把它删掉的问题。当然，为了方便使用，Eth-Tweet还是设计了这样一个功能，即发布者自己可以删除自己发布的信息，事实上，这里并不是真的把这条信息从数据中删掉，要知道已经形成的区块链信息是任何人都无法删除的，这里所谓的信息删除，只是在功能上给予信息发布者的一项权利，只不过，他只能删除他自己的信息，而无法去管理别人的信息。

显然，如果用区块链来布局微博（微信），信息将处于一个近乎完全自由的状态，不存在中心服务器，也就不存在真正的监管者，或者说，没人能把信息删掉。当然，类似这样的微博（微信）应用所面临的首要障碍便是舆论监管的问题。当然，区块链数据库依然存在对数据规模的限制，尤其是不能有太多的视频或图片，或是限定在一定的范围内。

“投票”作为信息发布中最简单的模式，恰恰在区块链中有较高的应用空间：第一，占用的数据量很小，方便数据以区块的方式同步到每一个客户端；第二，区块链记录不能篡改，这与

投票真实价值高度吻合；第三，“匿名”属性还可以保障投票的真实性，区块链中的用户仅体现为一个特殊的“地址”，它是完全匿名的；当然也可以根据需要对用户进行实名认证，总之一切根据投票的需要最终确定。

七、区块链在财产登记（交易）领域的应用

财产登记制度是各国财产确权的重要制度，这里既包括房地产，也包括股权、知识产权等财产权利，在这一领域区块链是否也能够得到广泛应用呢？鉴于区块链是一个分布式账本，由此会增加财产登记的信用，为此，有不少学者试图强调区块链在财产登记领域的应用，但从笔者试验结果来看，这一结论并不正确，或者说不完全正确！

以房产登记为例，房产数据库是一个十分庞大的数据库，它除了普通的文字数据还包括房屋结构等图形文件。如此庞大的数据库，利用中央服务器存储和访问是有很多便利条件的，不仅速度快而且还会节省资源。如果利用今天的区块链技术——让数据同步到每个结点上，不要说做不到，即使做到了，让如此庞大的数据同步到每个结点，势必会造成资源的极度浪费。

区块链在适用房屋交易时同样会碰到难题。房屋作为公民的重要财产，法律为保障交易安全，就需要由一个中心机构（如房产交易中心）来审查确认房屋交易真实性和合法性，现实中是要求买卖双方亲自到场、当面确认才能视为意思表示真实，这也是为什么房屋交易依然没有办法效仿普通电商——动动鼠标即视为交易完成的原因。房屋交易的中心审查原则与区块链的“去中心主义”依然是格格不入的，区块链是完全的去中心主义，完全不存在任何中心机构来进行审查的，显然，像交易比特币那样交易房产是不可行的。总之，在房产领域适用

区块链就有必要解决上述相关问题。

那么，区块链技术如何服务于房地产市场呢？这依然是讨论的重点。现有财产登记制度完全依赖于国家信用，或者说只有国家的账本才是唯一权威账本。不可否认，公民会有一种顾虑，在国家出现政权更替的情况下，公民的房屋产权也面临挑战。区块链的价值在于“信用”，如何用区块链有效增强现有财产登记的信用，倒是特别值得讨论的话题。那么，在以国家为中心进行登记的同时，如果还能有一套分布式账本，同步财产登记情况，毫无疑问会极大增强财产登记的信用。当然，区块链账本只需要记录房屋产权最重要的信息，而其他的信息还是由中央服务存储，这会让区块链分布式应用成为可能。

事实上，如果按照上面的模式来设计房地产区块链，就存在两套账本，一套国家中心数据库的账本；另一套是区块链分布式账本，前者方便查询，后者重在信用。国家不能单方修改每一套账本；同样公民之间也不能越过国家单独修改第二套账本，这将极大增强房屋登记的效力。同样的道理，在股权、知识产权等财产登记领域，如此的制度设计，也将彰显“中心主义”与“去中心主义”的优势结合。

八、区块链与众筹（crowdfunding）

在区块链产生之前，有很多APP也有众筹功能，那么，区块链应用在众筹方面又到底解决了什么问题呢？事实上，这里的区块链发挥的是它的“信用”优势。举例说明，比如，张三要发起一个众筹，他要众筹500万元，同时约定在某日之前如未能达到500万元，即为众筹失败，需要向各参与人返还款项，这里就存在两个方面的“信用”问题：第一，众筹记账的问题。在传统条件下，一般是众筹发起人记账，当然，众筹参与人会拿到一个凭证，但是在凭证丢失的情况下，就完全由众筹发起人说了算。我们在实际中也曾看到过很多案例——众筹发起人逃跑或毁坏账本的情况下，众筹账目就完全变成了一团糊涂账。第二，“失败返还”的问题，众筹届期失败，按约应当返还，如何保障失败后一定会返还呢？

在区块链模式下，就比较容易解决上面的“信用”问题。然而，在区块链背景下，账目是清楚的，谁付了多少钱，这一切都是清清楚楚的，而且分步账本会同步给所有的参与人。区块链“智能合约”还能有效解决“失败返还”的问题。依据“智能合约”，在众筹届期日之前，众筹账户里的钱是不能使用的，届期日到来，如果账户里的钱少于500万元，“智能合约”会自动把钱返还给众筹参与人账户。

区块链可以有效地解决众筹领域中信用问题，但需要注意，这不是众筹领域的全部问题。众筹所面临的很多重要问题依然需要传统合同来解决。比如，发起人是否将众筹的钱用于什么用途，是否符合约定？是否按约定向参与人支付了收益？这一系列的问题还是少不了合同的。简言之，区块链可以解决整个众筹合同体系中的“支付”“记账”“失败返回”等问题，但并不是众筹协议中的所有问题。

九、结语

笔者看到的绝大多数对区块链的解读并非系真实正意义的区块链，笔者把它称为“伪区块链”，甚至它还不如“麻将牌”解释的通俗易懂。麻将牌算是最早的“区块链”应用了，各个“区块”头尾相连；东南西北，分布式记账，完全的“去中心化”，而且还有类似矿工的奖励机制。所以，与其说区块链是一种技术，不如说它是一种思想，一种去中心化的思想。长期以来国家主权下的超印货币、信用危机、金融风险等，给区块链的盛行提供了契机。区块链技术的盛行,恰恰彰显的是国家主权主义与非主权主义之间的较量。无论区块链如何“火”,必须认识到它的局限性。中心服务器的模式还将长期存在,区块链还仅仅只能作为局部领域的补充而存在。

第十一篇

PART 11

数字货币的法律属性

数字货币到底是什么？它是货币、商品、证券、数据，还是“庞氏骗局”？既有的“商品说”“证券说”“数据说”等学说在解释数据货币法律属性时存在无法逾越的理论困局，“货币说”试图用哈耶克的“货币非国家化理论”建构数字货币信用体系，然而哈耶克的理论在解释数字货币的“去中心化”时遇到了障碍。回归货币的本质“普遍认可的记账符号”，其国家发行并非系其必要条件，数字货币正是从“去中心化”的视角建构了国家发行之外货币信用体系，由此也形成了“去中心化的货币说”。基于技术与法律互动的二元关系，以及“中心化”与“去中心化”两种思潮的博弈，数字货币与传统法币共同作为货币的立法格局亦将形成。

区块链语境下数字货币立法研究

一说到数字货币，大家马上想到比特币、以太币，这些数字货币现在已经被广泛交易和使用，像在德国和日本，比特币可以买东西；在我国按照2017年央行等部门的规定，比特币不是货币，但可以作为商品买卖。比特币的价格：8270美元（折合人民币54，848元）。

比特币法律属性到底是什么？法律该如何进行规范？是文章讨论的重点。

笔者尝试回答第一个问题：数字货币法律属性到底是什么？与传统的QQ币、游戏币等虚拟货币以及法币的数字化，到底有什么区别？

它们在法律属性上有本质区别，要把这事说清楚，需要解释一个概念——区块链。比特币等数字货币运行的底层技术是区块链技术。为了能够对区块链技术的法律属性有一个更准确地把握，前不久，笔者用计算机程序实验亲自测试了区块链技术整个流程，挖矿，包括在区块链上部署“智能合约”，数字货币的支付与接收等。这是给了挖矿的命令之后，计算CPU的运行状态，CPU运算率高达350%，笔者用于挖矿的计算机热得像冬天里的烤火炉。

区块链的法律本质（去中心化）

对于区块链技术，更多人愿意把它描述成为去中心化的分布式存储。在实验中，区块链的去中心化的属性明显。我们传统的程序大多是中心化的，比如大家比较熟悉的BAT，是典型的中心化的。中心化的特点是，程序在中心服务器运行，然后把结果返回到本地电脑。所以，话语权在中心，发个微博（微信），如果不合适就可能把它删掉。但是去中心化的区块链不一样，笔者用区块链搭建了一个信息发布程序，当时笔者在链上架接了27台电脑，没有人可以删得掉，因为它没有中心服务器，数据是分布式存储。

所谓“分布式存储”，就是把数据和代码都存在计算机本地了。一旦接入比特币区块链，第一件事情就是同步数据，它会把所有账本同步到笔者的电脑上，大概要占笔者电脑75G的空间。笔者就可以了解比特币从成立至今每一笔账目。当然，在区块链的世界中用户是匿名的，所谓的用户，其实就是一个“公钥”的地址和一个“私钥”的密码。所以，从事比特币交易，保护好“公钥”和“私钥”也就成为绝对身份安全认证。

区块链技术，这体现在法律上它的本质是什么？从法律上来讲，区块链是通过去中心化和匿名的方式重构了社会信用。传统的社会信用是中心主义的，因为相信国家、银行、大机构，所以有信用。但区块链的语境下，没有中心，甚至匿名，但是不可更改的分布式账本重构了社会信用。从这一意义上来讲，与其说它是一种新技术，不如说它是一种新的编程思想。

笔者举一个众筹“智能合约”的例子。众筹“智能合约”为了更好揭示它的法律本质，笔者在实验中亲自部署了一个众筹的“智能合约”利用数字货币和区块链技术完成众筹，其中的信用价值得到充分彰显。事实上，在传统的中心服务器模式下，也有很多APP支持众筹，点击支付即可完成众筹。但是，通过区块链技术众筹合约，就可以解决法律关系中的两大痛点，比如众筹中往往都会规定，届期如果没有达预想金额，即为众筹失败，资金会返回投资人。中心化模式下，是基于对大机构和法律的信赖，我相信你会还我，或者你不还我，我会起诉。但在区块链模式下，场景则完全不同。一旦众筹失败，货币会自动返还到投资人账户，这个规则由于它是去中心化的特点，没有人可以改变。因此，从这一意义上讲，区块链技术是用技术构建信用。在众筹中，它还可以解决另一个痛点，就是关于众筹记账，也是没有人可以改变的，完全不用担心谁会赖账。

“去中心化”虽然可以重构信用，但它与中心主权货币理论是相冲突的。所以各国看法不一。

在不同国家中，有的说它是货币，有的说它不是非法的，有的说它就是商品，还有的说它是证券（瑞士发布的《数字代币产品指南》，对数字货币实施分类管理，其中一类即资产型货币被视为证券）。然而在这种交织的立法模式下，有两个强烈的理论在对抗，一个是货币的国家主权理论，另一个是去中心化的信用体系，甚至弗里德里希·冯·哈耶克的非主权货币理论再次被重提。弗里德里希·冯·哈耶克主张应该由私人发行货币，他在著作中也承认，没有一套完整的模式，恰恰是“区块链技术+密码学原理”，让它变成现实了。

在众多国家的立法中，有两个国家要特别值得关注，一个是美国，另一个是俄罗斯（以太坊，Vitalik）。

美国没有定论，各个州的立法态度不同，美国得克萨斯州2013年和2016年两个判决，比特币是货币；然而在2018年美国布鲁克林地区法院的判决就认定，比特币是商品。二者对这一问题的认识也存在分歧：美国商品期货交易委员会主张按照商品进行管理，但是美国证监会则认为应按照证券来进行管理。

俄罗斯的《数字金融资产法》，笔者已经把它译成中文了。这个法案说，数字货币不是法定货币，但它属于一种特殊的金融资产，而且这部法律对于什么是"分布式""智能合约""数字钱包""挖矿"这些概念均用法律的语言作了定义，笔者认为这个对于我国接下来数字货币的立法具有参考意义。

最后笔者梳理了一下我国的立法及方向。我国现在否认比特币是货币，承认它是商品；对于数字货币的发行(ico)全面禁止。现在央行对外宣称自己准备研发，并在随后央行发行数字货币。央行目前的做法特别值得商榷，央行自己发行数字货币，这本身就与数字货币的去中心化的本质相互冲突。笔者引用俄罗斯财政部部长(Anton Siluanov)的观点，他在给普京的一封信中就明确写到，中央银行发行数字货币，这与数字货币自身的"去中心化"的本质是相互冲突的。而且这里还有失败的教训。厄瓜多尔的实践就是一个例证，厄瓜多尔政府禁止比特币等数字货币之后，推出了官方的数字货币，但两年下来却收效甚微，相反，比特币虽然在法律上已被禁止，但私下交易仍然十分活跃。笔者甚至认为，央行发行的数字货币，更准确地说，它是法币的数字化，而并非真正意义的数字货币。

最后需要强调的是，我国接下来数字货币立法的重点：

第一，研究数字货币的法律属性，厘清它与现有的物权、债权、知识产权、货币、证券之间的关系。

第二，对于ico，不应简单禁止。需要正视中心化的金融模式所面临的价值危机，包括通货膨胀带给民众财产利益的影响，包括中心化模式下成本和费用的提升，如果通过银行完成国际汇款，往往需要几天，而且手续费很高，但如果用比特币来汇款(Abra)，往往只需要几小时，实质上它是如何完成的呢？比如，如果要汇款到日本、德国这些承认数字货币的国家，收款人可以直接用比特币完成消费；当然也有很多国家在立法上不支持数字货币的支付功能，收款人收到数字货币还需要兑换成法币。所以，很多人用比特币汇款，当然从金融角度来说，坏处只有一个，那就是价格波动比较大，用比特币汇款，除了汇款，从某种意义上讲，还属于投资。

第三，对于数字货币运行中的挖矿、分布式存储、数字货币发行、“智能合约”等概念有必要通过立法的形式进行规范；建立一整套数字货币的法律体系。

第四，正视“去中心化”的好处，同时也正视“去中心化”的弊端，尤其需要规范利用数字货币洗钱、贩毒等从事犯罪的行为。

（此文为笔者主题为区块链语境下数字货币立法研究的演讲稿。）

数字货币的法律属性

自从中本聪2009年在其论文《比特币——一种P2P的电子现金系统》中提出比特币概念，迄今为止，数字货币的种类已多达1500余种，全球总市值高达3891亿美元[1]；全球已有超过75,000家企业接受比特币作为支付手段。[2]与数字货币迅猛发展速度相比较，关于数字货币的立法，尤其是对于其法律属性的认知，还处在较为初级和混乱的阶段。有的国家将数字货币视为货币，如德国于2013年率先立法承认比特币为合法货币[3]；有的国家则将其视为违法货币，如玻利维亚、厄瓜多尔等国家立法严禁买卖比特币。还有的国家则将数字货币视为一种商品（资产），如俄罗斯于2018年5月的《数字金融资产法》就将数字货币界定为“数字金融资产”。关于数字货币，美国虽然积累了相当丰富的经验，然而，美国证监会（SEC）和美国商品期货

1 《中国银行：全球银行业展望报告》（2018年第2季度）第28页；载http://pic.bankofchina.com/bocappd/rareport/201803/P020180328367426822170.pdf。

2 赵天书：《比特币法律属性探析——从广义货币法的角度》，载《中国政法大学学报》2017年9月，第77~88页。

3 “Germany officially recognises bitcoin as ‘private money’”，载https://www.coindesk.com/germany-official-recognises-bitcoin-as-private-money。

交易委员会(CFTC)对于数字货币的属性认识方面也存在严重分歧。

我国央行等五部委在2013年10月联合发布《关于防范比特币风险的通知》(以下简称《通知》),《通知》仅从预防金融风险的角度作出原则性规范,即比特币不属于法定货币,只允许公众作为普通商品投资。《通知》并未对数字货币的法律属性以及在民法中的地位作进一步阐述。然而,随着数字货币的广泛应用,现实中涉及数字货币法律属性的案例渐进增加,由于欠缺法律规定和相关理论研究的积淀,相关法院在判决中对数字货币属性的认定也存在较大差异。如江苏省南京市江宁区人民法院曾于2017年在其判决中将比特币视为"非法"的"虚拟商品"[1];2017年,北京市海淀区人民法院又在判决中确认以比特币作为合同标的法律关系有效,然而,该判决并未论述比特币的法律属性,而是以当事人未能提交比特币及交易关系违法的证据为由作出认定。[2]那么,以区块链作为技术支持的数字货币,其法律属性到底是什么?它与现有民法上的财产、货币等概念又有着怎样的区别?数字货币的法律属性与其监管逻辑之间又有着怎样的关系?上述问题都亟须澄清和解释,本文将围绕着上述问题予以展开。

一、数字货币的"财产"属性:与"虚拟财产"的辨析

(一)数字货币:作为物权客体的特殊性

"数字货币"的概念出现伊始就与"区块链"天然地勾连在一起,这使对数字货币法律属性的研究变得更加复杂。中

---

1 2017年10月27日江苏省南京市江宁区人民法院民事判决书(2017)苏0115民初11933号。

2 2017年7月28日北京市海淀区人民法院民事判决书(2017)京0108民初12967号。

本聪（Satoshi Nakamoto）在《比特币——一种P2P的电子现金系统》中对“比特币”的定义便是典型的基于“区块链”运行的电子货币。[1]2013年3月由美国财政部——金融犯罪执法网络（Fin-CEN）发布的关于虚拟货币的文件。该文件将虚拟货币分为电子货币和电子贵金属、集中型可转换虚拟货币、分散型可转换虚拟货币。[2]这里的分散型可转换虚拟货币，即是以区块链的“去中心化”为主要特征的数字货币。俄罗斯2018年《数字金融资产法》采用了“数字金融资产”的概念，但其本质仍然被界定为“去中心化的分布式存储记账方式”下的电子货币。[3]因此，本文所讨论的“数字货币”系区块链语境下的电子货币，具体而言，它具有如下特征：第一，分布式存储。数据系分布式存储在区块链的每一个结点上，而并非存储在中心服务器上，这决定了它是“去中心化”的，即不存在所谓的“中心服务器”。第二，不可篡改。由于是去中心化的分布式存储，这也决定了账本数

1　中本聪（Satoshi Nakamoto）在《比特币——一种P2P的电子现金系统》中定义，一枚数字货币是一串数字签名：每一位所有者通过对前一次交易下和下一位拥有者“公钥”签署一个随机散列的数字签名，并将在这个签名附加在这枚电子货币的末尾，电子货币就发送给了下一位所有者。

2　Application of Fincen's Regulations to Persons Administering, Exchanging, or Using Virtual Currencies（March.18, 2013），载http://www.fincen.gov/statutes_regs/guidance/html/FIN-2013-G001.html，最后访问时间：2018年5月1日。

3　Распределенный реестр цифровых транзакций - систематизированная база цифровых транзакций, которые хранятся, одновременно создаются и обновляются на всех носителях у всех участников реестра на основе заданных алгоритмов, обеспечивающих ее тождественность у всех пользователей реестра.（数字交易的分布式注册——它是一个系统化数据库，这个数据库在所有参与到数据交易的结点上同步创建、更新。数据库基于一种保障所有参与者身份的特殊算法形成。）РОССИЙСКАЯФЕДЕРАЦИЯФЕДЕРАЛЬНЫЙ ЗАКОН “Оцифровыхфинансовыхактивах”（俄罗斯《数字金融资产法》），载俄罗斯财政部网http://www.minfin.ru/，最后访问时间：2018年4月20日。

据是不可篡改的。事实上，要控制区块链上过半数以上的算力才可能篡改账本，这几乎是不可能的。第三，禁止复制。账户的安全系基于密码学原理的"公钥"和"私钥"共同控制的，它有效防止了数字货币的非法复制，保证了它的安全保管和移转。

与数字货币去中心化特征相对应便是中心化的服务器模式。网络虚拟财产往往被界定为"在网络环境下，模拟现实事实，以数字化形式存在的，既相对独立又具排他性的信息资源"[1]，如QQ币、游戏币、游戏虚拟设备等。在涉及虚拟财产权性质的讨论中，也形成了物权说、债权说的二元争议局面。[2]虚拟财产的物权学强调用户对于虚拟财产的支配和排他效力，对于非法窃取虚拟财产的行为也将被视为对虚拟财产权的侵犯，诸如在2007年3月国内首例虚拟财产被重判的案例中，被告人胥某和陈某非法盗取QQ游戏币获利70余万元，被浙江省丽水市人民法院以盗窃罪判处11年和10年。[3]2009年2月，成都市中级人民法院对被告人向某、王某通过网络木马病毒盗取游戏金币转卖70余万元作出判决，以盗窃罪分别判处11年和10年。[4]

然而，网络虚拟财产是运行在中心服务器模式下的，事实上，用户对虚拟财产占有、使用、收益和处分，均需要由中心服务器平台（如游戏公司）审核、确认才能最终生效，这使虚拟财产对于中心服务器存在天然地依赖。由此，在对虚拟财产权利法律关系的讨论中，用户与中心服务平台之间的债权关系同样十分凸显。如在"红月案"中，原告李宏晨（玩家）的游戏装备

1 林旭霞:《虚拟财产权性质论》，载《中国法学》2009年第1期。

2 基于中心服务器在网络虚拟财产中的作用，使用有关讨论网络虚拟财产权的论述都无法回避其有关物权说与债权说的争议，林旭霞:《虚拟财产权性质论》，载《中国法学》2009年2月；马一德:《网络虚拟财产继承问题探析》，载《法商研究》2013年9月；梅夏英、许可:《虚拟财产继承的理论与立法问题》，载《法学家》2013年12月。

3 浙江省高级人民法院刑事判决书（2007）浙刑三终字第73号。

4 戴昱:《论数字遗产继承的相关法律问题》，载《法律适用》2012年第5期。

被他人盗走，原告李宏晨却将中心服务器平台（游戏运营商）起诉，要求游戏运营商对于其失窃的虚拟装备予以恢复，后来法院审理后支持了原告请求，判令游戏运营商恢复原告在“红月”游戏中丢失的游戏装备。[1]

相较而言，数字货币则是借助区块链技术，数据并非存储在中心服务器上，而是分布式存储在区块链的每一个结点上。基于“去中心化”的技术设计，用户与用户之间直接完成数字货币的支付，在数字货币的运营系统中完全没有所谓“中心服务器”的概念。即使是数字货币的发行人也无法成为所谓“中心机构”角色，基于数据的分布式存储规则，发行人在数字货币发行完成后，对于代码的运行规则也无法再施加任何影响，于是，虚拟财产语境下中心服务器的“一家独大”的决策权被区块链技术彻底解构。当有用户加入区块链结点当中时，并不存在任何所谓中心机构与其建立债权关系，这也使在对数字货币的法律属性的讨论中，不存在所谓债权问题，而只能从对物的支配属性的视角来建构它的法律属性。

根据物的属性，可以将物分为“抽象物”与“有形物”，“抽象物”被视为法律上虚拟之存在物，不存在于有形世界。[2]抽象物与有形物的根本区别又在于是否可以复制。有形财产可以被“生产”，却不可被“复制”，每生产一个相同的物都需要付出相同的劳动成本；然而作为电子数据形式的虚拟财产则属于“可复制的物”，其“复制权”又被“牢固”地掌握在中心服务器手中。中心服务器会根据经营的需要最终决定复制给谁以及复制多少。数字货币从本质上也属于电子数据，仅从其物理属性而言也应是可以复制的。然而，当电子数据被区块链设计

1 北京市第二中级人民法院民事判决书（2004）二中民终字第02877号。

2 冯晓青：《“抽象物”与知识产权的关系——研读〈知识产权哲学〉的体会》，载《知识产权》2001年4月。

到数字货币的具体语境中时，它的功能被界定为准确地完成记账，并且，基于密码学和不可篡改的特质，最终使数字货币被严格禁止复制。[1]简言之，禁止“复制”又成为建构数字货币信用体系的基石。

事实上，电子数据能否被允许复制，又进一步决定了虚拟财产和数字货币作为权利客体的特征差异：

第一，一人使用还是多人同时使用？作为物，原则上在同一时空内只能由同一主体占有和使用。然而，基于虚拟财产具有无限复制的特征，中心服务器可以确定在同一时空内由多人有权对复制品同时使用。[2]数字货币虽然是数字化的，但基于其“去中心化”和密码学原理，在同一时间只能由同一用户支配和使用。用户基于密码学原理中“公钥”与“私钥”完成对数字货币的实际控制，即当用户控制了账户的“公钥”和“私钥”后，便对于该账户的数字货币享有完整的控制权。这种对于数字货币的控制，在同一时间内原则上也只能由同一用户完成。在用户转移支付数字货币的情况下，老用户会失去对特定数字货币的控制权，而新用户则会获得对相应货币的控制权。

第二，在交易过程中，交易的对象是原物还是复制品？对于有形的物，真正交易的是原物本身，“失去”和“所得”是完全对应的。然而对于虚拟财产而言，复制品可以在无限复制中被重复交易。数字货币基于其“不可复制”的特定奉行原物交易，严格禁止重复发行复制品的方法多次支付。在这一过程中，支付者减少的数字货币与接收者增加的数字货币是完全对应的。当然，数字货币可以被分割后支付给不同用户，这里体

1 这在数字货币语境下也被称为“禁止双花”，即针对特定的数字货币，绝对禁止采用复制的规则将其同时支付给多人。

2 杨延超：《版权战争》，法律出版社2017年版，第24页。

现的不是它的可复制性，而是物的可分属性。[1]数字货币从本质上讲属于可分物，以比特币为例，1比特币=100,000,000聪，在交易中，用户可以选择以“聪”为单位交易比特币，从而实现对数字货币的分割。

第三，法律保护的路径是防复制还是防盗窃？对于虚拟财产，是通过在中心服务器安装防火墙等措施防止黑客非法侵入和复制；然而在“去中心化”的模式下，数字货币则是依靠分布式存储技术将账本分布存储到区块链上所有结点，黑客想要修改账本就需要控制所有结点超过半数以上的电脑，这使复制和篡改成为一件无法完成的事情。用户借助密码学原理通过“公钥”和“私钥”设置，完成对数字货币的“占有”和使用。因此，对于数字货币而言，其法律保护的重点在于防范“公钥”和“私钥”的丢失或被窃取。

（二）数字货币：“物权”属性的特殊性

数字货币与虚拟财产完全系基于两种不同的理念来建构物权的，可以将数字货币语境下的物权模式称为“去中心化”下的物权；而将虚拟财产语境下的物权称为“中心化”的物权。由此也衍生了数字货币区别于虚拟货币的特殊“物权”属性：

第一，“挖矿”：数字货币“独特”的原始取得方式。

原始取得与继受取得是民法上物权取得的两种重要方式。虚拟财产是由中心服务商来负责生成并决定发售的，向谁发售、发售多少，以及何时发售都是由中心服务商决定的。在这一过程中，用户与中心服务商之间基于用户协议产生债权关系，用户获取虚拟财产的条件、数量、场景描述，都是依据用户与中心服务商之间的协议完成的，据此，将虚拟财产的取得视

1 物权法将物分为“可分物”与“不可分物”。凡进行分割而不改变物的经济用途和价值的物为可分物。凡经实物分割后，将使该物失去其原有的经济用途的为不可分物。梁慧星：《民法总论》（第2版），法律出版社2005年版，第94~95页。

为“继受取得”更为合适。

数字货币则是通过“挖矿”取得的，具有民法上“原始取得”的特征。以比特币为例，在每一个区块形成的过程中，它采用工作量证明的机制（Proof of Work，POW）决定记账权分配，工作量系通过计算区块头的哈希散列值来完成，最终证明自己工作量最大的结点获得记账权，并被授予比特币奖励。在其他数字货币挖矿机制中还诞生了权益证明机制（Proof of Stake，POS），该机制分配记账权时还会重点考查结点所存储的数字货币数量，存储量越大表明其权益越大。与此同时，“挖矿”的难度与权益大小成反比，权益越大，挖矿难度越小。如果把POW机制下“矿工”的“挖矿”视为“劳动”，POS机制下的挖矿除了包括“劳动”的成分，还有“孳息”的成分。无论是“劳动”还是“孳息”，区块链的架构设计又使数字货币的原始取得被严格控制。以比特币为例，它总量为2100万枚，并且单个区块的发行量还呈现逐年递减趋势[1]。基于分布式存储的设计，比特币发行的代码规则一旦形成还无法篡改。因此，基于数字货币原始取得的特殊方式，也进一步推导出其作为民法财产“稀缺性”的特质。

第二，“公钥”与“私钥”：数字货币特殊的物权支配方式。

物权体现的是主体对于客体的支配效力。按照萨维尼的观点，“物权”以“占有或对物的事实支配为其材料”。[2]《德国民法典立法理由书》更是将“物权性”理解为“人对物的直接力

1 数字货币的稀缺性系基于其去中心化的算法实现的，以比特币为例，其总量系2100万枚，最初每一个区块会发行50枚比特币，每21万枚区块之后，比特币的发行数量会减半。截至2017年已经减半2次，当前比特币每一个区块发行12.5枚比特币。那么，到2045年会有99.95%的比特币将会发行完毕。贾丽平：《比特币的理论、实践与影响》，载《国际金融研究》2013年第12期。

2 金可可：《债权物权区分说的构成要素》，载《法学研究》2005年第1期。

量”，即对物的支配构成物权的标志。[1]由此，主体对于客体的支配也构成了物权区别于债权的特有属性。[2]为此，有必要比较虚拟财产与数字货币两种语境下的支配方式，进而彰显数字货币支配方式的特殊性。在虚拟财产的语境下，中心服务器会将用户身份与特定虚拟财产相关联，基于身份识别和验证后再授权用户对虚拟财产进行支配。即使在支配权遇阻的情况下，如用户名或密码丢失，中心服务器仍然可以通过人脸识别、手机验证或者其他身份验证的方法重新在主体与客体（虚拟财产）之间建立对应关系，进而恢复用户对虚拟财产的支配权。从这一意义上讲，用户对于虚拟财产的占有、使用、收益和处分均是以身份验证作为合法性基础的。

然而，在数字货币的语境下，用户的身份是匿名的，用户对于数字货币的支配，是基于密码学原理的“公钥”和“私钥”完成的。“公钥”表示数字货币存储的地址，而“私钥”则意味着用户对于存储在该地址的数字货币享有支配权。基于数字货币“去中心化”的设计，不存在所谓中心服务器身份验证的问题，而是基于区块链密码学的验证方法，进而实现用户对数字货币的安全支配。事实上，“去中心化”的理念完全淡化了用户的身份识别，以其知晓“公钥”与“私钥”密码作为唯一判断标准，符合标准的用户便可以对该数字货币享有完整支配权。因此，在数字货币语境下，基于密码学的“公钥”和“私钥”也就成为用户支配数字货币的唯一合法基础，丧失了“公钥”或“私钥”也就意味着永远失去了数字货币的支配权。

第三，“动态支付”：数字货币“独特”的公示公信原则。

1 《德国民法典立法理由书》（第3卷·物权），1988年版，第2页。转引自田士永：《物权行为理论研究》，中国政法大学出版社2002年版，第332页。

2 根据我国《物权法》第二条的规定，本法所称的物权，是指权利人依法对特定的物享有直接支配和排他的权利，包括所有权、用益物权和担保物权。

“占有”或者“登记”是物权法所确立的重要的“公示公信原则”，即除非有相反证明，否则“占有者”或者“登记者”即被视为合法权利人。[1]类似的公示公信原则还适用于知识产权领域，根据版权法的规定，如无相反证明，在作品上署名的人推定为作者。[2]虚拟财产也采用类似身份认证（如将用户名与身份相关联）的方法完成公示公信，如在网络游戏中，用户可基于自身账户下游戏币的数量，作为其享有虚拟财产权的证明。

然而，基于数字货币的“匿名”属性，数字货币所有者（姓名或名称）不会在系统中被记录，这使传统“署名”或者“登记”的方法都无法完成对财产的公示公信。与此同时，基于其“去中心化”的特征，在数字货币体系中更不存在所谓权威机构可以为用户出具确权归属的证明文件。因此，传统物权法上的“公示公信”的方法难以适用数字货币领域。然而，在很多场景下，权利人需要证明“这些数字货币是我的”，比如，甲需要会计师事务所为其出具资产证明，证明“这些数字货币是我的”。在“去中心化”的环境中，权利人唯一能够证明拥有数字货币的方法，便是基于“公钥”与“私钥”完成一系列动态演示，从而证明其对该数字货币拥有完整的控制权，具体包括（1）进入特定数字货币“公钥”地址显示该地址有多少数字货币；（2）通过“私钥”向自己的另一个“公钥”地址转移少量的数字货币。上述演示可以证明用户对该“公钥”地址的数字货币享有完整

1 《物权法》第十六条规定：不动产登记簿是物权归属和内容的根据。不动产登记簿由登记机构管理。《物权法》第十七条规定：不动产权属证书是权利人享有该不动产物权的证明。不动产权属证书记载的事项，应当与不动产登记簿一致；记载不一致的，除有证据证明不动产登记簿确有错误外，以不动产登记簿为准。《物权法》第二百四十五条规定：占有的不动产或者动产被侵占的，占有人有权请求返还原物；对妨害占有的行为，占有人有权请求排除妨害或者消除危险；因侵占或者妨害造成损害的，占有人有权请求损害赔偿。占有人返还原物的请求权，自侵占发生之日起一年内未行使的，该请求权消灭。

2 《著作权法》第十一条规定：……如无相反证明，在作品上署名的公民、法人或者其他组织为作者。

控制权。与传统物权中“占有”“登记”“署名”等静态属性的公示公信方法相区别，数字货币则是基于一系列动态演示的过程才能发挥其公示公信的效力，这在根本上仍是由数字货币“去中心化”的属性所决定的。

二、数字货币的“货币”属性：与法币的辨析

（一）数字货币与法币的法律属性比较

从货币发展历程来看，货币总是伴随商品属性和债权属性两面性。[1]从实物货币到纸币，货币所固有的商品属性越来越淡化，债权属性不断强化。依乔治·西美尔的观点，货币在现代社会中已演变为纯粹的交换功能载体，只是一种价值符号的表征。[2]数字货币同样不具有商品意义上的使用价值，其本质只是一种财富价值的符号，在商品流程过程中发挥着交易中介和价值存储的作用。[3]

虽同为交易中介与价值存储的符号，数字货币与法币在发行主体上存在根本区别。根据20世纪以来的货币“国家理论”，制定和发行货币是一个国家的主权行为（货币主权），货币是国家发行的、作为法定清偿和记账手段的信用货币。[4]其实，国家很早就掌握了货币发行的权力，并且通过立法的方式垄断这一权力。[5]国家发行货币，其本质上是由国家作为货币信用担保，这使货币有了合法性的基础。然而，在有关数字货币属性的讨

1　周显志、张健：《论货币所有权》，载《河北法学》2005年第9期。

2　［德］乔治·西美尔：《货币哲学》，陈戎女等译，华夏出版社 2002 年版，第128页。

3　刘颖：《货币发展形态的法律分析——兼论电子货币对法律制度的影响》，载《中国法学》2002年第1期。

4　［英］理查斯·普罗克特：《曼恩论货币法律问题》，郭华春译，法律出版社 2017年版，第 14 页；Heer-mann, Geld und Geldgeschfte, Mohr Siebeck 2003, S.15。

5　［英］弗里德里希·冯·哈耶克：《货币的非国家化》，姚中秋译，新星出版社2007年版，第27～32页。

论中，数字货币合法性的基础又是什么？这同样是理论界争议的焦点所在。在这一过程中，弗里德里希·冯·哈耶克的非货币国家化理论再一次被重提。[1]弗里德里希·冯·哈耶克主张，政府先天性缺乏自觉性把控制货币发行量限制在所需的范围内，政府在确定货币发行数量时，多基于政府发展需要，引发滥用货币信用行为，从而导致货币供应量过大和通货膨胀，引发社会动荡。其对策就是取消政府发行货币的垄断权，允许私人银行发行竞争性的自由货币。[2]

需要指出的是，以弗里德里希·冯·哈耶克等经济学家所提倡的货币非国家化理论，系基于货币国家化理论所衍生的信任危机而产生的。准确而言，信任危机发生在从金属货币过渡到纸币之后。从金属货币过渡到纸币后，纸币发行便不再受金属储备限制，政府基于自身财政需要很容易超发货币，随之产生的货币贬值和通货膨胀引发经济危机和社会强烈不满。货币非国家化理论正是在这一背景下提出的，该理论提倡由私人发行货币，实现完全的市场竞争，公众基于市场竞争的结果去选择其所信赖的货币。当然，弗里德里希·冯·哈耶克在其后面的理论中也强调，并没有设计出一套由私人发行货币的完美方案，其最大障碍还在于无法构建私人发行货币的信用体系。然而，区块链不可篡改的分布式记账则以“去中心化”的方法

1 以弗里德里希·冯·哈耶克为代表的货币非国家主权理论的学者，还包括Vaubel（1986）、R.White（1984、1989）、Selgin（1988）等经济学家。

2 弗里德里希·冯·哈耶克在其《货币的非国家化》中直言不讳：“那种一直遭到相当正确的指责的市场秩序的主要缺陷，即其容易导致周期性的萧条和失业，其实主要是政府长期以来垄断货币发行所致。”[英]弗里德里希·冯·哈耶克：《货币的非国家化》，姚中秋译，新星出版社2007年版，第17页。弗里德里希·冯·哈耶克支持通过竞争的方式来发行货币，在他看来，“在本质上讲，竞争乃是一种形成意见的过程：通过传播信息，竞争使经济体系达成了统一性和一贯性，而这正是我们在把它视作是一个市场的时候所预设的前提条件。”[英]弗里德里希·冯·哈耶克：《个人主义与经济秩序》，邓正来译，三联书店2003年版，第155～156页。

重构了社会信用，由此也让私人发行货币成为可能。

进一步来说，作为弗里德里希·冯·哈耶克货币非国家理论的“成功”践行者，数字货币通过“去中心化”方法重构了货币信用：

（1）“分布式记账”确保了数字货币不可篡改记账信用。

区别于传统货币是国家记账和担保信用的方法，数字货币采用分布式记账方法，将账本分布存储在区块链的每一个结点上，这使任何用户均可以查阅其所拥有的数字货币以及既往的交易记录。分布式记账还从根本上保证了信息的不可篡改性，进而在用户之间构建信用体系。

（2）数字货币“原始取得”确保了不被超发的信用。

“挖矿”是数字货币原始取得的方法，无论系基于工作量证明机制（POW）或是基于权益证明机制（POS），区块链不可篡改的货币发行规则，从根本上保证了数字货币的发行被严格限制，而不会被超发和滥发。

（3）借助“时间戳”的加密属性，有效防止数字货币的双重或多重支付，从而确保交易安全。

货币从实物走向数字化的过程中，基于数字化无限复制的属性，如何有效防止双重或多重支付便是确保货币信用的关键问题。在中心化的电子支付中（如网银、支付宝），中心服务器通过准确记录卖家与买家的增量和减量防止双重或多重支付。然而，在“去中心化”的数字货币体系中，防止双重或多重支付系借助“时间戳”的加密原理实现，区块链会记录每笔货币的“时间戳”并发布给全网的每个结点，只有当包含在区块中的所有交易都是有效且之前从未存在的，各个结点才认同该区块的有效性，从而有效防止了数字货币的双重或多重支付，确保了交易安全。

基于上述分析，数字货币从“去中心化”的逻辑重构了货币的信用体系，这也给传统法币带来前所未有的挑战。综观世界各国关于数字货币的立法进程，仅有像玻利维亚、厄瓜多尔等少数国家认定数字货币违法，绝大多数国家对于数字货币都呈现更加开放的态度，并且在积极为数字货币寻找其适合的法律地位，如俄罗斯2018年出台的《数字金融资产法》虽明确数字货币与法币（卢布）存在区别，但却可以被视为合法的“数字金融资产”[1]；根据以色列税务局2018年报告，比特币虽不算作货币，但应作为财产保护[2]；根据泰国2018年3月通过的法案，数字货币被界定为一种数字资产。[3]与此同时，货币非国家化理论还在一些国家或案件中被完全认可，比如2013年德国财政部率先认可比特币与法币具有同等的法律地位[4]；2015年10月22日，欧盟法院作出裁定，比特币应受到与传统货币同等对待[5]；2017年日本《支付服务修正法案》正式生效，承认数字货币具有与法币类似的支付功能[6]；2017年7月，澳大利亚也立法，将比特币视为合法货币。[7]

最后还需指出，在有关数字货币属性的立法过程中，美国法院积累了丰富的判例。众所周知，美元在全球货币体系中

1 РОССИЙСКАЯФЕДЕРАЦИЯФЕДЕРАЛЬНЫЙЗАКОН“О цифровых финансовых активах”（俄罗斯《数字金融资产法》），载俄罗斯财政部网http：//www.minfin.ru/，最后访问时间：2018年4月20日。

2 “Bitcoin is Property - Israel Tax Authority”，载https：//www.bitcoinmarketinsider.com/bitcoin-is-property-israel-tax-authority/。

3 泰国《数字资产法》（2018年5月13日），载http：//th.mofcom.gov.cn/article/ddfg/qita/201805/20180502746908.shtml。

4 “Germany officially recognises bitcoin as ‘private money’”，载https：//www.coindesk.com/germany-official-recognises-bitcoin-as-private-money/。

5 The exchange of traditional currencies for units of the “bitcoin” virtual currency is exempt from VAT，载https：//curia.europa.eu/jcms/upload/docs/application/pdf/2015-10/cp150128en.pdf。

6 载中国证券网http：//news.cnstock.com/news，bwkx-201703-4057817.htm。

7 GST - removing the double taxation of digital currency，载https：//www.ato.gov.au/General/New-legislation/In-detail/Indirect-taxes/GST/GST-removing-the-double-taxation-of-digital-currency/。

的"核心"地位，但美国法院的相关判例并没有机械地恪守货币国家化理论，而是在判决中正视了数字货币"去中心化"的信用体系。如美国得克萨斯联邦法院分别在2013年和2016年相关判例中将比特币认定为货币，并且在2016年的判例中更是明确：比特币显然可以作为货币进行使用；比特币能够用于购买商品、服务以及其他生活性消费项目，唯一的限制在于只能在接受其作为货币的地方进行使用；比持币可兑换为美元、欧元、日元、人民币等通常意义上的货币，故比特币就是货币或钱的表现形式。[1]当然，也有美国法官在涉及数字货币法律属性的问题上有不同见解，如2018年美国布鲁克林地区法官Jack Weinstein认为，包括比特币在内的数字货币被视为商品，应由美国商品期货交易委员会（CFTC）进行监管。[2]尽管仍然存在分歧，但从美国及世界主要国家关于数字货币的立法来看，货币的非国家化理论正渐进趋于强势。

（二）国家发行数字货币的法律属性

货币国家化理论与货币非国家化理论的争议，引发了折中思路的出现：由国家央行作为主体发行数字货币。数字货币原本是"去中心化"的，而"国家"一词又代表着强烈的中心主义理念，国家发行数字货币则是将"去中心主义"与"中心主义"两种理念糅合的产物，区别于私人发行完全"去中心化"的数字货币，为此有学者将其称为"带有公有属性的数字货币"，[3]或

1 SEC v.Shavers, 2013 BL 208180 (E.D.Tex.Aug.6, 2013).

2 Commodity Futures Trading Commission v.McDonnell 287 F.Supp.3d 213.See http://www.westlaw.com/Document/I7027f960220c11e88202f11efd70eed2/View/FullText.html? transitionType=Default&contextData=(sc.Default)&VR=3.0&RS=cblt1.0.

3 有学者也据此区分数字货币的公有属性和私有属性，即由国家发行的数字货币被视为公有属性，由私人发行的数字货币则被称为私人属性。庄雷、赵成国：《区块链技术创新下数字货币的演化研究：理论与框架》，载《经济学家》2017年第5期。

是"法定数字货币"[1]。

我国对于国家发行数字货币尚处于研究阶段。根据央行的研究成果，国家发行数字货币被界定为由央行发行的，以区块链作为技术支持的，分布式存储的数字货币。[2]基于此，"法定数字货币"的发行主体不再是私人而是国家（一般是国家央行），属于法币的范畴，但基于区块链去中心化的技术构建，它又与传统"数字化的法币"之间存在根本区别：第一，"法定数字货币"以区块链技术为底层技术支持，增强了货币的信用和安全。由于账本本身是存储在全社会众多结点上的，即使是发行主体（国家）也无法单方面改变账本的内容。不仅如此，给传统金融安全带来巨大威胁的黑客面对分布式存储同样束手无策。因此，法定数字货币除了由国家作为信用背书，还通过"去中心化"的分布式存储进一步强化货币体系的安全和信用。第二，"法定数字货币"推动"要式支付"迭代为用户之间的"非要式支付"。[3]传统"数字化的法币"支付由于受到银行审核的严格限制，尤其涉及大额转账时，银行往往苛求用户"要式支付"，即提交相关证明文件，如身份证明、转账证明等才会审核通过。相较而言，"法定数字货币"则是在用户之间直接完成流转并自动记账，只需当事人双方意思表示一致即可生效，而无须再经过银行的审核和确认。从"要式支付"迭代为"非要式支付"，也将取消所有"要式"的时间成本和经济成本，故而提升了支付的效率与效益。第三，"法定数字货币"赋予用户转账"隐私权"。基于区块链的匿名设计，辅之以数字货币的点

---

1 中国人民银行数字货币研究项目组：《法定数字货币的中国之路》，载《中国金融》2016年第17期。

2 范一飞（中国人民银行副行长）：2018年1月发表《关于央行数字货币的几点考虑》，载新华网http://www.xinhuanet.com/fortune/2018-01/26/c_129799751.htm。

3 要式行为是指依照法律规定，必须采取一定形式或履行一定程序才能成立的行为。郑云瑞：《民法总论》（第7版），北京大学出版社2017年版，第282～283页。

对点支付，这在一定程度上赋予了用户转账隐私权。当然，这里的隐私范围还取决于央行对于数字货币审慎监管的态度。

从“法定数字货币”所具有的“点对点支付”“隐私保护”“无须中心机构审核确认”等特征来看，它在法律属性上最接近于纸币：其一，纸币系基于点对点（用户与用户）直接完成的，不需要经过中心机构审核；其二，纸币系由用户与用户直接完成记账，并不需要中心机构来记账；其三，纸币支付可以实现匿名，以满足人们对隐私的需求。纸币是一国货币体系中的重要组成部分，即便是电子支付如此发达的今天，基于高效与隐私的需求，纸币仍然被大量使用。然而，纸币又存在发行、储藏、携带成本高、易被伪造等天然弊端。法币的数字化虽然解决了发行、储藏、携带成本高等问题，但它系完全中心化的，并不能实现点对点的直接支付，由此，“效率”和“隐私”的需求并没有得到真正满足。相较而言，以区块链作为底层技术支持的法定数字货币，不仅实现了全面数字化，还实现了用户与用户之间的直接支付和自动记账。因此，基于法定数字货币与纸币在法律属性方面的高度吻合，用法定数字货币取代纸币或将成为它重要的法律价值。

总之，“法定数字货币”掺合了去中心主义和中心主义的要素，其中采用“去中心化”的区块链搭建了用户关系，使其在法律属性上有别于法币的数字化；与此同时，它又是由国家作为信用背书，从这一意义上讲，它“仍然是中央银行对社会公众的负债，其债权债务关系并未随着货币形态改变而改变”。[1]

1 范一飞（中国人民银行副行长）2018年1月发表《关于央行数字货币的几点考虑》，载新华网http://www.xinhuanet.com/fortune/2018-01/26/c_129799751.htm。

三、数字货币的支付：对其法律属性的进一步探讨

(一)"智能合约"的支付对数字货币法律属性的影响

数字货币的支付会在以下两种场景下完成：一种是基于传统协议的履行；另一种则是基于"智能合约"(smart contract)的履行。"智能合约"系基于"区块链"的兴起才逐渐被社会关注。"智能合约"最早是由尼克·萨博在1994年其论文《智能合约》中首先提出的，根据尼克·萨博的描述，"一个'智能合约'是一套以数字形式定义的承诺(promise)，包括合约参与方可以在上面执行这些承诺的协议"。[1]与传统协议相比较，"智能合约"则是要把缔约方的意思表示写入计算机代码当中，所有的意思表示都是借助计算机代码完成的。与此同时，合约订立后借助计算机代码完成自动执行。

事实上，在中心服务器的模式下，通过计算机程序订立合约的方式早已得到运用，然而在这种情况下，计算机代码编写的合约是部署在中心服务器上的，合约执行的条件以及违约后的惩罚也是由中央服务器全面控制的，用户权利和自由严重受制于中心服务器，所谓"契约平等"的原则完全湮没在中心服务器"一家独大"的模式下。然而，区块链语境下的"智能合约"，所采用的则是"去中心化"的分布式记账模式，由此重塑了合约的平等属性："智能合约"一旦订立，合约代码会将分布式存储在每一个结点上，任何缔约方都无权修改，即使"智能合约"的编写者也无权改变合约内容，所有的缔约者都需要无条件地接受合约的内容，显然，"智能合约"从技术的层面进一步强化了合约平等适用和不可篡改的信用价值。

更为重要的是，"智能合约"基于其"去中心化"及不可篡

1 "Smart Contracts：Building Blocks for Digital Markets"，载http：//www.fon.hum.uva.nl/rob/Courses/InformationInSpeech/CDROM/Literature/LOTwinterschool2006/szabo.best.vwh.net/smart_contracts_2.html。

改的法律属性，又衍生出自动执行的法律效力。以众筹合约为例，合约约定了在众筹失败情况下众筹款的返还问题，即在指定日期未能筹集到指定金额则需要将已筹集的款项返还给付款人。计算机程序能够自动判断众筹成功或是失败，问题的关键是，在众筹失败的情况下，如何保证“智能合约”会将众筹款自动返还到相关账户。如果要在区块链中部署类似的“智能合约”并完成自动执行，就需要满足如下条件：货币需要在用户与用户之间直接完成支付，而不能像法币那样还需要经由中心机构审核确认后才能支付，否则，用户自由处分数字货币的意思表示就无法完整写入计算机代码当中，“智能合约”自动执行的功能也就无法完成。从这一意义上讲，数字货币去中心化的法律属性与“智能合约”所要求的自动执行完全契合，数字货币也就成为“智能合约”对价支付的唯一选择。

进一步指出，借助数字货币实现“智能合约”的自动执行，极大强化了契约的效益价值与信用价值。具体而言：第一，“智能合约”的自动执行极大提升了协议的执行效率。传统协议的执行依赖的是当事人的信誉，在当事人违约的情况下，还需要向法院申请强制执行，国家为了保障协议能够被正确执行也需要耗费大量的司法资源。然而，在“智能合约”语境下，相关权利义务均是由计算机代码部署完成，包括合同条件是否成就、期限是否届满、是否需要完成支付等均是依赖计算机代码自动履行，缔约方无法改变代码规则亦无法阻止代码执行，这让违约成为不可能。[1]第二，“智能合约”的自动执行也进一步强化了契约的信用价值。传统协议过分依赖于主体信誉，在主体信誉失灵的情况下不得不转为对法律的依赖。然而法律判决又受制于各种因素并耗费缔约方的大量成本。“智能合约”则是从

1 杨延超：《区块链对于现行法律的挑战与启迪》，载《经济参考报》2018年1月。

"不可靠"的"主体依赖"转为"可靠"的"技术依靠",借助区块链技术在缔约方之间构建不可篡改的自动执行效力,从而弥补了传统协议信用缺失的问题。

利用数字货币完成"智能合约"的自动支付,正在逐渐被应用到赠与、众筹、买卖、捐款、遗嘱等民事活动中。[1]"智能合约"在法律意义上特殊价值以及它对数字货币的天然依赖,进一步催生了"智能合约"与数字货币法律属性之间的二元互动关系:"智能合约"的应用越是普及,合约履行对于数字货币依赖程度也就越大,其作为"一般等价物"的货币属性也将越发得到彰显。还需要指出,随着计算机智能化水平的提升,代码作为未来人类行为规则的作用将会越来越大,[2]"智能合约"还将用于部署现实世界中更为复杂的契约关系,"智能合约"在各个领域中也将得到更加广泛的应用。总之,"智能合约"的进一步普及应用,也将极大推动数字货币从商品属性到货币属性的变迁。

(二)数字货币的法律属性与无效支付救济途径的选择

1.数字货币交付的"不可逆"性

无论是基于传统协议还是"智能合约",数字货币的支付都会直接导致数字货币所有权发生变更。根据《物权法》第二十三条的规定:"动产物权的设立和转让,自交付时发生效力,但法律另有规定的除外。"一直以来,"交付"是所有权转移的主要法律标志。即便是虚拟财产,同样也存在"交付"移转所有权的问题,在"中心化"模式下,游戏道具的"交付"是通过修改中央服务器的数据库完成的,服务器程序从卖方的道

1 Blockchain Apparatus是一家设在丹佛的初创公司,该公司已经开发了一些创新应用,并且正在致力于运用软件来执行遗嘱,载https://blog.eogn.com/2016/12/06/blockchain-based-crypto-will-fulfills-last-wishes/。

2 [美]劳伦斯·莱斯格:《代码2.0:网络空间的法律》,李旭、沈伟伟译,清华大学出版社2009年版,第100页。

具清单中删除该道具的代码，而在买方的道具清单中加入该代码。[1]简言之，在中心服务器模式下，虚拟财产的交付，实质上是依赖于中心服务器审核确认完成的。然而，在“去中心化”模式下缺少中心服务器，交付系在用户与用户之间直接完成的。具体而言，基于分布式记账的需要，用户与用户之间交付并不仅仅是在二人之间完成的，相关交付记录需要分布式存储在区块链的各个结点上，为此，矿工将支付记录打包到区块（账本）当中，再由矿工将区块（账本）广播到区块链当中的各个结点当中，数字货币的“交付”才算真正完成。

数字货币特殊的“交付”方式，也使它具有“不可逆”的法律属性。现实中财产交付后是可逆的，即在出现交付错误的情况，用户可请求“返还原物”或“恢复原状”。在相关执行案件中，“返还原物”的可逆性操作又是由中心机构具体完成的，如在房地产“返还原物”的问题上，房地产交易管理部门会根据生效的裁判文书做变更登记，进而完成“返还原物”；在虚拟财产“返还原物”的问题上，中心服务器同样也会基于强制执行的需要实施虚拟财产返还的指令，从而在服务器的数据库中作出变更操作，进而实现“返还原物”或“恢复原状”。然而，数字货币的交付则是不可逆的：除非当事人自愿返还，即把数字货币再退还到原地址，否则无法通过强制执行的方法实现逆转操作。在“去中心化”的模式下，缺少中心服务器完成财产交付的可逆操作，在理念论上唯有掌握了整个链条超过51%的算力才有可能真正操纵账本实现可逆操作，然而这又几乎是不可能完成的事情。

2.替代履行路径选择的博弈：数字货币法律属性归于商品还是货币

数字货币支付的“不可逆性”，使它面临在合同无效或可

1 林旭霞：《虚拟财产权性质论》，载《中国法学》2009年2月9日，第90页。

撤销情况下的救济难题。《民法总则》及《合同法》中明确规定了“欺诈、胁迫、乘人之危、显失公平”等情景下的合同无效或者撤销制度。在2015年“高昌建起诉刘成宾不当得利”一案中，原告高昌建就因为错误操作将自己账号的31.659枚比特币汇至被告账户，因被告拒绝返还，原告就将被告以不当得利为由起诉到法院。[1]根据《民法总则》及《合同法》之相关规定，在合同无效或者被撤销的情况下，法律会追求恢复原状或返还原物。[2]然而，数字货币支付的“不可逆性”又使“恢复原状”“返还原物”近乎不可能。这样，采用与数字货币等值财产替代返还的方法也就成为合同无效时的重要救济渠道。在“高昌建起诉刘成宾不当得利”案件中，原告方在诉请时就将31.659枚比特币的对等价值（70，000元）一并作为诉请主张。

同样，2016年美国加利福尼亚北部法院审理的HashFast案件，也涉及类似的法律争议。2013年9月Lowe基于商业关系收到HashFast3000枚比特币；然而2014年5月HashFast的破产管理人（Trustee Mark Kasolas）向法院起诉Lowe，认为双方的交易关系已不存在，要求其返还3000枚比特币。[3]本案便涉及等值财产的计算问题。由于数字货币存在价值波动，在涉及数字货币替代返还的问题，原、被告双方还可能在以下两种可能性间博弈与争辩：第一，按照数字货币支付时价值予以返还；第二，按照起诉时数字货币的价值予以返还。以HashFast案件为例，2013年9月比特币转账当天，3000枚比特币市值约363，861美元；然而，2014年5月起诉当天比特币市值上升为1，344，705美元，市值上升约98万

1 山东省商河县人民法院民事判决书（2015）商民初字第1531号。

2 我国《合同法》第五十八条规定，合同无效或者被撤销后，因该合同取得的财产，应当予以返还；不能返还或者没有必要返还的，应当折价补偿。有过错的一方应当赔偿对方因此所受到的损失，双方都有过错的，应当各自承担相应的责任。

3 “Morici v.Hashfast Technologies LLC案”，载https：//law.justia.com/cases/federal/district-courts/california/candce/5：2014cv00087/273355/98/。

美元。为此，原告方HashFast则要求按照起诉时（2014年5月）的市场价值1,344,705美元予以返还；被告方Lowe则主张按照支付当时（2013年9月）的市场价值363,861美元予以返还。

事实上，在HashFast案件中，在涉及替代返还的问题时，到底是以支付时价值为准，还是以起诉时价值为准，同样根植于数字货币的民法定位：如果把比特币理解为货币，按照货币返还规则[1]，理应以其支付时的货币价值（在HashFast案件中为363,861美元）为准予以返还；如果把比特币理解为财产，按照商品返还规则[2]，在计算财产价值返还时理应考虑财产价值的变动情况，理应以诉讼时价值（在HashiFast案件中为1,344,705美元）为准予以返还。对此，在HashFast案件中Dennis Montali法官说："如果只是为了使用破产法的欺诈性转移条款，法院不需要裁定比特币是货币还是大宗商品。尽管被告的观点相反，但比特币并不是美国的美元，这已经足够了。"[3]于是，该案最终是以"比特币不是美元，而是一种无形的个人财产"作为依据认定应以诉讼时价值为准予以返还。

数字货币支付的"不可逆"性所强调的是不可以通过强制执行的方式实现逆向返还，但这并不妨碍当事人自愿返还。在面对"返还原物"或"恢复原状"等法律责任时，如果当事人能够自愿选择返还已收到的数字货币，这毫无疑问是首先应予以考虑的救济方法。然而，当事人是选择自愿返还还是替代返还时，同样受制数字货币民法定位的影响：第一，如将数字货币视

1 在法律意义上，货币系作为商品的计价尺度而存在，在涉及货币返还时，应以基于协议完成货币支付时确定的货币金额为准。

2 商品的价格系随市场行情波动的，在涉及商品价格计算时，则需要考虑到市场变化的要素。

3 See PETE MORICI, Plaintiff, v.HASHFAST TECHNOLOGIES LLC, et al., Defendants.UNITED STATES DISTRICT COURT NORTHERN DISTRICT OF CALIFORNIA SAN JOSE DIVISION, Case No.5: 14-cv-00087-EJD.

为货币，理应按照法币的返还规则，以支付时的货币价值为基准予以返还。当然，当数字货币处于升值状态时，当事人无疑不会主动返还已收到的数字货币而选择与支付时货币价值同等价值的财产替代执行；反之，当数字货币处于价值下跌状态时，当事人无疑会更愿意选择主动返还已收到的数字货币。第二，如将数字货币视为商品，理应按照商品返还的规则，以起诉时已支付的数字货币价值为准予以返还。无论数字货币处于升值状态还是下跌状态，也无论当事人是选择返还数字货币还是选择同等价值的财产替代履行，其需要返还的价值都基本相当。由此可以看出，数字货币的替代路径的选择本质上是由数字货币法律属性所决定的，货币和商品的不同归属也将带来完全不同的法律效果。

四、数字货币的法律属性与监管路径选择

基于数字货币的“匿名”属性以及“去中心化”的特点，它很容易被用于犯罪或者逃避金融管制的工具。2017年5月开始，名为WannaCry、Petya的勒索蠕虫病毒相继在全球爆发，该病毒锁定电脑文档致使用户无法正常使用，黑客要求用户只有交纳300美元的比特币才能解锁。2011年上线的“丝绸之路”网站允许用比特币进行交易，由此也滋生了大量毒品、非法枪支买卖等非法交易，该网站最终于2013年被美国执法部门查封。[1]为此，各国在讨论数字货币法律属性的同时，也将其监管

1　2015年5月30日，该网站的创办者罗斯乌布利希（Ross Ulbricht）被美国曼哈顿地区法院判处不得假释的终身监禁，此外，他还被责令支付美联邦政府近乎1.84亿美元的罚金。然而对于收缴的比特币，美国法警局却采用了拍卖的方式处理。这也说明了美国司法机关在处理这一问题时“技术中立”的态度，将比特币和利用比特币的犯罪严格区分。Bhme，Rainer，Nicolas Christin，Benjamin Edelman，and Tyler Moore，2015. “Bitcoin：Economics，Technology，and Governance”，Journal of Economic Perspectives，29（2）：213-38.DOI：10.1257/jep.29.2.213.

问题作为重要的法律议题。数字货币监管制度的构建及逻辑选择又深深根植于数字货币的法律属性，并且在数字货币法律属性的博弈中演进发展，具体表现在：

（一）数字货币“商品”和“货币”的二元博弈与监管的主客体差异

1.数字货币的法律属性与监管主体的选择

各国对于货币与商品大都实行分离监管模式，涉及货币的监管大都由银行等金融机构完成，涉及商品的监管又会根据商品属性分由不同商品管理机构完成。在确定数字货币法律监管主体的过程中就深受其法律属性的影响，若将其定位于货币属性，则应由银行机构完成监管；若将其定位于商品属性，则应由其对应的商品监管机构负责监管。如日本将数字货币视为与货币同等支付地位，故而确定由日本央行和日本金融服务局作为其监管主体。[1]然而，基于当前数字货币法律属性还处于在商品与货币的二元博弈中渐进发展的趋势，各国大多实行联合监管模式，并且，各监管机构还会契合与管理职责相匹配的属性特征进行监管立法。2015年9月，美国商品期货交易委员会（CFTC）发布文件，将比特币代表的数字货币认定为大宗商品，与小麦、原油归类相同，将比特币期货期权交易纳入监管，交易行为要遵循大宗商品衍生品市场规则。[2]美国证监会（SEC）将数字货币视为有价证券，并主张将“数字货币发行”（ICO）纳入其监管范畴；还于2017年9月25日发布正式官方公告：将成立“Cyber Unit”新机构对“数字货币发行”（ICO）等行为重点

1　刘津含、陈建：《数字货币对国际货币体系的影响研究》，载《经济学家》2018年第5期，第20页。

2　“美国商品期贸交易委员会”（CFTC）https://www.cftc.gov/sites/default/files/idc/groups/public/@lrenforcementactions/documents/legalpleading/enfcoinfliprorder09172015.pdf。

监管。[1]美国税务局（IRS）又将比特币归类为应纳税资产予以监管。[2]

监管主体的多元化也进一步说明了，关于数字货币法律属性的研究并非系基于"非此即彼"的简单逻辑，尤其是在数字货币演化的历程中，各国立法机构对于其法律属性的认知也在渐渐趋于成熟的过程。在这一过程中，甚至可能出现同一国家的不同监管机构对数字货币法律属性的认知存在严重分歧，上述现象亦可归咎于数字货币在不同法律关系中彰显的法律属性"可变性"：在支付环节中，数字货币体现出具有"一般等价物"的货币属性；在数字货币投资状态下，其又体现出"商品（资产）"属性。我国对于数字货币的监管同样适用多元监管模式，如2013年12月发布的《关于防范比特币风险的通知》亦是由央行、工信部、银监会、证监会、保监会等机构联合发布的，然而与美国多元监管有所区别的是，各个机构并未形成对数字货币的法律属性"个性化"认知，多元监管模式更多是基于对数字货币模糊认知的不确定性而形成的。总之，随着数字货币应用实践的进一步深入，对其法律属性的认知也将趋于更加成熟、稳定和统一，多元监管模式也将回归到一元监管模式。

2.数字货币的法律属性导致监管客体差异和区别对待的监管规则

数字货币商品与货币的属性的二元选择，还决定了其在法

1 "SEC Announces Enforcement Initiatives to Combat Cyber-Based Threats and Protect Retail Investors"，载"美国证监会"（SEC）https://www.sec.gov/news/press-release/2017-176。

2 "IRS Virtual Currency Guidance：Virtual Currency Is Treated as Property for U.S.Federal Tax Purposes；General Rules for Property Transactions Apply"，载"美国税务局"（IRS）https://www.irs.gov/newsroom/irs-virtual-currency-guidance。

律上被划归为不同范畴的法律客体，由此也形成差异性监管规则。这首先体现在数字货币的税收监管领域的差异性方法方面，如果将数字货币法律属性认定为商品，如美国税务局早在2014年3月就将比特币定义为财产，这也意味着美国税务局将对比特币征收与商品有关的交易所得税款。在数字货币商品属性与货币属性演进与变迁，其有关的税收制度也随之调整与变化，如日本2017年4月1日修改《日本支付服务法案》将比特币视为像货币一样的支付工具，据此，在之后2017年7月1日生效的新版《消费税法》中取消了比特币的消费税。[1]同理，澳大利亚于2017年7月开始将比特币视为货币，同时颁布《税务修订法案》，取消了类似于商品的交易税和商品服务税。[2]

由于数字货币法律属性认知所形成的差异性监管规则，有关对税收利益的诉求反过来还会进一步影响对数字货币法律属性的认知。在“Mr David Hedqvis”案件中，瑞典国民Mr David Hedqvist从事比特币虚拟货币交易的服务活动，对于是否需要在出售和购买比特币方面缴纳增值税的问题，其希望瑞典税收法委员会事先作出初步决定，委员会认为比特币是一种类似于法定支付方式的付款方式，应免除增值税。瑞典税务局对此决定向欧洲联盟法院（Court of Justice of the European Union）提出上诉。2015年欧盟法院作出裁决，认为：比特币等虚拟货币交易应受“与法定货币相关交易免除增值税”条款规制，其增值

1 杨望、蒋宁：《比特币成了“数字黄金”（经济透视）》，载《人民日报》2017年5月26日，第21版，载http://paper.people.com.cn/rmrb/html/2017-05/26/nw.D110000renmrb_20170526_8-21.htm。

2 “GST - removing the double taxation of digital currency”，载“澳大利亚税务局”（ATO）网：https://www.ato.gov.au/General/New-legislation/In-detail/Indirect-taxes/GST/GST-removing-the-double-taxation-of-digital-currency/。

税亦应免除。[1]

不仅在税收监管方面，在防止利用数字货币洗钱犯罪等金融安全的监管领域，基于数字货币法律属性差异而形成的差异监管更为明显。数字货币的商品与货币法律属性的二元博弈自然演绎了商品投资监管与货币支付监管的二元分支。如果将数字货币的法律属性界定为商品（资产），也就导致立法会以投资监管作为主导方向，如俄罗斯《数字金融资产法》将数字货币严格区别于法币（卢布），该部法律将以数字货币的发行、投资、交易作为监管方向，甚至还专门规定了合格投资人的条件。立法在完善投资监管的同时，还将严格禁止数字货币作为支付使用。如印度尼西亚央行于2017年禁止比特币作为支付工具，[2]印度尼西亚提供比特币支付服务的平台Toko Bitcoin及Bitbayer相继被迫停止工作。相较而言，如将数字货币界定为货币属性时，其数字货币在支付领域的监管也将成为立法之重点，尤其是反洗钱等金融监管方面的责任也将更加严苛。如日本在承认数字货币具有货币一定的支付地位，同时也加强了对数字货币金融安全的监管力度，已把数字货币交易平台列为《犯罪收益转移防止法》中的特定事业者，[3]使其承担反洗钱、反恐怖融资的相关义务。

1 "The exchange of traditional currencies for units of the 'bitcoin' virtual currency is exempt from VAT"，载https://curia.europa.eu/jcms/upload/docs/application/pdf/2015-10/cp150128en.pdf。

2 《印尼2018年1月宣布禁止比特币支付》，载《人民日报》2018年1月26日，第22版，载http://paper.people.com.cn/rmrb/html/2018-01/26/nw.D110000renmrb_20180126_8-22.htm。

3 日本《犯罪收益转移防止法》是专门关于防止转移犯罪收益的法律，主要目的即是反洗钱和反恐怖融资，该法将金融机构和一些其他行业的经营者列为"特定事业者"，对其课以多项反洗钱和反恐怖融资义务。

(二)“去中心化”:区别于现有“商品”“货币”的逆向监管路径

对数字货币的商品与货币的二元博弈,有助于剥离出监管的主客体及差异性。据此,主体在完成对客体监管路径的设计方面也就存在两种方案:第一,基于既有的财产或者货币的监管体系完成对数字货币的监管;第二,基于数字货币去中心化的属性重设监管路径。

事实上,既有的财产或者货币的监管体系所彰显的是典型的中心化模式的监管路径,总体上表现为国家授权中心机构直接对用户进行监管,大致路径为“国家 ⟹ 中心(监管机构)⟹ 用户”;这与数字货币“去中心化”的法律属性又完全相悖,具体表现在:第一,数字货币语境下缺少“中心化”的监管角色。数字货币作为一种“去中心化”的分布式数据存储,在整个运作体系中缺少所谓的中心管理者角色。在数字货币的运作体系中,虽设有发行人,但发行人与中心管理者又有本质区别。以比特币为例,它的发行人迄今都还是未解之谜,然而却完全不会影响比特币的正常运行。其原因在于,在区块链的技术架构体系中,所有功能系基于用户与用户之间的通信完成,完全不需要经由中心机构的审核、确认。从这一意义上讲,数字货币发行者仅仅只是制定了数字货币最初始的运行规则,一旦当发行者将代码部署到区块链网络中,就连发行者本人也无法对用户的行为施加影响或完善监管。第二,数字货币语境下缺少“中心化”的监管工具。根据数字货币的代码运行机制,使它缺少中心服务器那样的监管工具。在数字货币的运行体系中,代码和数据系分布式存储在互联网的众多结点上的,这与传统的财产(金融)数据存储在管理者控制下的中央服务器的情况有本质区别,这样也就不存在哪一个结点有绝对话语权,可以完成像中央服务器那样对数据和账本的“增加、删除、修改”等监管操作，因此，中心服务器的监管模式不适用于对数字货币的监管。

为此，各国大多选择在“中心化”的监管体系之外创新监管规则，典型的立法模式有：第一，设立金融沙盒监管模式，[1]为数字货币发行、流通、监管开设专门实验区。在该实验区内，适当放松参与实验的创新产品和服务约束，营造创新环境。[2]英国金融监管局又于2017年4月表示区块链金融可适用于“金融沙盒”，[3]加拿大证券监督机构也于2017年8月27日发表声明，欢迎ICO企业进入“监管沙盒”。[4]第二，专门针对数字货币监管制定新法规，如俄罗斯于2018年5月出台的《数字金融资产法》就专门针对数字货币监管制定若干规范；[5]美国纽约州于2015年就发布了《数字货币监管法案》，[6]加利福尼亚州于2017年7月通过的《虚拟货币商业统一监管法案》，[7]相关法案大多基于“去中心

1 “沙盒”一词最初源自软件开发行业，原意是指在隔离环境下测试软件的功能。英国政府最早于2015年3月提出“金融科技领域的沙盒计划”（Fintech Supervisory Sandbox）。

2 “Financial technology（FinTech）review”，载英国政府网https：//www.gov.uk/government/collections/financial-technology-fintech-review，最后访问时间：2018年5月1日。

3 “HM Treasury regulatory innovation plan”，载https：//assets.publishing.service.gov.uk/government/uploads/system/uploads/attachment_data/file/606953/HM_Treasury_Regulatory_Innovation_Plan.pdf。

4 “Canadian securities regulators outline securities law requirements that may apply to cryptocurrency offerings”，载https：//www.securities-administrators.ca/aboutcsa.aspx? id=1606&terms=sandbox%20ICO。

5 Р ОССИЙСКАЯФЕДЕРАЦИЯФЕДЕРАЛЬНЫЙ ЗАКОН “Оцифровых финансовыхактивах”（俄罗斯《数字金融资产法》），载俄罗斯财政部网http：//www.minfin.ru/，最后访问时间：2018年4月20日。

6 “23 NYCRR Part 200 Virtual currencies”，载https：//www.dfs.ny.gov/legal/regulations/adoptions/dfsp200t.pdf。

7 “UNIFORM REGULATION OF VIRTUAL CURRENCY BUSINESSES ACT”，载http：//www.uniformlaws.org/shared/docs/regulation%20of%20virtual%20currencies/2017AM_URVCBA_AsApproved.pdf。

化"的逻辑来构建数字货币的监管体系。

进一步指出，数字货币从伊始就远离国家设立的中心机构，然而，在这一过程中还形成了"去中心化"的演进路径：基于市场竞争形成数字货币交易所，之所以强调数字货币交易所依然是"去中心化"的，源于它并非系由国家指令形成的，而是基于市场竞争自发形成的，因此它并不强制用户只能在这里交易，而是赋予了用户更多的选择自由。在"去中心化"的背景下，数字货币交易所承载着居间买卖双方的交易功能，对数字货币交易所实施有效管理，也就意味着数字货币被纳入了监管体系，由此，数字货币也形成了区别于传统"国家⟶中心（监管机构）⟶用户"监管路径的逆向监管路径，即"用户⟶交易平台⟶牌照管理"。遵循这样的监管思路，2017年7月，美国《虚拟货币商业统一监管法案》第2章第201条对许可制度（Licence）进行了专门规定，对于从事数字货币经营业务的申请人条件及最低净资产等作出详细规定。[1]2017年日本《支付服务法案》要求比特币交易所必须获得财政部和日本金融服务局（FSA）的授权，否则不能作为数字货币交易所运行。[2]2018年5月俄罗斯在其《数字金融资产法案》也规定了牌照管理制度，该法明确"数字金融资产交易所"负责数字货币的发行与管理，

1 《虚拟货币商业统一监管法案》第2章第201条对许可制度（License）进行了专门规定。许可申请人需要向注册部门提交申请人及行政执行官的基本信息、前五年的商业信息、申请人持有其他州货币服务许可证情况、业务获得资金存入银行名称地址、资金来源及最低净资产和储备金（第209条规定，最低净资产为25，000美元及保障业务运营的充足储备金）等监管者需要的信息。Uniform Law Commission：Regulation of Virtual-Currency Businesses Act，载http：//www.uniformlaws.org/Act.aspx?title=Regulation%20of%20Virtual-Currency%20Businesses%20Act，最后访问时间：2018年5月1日。

2 V.Gerard Comizio.Virtual Currency：growing regulatory framework and challenges in the emerging Fintech ecosys-tem.North Carolina Banking Institute 21.（2017），131.

其中还涉及发行人管理、信息披露、合格投资人条件等规定。[1]

还需指出，在逆向监管逻辑下，“数字货币交易所”的概念与“中心化”模式下交易所概念（如银行、证券交易所）在本质上存在区别。在“中心化”模式下，用户只能在交易所完成交易，用户与交易所之间形成完全的依赖关系。在这种情况下，交易所也将存储用户及其交易记录的完整数据库，并切实推动了监管模式由“了解客户”向“了解数据”转变，[2]最终形成以“数据”为核心的监管模式。然而，在“去中心化”的监管模式下，“数字货币交易所”仅仅只是市场竞争所形成的数字货币的交易市场，用户可以选择在“数字货币交易所”交易，也可以选择自己寻找买家或卖家完成交易，从这一意义上讲，用户对于“数字货币交易所”的依赖是有限的而非完全的，这也势必形成以“客户行为”作为监管重点的逆向监管格局。如美国《虚拟货币商业统一监管法案》将开展数字货币业务的用户区分执照用户与注册用户分立规定，再如俄罗斯《数字金融资产法》要求数字货币交易所区分“合格投资者”与“非合格投资者”的概念。[3]

---

1 РОССИЙСКАЯФЕДЕРАЦИЯФЕДЕРАЛЬНЫЙЗАКОН “О цифровых финансовыхактивах”（俄罗斯《数字金融资产法》），载俄罗斯财政部网https://www.minfin.ru/，最后访问时间：2018年4月20日。

2 杨东：《监管科技：金融科技的监管挑战与维度建构》，载《中国社会科学》2018年5月25日。

3 根据俄罗斯《数字金融资产法》，作为合格投资者投资数字货币没有额度限制的；但如果是非合格投资者，购买每一个类别代币不得超过5万卢布。当然，5万卢布只限制购买一类代币，投资者可以购买多个类别代币。该法对于购买类别数量并没有限制。俄罗斯《数字金融资产法》（РОССИЙСКАЯФЕДЕРАЦИЯФЕДЕРАЛЬНЫЙЗАКОН “О цифровыхфинансовыхактивах”），载俄罗斯财政部网http://www.minfin.ru/，最后访问时间：2018年4月20日。

五、结语

数字货币作为民法一种“特殊”的财产而存在，它虽然具有“虚拟”和“电子化”的特点，然而基于它“去中心化”的本质属性，使它严格区分于民法中的“虚拟财产”概念。与此同时，数字货币作为交易媒介以及分布式存储的记账功能，与法定货币相比较，它的信用基础并非来自国家信用，而是基于“去中心化”的不可篡改的区块链技术所建立的社会信用。在这一过程中也出现了货币国家主权主义与非主权主义的对抗，从世界各国关于数字货币立法来看，数字货币的非国家主权主义也呈现出渐进强势的趋势。“智能合约”作为区块链语境下的新兴概念，它对于数字货币法律属性的演进同样发挥重要影响：“智能合约”的渐进普及也将极大推动数字货币从商品属性向货币属性方向的演变。

各国都在努力完善数字货币立法。我国金融管理部门也高度关注数字货币立法与应用，并致力于打造完整、科学的数字货币立法体系，在这一过程中，数字货币的法律属性也将成为整个立法体系的逻辑基础。然而，本文的研究也仅仅是一个开始。那么，要做好数字货币法律属性的研究和立法，有必要更加科学地处理好以下三个方面的关系：

第一，商品属性与货币属性的关系。数字货币的“商品”与“货币”的二元博弈完全系基于两个不同的视角，“商品”视角则是从客体（物）的视角来审视数字货币；“货币”视角则允许它构建一种新型的“社会关系”，[1]即在商家与商家之间、用户与用户之间、公民与国家之间构建新型债权债务法律关系。毫无疑问，它对既有的以法币为核心债权债务关系也将形成巨大冲击。在立法中又应当如何给数字货币定性，系商品（资产），

1　马克思从生产关系着手探讨货币的本质，他指出，“货币不是东西，而是一种社会关系”。马克思：《马克思恩格斯全集》（第4卷），人民出版社1958年版，第119页。

还是货币，或者区分场景作出定性，再者是历经从商品到货币的演变，都还取决于一国既有的金融政策、国情、监管水平等要素，真正的要义并不在于“一刀切”式的立法或执法，而恰恰在于厘清数字货币在法律属性方面与民法中现有财产及货币概念的本质区别。

第二，“中心化”与“去中心化”的关系。数字货币的诞生、发展彰显了社会的“去中心化”思潮与长期固有的“中心化”思潮的对抗。数字货币“去中心化”的原理可以弥补“中心化”的诸多不足，诸如信用缺失、中心维护成本过高、超发货币导致的通货膨胀等。然而，绝不能因为“中心化”的缺点而完全否定“中心化”，与此同时，区块链和数字货币所表现出的资源浪费、同步区块所造成的效率低下等恰恰又能反映出“中心化”的优势。因此，在数字货币的立法中，理应处理好“中心化”与“去中心化”的关系，使两者相互补充、相得益彰。

第三，“国家”与“私人”的关系。在数字货币法律属性的立法过程中，货币国家主权主义与国家非主权主义的对抗也由此形成，法定数字货币的概念亦是两种理论对抗的折中效果。但有必要厘清国家发行数字货币与既有法币之间的区别，使之能够弥补法币的不足，真正发挥出数字货币应有的优势。国家发行数字货币与私人发行数字货币二者不是非此即彼的对抗关系，事实上，先期兴起的比特币、以太币、莱特币等私人发行的数字货币，为研究国家发行数字货币积累了大量宝贵经验；随着国家发行数字货币实践的逐步深入，也有必要进一步总结数字货币的国家发行与私人发行之间的良性互动规律。

论数字货币的货币属性

一、问题的提出

（一）数字货币概念的提出

在全球范围内，比特币已经被广泛地应用于支付、结算、汇款等金融领域，全球已有超过75，000家企业接受比特币作为支付方法。[1]迄今为止，包括比特币、以太币、莱特币等在内全球数字货币已多达1500余种，全球总市值高达3891亿美元，[2]已接近全球黄金总储备的1/20。数字货币以惊人的速度在蔓延和发展，与数字货币独特技术架构息息相关，中本聪在2009年论文《比特币——一种P2P的电子现金系统》将比特币界定为以“区块链”作为底层技术支持的电子货币，由此也开启了数字货币独有的技术架构之路，具体包括：

1　赵天书：《比特币法律属性探析——从广义货币法的角度》，载《中国政法大学学报》2017年9月10日。

2　《中国银行：全球银行业展望报告》（2018年第2季度）第28页，载http：//pic.bankofchina.com/bocappd/rareport/201803/P020180328367426822170.pdf。

1.“去中心化”

追溯计算机发展历史，数字货币之前的计算机程序严格奉行“中心化”编程思想。代码与数据被“锁定”在中心服务器上，中心服务器作为网络运行的“神经中枢”，完成全网的调度、分配、组织、协调等功能。以当下主流的BAT为例，网络信息的样态被“中心”牢牢控制，一方面这催生了互联网时代中心的“绝对话语权”，另一方面也将中心推至网络侵权案件的旋涡之中，以至于“避风港规则”的诞生，才让“中心”逃离了无休止的法律诉讼。[1]相较而言，数字货币从伊始就选择了“去中心化”的逆向编程思想。区块链也被定义为“去中心化”的分布式记账，即所有的代码和数据被分布式存储在网链的每一个结点上，如此技术架构从根本上“摧毁”了“中心话语权”。奉行“结点平等”原则的数字货币，又需要在“去中心化”的路径下寻找维系网络运行的动力引擎。在区块链的组织体系中，由矿工结点为网络提供算力引擎。矿工通过算力比拼来竞争区块记账权。为了鼓励矿工为网络输送算力，矿工完成记账的同时还被授予数字货币奖励，基于如此共识机制和奖励机制，数字货币也在“去中心化”路径下找到了自身的动力驱动方法。

2.可编程性

区别于现实世界中的物理属性的资产，数字货币在其底层

1 《信息网络传播权保护条例》第二十二条规定，网络服务提供者为服务对象提供信息存储空间，供服务对象通过信息网络向公众提供作品、表演、录音录像制品，并具备下列条件的，不承担赔偿责任：（一）明确标示该信息存储空间是为服务对象所提供，并公开网络服务提供者的名称、联系人、网络地址；（二）未改变服务对象所提供的作品、表演、录音录像制品；（三）不知道也没有合理的理由应当知道服务对象提供的作品、表演、录音录像制品侵权；（四）未从服务对象提供作品、表演、录音录像制品中直接获得经济利益；（五）在接到权利人的通知书后，根据本条例规定删除权利人认为侵权的作品、表演、录音录像制品。

表现形式上是以一串计算机编码形式存在的，这使它在本质上具有可编程的属性。随着智能时代的到来，计算机代码正在拓展人们的生存空间，现实世界中人们的意志、观念、表达被广泛地编码到虚拟空间中，并且呈现出从发送邮件的单方面的意愿表达到社交平台的多方共识，再到具有法律约束力的“智能合约”的发展脉络。合约的代码化则将人们在物理世界中的权利义务扩展到虚拟空间，并基于自动执行赋予其法律强制约束力。根据尼克·萨博的描述，“一个‘智能合约’(Smart Contract)是一套以数字形式定义的承诺(promise)，包括合约参与方可以在上面执行这些承诺的协议”。[1]由此，数字货币与“智能合约”具有共同的可编程属性，这让它们被天然勾连在一起。事实上，人们对于数字货币的可编程属性还给予了无限期待，人们甚至幻想，在未来社会中，数字货币可以作为一切权利、义务的对价被编写到计算机代码当中，一旦合约的条件成就，各方的权利、义务便可以按照计算机代码规则完成自动执行。在这里，数字货币的可编程性也承载了重构人类社会自身信用的理想。

3.依赖密码学算法

在数字货币的语境下，用户的身份是“匿名”的，用户对于数字货币的支配，是基于密码学原理的“公钥”和“私钥”完成的。“公钥”表示数字货币存储的地址，而“私钥”则意味着用户对于存储在该地址的数字货币享有支配权。用户基于“公钥”和“私钥”完成对数字货币的使用和支配。“公钥”与“私钥”类似于中心服务器下的“用户名”和“密码”，但二者之间又有本质区别。在中心服务器下，“用户名”和“密

1 See Smart Contracts：Building Blocks for Digital Markets，载http：//www.fon.hum.uva.nl/rob/Courses/InformationInSpeech/CDROM/Literature/LOTwinterschool2006/szabo.best.vwh.net/smart_contracts_2.html。

码”虽发挥对用户身份验证的作用，但并非系对用户身份和网络权利的“终极”验证方法，即使在用户名或密码丢失的情况下，用户还可以基于身份证明之验证方法，诸如手机验证、人脸识别等方法找回或重设用户名和密码，恢复对网络权利的支配。因此，在“中心化”语境下，用户身份优于密码保护。然而，在“去中心化”的语境下，缺少了中心服务器身份验证机制，密码学原理升级为用户权利的唯一和终极的验证机制。通过“公钥”与“私钥”密码来支配数字货币，自然也成为用户支配数字货币的唯一合法基础和公示公信方法，一旦丧失了“公钥”或“私钥”，也就意味着失去了对数字货币的支配权。

（二）厘清数字货币法律属性的必要性

1.厘清法律属性系确定数字货币产权性质的需要

随着数字货币广泛参与商品交易中，投资数字货币的人数也开始激增。那么，数字货币的法律属性到底是什么，它是合法的还是违法的，世界各国规定差异较大。我国央行等五部门在2013年10月联合发布的《关于防范比特币风险的通知》（以下简称《通知》），仅从预防金融风险的角度作出原则性规范，即比特币不属于法定货币，但允许公众可以作为商品投资，然而，对于数字货币属于何种商品以及为何属于商品等涉及法律属性深层问题未予以任何论证。法律属性不明亦即意味着数字货币是否受法律保护，以及受到何种法律保护等问题均处于模糊状态，投资人难免心生彷徨和恐怖。由于法律属性不明，法院在数字货币产权保护的案件中作出的判决亦存在很大差异，如江苏省南京市江宁区人民法院曾于2017年在其判决中将比特币视为“非法”的“虚拟商品”，并认定当事人投资和交易蒂克币的行为不受法律保护，最终驳回当事人诉请保护数字货币投资的诉求；[1]2017年，北京市海淀区人民法院在类似的判决中则确认投资比特币的协议有效，遗憾的是，该判决并未深入论述比特币的法律属性，而是以当事人未能举证证明比特币交易违法为由作出认定。[2]总之，司法实践对于数字货币法律属性的模糊认知更进一步让其所有者无所适从，厘清法律属性对于建构数字货币的产权性质具有十分重要的意义。

2.厘清法律属性系完善数字货币救济制度的需要

数字货币已经广泛地用于各类协议支付，一旦协议被无效或者被撤销就会出现支付利益返还之后果。数字货币的法律属性还将直接决定返还价值的大小。在2016年美国加利福尼亚北部法院审理的“HashFast”案件中，比特币法律属性系商品还是货币就是双方争议的核心，因为这将影响比特币返还价值的计算方法。案情大致如下：2013年9月Lowe基于商业关系收到HashFast3000枚比特币；然而2014年5月HashFast的破产管理人（Trustee Mark Kasolas）向法院起诉Lowe，认为双方的交易关系已不存在，要求其返还3000枚比特币。[3]以HashFast案件为例，2013年9月比特币转账当天，3000枚比特币市值约363，861美元；然而，2014年5月起诉当天比特币市值上升为1，344，705美元，市值上升约98万美元。如果把比特币理解为货币，按照货币返还规则，[4]理应以其支付时的货币价值（363，861美元）为

1　2017年10月27日江苏省南京市江宁区人民法院民事判决书（2017）苏0115民初11933号。

2　2017年7月28日北京市海淀区人民法院民事判决书（2017）京0108民初12967号。

3　Morici v.Hashfast Technologies LLC案，载https：//law.justia.com/cases/federal/district-courts/california/candce/5：2014cv00087/273355/98/。

4　在法律意义上，货币系作为商品的计价尺度而存在，在涉及货币返还时，应以基于协议完成货币支付时确定的货币金额为准。

准予以返还；如果把比特币理解为财产，按照商品返还规则，[1]在计算财产价值时理应考虑财产价值的变动情况，即应以诉讼时价值（1，344，705美元）为准予以返还。对此，在HashFast案件中Dennis Montali法官说："如果只是为了使用破产法的欺诈性转移条款，法院不需要裁定比特币是货币还是大宗商品。尽管被告的观点相反，但比特币并不是美国的美元，这已经足够了。"[2]显然，对于数字货币法律属性认知从根本上决定了其财产返还价值计算。当下，对于数字货币法律属性认知的模糊也将导致数字货币救济制度适用上的混乱。

3.法律属性模糊引发数字货币监管危机

数字货币法律属性方面认知模糊还导致数字货币的监管方面，尤其是数字货币应当由谁监管以及如何监管等问题上"举棋不定"：若将其定位于货币，则应由银行机构按照货币体系完善监管制度；若将其定位于商品，则应由其对应的商品监管机构负责监管。基于数字货币法律属性的模糊，竟然还出现了一国之内不同管理机构监管的纷争：2015年9月，美国商品期货交易委员会（CFTC）发布文件，将比特币代表的数字货币认定为大宗商品，与小麦、原油归类相同，将比特币期货期权交易纳入监管，交易行为要遵循大宗商品衍生品市场规则。[3]美国证监会（SEC）将数字货币视为有价证券，并主张将"数字货币发行"（ICO）纳入其监管范畴，并于2017年9月25日发布官方公

1 商品的价格系随市场行情波动的，在涉及商品价格计算时，则需要考虑到市场变化的要素。

2 See PETE MORICI, Plaintiff, v.HASHFAST TECHNOLOGIES LLC, et al., Defendants.UNITED STATES DISTRICT COURT NORTHERN DISTRICT OF CALIFORNIA SAN JOSE DIVISION, Case No.5：14-cv-00087-EJD.

3 "美国商品期贸交易委员会"（CFTC）网https：//www.cftc.gov/sites/default/files/idc/groups/public/@lrenforcementactions/documents/legalpleading/enfcoinfliprorder09172015.pdf。

告，将成立"Cyber Unit"新机构对"数字货币发行"（ICO）等行为重点监管。[1]我国对于数字货币的监管同样适用多元监管模式，如2013年12月发布的《关于防范比特币风险的通知》亦是由央行、工信部、银监会、证监会、保监会等机构联合发布的，然而，各部门均未对其法律属性做明确表态，也未针对数字货币制定监管的专门规范，甚至无法预测其最终的监管主体及监管路径，其直接结果便是出现"监管真空"，近两年数字货币的野蛮生长，甚至出现了大量以数字货币为名的非法集资和诈骗案件。[2]

总之，数字货币的法律属性到底是什么？是商品、货币、证券或者是其他？该问题既关系数字货币法律体系建构的根基，又涉及金融安全监管方面，故亟须澄清和解释。

二、数字货币法律属性既有学说及理论困局

关于数字货币法律属性学说总体分为两类：一类是"货币说"，另一类是"非货币说"，前者主张数字货币亦即属于货币；后者则完全否认数字货币为货币，"非货币说"在其发展演进过程中又有"商品说""证券说""数据说"等几种学说为代表。

（一）"商品说"及理论困局

"商品说"主张将数字货币定义为一种商品，如我国2013年12月发布的《关于防范比特币风险的通知》将数字货币界定为商品。《俄罗斯数字货币资产法》也将数字货币定义为一种资产，同时明确其与法币（卢布）相区分。需要承认，随

1 "SEC Announces Enforcement Initiatives to Combat Cyber-Based Threats and Protect Retail Investors"，载"美国证监会"（SEC）https://www.sec.gov/news/press-release/2017-176。

2 2018年8月24日，银保监会、网信办、公安部、人民银行、市场监管总局联合下发《关于防范以"虚拟货币""区块链"名义进行非法集资的风险提示》。

着科技发展，民法中的“物”（商品）呈现从有体物到无体物扩张的趋势，无体物“包括了有体物之外的具有经济功用的所有财产资源，不仅指向为法律明确承认的知识产权、债权等权利，还包括处于法律边缘的新型财产资源，不仅指向现实世界中的光、电等无形体能源、自然力，还包括虚拟世界中的虚拟财产”。[1]尽管物的外延在渐进扩张，然而作为法律财产的本质却始终被定格于它的“经济价值”。民法学者甚至用“使用价值+稀缺性=价值”的公式来诠释物权客体的本质[2]，其中，“使用价值”又成为位列于“稀缺性”之前的首要条件，无“使用价值”之物因无法形成法律纠纷，故而完全无法律保护之必要。[3]

数字货币是由计算机代码所形成的虚拟数据，尽管区块链的架构完成了对数字货币“稀缺性”的设计，以比特币为例，它总量为2100万枚，并且单个区块的发行量还呈现逐年递减趋势，[4]然而，“稀缺性”却无法替代物的使用价值。用户在基于“公钥”与“私钥”完成对数字货币支配的过程中，除了完成数字货币的余额查询与转账支付之外，便别无其他了。主体既不能直接获得使用之功效，亦不能通过数字货币完成情感之寄托，故而数字货币从根本上讲缺乏使用价值之要素，这也使数字货币难以与其他扩张之无体物并列作为物权之客体。考察无体物扩张之路，使用价值总是如影随形，并且基于无体物

1 常鹏翱：《民法中的物》，载《法学研究》2008年第2期。

2 孙玉荣主编：《民法学》，北京工业大学出版社2014年版，第210页。

3 孙玉荣、刘智慧：《物权法》，北京工业大学出版社2008年版，第40页。

4 数字货币的稀缺性系基于其去中心化的算法实现的，以比特币为例，其总量系2100万枚，最初每一个区块会发行50枚比特币，每21万枚区块之后，比特币的发行数量会减半。截至2017年已经减半2次，当前比特币每一个区块发行的12.5枚比特币。那么，到2045年会有99.95%的比特币将会发行完毕。贾丽平：《比特币的理论、实践与影响》，载《国际金融研究》2013年第12期。

的形态各异，使用价值还被抽象为具体标准，诸如在文学艺术创作领域，用"独创性"来衡量作品之"使用价值"[1]；在发明创造领域又用"创造性""适用性"等概念来衡量发明之"使用价值"，[2]达不到上述法定标准的"智力成果"无法成为法律保护之财产。事实上，无体物扩展之路恰恰需要归功于科技发展重新诠释了万物的使用价值。在相关的QQ币或游戏币等虚拟财产盗窃案中，法律保护虚拟财产的终极理由依然在于虚拟财产的"使用价值"。[3]总之，缺乏了使用价值的数字货币在既有物权（商品）体系中难有容身之地。

物权之权利架构更是以物的"使用价值"作为逻辑脉络展开。按照萨维尼的观点，"物权"以"占有或对物的事实支配为其材料"。[4]《德国民法典立法理由书》更是将"物权性"理解为"人对物的直接力量"，即对物的支配构成物权的标志。[5]主体对于客体的支配也构成了物权区别于其他权利的特有属性。[6]通过对物的支配，主体实现了自身的目的，客体完成了对主体需要的满足，在这一过程中，以物的"使用价值"为基础完成所有权之占有、使用、收益、处分四项权能的架构设计。通过对物的"使用价值"逻辑加工，所有权之外还产生其他物权制度，其中

1　刘瑾、孙晓立：《民间文学艺术的知识产权保护》，知识产权出版社2017年版，第73页。

2　杨直主编：《知识经济结构体系探讨》，湖北科学技术出版社2001年版，第47页。

3　诸如在2007年3月国内首例虚拟财产被重判的案例中，被告人胥某和陈某非法盗取QQ游戏币获利70余万元，被浙江省丽水市人民法院以盗窃罪判处11年和10年，其判决基础在于QQ游戏币具有"经济价值"。浙江省高级人民法院刑事判决书（2007）浙刑三终字第73号。

4　金可可：《债权物权区分说的构成要素》，载《法学研究》2005年第1期。

5　《德国民法典立法理由书》（第3卷·物权），1988年版，第2页。转引自田士永：《物权行为理论研究》，中国政法大学出版社2002年版，第332页。

6　根据我国《物权法》第二条的规定，本法所称的物权，是指权利人依法对特定的物享有直接支配和排他的权利，包括所有权、用益物权和担保物权。

的用益物权实现了物的使用价值与所有者的剥离，担保物权又完成了物的使用价值与其经济价值的区分，总之，在物权体系架构中，物的"使用价值"始终处于权利架构的核心地位。数字货币"商品说"的困境就在于数字货币缺乏"使用价值"，一旦离开了物的"使用价值"，也就无法理解物权的支配效力，更无法理解整个物权的体系架构。

（二）"证券说"及理论困局

"证券说"主张数字货币的法律属性为"有价证券"。有价证券被认为"设定并证明持券人有取得一定财产权利并且能够流通的一种书面凭证"，[1]如股票、债券、接单、票据等。与"商品说"相比，"证券说"并不要求数字货币本身具有"使用价值"；与"货币说"相比，它的发行主体更为广泛，从而摆脱"货币国家主权理论"的桎梏。为此，作为解释数字货币法律属性的一种学说，"证券说"为美国证监会（SEC）[2]和瑞士金融管理者推崇。[3]

根据传统的证券法理论，"证券上存在两层权利：一是'证券所有权'，即证券持有人对证券本身（那张纸）的所有权，这是证券作为证券所有权客体层面所反映的权利；二是'证券权

---

1 马俊驹、余延满：《民法原论》（第4版），法律出版社2010年版，第42页。

2 "SEC Announces Enforcement Initiatives to Combat Cyber-Based Threats and Protect Retail Investors"，载"美国证监会"（SEC）https：//www.sec.gov/news/press-release/2017-176。

3 "ICO Guidelines：for enquiries regarding the regulatory framework for initial coin offerings（ICOs）"（《ICO 指导方针》）（Published 16 February 2018）："Asset tokens represent assets such as a debt or equity claim on the issuer. Asset tokens promise，for example，a share in future company earnings or future capital flows.In terms of their economic function，therefore，these tokens are analogous to equities，bonds or derivatives.Tokens which enable physical assets to be traded on the blockchain also fall into this category"，载瑞士金融市场监督管理局（FINMA）网https：//www.finma.ch/en/documents/（Feb16 2018），最后访问时间：2018年8月26日。

利’，即证券持有人依据证券可以向发行人行使的权利，这是证券作为股权、债权等证券权利载体层所表彰的权利。”[1]从证券的演进发展及两层权利的逻辑关系来看，这里的“证券权利”系“证券所有权”的价值基础，并且也是证券最本源的权利，确切说，是在“证券权利”产生之后，人们又将其用于转让、质押等商业事务，进而又衍生出“证券所有权”。随着科技发展，电子证券渐进取代传统的纸质证券，然而“证券二层权利”的本质并未改变，只不过权利行使的方式从传统对纸质证券的“占有”和“交付”，转变为以“用户名+密码”形式对证券账户的控制。[2]

数字货币“证券说”是将数字货币类比为“电子证券”。数字货币系通过密码学原理之“公钥”与“私钥”完成对账户的“匿名”控制，有学者将其类比为电子证券的所有权。[3]然而，“证券所有权”的价值从根本上来源于“证券权利”，即证券持有人可以向发行人行使之权利。关于“证券权利”之具体法律属性，传统证券法理论又有“物权论”“债权论”“综合权利论”之区分[4]，按此理论区分，证券亦可分为：第一，“物权证券”，强调证券所有人对发行人之物享有所有权，如“提单之交付即发生货物所有权转让之效力”[5]；第二，“债权证券”，强调证券所有人对发行人享有请求权[6]，如债券所有人对于发行者享有请求

1　张宇润等：《中国证券法原理 · 制度 · 机制》，中国经济出版社2002年版，第16页。

2　夏思宇：《无纸化背景下对证券所有权的重新思考》，载《上海政法学院学报》（法治论丛）2017年第1期。

3　张继东编著：《电子商务法》，机械工业出版社2011年版，第204页。

4　郭锋主编：《全球金融危机下的中国证券市场法治》，知识产权出版社2009年版，第190页。

5　[日]我妻荣：《新版新法律学辞典》，董璠舆译，中国政法大学出版社1991年版，第833页。

6　曹锦俊、刘耀强：《澳门商法》，社会科学文献出版社2015年版，第189页。

还本付息之权利；第三，“综合权利证券”，它一般是指股票所有人享有对发行者请求分配股权收益、参与重大决策等系列权利。[1]在上述所有关于证券权利之理论中，“发行人”均作为证券之重要义务人，尤其在“债权证券”与“综合权利证券”中，“发行人”还作为债之相对人身份出现在证券法律关系中；然而，在数字货币“去中心化”语境下并无发行人作为法律义务人之角色，如直至今天人们尚不知比特币发行人是谁，更不存在与发行人或者任何第三人之间债之相对关系，这使数字货币之“证券说”在适用“债权说”“综合权利说”等学说时存在根本的理论障碍。即使套用证券权利之“物权说”亦难以在数字货币语境下找到作为证券权利对象的“特定之物”，加之数字货币缺乏物之“使用价值”特征，还将面临数字货币“商品说”之同样的理论困局。

数字货币之“证券说”产生的原因还在于对代币发行中“投资合同”的曲解。出于吸引投资之需要，在一些新兴的数字货币发行中出现了所谓“投资合同”概念，即发行人向数字货币购买者承诺分配项目收益，数字货币即作为项目收益凭证。“投资合同”的应用俨然已超越数字货币原本“去中心化”的要求，而演变为契约合同关系。被视为“证券说”论据的2017年“美国证监会（SEC）关于‘The DAO’项目的报告”，[2]就是基于“投资合同”作出的认定。该报告之所以将“The DAO”项目发行的数字货币认定为有价证券，其根本理由在于发行人在“投

1　郎六琪主编：《电子证券交易基础》，吉林大学出版社2014年版，第5页。

2　“Report of Investigation Pursuant to Section 21(a) of the Securities Exchange Act of 1934: The DAO”，载“美国证监会”（SEC）https://www.sec.gov/litigation/investreport/34-81207.pdf，最后访问时间：2018年8月26日。

资合同”中承诺依据数字货币的凭证向购买者分配项目收益。[1] 但是，该份报告仅是对基于“投资合同”发行数字货币的个案认定，并非系对数字货币法律属性的诠释，诚如在该报告中论述数字货币与证券的关系时，美国证监会采用极为谨慎的词汇“可能”。[2] 事实上，数字货币并无“投资合同”之当然要求，位居全球数字货币排名首位的比特币、以太币等数字货币均基于完全“去中心化”规则完成发行，基于投资合同产生的所谓数字货币因为有了特定的发行人并不符合“去中心化”的特点，本身已经脱离了一般意义上数字货币的范畴。

（三）“数据说”及理论困局

“数据说”反对将数字货币认定为“电子数据”以外的财产予以保护，认为数字货币本质上是一种数据。在2017年“罗某窃取比特币”的案件中，法院并未遵循“比特币系一般财产”的逻辑按照“盗窃罪”定罪处罚，而是把比特币看成一种电子数据，最终认定被告人犯“非法获取计算机信息系统数据罪”。[3]

这里的“电子数据”（electronic data）限于在计算机及网络上流通的在二进制的基础上以0和1的组合而表现出来的比特形式。[4]用户需要通过一定的技术载体和媒体才能感知和使用电子数据的内容。随着人工智能和大数据时代的到来，电子数据

1 “Report of Investigation Pursuant to Section 21(a) of the Securities Exchange Act of 1934: The DAO”，载“美国证监会”（SEC）https://www.sec.gov/litigation/investreport/34-81207.pdf，最后访问时间：2018年8月26日。

2 “Report of Investigation Pursuant to Section 21(a) of the Securities Exchange Act of 1934: The DAO”，载“美国证监会”（SEC）https://www.sec.gov/litigation/investreport/34-81207.pdf，最后访问时间：2018年8月26日。

3 罗全非法获取计算机系统数据一审刑事判决书：河北省邯郸市峰峰矿区人民法院（2017）冀0406刑初18号。

4 ［英］维克托·迈尔舍恩伯格、［英］肯尼思·库克耶：《大数据时代：生活、工作与思维的大变革》，盛杨燕、周涛译，浙江人民出版社2013年版，第104页。

所彰显的使用价值日趋凸显，数据立法整体上也呈现出多维保护的格局，具体包括：第一，未予公开且赋有经济价值的数据可以纳入“商业秘密的范畴”，进而受到《商业秘密法》或者《反不正当竞争法》的保护[1]；第二，数据汇总后，在数据库编排方体现“独创性”的数据库会被纳入“智力成果”的范畴，受到《版权法》的保护；[2]第三，数据库的编排尽管没有达到“独创性”要求，但数据库制作者能证明有“实质性投入”的，还可能会受到“特殊权利”的保护，被视为给予数据库严格保护的欧盟《数据库法律保护指令》详细列明了“特殊权利”的内容；[3]第四，数据与公民个人信息有关时，它还被纳入“公民个人信息”范畴，受到相关《公民个人信息法》的保护，刚刚出台的欧盟《通用数据保护条例》便对于公民个人信息给予史上最严的保护。显然，在数据多维保护的立法格局下，数据的法律属性并非一个十分确定的概念，但既有法律中的数据，如“商业秘密数据”“数据库存（作品）”“受特殊权利保护的数据库”“公民个人信息”等

1 《反不正当竞争法》第九条规定，经营者不得实施下列侵犯商业秘密的行为：(一)以盗窃、贿赂、欺诈、胁迫或者其他不正当手段获取权利人的商业秘密；(二)披露、使用或者允许他人使用以前项手段获取的权利人的商业秘密；(三)违反约定或者违反权利人有关保守商业秘密的要求，披露、使用或者允许他人使用其所掌握的商业秘密。第三人明知或者应知商业秘密权利人的员工、前员工或者其他单位、个人实施前款所列违法行为，仍获取、披露、使用或者允许他人使用该商业秘密的，视为侵犯商业秘密。本法所称的商业秘密，是指不为公众所知悉、具有商业价值并经权利人采取相应保密措施的技术信息和经营信息。

2 《著作权法》第十四条规定，汇编若干作品、作品的片段或者不构成作品的数据或者其他材料，对其内容的选择或者编排体现独创性的作品，为汇编作品，其著作权由汇编人享有，但行使著作权时，不得侵犯原作品的著作权。

3 Directive 96/9/EC, Article 7 Object of protection, “Member States shall provide for a right for the maker of a database which shows that there has been qualitatively and/or quantitatively a substantial investment in either the obtaining, verification or presentation of the contents to prevent extraction and/or re-utilization of the whole or of a substantial part, evaluated qualitatively and/or quantitatively, of the contents of that database.”

均表现出直接的"使用价值",故而被纳入民法之财产范畴。然而,数字货币却不可以为用户直接使用,这和既有法律上"数据"概念表现出本质区别。

此外,"数据说"在实际运用过程中也存在逻辑上的缺陷。2017年"罗某窃取比特币"的案件中,法院最终以"非法获取计算机信息系统数据罪"为被告人定罪量刑,认定被告人罗某违反国家规定,侵入他人计算机信息系统,获取计算机信息系统中的数据,造成被害人经济损失五万元以上。事实上,在论及盗窃比特币的数量与量刑关系时,按照"数据说",一般应当按照使用数据可能带来的利益来确定,但由于比特币本身并无使用价值,按照此逻辑难以确定经济损失,因此此类判决虽然是按照"数据说"来确认违法行为的性质,最终量刑时却是按照数字货币本身的市值加以确定的。同样的道理,当受害者向比特币盗窃者提出民事赔偿的时候,"数据说"财产权益救济方面更无法自圆其说。

(四)"货币说"及理论困局

"货币说"主张数字货币的法律属性为货币,德国和日本系"货币说"的主要践行者。德国于2013年率先立法承认比特币为合法货币,日本也于2017年修改《支付服务法案》将比特币视为像货币一样支付工具。

"货币说"面临的首要困境则为"国家货币主权理论"。根据20世纪以来的"国家货币理论",货币是国家发行的、作为法定清偿和记账手段的信用货币。[1]事实上,国家很早就掌握了货币发行的权力,并且通过立法的方式垄断这一权力。[2]货币主权

1 [英]理查斯·普罗克特:《曼恩论货币法律问题》,郭华春译,法律出版社 2017年版,第 14 页,Heer-mann, Geld und Geldgeschfte, Mohr Siebeck 2003, S.15。

2 [英]弗里德里希·冯·哈耶克:《货币的非国家化》(Denationalisation of Money),姚中秋译,新星出版社2007年版,第27~32页。

也被视为国家当然的权力。1929年，国际常设法院Serbian and Brazilian Loans 一案的判词中指出，国家有权对其货币进行规制，这是普遍认可的法则，该判词还被普遍认为是对“国家货币主权原则”内涵的界定。国家控制货币发行权，其本质系由国家作为货币发行的信用担保，由此也让货币具有了“合法性”的基础。在反对“货币说”的学者看来，数字货币“去中心化”的特征完全背离“国家货币主权”理论的发展路径，由此衍生的监管困难、被用于洗钱、犯罪等更成为“货币说”反对者们的重要理由。

在“货币说”演进的过程中，弗里德里希·冯·哈耶克的“货币非国家化理论”也成为“货币说”的重要理论基础。[1]弗里德里希·冯·哈耶克主张，国家垄断货币发行导致“货币供应量过大和通货膨胀，引发社会动荡”。[2]其对策就是“取消政府发行货币的垄断权，允许私人银行发行竞争性的自由货币。”[3]需要指出，弗里德里希·冯·哈耶克理论中货币发行主体并非系指“任何人”，而特指“发钞银行”(issue banks)，[4]弗里德里希·冯·哈耶克理论的基本逻辑在于，市场竞争将驱使私人银行打造良币以获取发钞利润，[5]包括私人银行还可以通过调整发钞数量等

1 赵铁瑛、王帆编：《现代金融理论与实务》，吉林人民出版社2004年版，第179页。

2 张尚学：《货币银行学》，高等教育出版社2002年版，第216页。

3 弗里德里希·冯·哈耶克更是在其《货币的非国家化》中直言不讳：“那种一直遭到相当正确的指责的市场秩序的主要缺陷，即其容易导致周期性的萧条和失业，其实主要是政府长期以来垄断货币发行所致”。[英]弗里德里希·冯·哈耶克：《货币的非国家化》，姚中秋译，新星出版社2007年版，第17页。弗里德里希·冯·哈耶克支持通过竞争的方式来发行货币，在他看来，“在本质上讲，竞争乃是一种形成意见的过程：通过传播信息，竞争使经济体系达成了统一性和一贯性，而这正是我们在把它视作是一个市场的时候所预设的前提条件”。[英]弗里德里希·冯·哈耶克：《个人主义与经济秩序》，邓正来译，三联书店2003年版，第155～156页。

4 聂智琪：《政府：笼子里的利维坦》，广东教育出版社2012年版，第157页。

5 [英]弗里德里希·冯·哈耶克：《货币的非国家化》(Denationalisation of Money)，姚中秋译，新星出版社2007年版，第55～56页。

方法来保证其所发行的钞票具有足够的购买力。[1]尽管弗里德里希·冯·哈耶克的"私人银行"发行货币的理论为"货币非国家化理论"提供了理论支持，但弗里德里希·冯·哈耶克的理论与数字货币完全"去中心化"的思想之间并非可以完全兼容。

弗里德里希·冯·哈耶克的"货币非国家化理论"大量使用了"发钞银行"的概念，其理论中保留严重的"中心化"，只是由原有的以国家作为单一中心的垄断格局演变为私人银行为主体的"多中心"的竞争格局，"在这样的竞争格局下，仅仅是获取利润动机本身，就能形成一种比政府发行的货币更佳的货币"。[2]然而，为实现货币市场竞争的目的，私人银行作为货币体系中心的法律地位仍然十分凸显：第一，私人银行需要基于其在金融体系的特殊地位构建货币发行的初始信用；[3]第二，私人银行需要在货币发行时作出货币保值的承诺，以增加消费者购买货币的信心；[4]第三，私人银行需要在货币发行后积极通过赎回和调整货币信贷节奏的方法来完成货币保值和增值功能。

而数字货币语境下的发行者包含了"任何人"，发行人完全不具有"私人银行"那样的法律地位，数字货币的运行体系有赖于区块链作为底层技术支持，基于"去中心化"的分布存储规则，包括发行人在内的任何人均无法改变数字货币的发行规则。弗里德里希·冯·哈耶克理论中所有"私人银行"在货

1　[英]弗里德里希·冯·哈耶克：《货币的非国家化》(Denationalisation of Money)，姚中秋译，新星出版社2007年版，第52～54页。

2　[英]弗里德里希·冯·哈耶克：《货币的非国家化》(Denationalisation of Money)，姚中秋译，新星出版社2007年版，第56页。

3　谭中明主编：《货币经济学》(第3版)，中国科学技术大学出版社2016年版，第98页。

4　谭中明主编：《货币经济学》(第3版)，中国科学技术大学出版社2016年版，第100页。

币发行过程中一切积极市场行为（理论前提）在数字货币语境下均无法适用，弗里德里希·冯·哈耶克所论述的银行业“自由竞争”的场景（理论论据）在数字货币语境下显然也不会存在。弗里德里希·冯·哈耶克在其《货币非国家化》著作的最后“结语”部分更是进一步总结了私人银行在“货币非国家化”理念中重要地位，“我们所期望的良币不再来自于政府的仁慈，而是出于‘发钞银行’对于自身利益的关注时，我们才确实进入了幸福时光”。[1]

显然，在弗里德里希·冯·哈耶克“货币非国家化”理论体系中，私人银行的地位和作用系货币市场竞争的逻辑前提和重要论据，这与数字货币在完全“去中心化”的语境建构货币信用的逻辑完全不同。由此，私人银行“自由竞争驱动良币”[2]虽然在解构国家垄断发行货币方面发挥重要意义，却难以为数字货币的信用建构提供理论支撑。

三、数字货币法律属性的重新定位及法理依据

既有的数字货币法律属性的学说均存在一定的理论困境，其中“非货币说”拟在货币之外寻找其法律属性，其所主张的“商品说”“证券说”“数据说”又试图在既有财产法律体系中寻求答案，并试图将其归位于既有财产体系中的“商品”“证券”“数据”概念。然而，“非货币说”的理论困境表明，数字货币与既有法律中“商品”“证券”“数据”概念在本质上存在根本区别，甚至难以用扩大解释的方法将数字货币归入其中。从这一意义上讲，“非货币说”的理论困局与既有的法学理论之间

1 ［英］弗里德里希·冯·哈耶克：《货币的非国家化》（Denationalisation of Money），姚中秋译，新星出版社2007年版，第151页。

2 ［英］弗里德里希·冯·哈耶克：《货币的非国家化》（Denationalisation of Money），姚中秋译，新星出版社2007年版，第152页。

亦存在不可调和的根本矛盾。相较而言,“货币说”试图证明数字货币属于货币范畴,但其在援引弗里德里希·冯·哈耶克“货币非国家化理论”解释数字货币的合法性方面说服力不足,进而导致该学说的理论困局。弗里德里希·冯·哈耶克的《货币非国家化理论》对于驳斥“货币国家化理论”具有重要意义,然而其所生活的年代计算机算力和密码学的发展都远不如今天,在其研究视野中自然也不存在“去中心化”的区块链技术,故而,其《货币非国家化理论》所论及的理论前提和论据本身自然都难以适用于数字货币的应用场景,那么,如何突破传统“货币说”的理论困境,找寻数字货币信用建构的理论基础则成为问题的关键。如此,有必要从货币的本质论起。

(一)货币的本质

传统的政治经济学把货币当作“一般等价物”,由此产生的货币本质的学说也被称为“商品货币说”。众多古典经济学家,从洛克、斯密、萨伊、穆勒到马克思都坚持“货币商品说”,“货币天生不是金银,但金银天生是货币”[1]更是马克思对“商品货币说”的经典表述。然而,在“商品货币说”之外,经济学家们还提出了“货币名目论”,该学说否认货币的商品属性,认为货币只是一个象征,一种票证,是名目上的存在,是记录交易记账工具。英国经济学家巴本(Nicolas Barbon)早在17世纪就提出了“货币名目论”的思想,后来,“货币名目论”又被20世纪著名经济学家凯恩斯所继承。1971年布雷顿森林体系崩溃后,美元以及绝大多数国家的货币都与黄金脱钩,甚至被视为“货币与商品的最后一丝联系也被彻底切断”[2],“货币目录说”逐渐替代“商品货币说”成为货币本质的主流学说。

随着电子支付的广泛普及,纸质货币的使用日渐枯萎,货

1 韦森:《货币的本质再反思》,载《社会科学文摘》2017年第4期。

2 侯高岚编著:《国际金融》,清华大学出版社2017年版,第204页。

币作为记账工具的本质属性也日益强化。其实，货币作为记账符号的历史可以追溯到实物货币阶段，在美索不达米亚这一人类所知最早的城市文明中，“……商人与小贩还展出了他们自己的信用安排。这些多以泥板为物理形式出现，上面刻有未来偿还的义务，这然后又用黏土封装起来，上面盖有贷款人的标志……”[1]在古希腊的荷马时代，人们还曾用“牛”作为货币。德国历史学家伯纳德·劳姆（Bernard Laum）却发现，人们在物品交易的时候，实际上从来不会真的为任何物品交换牛，在这里，与其认为“牛”是一种商品货币，不如说是一种计量单位。即使在金属货币的鼎盛时期，人们依然在广泛使用抽象的符号完成交易。如在欧洲中世纪，真实的金银大多积存在教堂、修道院和寺院了，货币符号被广泛用于记账、计算利息、订立合约、进行抵押等。[2]因此，在大卫·格雷伯看来，“虚拟货币没有任何特殊性”，“事实上，虚拟货币正是货币的原始形式”。[3]的确，所有货币均表现出作为记账符号的共同属性。

事实上，将货币视为一种“记账符号”并没有否认货币在交易中所发挥的媒介作用，而旨在于揭示“交易媒介”背后更深层次的本质属性，诚如熊彼特在其《货币论》所言：“货币的‘本质’并不在于其可发现的任何外在的形式，如一种商品、纸币或其他任何东西，而在于稳定地转移支撑经济交易的信用和债务。”从这一意义上讲，货币的本质与其说是“一般等价物”，不如说是“一般等价物”背后“被普遍认可的记账符号”。凯恩斯在他的《货币论》更进一步论证：“记账货币是表示债务、物价与一般购买力的货币。这种货币是货币理论中的原始概念……记账货币是和债务以及价目单一起诞生的，债务时延期

1 [美]大卫·格雷伯：《债：第一个5000年》，中信出版社2012年版，第27页。

2 韦森：《货币的本质再反思》，载《社会科学文摘》2017年第4期。

3 韦森、翁一：《货币的本质是一种债》，载《中国经济报告》2017年第2期。

支付的契约，价目单则是购销时约定的货价。这种债务和价目单不论是用口传还是烧制的砖块或记载的文件上做成账面目录，都只是以记账货币表示。”在凯恩斯看来，货币本身即为债务或商品的计账符号，并且被视为“可清付债务契约和价目契约的东西，而且是储存一般购买力的形式”。凯恩斯在其著作中强调货币的记账功能，为此他使用“东西”“形式”等概念泛指一切具有记账功能的工具。

学者们经过长期对货币本质探究，最终将货币本质定格于“被普遍认可的记账符号”，这里存在两项必要条件：第一，它作为一种“记账符号”存在；第二，它具有“被普遍认可”的效力。通常情况下，要达到普遍认可之法律效果，还需要国家通过立法和强制力方式予以保障。然而，从逻辑上国家发行仅作为货币具有“普遍认可”的重要手段而并非系货币的本质条件，诚如麦克劳德在其1858年《政治经济学基要》（The Elements of Political Economy）中所言：“非常明显，它（货币）的基本用途就是衡量和记录债，并帮助债从一个人的手中转到另一个人的手中；只要是为了这个目的，不管采取什么手段，也不管他是金、银、纸或其他任何东西，它就是货币。”[1]回顾货币发展历史，人们曾用粮食、贝壳、牛、鳕鱼、铜、白银、黄金等各种商品做过货币，一种货币公信力的产生和消亡并非系由国家单方面的决策，它更主要源于商业实践的客观需求，金银曾在历史上长期作为货币，更主要还在于其基于物理属性而形成的作为记账符号的客观优势所决定的。[2]作为世界最早纸币“交子”，其同样系为解决商业实践中铸币搬运麻烦而最先产生，储户为此将金银存在铺户，由铺户为其填写“存款单”并在商贸中流通，由此获得了普遍认可的效力，最终政府才于北宋年间将其正式认定为

1 韦森：《货币的本质再反思》，载《社会科学文摘》2017年第4期。

2 刘开海、王华民、刘露：《实体经济学》，华夏出版社2016年版，第24页。

"货币"。[1]货币演进的历史亦能表明，其于商业实践需求而产生的货币公信力实际推动了货币形态的演进与变迁，国家垄断发行虽可在一定程度上进一步强化货币的公信力，但并非系货币产生"被普遍认可"效力的唯一来源。

最后，即使在国家垄断发行货币的时代，货币要保持"普遍认可"的效力，并非系国家"一厢情愿"的结果，自始至终都伴随着国家之外民间自发力量的推动。在很多情况下，尽管是国家发行的货币，亦有可能基于种种原因而失去公信力，如津巴布韦和委内瑞拉等国家超发货币所引发的严重通货膨胀，法币最终失去了"被普遍认可"的地位，民众不得不选择其他国家货币作为记账方法。[2]由此可见，货币需要在市场竞争中找寻自己的本质，国家发行亦不能代表货币本质的天然存在。回归货币的本质，其作为"被普遍认可的记账符号"深受文化、科技、习惯等各种要素的影响并永远处于一个动态的演进和迭代中，国家发行并非作为货币的本质而存在。

（二）"去中心化"模式下的货币信用构建

数字货币作为一种"去中心化"的分布式记账方法，其伊始就在作为"记账符号"而存在。以比特币为例，其最小单位被设计为聪，1比特=100，000，000聪，如此技术设计更是极大方便了记账应用。数字货币"去中心化"的技术设计，还进一步实现了用户支付的自动记账，省去了中心服务器的记账成本，提升了记账效率。追寻货币的本质，数字货币还需要在国家发行之外建构"普遍认可"的效力。传统"货币说"试图通

1　肖东发、杨宏伟:《货币历程：历代货币与钱币形式》，现代出版社2015年版，第57页。

2　《津巴布韦 9 种货币流通，美元仍是主流结算货币》，载新华网http：//www.xinhuanet.com/fortune/2016-01/23/c_1117872193.htm，最后访问时间：2018年8月27日。

过弗里德里希·冯·哈耶克的“货币非国家化理论”为其建构货币本质，然而，弗里德里希·冯·哈耶克的理论仍囿于“中心化”的信用论证框架，一方面，他从理性人的理论前提下出发，即国家放弃货币发行垄断权的前提下，发钞银行为追求货币发行利益尽力去打造“良币”；另一方面，“国家”同样作为理性人，假定其自愿放弃货币发行垄断权自然也违反了理性人的角色定位。显然，如果仍在“中心化”的思维中去建构货币竞争，就始终难以摆脱国家垄断的“魔咒”。弗里德里希·冯·哈耶克的《货币非国家化理论》突破了国家发行货币的理论局限，在解构国家垄断发行方面具有重要理论价值，但囿于所在时代技术的限制，信用构建还需要建立在公认的“私人银行”的基础上，在建构国家发行之外的货币体系方面存在重大理论缺憾。与弗里德里希·冯·哈耶克的主张恰好相反，伴随区块链技术产生的数字货币，正是在“私人银行”之外的“去中心化”的路径中完成货币信用建构的，具体包括：

1.“去中心化”的分布式结点实现了不可篡改的信用建构

数字货币奉行的“去中心化的分布式记账”实现了数字货币不可篡改的记账信用。区别于传统货币中心服务器记账方法，数字货币采用分布式记账方法，将账本分布存储在区块链的每一个结点上，这也使账本篡改的难度从修改原有的一台服务器转变为全社会的所有结点，其技术实现的难度从量变转变为无法实现的质变[1]，由此提升了数字货币记账的公信力。

“去中心化”的货币发行方法还建构了货币无法超发的信用。“挖矿”也被视为数字货币的发行方法，也是基于其“去中心化”的设计机制，任何矿工结点均可参与“挖矿”。以比特币

1 李昕旸：《信息时代的金融战略》，企业管理出版社2017年版，第121页。

为例，在每一个区块形成的过程中，它采用工作量证明的机制（Proof of Work，POW）决定记账权分配，工作量系通过计算区块头的哈希散列值来完成，最终证明自己工作量最大的被授予记账权和比特币奖励。比特币总量为2100万枚，并且单个区块的发行量还呈现逐年递减趋势[1]。基于去中心化的技术框架，比特币发行规则无法被篡改，由此也形成了数字货币无法被超发的信用。

2.“去中心化”语境下借助“时间戳”加密属性完成信用建构

作为“去中心化”的数字货币，在缺乏中心机构的信用担保下，如何有效防止数字复制引发的货币多重支付也成为确保货币信用的关键所在。数字货币借助“时间戳”的加密原理实现，区块链会记录每笔货币的“时间戳”并发布给全网的每个结点，只有当包含在区块中的所有交易都是有效且之前从未存在的，各个结点才认同该区块的有效性，从而有效防止了数字货币的双重或多重支付，确保了交易安全。

3.“去中心化”的市场竞争实现货币信用建构

技术数字货币还在“去中心化”的市场竞争中完成“良币”与“劣币”区分，通过竞争完成货币信用建构。数字货币种类繁多，彼此间亦存在竞争关系。技术的成熟度与安全性、货币发行机制、挖矿的共识机制、作为货币的用户体现、社会公众的认可度等多种要素共同决定其作为记账符号的市场竞争力，并将形成“良币”与“劣币”之分。通过市场竞争完成“良币”与“劣币”的区分，还有助于进一步增强其作为货币“普遍认可”效力的建构。

1　数字货币的稀缺性系基于其去中心化的算法实现的，以比特币为例，其总量系2100万枚，最初每一个区块会发行50枚比特币，每21万枚区块之后，比特币的发行数量会减半。截至2017年已经减半两次，当前比特币每一个区块发行的12.5枚比特币。那么，到2045年会有99.95%的比特币将会发行完毕。贾丽平：《比特币的理论、实践与影响》，载《国际金融研究》2013年第12期。

4."去中心化"实现了国家垄断之外的信用建构

传统货币在其迭代演进的过程中，往往初始自发于民间共识，然而其"去中心化"的寿命亦十分短暂，最终都将纳入国家垄断发行的宿命，这从根本上受制于传统技术条件的限制，以金属货币为例，国家对金属资源的垄断从根本上讲也就意味着对货币的垄断；再以纸币为例，其虽不像金属那样过分依赖资源，但其作为记账符号的"防伪"难题，使之有赖于国家认可的权威。

数字货币原本就是虚拟的，这使它从伊始就脱离对特定金属或产品的依赖。与此同时，数字货币"去中心化"的技术建构使之不依赖于任何特有服务器资源，其所有的数据均以分布式存储在全球链网上的每一个结点，即使记账的算力同样系由"去中心化"的矿工结点提供，这样，国家试图通过垄断专有服务器资源来垄断数字货币运行的路径亦无法行通。"去中心化"的特术特征致使在国家发行之外建构货币成为可能。

综上所述，数字货币是在国家垄断体系之外完成货币建构，故国家难以采用强行扼杀之方法，由此，世界各国对于数字货币渐进呈现出更加积极开放的态度，如德国[1]、日本[2]、澳大利

1　2013年德国财政部率先认可比特币与法币具有同等的法律地位。"Germany officially recognises bitcoin as 'private money'"，载https://www.coindesk.com/germany-official-recognises-bitcoin-as-private-money/。

2　2017年日本《支付服务修正法案》正式生效，承认数字货币具有与法币类似的支付功能。The exchange of traditional currencies for units of the "bitcoin" virtual currency is exempt from VAT，载https://curia.europa.eu/jcms/upload/docs/application/pdf/2015-10/cp150128en.pdf。

亚[1]先后立法承认比特币的货币地位。2015年10月22日，欧盟法院也作出裁定，认定比特币应受到与传统货币同等对待。[2]还有一些国家，如以色列[3]、泰国[4]等虽未直接承认数字货币的货币地位，却立法也给予其财产保护地位。俄罗斯更是历经了从否定到肯定的过程，2018年的《数字金融资产》还进一步明确了数字货币作为“数字金融资产”的法律地位。[5]

（三）数字货币与法币同为货币的法理依据

1.“中心化”立法格局的系列危机，引发“去中心化”数字货币诞生

“在相当长的时间内，权力的‘钟摆’更多地偏向了集权结构”，[6]在货币金融领域，各国长期奉行“中心化”的立法格局，监管机构、银行、保险公司、信托公司、结算公司等作为金融体系下的中心角色。在“中心化”的立法模式下，金融政策的制定、货币的发行、利率调控、货币监管、支付审批等都均是由中心机构完成。然而，“中心化”的立法格局在长期运行中

1 2017年7月，澳大利亚立法，将比特币视为合法货币。GST - removing the double taxation of digital currency，载https：//www.ato.gov.au/General/New-legislation/In-detail/Indirect-taxes/GST/GST-removing-the-double-taxation-of-digital-currency/。

2 载中国证券网http：//news.cnstock.com/news，bwkx-201703-4057817.htm。

3 根据以色列税务局2018年报告，比特币虽不算作货币，但应作为财产保护。“Bitcoin is Property - Israel Tax Authority”，载https：//www.bitcoinmarketinsider.com/bitcoin-is-property-israel-tax-authority/。

4 根据泰国2018年3月通过的法案，数字货币被界定为一种数字资产。泰国《数字资产法》（2018年5月13日），载http：//th.mofcom.gov.cn/article/ddfg/qita/201805/20180502746908.shtml。

5 РОССИЙСКАЯФЕДЕРАЦИЯФЕДЕРАЛЬНЫЙЗАКОН “О цифровых финансовыхактивах”（俄罗斯《数字金融资产法》），载俄罗斯财政部网http：//www.minfin.ru/，最后访问时间：2018年4月20日。

6 鹿斌、金太军：《权力结构新解：在社会治理创新中的考量》，载《江汉学刊》2018年6月。

却衍生了系列法律危机：第一，“中心化”引发货币金融安全危机。针对中心化服务器的黑客攻击日益频繁，就连摩根大通和美国政府也未能幸免于难，金融安全面临前所未有的挑战。[1]第二，“中心化”引发金融诚信危机。“中心化”立法格局形成中心机构记账垄断权，从安然公司账目造假到全球市值最大的美国富国银行账户造假[2]，“账目造假事件愈演愈烈，由此也引发公众信用危机。第三，“中心化”立法格局引发货币超发和通货膨胀，像委内瑞拉、津巴布韦等国政府由于超发货币而引发严重通货膨胀，致使公众财富大幅缩水，生活面临严重危机。[3]总之，“中心化”立法格局下的系列危机最终导致全球“去中心化”思潮急剧扩张，“欧元之父”蒙代尔甚至提出了“全球货币”的概念。[4]比特币正是于2008年全球金融危机之后才诞生。

“去中心化”的思潮最终催生了数字货币的诞生，并且它在弥补“中心化”立法格局危机方面的作用日渐显现，这也是数字货币可以在全球迅速扩张的原因所在。以全球跨国汇款为例，借助数字货币完成汇款可以大幅节省汇款手续费和时间，与此前中心化机构高额的经济成本和时间成本形成鲜明对比。[5]同时，当传统法币或者财税制度威胁公众财富时，数字货币也成为公众保护自己财富的重要手段。2013年的塞浦路斯著名的存款税征收法案便是很好的例证，公众通

1 《纽约时报》2014年9月12日。

2 [英]迪米特里斯·N.乔诺法(Dimitris N.Chorafas)：《管理效能评估：电信行业案例研究》(Rating management's effectiveness with case studies in telecommunications eng)，黄如金译，经济管理出版社2007年版，第157页。

3 郑德明：《金融硝烟：现代货币战争中的围城与突围》，台海出版社2016年版，第78页。

4 《新京报》报社：《看不透的中国经济，我们怎么办？》，北京联合出版公司2012年版，第31页。

5 王菠、愚公、韩晓明：《数字货币》，中国商业出版社2016年版，第39页。

过将传统法币竞换成比特币，从而成功保护了自己的财产。[1]总之，数字货币正是“去中心化”思潮发展到一定历史阶段的产物。

2.“智能合约”的广泛应用，进一步推动数字货币发展与普及

“在互联网络时代，人们之所以遵守关键规则，并非源于社会制裁和国家制裁的压力，而是源于统治该空间的代码和架构”。[2]当下商贸、社交、教育、娱乐、交通等活动已全面步入智能化时代，主体的契约、支付等法律行为也将依赖于计算机代码构建完成，技术正在借助计算机代码完成新型权利义务体系的建构。区块链技术的广泛应用又进一步催生出“去中心化”的社会治理模式。与传统协议相比，“智能合约”的广泛应用不仅可以帮助各方达成合意，还可以实现自动执行。“智能合约”的自动执行需要满足两个条件：第一，货币本身要具有可编程的属性，能够用计算机代码编入“智能合约”中；第二，需要在用户与用户之间直接完成支付而无须中心机构的审核，这样，“智能合约”的支付无法依赖中心化的法币完成，而只能依赖数字货币完成，由此，“智能合约”与数字货币也就被天然地勾连在一起。

传统协议主要依靠合同违约制度和法律的强制执行共同保证合约的即时履行，一旦出现违约，借助传统法币“中心化”的特点，将由法院和银行通过强制执行效力确保合约履行；然而，借助区块链“去中心化”的技术思维，将设计成自动执行

1 Boehm F., Pesch P.(2014) Bitcoin: A First Legal Analysis.In: BÖhme R., Brenner M., Moore T., Smith M.(eds) Financial Cryptography and Data Security.FC 2014.Lecture Notes in Computer Science, Vol. 8438.Springer, Berlin, Heidelberg.

2 [美]劳伦斯·莱斯格:《代码2.0：网络空间的法律》，李旭、沈伟伟译，清华大学出版社2009年版，第28页。

的"智能合约",由计算机程序完成合约的订立、判断合约履行条件是否成就,并且完成自动执行。基于"智能合约""去中心化"的特点,其代码还会以分布式存储在每一个结点上,由此也保证了自动执行的合约一旦达成还无法单方修改或撤销。毫无疑问,借助数字货币完成合约的自动执行将极大增强了合约的执行信用与执行效率,非但可以节省大量司法资源,全面降低社会治理的违约成本,还将大幅提升社会治理体系中权利义务的信用等级。由此,"智能合约"也正全面应用于赠与、众筹、买卖、捐款、遗嘱等民事活动中,[1]由此也渐进形成了法币支付和数字货币支付的"二分格局":基于传统协议履行既可以用法币支付,也可以用数字货币支付;然而,基于"智能合约"的履行却只能依赖数字货币完成。因此,"智能合约"在社会治理体系中日渐凸显的重要地位,它也将进一步助推数字货币的发展和广泛应用。

3.避免"技治主义"的绝对化,发挥传统法币的制度保障

在数字货币与法币关系中,还存在用数字货币取代法币的绝对化观点,[2]这容易陷入传统"技治主义"的套路。[3]"技治主义"宣扬技术治理在社会治理中的绝对作用。不可否认,区块链技术所彰显的"去中心化"的技术特征,对于弥补传统中心服务器的技术"缺陷"具有重要意义,然而又陷入了监管难题的困境,容易被利用为犯罪。为此,各国又在大力完善数字货币的监管制度,如美国纽约州发布《数字货币监管法案》通

1 如Blockchain Apparatus是一家设在丹佛的初创公司,该公司已经开发了一些创新应用,并且正在致力于运用软件来执行遗嘱。https://blog.eogn.com/2016/12/06/blockchain-based-crypto-will-fulfills-last-wishes.

2 何光辉:《货币银行学》,复旦大学出版社2016年版,第7页。

3 刘永谋:《行动中的密涅瓦 当代认知活动的权力之维》,西南交通大学出版社2014年版,第51页。

过对“数字货币交易所”实施牌照管理完成监管；[1]俄罗斯《数字金融资产法》也专门针对数字货币制定全新的监管规范；[2]英国金融监管局甚至还提出了“金融沙盒监管”概念等[3]。显然，“去中心化”的数字货币与“中心化”的监管思路正在交融发展。

还需指出，基于数字货币“去中心化”的技术特征，即使完善监管，也很难达到传统法币的监管力度。传统法币奉行“中心化”的立法格局，银行拥有用户及其交易记录的完整数据库，并切实推动了监管模式由“了解客户”向“了解数据”转变，[4]最终形成以“数据”为核心的监管模式。然而，数字货币基于“去中心化”的特点，其数据系以分布式存储在每一个结点上，而不存在所谓的“中央数据库存”的概念，即便是数字货币交易所也仅作为用户可以“选择”的交易场所，而并非像“中心化”模式下作为“必须”的交易场所（如股票交易所）。由此，数字货币交易所的数据依然是局部的而非全局的，从而也导致了各国在对数字货币的监管上又出现了从“了解数据”向“了解客户”的逆向发展模式。如美国《虚拟货币商业统一监管法案》第2章第201条对于从事数字货币经营业务的申请人条件及最

1 “23 NYCRR Part 200 Virtual currencies”，载https：//www.dfs.ny.gov/legal/regulations/adoptions/dfsp200t.pdf。

2 РОССИЙСКАЯФЕДЕРАЦИЯФЕДЕРАЛЬНЫЙ ЗАКОН“О цифровых финансовых активах”（俄罗斯《数字金融资产法》），载俄罗斯财政部网http：//www.minfin.ru/，最后访问时间：2018年4月20日。

3 “HM Treasury regulatory innovation plan”，载http：//assets.publishing.service.gov.uk/government/uploads/system/uploads/attachment_data/file/606953/HM_Treasury_Regulatory_Innovation_Plan.pdf。

4 杨东：《监管科技：金融科技的监管挑战与维度建构》，载《中国社会科学》2018年5月25日。

低净资产等作出详细规定。[1]俄罗斯的《数字金融资产法案》也着重实施对发行人管理、信息披露、合格投资人条件等规定。[2]上述监管方法虽可以发挥一定监管作用，但其监管力度却要远弱于传统法币的全局数据监管。

更为重要的是，区块链技术无论如何安全依然无法在逻辑上得出绝对依赖的结论。如2013年Mt.Gox作为全球最大的比特币交易所因黑客攻击事件导致473万美元比特币丢失便是例证。诚如理查德·斯皮内洛认为，“尽管依靠基于技术形成的分权式自下而上的网络管理方法，能够有效解决某些网络社会问题，但是这种方式还是存在许多风险。这种客观现实需要自上而下的法律治理方式的介入，确保公平有序地管理互联网”。[3]黑客攻击或者技术危机，都将可能让人类社会的货币体系面临全面崩塌之险境，传统法币的制度保障作用不可或缺。传统法币的发行、利率、管理等严格受控于国家制度。即使数字货币技术出现偏差，亦可以发挥传统法币制度的矫正功能，为此，比彻姆和查尔瑞斯又具体细划为自主、不伤害、有利和公正四项判断偏差矫正的基本原则。[4]总之，在货币体系

1 美国《虚拟货币商业统一监管法案》第2章第201条对许可制度（License）进行了专门规定。许可申请人需要向注册部门提交申请人及行政执行官的基本信息、前五年的商业信息、申请人持有其他州货币服务许可证情况、业务获得资金存入银行名称地址、资金来源及最低净资产和储备金（第209条规定，最低净资产为25000美元及保障业务运营的充足储备金）等监管者需要的信息。Uniform Law Commission：Regulation of Virtual-Currency Businesses Act，载http：//www.uniformlaws.org，最后访问时间：2018年5月1日。

2 РОССИЙСКАЯФЕДЕРАЦИЯФЕДЕРАЛЬНЫЙЗАКОН“Оцифровых финансовыхактивах”（俄罗斯《数字金融资产法》），载俄罗斯财政部网http：//www.minfin.ru/，最后访问时间：2018年4月20日。

3 ［美］理查德·斯皮内洛：《铁笼，还是乌托邦——网络空间的道德与法律》，李伦等译，北京大学出版社 2007 年版，第2～3页。

4 ［美］理查德·斯皮内洛：《铁笼，还是乌托邦——网络空间的道德与法律》，李伦等译，北京大学出版社 2007 年版，第21～23页。

的建设中，传统法币的制度保障功能地位不容忽视，数字货币与法币绝非系非此即彼的单项选择关系，从长远来看，两种立法格局理应相互借鉴，共同构建安全、高效、公平的货币立法格局。

四、数字货币法律属性立法的制度安排

（一）货币属性与数字货币法律地位

基于对数字货币法律属性的认知，有必要在立法中渐进承认其作为“去中心化”货币的法律地位。回顾数字货币立法演变进程，承认数字货币之货币地位的立法路径大致分为三种情况：第一，立法认可其货币地位，如2013年德国财政部率先认可比特币与法币具有同等的法律地位；[1] 2014年6月，美国加州通过了《数字货币合法化法案》（以下简称“AB-129法案”），允许比特币在加州消费；2017年日本《支付服务修正法案》承认数字货币具有与法币类似的支付功能；[2] 2017年7月，澳大利亚也立法，将比特币视为合法货币。[3]第二，在法院判例中认可其货币地位，如美国得克萨斯联邦法院分别在2013年和2016年在相关判例中将比特币认定为货币，并且在2016年的判例中更是明确：比特币能够用于购买商品、服务以及其他生活性消费项目，唯一的限制系其只能在接受其作为货币的地方使用；比持币可兑换为美元、欧元、日元、人民币等通常意义上的货币，故比特

1 “Germany officially recognises bitcoin as ‘private money’”，载https://www.coindesk.com/germany-official-recognises-bitcoin-as-private-money/。

2 中国证券网http://news.cnstock.com/news，bwkx-201703-4057817.htm。

3 GST - removing the double taxation of digital currency，载https://www.ato.gov.au/General/New-legislation/In-detail/Indirect-taxes/GST/GST-removing-the-double-taxation-of-digital-currency/。

币就是货币或钱的表现形式。[1]再如2015年10月22日，欧盟法院作出裁定，比特币应受到与传统货币同等对待。[2]第三，由具体的监管机构认可其货币地位，如2014年3月，英国税务及海关总署（HMRC）发文确认数字货币的货币属性，且对数字货币兑换英镑、欧元给予免税。[3]

上述三种立法模式所反映的恰是承认数字货币法律属性的路径和方法，事实上，关于数字货币法律属性的立法不能一蹴而就，而应结合其与法币的关系、监管制度的成熟度、本国的金融体制等多种要素综合而定。我国关于数字货币属性的立法同样需要考虑各种要素，并充分借鉴上述三种立法模式的先进经验稳步推进立法进程。我国央行等五部门在2013年10月《关于防范比特币风险的通知》虽将数字货币视为普通商品，却未像在类似规范虚拟财产的文件中那样明确规定按照商品规则计税，此为后期确立其货币属性留有必要空间。我国北京市海淀区人民法院2017年在对以比特币作为标的合同关系效力认定中，鉴于立法和理论界均未明晰数字货币的法律地位，故而未直接明确数字货币的法律效力，但其从反对者未能举证其违法的证据视角变相认可了其法律效力。[4]接下来，我国关于数字货币的立法可以考虑先从数字货币交易税收等监管视角认

1 SEC v.Shavers，2013 BL 208180（E.D.Tex.Aug.6，2013）.

2 The exchange of traditional currencies for units of the “bitcoin” virtual currency is exempt from VAT，载https：//curia.europa.eu/jcms/upload/docs/application/pdf/2015-10/cp150128en.pdf。

3 “Revenue and Customs Brief 9（2014）：Bitcoin and other cryptocurrencies”，载英国税务海关总署（HMRC）https：//www.gov.uk/government/publications/revenue-and-customs-brief-9-2014-bitcoin-and-other-cryptocurrencies/revenue-and-customs-brief-9-2014-bitcoin-and-other-cryptocurrencies，最后访问时间：2018年8月26日。

4 2017年7月28日北京市海淀区人民法院民事判决书（2017）京0108民初12967号。

可其适用货币的相关制度，再逐步过渡到从法院个案判例中保护其作为货币支付的合法地位，最终在时机成熟时以立法形式确认其作为货币的法律地位。

（二）货币属性与数字货币监管制度

1.监管主体的选择

基于货币、商品、证券的不同属性，各国大多分设监管机构予以监管。由于数字货币法律属性的不明晰，我国当下对于数字货币的监管采用了多元监管模式，如2013年12月发布的《关于防范比特币风险的通知》亦是由央行、工信部、银监会、证监会、保监会等机构联合发布的，随着对数字货币“货币”属性研究和认知的深入，可渐进明确其作为货币的监管机构，如日本将数字货币视为与货币同等支付地位，故而确定由日本央行和日本金融服务局作为其监管主体。[1]当下，各国监管主体的选择还呈现多元化的立法模式，如美国证监会（SEC）主张将“数字货币发行”（ICO）纳入其监管范畴。[2]客观而言，尽管数字货币与商品、证券之法律属性皆有本质区别，但在对其货币法律属性渐进认知的过程中，难以避免会出现多部门同时联合监管的格局，但是随着认知的逐步深入，相对统一集中的监管是防止监管真空和漏洞的必然选择。

2.监管规则的确定

在明晰了数字货币的法律属性之后，有必要参照货币的监管体系建构数字货币的监管体系。对此，各国已经有较为丰富的实践。如日本于2017年4月1日修改《日本支付服务法案》，将比特币视为像货币一样支付工具，据此在之后（2017年7月1

1　刘津含、陈建：《数字货币对国际货币体系的影响研究》，载《经济学家》2018年第5期。

2　“SEC Announces Enforcement Initiatives to Combat Cyber-Based Threats and Protect Retail Investors”，载“美国证监会”（SEC）https://www.sec.gov/news/press-release/2017-176。

日)生效的新版《消费税法》中取消了比特币的消费税。[1]同理，澳大利亚于2017年7月开始将比特币视为货币，同时颁布《税务修订法案》取消了类似于商品的交易税和商品服务税。[2]在"Mr David Hedqvis"案件中，瑞典国民Mr David Hedqvist从事比特币虚拟货币交易的服务活动，对于是否需要在出售和购买比特币方面缴纳增值税的问题，其希望瑞典税收法委员会事先作出初步决定，委员会认为比特币是一种类似于法定支付方式的付款方式，应免除增值税。瑞典税务局对此决定向欧洲联盟法院(Court of Justice of the European Union)提出上诉。2015年欧盟法院作出裁决，认为：比特币等虚拟货币交易应受"与法定货币相关交易免除增值税"条款规制，其增值税亦应免除。[3]

此外，将数字货币视为货币，也意味着在预防洗钱犯罪等金融监管领域将实施比商品更加严苛的监管措施。如日本在承认数字货币具有货币一定的支付地位，同时也加强了对数字货币金融安全的监管力度，已把数字货币交易平台列为《犯罪收益转移防止法》中的特定事业者，[4]使其承担反洗钱、反恐怖融资的相关义务。

---

1 杨望、蒋宁：《比特币成了"数字黄金"(经济透视)》，载《人民日报》2017年5月26日，第21版，载http://paper.people.com.cn/rmrb/html/2017-05/26/nw.D110000renmrb_20170526_8-21.htm。

2 《税务修订法案》全称"An Act to amend the law relating to taxation, and for related purposes"，"GST - removing the double taxation of digital currency"，载"澳大利亚税务局"(ATO) https://www.ato.gov.au/General/New-legislation/In-detail/Indirect-taxes/GST/GST-removing-the-double-taxation-of-digital-currency/。

3 The exchange of traditional currencies for units of the "bitcoin" virtual currency is exempt from VAT，载https://curia.europa.eu/jcms/upload/docs/application/pdf/2015-10/cp150128en.pdf。

4 日本《犯罪收益转移防止法》是专门关于防止转移犯罪收益的法律，主要目的即是反洗钱和反恐怖融资，该法将金融机构和一些其他行业的经营者列为"特定事业者"，对其课以多项反洗钱和反恐怖融资义务。

（三）货币属性与数字货币救济制度

1.数字货币支付的“不可逆”性

货币在物权法中被视为特殊动产，自交付时发生法律效力。[1]传统法币转账时系由以服务器完成转账操作作为支付成功的标志，实质上是依赖于中心服务器审核确认完成的。然而，在“去中心化”模式下缺少中心服务器，交付系在用户与用户之间直接完成的，具体而言，基于分布式记账的需要，用户与用户之间交付并不仅仅是在二人之间完成的，相关交付记录需要分布式存储在区块链的各个结点上，为此，矿工将支付记录打包到区块（账本）当中，再由矿工将区块（账本）广播到区块链当中的各个结点，数字货币的“交付”才算真正完成。

数字货币的“交付”方式，也使它具有“不可逆”的法律属性。现实中货币支付是可逆的，即在出现支付错误的情况下，用户可请求返还。在相关执行案件中，“返还货币”的可逆性操作又是由中心机构具体完成的，如在具体货币返还的案件中，银行会根据生效的裁判文书完成货币返还的操作。然而，数字货币的交付则是不可逆的：除非当事人自愿返还，即通过“公钥”和“私钥”的操作将数字货币再退还到原地址，否则无法通过强制执行的方法实现逆转操作。在缺少中心服务器的数字货币语境下，“强制”完成“可逆”支付，在理论上需要掌握了整个链条超过51%的算力才有可能实现，而这又几乎是不可能完成的事情。

2.替代履行路径的选择

数字货币支付的“不可逆性”，使它面临在合同无效或可撤销情况下的救济难题。《民法总则》及《合同法》中明确规

1 《物权法》第二十三条规定：动产物权的设立和转让，自交付时发生效力，但法律另有规定的除外。

定了“欺诈、胁迫、乘人之危、显失公平”等情景下的合同无效或者撤销制度。在2015年“高昌建起诉刘成宾不当得利”一案中，原告高昌建就因为错误操作将自己账号的31.659枚比特币汇至被告账户，因被告拒绝返还，原告就将被告以不当得利为由起诉到法院。[1]在合同无效或者被撤销的情况下，已支付货币理应返还。[2]然而，数字货币支付的“不可逆性”，由传统法币替代返还的方法又成为重要的救济渠道。在“高昌建起诉刘成宾不当得利”案件中，原告方在诉请时就将31.659枚比特币的对等价值（70，000元）一并作为诉请主张。同样，2016年美国加利福尼亚北部法院审理的HashFast案件，也涉及类似的法律争议。[3]在类似案件中，权利人虽可要求请求返还数字货币，但同时亦应完成传统法币与数字货币的换算，必要时由法币替代履行返还。

尤为重要的是，由传统法币替代返还时，还涉及具体返还价值问题，由于数字货币与法币“汇率”处于变动状态，因此，在数字货币支付当时与后期诉讼时的换算的法币价值可能会有很大变化，以何时的价值为准也一度成为“HashFast案件”争议的焦点。的确，在数字货币法律属性模糊的背景下，替代返还的规则同样无所适从：如将数字货币视为货币，理应按照货币的返还规则，[4]以支付时的货币价值为基准予以返还；反之，

1 山东省商河县人民法院民事判决书（2015）商民初字第1531号。

2 我国《合同法》第五十八条：合同无效或者被撤销后，因该合同取得的财产应当予以返还；不能返还或者没有必要返还的，应当折价补偿。有过错的一方应当赔偿对方因此所受到的损失，双方都有过错的，应当各自承担相应的责任。

3 Morici v.Hashfast Technologies LLC案，载https：//law.justia.com/cases/federal/district-courts/california/candce/5：2014cv00087/273355/98/。

4 在法律意义上，货币系作为商品的计价尺度而存在，在涉及货币返还时，应以基于协议完成货币支付时确定的货币金额为准。

如将数字货币视为商品，按照商品返还规则，[1]在计算财产价值返还时理应考虑财产价值的变动情况。为此，有必要按照货币属性设计数字货币的替代返还，让各方提前知晓以支付时货币价值为准的返还原则，由此作出的判决也理应得到各方尊重。

1　商品的价格系随市场行情波动的，在涉及商品价格计算时，则需要考虑到市场变化的要素。

区块链语境下数字货币法律制度构建

区块链作为一种“去中心化”的分布式账本，正在广泛地应用到各个行业。以比特币为代表的数字货币又是区块链技术当前最为成功的应用。与主权货币相比，数字货币具有“去中心化”和“非主权化”的特征，这与传统依靠国家主权构建信用体系的立法模式不同，数字货币则通过去中心化的分布式账本，并借助密码学技术重构社会的信用体系。在这一过程中，各国都在努力探索数字货币立法，其中准确界定数字货币的法律属性又成为首要问题，从“去中心化”的逻辑出发，可以厘清数字货币与传统法律中的财产、货币、证券等法律概念的区别。在涉及数字货币与法币数字化的关系中，也伴随着货币主权理论与“去中心化”信用构建的博弈。与此同时，数字货币的发行与监管，也在“中心化”与“去中心化”的矛盾中演进和发展。基于去中心化的“匿名”属性完成洗钱、贩毒等犯罪的情况严峻，它也成为数字货币监管中的重要问题。最后需要指出，数字货币已经走向“智能合约”时代，“智能合约”又为数字货币提供了更为广阔的应用场景。“智能合约”语境下数字货币的支付效力，也成为数字货币立法中的一个重要内容。总之，以“去中心化”的逻辑出发，总结出数字货币的法律本质，并借鉴国际立法的经验，也将成为我国数字货币法律制度构建的路径选择。

比特币的概念是由中本聪2009年在其论文《比特币——一种P2P的电子现金系统》中提出，迄今为止，以比特币为代表的数字货币得到了空前发展。2017年，全球数字货币峰值规模曾一度突破6000亿美元，数字货币种类也增加至1334种。[1]数字货币所承载的货币价值在商业运营中也发挥着越来越大的影响力，甚至可以用比特币购买电子产品[2]和机票。[3]基于数字货币的蓬勃发展，世界各主要国家都在试图完善金融立法，以应对数字货币可能带来的影响。在这个过程中，既涉及对这一新型“货币”性质的认定，也涉及对于“去中心化”概念的厘清；既有对区块链信用的法律重构信念，又有对于利用数字货币违法犯罪的忧虑。那么，应当如何认定数字货币的法律属性？我国又应当如何完善数字货币法律制度的建构？上述问题是本文研究的重点。

1 在1334个币种中，2017年度实现增长的有980个，占比73.46%；下跌的有354个，占比26.54%。并且，在实现增长的币种中，有3个币种年度涨幅超过10，000倍（ABC、PURA、XVG），11个币种年度涨幅超过1000倍（ZNY、QORA、XBY、THC、PIVX、GRS、BCC、NYC、CHC、ZOI、WC）CoinMarketCap：https://coinmarketcap.com，最后访问时间：2018年4月30日。

2 戴尔公司最早在2014年7月18日开始支持用比特币购买电子产品，这一功能还主要限于美国消费者以及一些小企业。We’ re Now Accepting Bitcoin on Dell.com，载DELL官网https：//blog.dell.com/en-us/we-re-now-accepting-bitcoin-on-dell-com/，最后访问时间：2018年4月30日。

3 拉脱维亚波罗的海航空公司（airBaltic）接受比特币支付购买机票。该航空公司飞往中国、越南、俄罗斯、冰岛等60多个目的地支付范围限于最低价位的机票。AirBaltic-World’ s First Airline To Accept Bitcoin，载AirBaltic官网https：//www.airbaltic.com/airbaltic-worlds-first-airline-to-accept-bitcoin，最后访问时间：2018年4月30日。

一、数字货币的产生：背离中心主义的路径选择

回顾数字货币的产生历程，它与区块链技术的发展密不可分。数字货币的底层是区块链技术，因此从本质上讲，它是一种"去中心化"的、不可篡改的分布式账本。"去中心化"对应的是传统计算机应用的"中心化"概念，法币是典型的中心化货币，奉行中央银行中心记账模式。事实上，当下的绝大多数计算机应用，包括众所熟知的BAT也属于典型的中心记账。区块链技术有别于传统的中心记账模式，它会将账本同步到区块链网络的每一个结点，由于是去中心化的，记账权则由"矿工"们根据"算力"竞争获取。区块链上的数据奉行的是"分布式"存储，即连入网络的每一个结点都会存储数据。区块链记账之所以是不可篡改的，同样是基于去中心化的设置，一旦账本同步给每一个结点，那么对于账本的修改则几乎是无法完成的事情，这与传统的中心记账、一家独大模式形成了鲜明对比。从这一意义上讲，区块链也就具备了如下的技术特征：(1)账本会同步到每一个网络结点，这会起到数据备份的作用；(2)由于账本是分布式存储在每个结点上的，这也决定了它的记录是不可篡改的；(3)它是"去中心化"的，记账的权利完全取决于"矿工"的算力竞争，每一个结点都是平等的。

长期以来，以国家主权为代表的中心主义立法模式一直作为金融立法的主流。以我国金融法律为例，中心主义的立法思想贯穿于整个金融法律体系。如有关中国人民银行作为货币政策制定者的规定（《中国人民银行法》第二条）、中国人民银行发行、管理人民币的法定职责（《中国人民银行法》第四条）、中国人民银行决定货币供应量、利率、汇率的规定（《中国人民银行法》第五条）、有关信托机构负责管理记账的规定（《信托法》第二十九条）、国家对证券发行实行统一集中管理的规定（《证券法》第八条）、国家证监会依法审核股票发行的规定（《证

券法》第二十二条)、有关上市公司股票采用集中竞价交易的规定(《证券法》第四十条)、证券交易所负责审核发行股票的规定(《证券法》第四十八条)、有关证券登记结算机构的规定(《证券法》第一百五十五条至第一百七十三条)等。上述规则所奉行的均是严格的中心记账主义。

世界各国的金融制度大都奉行类似的中心记账模式,监管机构、银行、保险公司、信托公司、结算公司都是中心主义模式下的重要角色。在中心记账模式下,金融政策的制定、货币的发行、利率调控、市场监管、权益变更等都需要由中心机构来决定。安全、公平、信用这些都是金融法律所追求的价值。然而,随着经济和技术发展,中心记账模式却开始受到传统信用价值的挑战。由于黑客的攻击日益频繁,就连摩根大通、美国联邦政府也难以幸免于难,中心记账模式下的中心账本不再安全。比黑客攻击更为严峻的还有中心造假问题,更是让中心记账模式信用大幅降低。[1]

中心记账模式下,货币发行是由国家背书来固化信用的,但国家超发货币引发的通货膨胀问题也不断凸显。[2]民众对自我财产权益的关注,也直接引发对数字货币的需求,2013年的塞

1 如美国最大的P2P借贷平台Lending Club 就因为违规操作引起了人们的关注,股价在一周之内暴跌40%以上;Nasdaq:https://www.nasdaq.com/symbol/lc/historical#.UWdnJBDMhHk,美国能源巨头安然公司也由于深陷会计丑闻而轰然倒下。葛家澍、黄世忠:《安然事件的反思——对安然公司会计审计问题的剖析》,载《会计研究》2002年第2期。

2 比较典型的是2008年前后,津巴布韦每天通胀高达98%,到了2016年,175,000万亿津币才能兑换5美元,印钞用的油墨和纸张比钞票更珍贵。最终,津巴布韦元失去了流通资格,当地只能以南非米特、印度卢比、欧元、日元、澳元、美元、人民币等他国货币作为流通工具。津巴布韦国家概况,载中华人民共和国外交部网http://www.fmprc.gov.cn/chn//gxh/cgb/zcgmzysx/fz/1206_20/1207/t9427.htm,最后访问时间:2018年4月30日。无独有偶,“一战”后的德国与津巴布韦也有类似的遭遇,为了支付高额的战争赔款,德国政府授意国家银行加印钞票,一年之后,德国物价上涨300多万倍。贺水金:《中、德两国恶性通货膨胀之比较研究》,载《社会科学》2007年第8期。

浦路斯著名的存款税征收法案便是很好的例证。2013年3月17日颁布了著名的存款税征收法案，该法案直接导致了比特币市值大幅翻倍，流向比特币市场的存款成功避开了国家税务机关的执行。[1]

比特币诞生于2008年，恰逢全球金融危机。总结此次金融危机产生的原因，它与传统中心记账模式条件下缺少信息分享机制有重大关系。[2]中心记账模式下的对于传统金融价值的背离正在接受质疑和考验，比特币正是诞生于对传统金融体系的质疑声中。中心记账模式引发系列安全、信用、公平的价值危机，传统的金融制度也在历经质疑和考验，它也催生金融立法体系背离中心主义路径的另类思考：去中心主义。比特币正是在这一历史背景下诞生的，它创建了一个“去中心化”的账本，通过分布式记账，从而实现不可篡改的存储、转移、交易、管理等。

中心记账模式除了引发人们对自身财产权益的忧虑之外，还涉及对自身隐私的反思。计算机密码学的发展唤起了人们对隐私权的另类思考，其中具有代表性的是密码朋克组织关于

1 Boehm F., Pesch P.(2014) Bitcoin: A First Legal Analysis.In: BÖhme R., Brenner M., Moore T., Smith M.(eds.) Financial Cryptography and Data Security.FC 2014.Lecture Notes in Computer Science, vol 8438.Springer, Berlin, Heidelberg.

2 美联储大幅下调存款利率从最初的6.5%下降到1%的历史最低水平，低利率促使美国民众将储蓄拿去投资房产。美国政府不当的房地产金融政策还为危机埋下了伏笔。房利美和房地美两家公司通过购买商业银行和房贷公司流动性的贷款，通过资产证券化将其转换成债券发售。房利美和房地美发售的债券规模不断扩大，投资银行等金融机构购买债券后再次将其打包、分割、组合出售。不断延展的金融链条最终完全忽视了金融衍生品真正的基础价值。检讨贯穿危机的整个金融链条，中心记账自各为政，片面追求自身利润而缺少信息共享机制，最终酿成了危机。王自力：《道德风险与监管缺失：美国金融危机的深层原因》，载《中国金融》2008年第20期。

隐私保护思想。[1]1992年密码朋克创始人Tim May发布《加密无政府主义宣言》，提出“计算机技术，接近于提供这样一种能力，即为个人在团队之间完全匿名地进行沟通与互动。两个人之间可以交换信息，开展业务，不需要知道彼此真实名字或其他合法身份即可协商电子合同，这样通过网络的互动将不可追踪”。[2]区块链技术正是试图通过去中心化的分布式思想，结合密码学技术来构建“匿名”信用。

总之，传统中心记账立法模式下“安全”“信用”“公平”价值的缺失，催生了以“去中心化”为特质的数字货币的诞生，弗里德里希·冯·哈耶克的货币非国家化理论，曾一度被学界认为“天真”的想法，[3]但在数字货币的应用中却得到了印证。事实上，在“去中心化”立法模式弥补中心记账模式不足的过程中，计算机密码学和分布式技术的发展为其提供了强有力的技

1 密码朋克组织产生于1992年，其目标是以密码学技术保护个人隐私，反对政府监管。Julian Assange，Jacob Appelbaum，Andy Muller-Maguhn，and Jrmie Zimmermann.2016.Cypherpunks：Freedom and the Future of the Internet.OR Books.

2 1993年Eric Hughes发布《密码朋克宣言》又进一步提出：“密码朋克致力于建立匿名系统，不能期望政府、企业或其他大型的，匿名组织来保障我们的隐私。如果期望拥有隐私，那么我们必须亲自捍卫之。我们使用密码学，匿名邮件转发系统，数字签名，以及电子货币来保障我们的隐私。”The Crypto Anarchist Manifesto，载https：//www.activism.net/cypherpunk/crypto-anarchy.html http：//groups.csail.mit.edu/mac/classes/6.805/articles/crypto/cypherpunks/may-crypto-manifesto.html，最后访问时间：2018年4月30日。

3 刘世波：《哈耶克国家观研究》，首都师范大学博士论文，载中国知网，第128页。[英]弗里德里希·冯·哈耶克：《货币的非国家化》，姚中秋译，新星出版社2007年版。

术支持。[1]

二、数字货币法律属性的辨析与博弈

(一)世界主要国家关于数字货币的立法

在数字货币是否“合法”的问题上，各国立法态度不同，其背后呈现出不同货币理论的激烈对抗，一种是传统的货币国家主权理论，另一种则是“去中心化”的信用体系的构建。根据传统的货币国家主权理论，数字货币只能由国家发行，“去中心化”的数字货币系“非法货币”，如玻利维亚、厄瓜多尔[2]、

1 众所周知，比特币的概念兴起于2009年中本聪的论文《比特币——一种P2P的电子现金系统》，据现有资料考证，数字货币的尝试早在1983年就已经开始了。先期的“e-cash”“bitgold”“e-gold”等数字货币已经在密码学、分布式等领域取得较好的技术进步，只不过，它们当中很多主要应用于洗钱和其他犯罪活动，大都被政府限制或关停。尽管如此，它们还是为后期比特币发展奠定了良好的技术基础。早在1983年，密码朋克的创始人David Chaum（1983）就提出建立匿名的不可追踪的密码学网络支付系统，之后，他将其完善为第一代密码学匿名现金系统，称为“电子现金”。1988年Wei Dai基于分布式构架，创建了另一种匿名电子支付系统，称为“B货币”（B-money）。同一时期，Nick Szabo还创建了“比特金”（Bit gold）。这些数字货币都在技术上取得了较大进步，如B-money在发币上引入了竞争性的工作量证明机制；Digi cash 首次设计中引入了密码学算法，通过盲签名（Blind signature）方式切断提现与支付之间的联系。这些教训、经验和思路均在比特币设计中得到应用。李建军、朱烨辰：《数字货币理论与实践研究进展》，载《经济学动态》2017年第10期。

2 2014年7月，厄瓜多尔时任总统拉斐尔·科雷亚（任期2007～2017年）签署法律条文，认定比特币非法，禁止比特币及其他数字货币相关的任何活动。据报道，除了关停比特币相关企业，所有违背此条禁令者都将面临诉讼，相关比特币资产也会被没收。比特币禁令出台不久，厄瓜多尔政府推出了一种本土化的国有电子货币，该国央行还在2015年5月25日出台官方注册编号为064-2015-M的决议，宣布新国有电子货币将在360天内正式上线。厄瓜多尔：成为世界首个发行数字货币的国家，载厄瓜多尔出口与投资促进局北京商务处网http://proecuador.cn/read.aspx? id=32，最后访问时间：2018年4月30日。

吉尔吉斯斯坦[1]、孟加拉国、纳米比亚[2]五个国家直接认定比特币违法。然而，在这一过程中更多国家开始接受"去中心化"信用理论，并且，弗里德里希·冯·哈耶克的"货币非国家主权理论"则再一次被重提。以弗里德里希·冯·哈耶克为代表的经济学家们主张货币非国家化理论，[3]他们认为政府先天性缺乏自觉性把控制货币发行量限制在所需的范围内，政府在确定货币发行数量时，多基于政府发展需要，引发滥用货币信用行为，从而导致货币供应量过大和通货膨胀，引发社会动荡。其对策就是取消政府发行货币的垄断权，允许私人银行发行竞争性的自由货币。[4]当然，弗里德里希·冯·哈耶克在其后来的著作中也承认并没有为货币非国家化设计出具体的模式。然而，计算机的去中心化的分布式计算能力和加密技术的发展却让弗里德里希·冯·哈耶克的想法变成了现实。

尽管世界主要国家对于货币非国家主权理论呈现出更为宽容的态度，并试图立法来规范数字货币的健康发展，然而各国在数字货币的法律属性上仍然存在很大分歧，总体呈现出

1 Warning of the National Bank of the Kyrgyz Republic on the spread and use of the "virtual currency", in particular, bitcoins (bitcoin), 载吉尔吉斯共和国国家银行官网http://www.nbkr.kg/searchout.jsp?item=31&material=50718&lang=ENG，最后访问时间：2018年5月1日。

2 Namibian Central Bank：Bitcoin Purchases Illegal Under Law，载 https://www.coindesk.com/namibian-central-bank-bitcoin-purchases-illegal-law/。

3 以弗里德里希·冯·哈耶克为代表的货币非国家主权理论的学者，还包括Vaubel（1986）、R.White（1984，1989）、Selgin（1988）等经济学家。

4 弗里德里希·冯·哈耶克更是在其《货币的非国家化》中直言不讳："那种一直遭到相当正确的指责的市场秩序的主要缺陷，即其容易导致周期性的萧条和失业，其实主要是政府长期以来垄断货币发行所致"。[英]弗里德里希·冯·哈耶克：《货币的非国家化》，姚中秋译，新星出版社2007年版，第17页。弗里德里希·冯·哈耶克支持通过竞争的方式来发行货币，在他看来，"在本质上讲，竞争乃是一种形成意见的过程：通过传播信息，竞争使经济体系达致了统一性和一贯性，而这正是我们在把它视作是一个市场的时候所预设的前提条件"。[英]弗里德里希·冯·哈耶克：《个人主义与经济秩序》，邓正来译，三联书店2003年版，第155～156页。

"货币""商品(资产)""证券"三元立法模式,见表1[1]:

表1 关于数字货币世界主要国家立法及观点

属性	国家	立法或官方重要表态
货币	日本	2016年5月日本通过《支付服务法》,认定数字货币与法定货币类似,具有支付功能
	德国	2013年8月,德国财政部认可比特币为合法货币
	澳大利亚	2017年7月,澳大利亚的比特币立法,将比特币视为货币
	欧盟	2015年10月22日欧洲法院裁定,比特币应受到与传统货币同等对待
商品/资产	中国大陆	2013年12月,中国人民银行等五部门联合发布《关于防范比特币风险的通知》,明确比特币不是货币,但可作为普通商品买卖
	俄罗斯	2018年1月,俄罗斯发布《数字金融资产》法律草案,定义数字货币为"数字金融资产"
	以色列	2018年2月,以色列税务局报告:比特币是财产,不是货币; 2018年2月,以色列最高人民法院判决:禁止以色列国民银行(Leumi Bank)限制比特币类等与加密产业有关的账户
	泰国	2018年3月泰国通过法案,规范数字货币为一种数字资产
证券	瑞士	2018年1月,瑞士金融监管机构已经发布《数字货币指导方针》,其中将把数字货币发行(ICO)项目中资产型数字代币视为证券
	新加坡	2017年8月,新加坡金融监管局(MAS)发布《关于ICO及加密货币新指南》,符合条件的数字货币纳入证券监管

1 鉴于美国各州法律对于数字货币的立法态度有所区别,列表中未将美国作单一分类。关于美国的立法在后面的论文中会有详述。

表1所呈现的恰是当下世界主要国家在数字货币法律属性上的三元体系:(1)承认比特币等数字货币系货币。德国于2013年8月率先承认比特币系合法货币。日本也于2016年5月通过《支付服务法》,承认数字货币具体与法定货币类似的支付功能。欧盟法院(Court of Justice of the European Union)在2015年12月22日作出裁定,比特币应受到与传统货币同等对待。澳大利亚2017年7月的比特币立法也将比特币视为货币,同时废除比特币商品与服务税。(2)将数字货币视为一种商品(资产)。2013年12月,我国央行等五部门联合发布的《关于防范比特币风险的通知》明确规定,比特币不是货币,但可以作为普通商品买卖。俄罗斯在2018年1月发布的《数字金融资产》法律草案中也认定,数字货币不属于法定货币,将其视为一种金融资产。[1]以色列税务局在2018年2月的报告中认定:比特币是财产不是货币。[2](3)将数字货币视为一种证券,新加坡金融监管局(MAS, Monetary Authority of Singapore)在其发布的《数字代币产品指南》明确规定,"如果数字货币属于证券期货法(Securities and Futures Act, SFA)资本市场产品,数字代币发行可能受到新加坡金融监管局监管。"[3]瑞士在2018年1月发布的《数字货币指导方针》也将数字货币中的资产型货币纳入证券

1 РОССИЙСКАЯФЕДЕРАЦИЯФЕДЕРАЛЬНЫЙЗАКОН "Оцифровых финансовыхактивах",载俄罗斯财政部网http://www.minfin.ru/,最后访问时间:2018年4月20日。

2 以色列税务局于2018年2月19日发布了一份专业通告(4 Adar 5768),澄清了对加密货币,尤其是比特币的税收政策,明确比特币是一种财产,而不是一种货币。同时,以色列税务还按财产制度规范比特币经营过程中的税收制度,Bitcoin is Property - Israel Tax Authority:https://www.bitcoinmarketinsider.com/bitcoin-is-property-israel-tax-authority/,最后访问时间:2018年5月1日。

3 《新加坡金管局发布"数字代币产品指南"》(A Guide to Digital Token Offerings),载新加坡金融监管局官网http://www.mas.gov.sg/search? q=a%20guide%20to%20digital%20token%20offerings,最后访问时间:2018年5月1日。

管理范畴。[1]

关于数字货币的法律属性，美国司法积累了相当丰富的判例经验。然而，在涉及数字货币法律属性三元体系的认定方面，美国司法以及金融机构也呈现出较大分歧。美国得克萨斯联邦法院分别在2013年和2016年在相关判例中将比特币认定为货币，并且在2016年的判例中更是明确：比特币显然可以作为货币进行使用；比特币能够用于购买商品、服务以及其他生活性消费项目，唯一的限制在于只能在接受其作为货币的地方进行使用；比持币可兑换为美元、欧元、日元、人民币等通常意义上的货币，故比特币就是货币或钱的表现形式。[2]然而，在2018年美国布鲁克林地区法官Jack Weinstein却作出一个截然不同的裁决：包括比特币在内的数字货币被视为商品，应由美国商品期货交易委员会（CFTC）进行监管。针对数字货币的法律属性，美国证监会（SEC）和美国商品期货交易委员会（CFTC）在这一问题上的态度也存在严重分歧，2015年9月，美国商品期

1　瑞士金融市场监督管理局将数字代币分为三类（当然，有些数字代币类型可能会出现重叠），不同类型的数字代币将会有不同的监管约束。这三种类型的数字代币包括：支付型数字代币、实用型数字代币以及资产型数字代币——最后一个将会被归入证券产品类别。《瑞士金融市场监督管理局监管新规设定三类ICO数字代币》，FINMA publishes ICO guidelines，载瑞士金融市场监督管理局（FINMA）官网https：//www.finma.ch/en/news/2018/02/20180216-mm-ico-wegleitung/，最后访问时间：2018年5月1日。

2　SEC v.Shavers，2013 BL 208180（E.D.Tex.Aug.6，2013）.

货交易委员会将比特币认定为商品；[1]但美国证监会（SEC）并不同意这种观点，认为加密货币应该作为证券产品来监管。[2]

（二）财产、货币、证券：关于数字货币的属性探讨

1.数字货币与民法中的财产

民法学意义上的财产受法律保护的前提是它的“有用性”。“物”的“有用性”体现在它的使用价值方面。有体物与无体物在使用方面体现出不同的特质，尤其是随着数字技术的发展，以计算机编程为主要特点的虚拟财产更是突破了传统的对物的理解以及它的使用方式。无论是物理上使用，抑或是通过虚拟的方式完成使用，“有用性”都诠释了物作为法律意义上财产的必要性。

在“有用性”的问题的上，数字货币体现出与普通财产不同的特质。普通财产的有用性往往体现为客体对于主体需求

1 2015年9月，CFTC发布文件，将比特币代表的数字货币认定为大宗商品，与小麦、原油归类相同，将比特币期货期权交易纳入监管，交易行为要遵循大宗商品衍生品市场规则；同时指控比特币运营商Coinflip涉嫌非法交易（因为Coinflip事先并未在CFTC登记）。这起事件被视为比特币合法化进程中的重要一笔，标志着加密货币与现存的法律框架的融合。2017年7月24日，CFTC表示，已经向纽约的比特币期权交易所LedgerX发放许可，允许其交易和结算比特币的衍生品合约。这是CFTC首次向数字货币衍生品交易发放许可。CFTC Orders Bitcoin Options Trading Platform Operator and its CEO to Cease Illegally Offering Bitcoin Options and to Cease Operating a Facility for Trading or Processing of Swaps without Registering，载CFTC官网https：//www.cftc.gov/PressRoom/PressReleases/pr7231-15，最后访问时间：2018年5月1日。文件：https：//www.cftc.gov/sites/default/files/idc/groups/public/@lrenforcementactions/documents/legalpleading/enfcoinfliprorder09172015.pdf。

2 2018年2月6日在一场名为“加密货币：‘美国证监会’和商品期货交易委员会的监督作用”的听证会上，“美国证监会”（SEC）主席Jay Clayton对于区块链惠及民生表示认可，但他也直指当下区块链不同的州与州之间对于数字货币的立法态度不同，从而导致了管理混乱和投资者利益受到损害。Chairman’s Testimony on Virtual Currencies：The Roles of the SEC and CFTC，载“美国证监会”（SEC）官网https：//www.sec.gov/news/testimony/testimony-virtual-currencies-oversight-role-us-securities-and-exchange-commission，最后访问时间：2018年5月1日。

的直接满足（物质的抑或是精神的），即便是随着科技发展法律意义上的“物”的概念不断扩充，其同样彰显客体对于主体某种需求的直接满足。以较为抽象的智力成果为例，由于它满足了人们在文学、艺术、科学等某一领域的创新需求，故而它成为知识产权的客体；同样作为“0”或是“1”表现出来计算机程序，由于其可以直接提升生产实践的效率，故而其也成为法律意义上的财产。然而，数字货币并不像其他虚拟财产那样可直接带给主体物质上抑或是精神上的效用，它的有用性恰恰体现在它作为“交易媒介”的特点上，大量的商户开始接收数字货币作为支付工具，根据德国主流媒体Dle Welt 所作的调查，在世界范围内，已经有超过75，000家企业接受比特币作为支付手段。[1]即便是在不承认数字货币作为支付手段的商家，用户仍然可以借助Bitpay等支付工具，通过数字货币与法币的自动兑换，进而实现直接用数字货币完成购买。因此，数字货币正在发挥着与“货币”类似的交易媒介的作用。

我国央行等五部门在2013年10月联合发布的《关于防范比特币风险的通知》，将比特币视为普通商品，然而基于数字货币与普通商品效用价值的区别，这也势必导致数字货币法律制度构建上的尴尬。针对普通财产的使用价值，现代财产法在进行制度设计时给予了充分考量，如《物权法》在权利内容部分专门设计“使用”的权能，并且在其使用权能受到影响的情况下，《物权法》还专门设立了“修理、重作、更换或者恢复原状”的法律责任，试图修补其使用价值。[2]为了充分发挥物的使用价值，即便是在担保的情况下，法律还专门设立抵押制度，即在不转

1 赵天书：《比特币法律属性探析——从广义货币法的角度》，载《中国政法大学学报》2017年9月10日。

2 《物权法》第三十六条：造成不动产或者动产毁损的，权利人可以请求修理、重作、更换或者恢复原状。

移占有的情况下实现担保功能，进而最大限度发挥物的使用价值。显然，上述有关商品（普通财产）的使用制度均难以与数字货币的立法体系相契合。

2.区别一组概念：数字货币、虚拟货币、法币的数字化

在数字货币产生之前，虚拟货币的法律属性也曾被法学界所热议。虚拟货币一般是由游戏平台或者电商平台等中心企业作为发行方，这也使诸多虚拟货币纠纷中体现持有者与中心平台之间法律的关系，如在红月案中，玩家李宏晨的游戏币被他人盗走，原告李宏晨将游戏运营商起诉，后来法院支持了原告请求。[1]而在Second Life案件中，还出现了用户Bragg作弊获取虚拟财产的情况，最后游戏运营公司Linden Labs得知此事后删除了Bragg的用户名并没有给他任何补偿。显然，在虚拟货币的应用中，作为中心的企业具有绝对话语权，它甚至可以增加、减少或者删除持有者的虚拟货币。[2]至于用户，他（她）一方面享有对虚拟货币的支配权（相对于其他用户），另一方面又享有对虚拟货币中心平台的请求权（基于与中心平台的契约关系）；这也使对虚拟货币的研究容易陷入物权或债权的争议中。[3]

相较而言，数字货币则严格奉行“去中心化”的立法模式，这使得在对数字货币的讨论中不存在所谓的“中心平台”。由于数字货币采用的是“去中心化”的分布式记账规则，这又使传统“中心化”模式下由于黑客事件导致的用户与平台的法律纠纷出现的概率几乎为零。事实上，用户从购买数字货币那一刻就不存在所谓的中心平台与之订立契约的问题。如果从传统物权或债权二分的理论出发，用户对于数字货币仅仅体现为

1 北京市第二中级院人民法院民事判决书（2004）二中民终字第02877号。

2 Bragg v.Linden Research, INC.United States District Court for the Eastern District of Pennsylvania 487 F.Supp.2d 593（E.D.Pa.2007），载http://madisonian.net/downloads/contracts/bragg.pdf，最后访问时间：2018年5月1日。

3 林旭霞：《虚拟财产权性质论》，载《中国法学》2009年。

一种支配的利益。除此之外，并不存在所谓对任何中心平台的请求权。在涉及用户对数字货币所有权主张中，同样体现了“去中心化”的特点，对数字货币的“占有”完全依赖用户的“公钥”与“私钥”，基于密码学原理，一切有关数字货币权能，包括“占有”（密码保护）、“使用”（如支付）、“收益”（如转让获取收益）和处分（向其他账户转账）均只能由结点用户自己完成。去中心化的分布式账本会记录用户对于数字货币的所有行为，并且不可篡改。

同样可以从“中心化”与“去中心化”的逻辑出发，去解析数字货币与法币数字化的区别。法币的数字化奉行严格的中心主义的立法模式，早在1952年美国富兰克林银行发行信用卡，即可视为一种新型交易媒介；1974年，IC卡作为法币数字化的存储介质又被发明出来；1982年美国又组建电子资金传输系统，以银行卡为代表的法币数字化也迅速在世界流行。事实上，无论存储介质如何升级，法币数字化都依赖于国家信用。欧盟《电子货币指令》第2条第2款更是将用户享有对发行人的请求权作为电子货币的必要条件。然而，数字货币则是通过“分布式存储”的方式弥补中心化的不足。正是基于两种不同的立法逻辑，这也使数字货币的“稀缺性”特征有别于法币。“去中心化”也决定了不存在中央机构可以超发货币，以比特币为例，它的总量是2100万枚，“矿工”根据算力竞争记账权并获得比特币奖励，每完成一个区块发行的比特币数量按照随时间递减原则确定，这也决定不存在所谓“超发”的问题。[1]总之，在数字货币语境下，向中心平台的“请求权”也就不复存在了，这

1 比特币的总量2100万枚，每一个区块会发行50枚比特币，每21万个区块之后，比特币的发行数量会减半。比特币大约每10分钟会产生一个区块，因此如果要发行21万个区块大约需要4年的时间。截至2017年已经减半两次，当前比特币每一个区块发行12.5枚比特币。那么到2045年会有99.95%的比特币将会发行完毕。总量约为2100万枚比特币。贾丽平：《比特币的理论、实践与影响》，载《国际金融研究》2013年。

与传统的法币的数字化也就形成了本质的区别。[1]

3.数字货币与证券的辨析

在对数字货币法律属性的认定方面，还有个别国家倾向于将其视为“证券”来管理，如2018年1月瑞士金融监管机构发布的《数字货币指导方针》就把“资产型数字代币”视为证券；2017年8月，新加坡金融监管局（MAS）发布《关于ICO及加密货币新指南》也主张将符合条件的数字货币纳入证券监管。美国证监会（SEC）也曾表示符合条件的数字货币应纳入证券监管。

根据我国《证券法》的规定，证券包括股票、债券、公司债券和国务院依法认定的其他证券，[2]显然从其立法技术上，《证券法》对于证券的外延持开放性态度。然而，对于数字货币是否纳入证券监管，既有法律和行政法规并没有作任何规定。《证券法》中的证券（股票或债券）均是以发行人作为“中心”的法律概念，证券持有者所享有的恰恰是对中心的权利——基于股票的股权或基于债券的债权。以股权为例，股权利益的实现是基于股权人对发行人（中心）利益请求中完成的，我国《公司法》第三十一条规定：“有限责任公司成立后，应当向股东签发出资证明书……”《公司法》第三十三条规定，“股东有权查阅、复制公司章程、股东会会议记录、董事会会议决议、监事会会议决议和财务会计报告。”《公司法》第三十四条规定：“股东按照实缴的出资比例分取红利……”《公司法》第三十七条规定，“股东会行使下列职权：……即便是在发行人破产的情况下，股

1 ［德］伦纳·库尔姆斯：《比特币：自我监管与强制法律之间的数字货币》，廖凡、威娜译，载《国际法研究》2015年。

2 我国《证券法》第二条：在中华人民共和国境内，股票、公司债券和国务院依法认定的其他证券的发行和交易，适用本法。

权人或债权人仍然享有对破产企业主张清算的权利。”[1]

所以，股票或债券的概念所彰显的恰是权利人与公司之间的二元关系模式，这与数字货币的“去中心化”的一元关系模式形成鲜明对比。数字货币虽也有发行人概念，但数字货币所有者利益的实现并非是基于对发行人的请求权来实现的，诚如俄罗斯《数字金融资产法》中所规定的，数字货币的持有者有权将一种类型的数字货币兑换成另一种类型的数字货币，或者将数字货币兑换成法币。[2]显然，数字货币的持有者是在货币兑换或者在完成支付过程中实现自身利益，这与依靠“中心”（发行人）并基于对“中心”（发行人）的请求权来实现利益是有本质区别的。为此，俄罗斯《数字金融资产法》并未直接将数字货币直接视为“证券”，而是将其归为“数字金融资产”；同样，美国证监会（SEC）试图将数字货币纳入证券监管[3]，也遭到了美国最大的数字货币交易平台Bittrex的回应：数字货币不等同于证券。当然，是否将数字货币视为一种新型的“证券”还属于一个立法选择的问题，却有必要厘清与传统的证券区别。

1 《公司法》第一百八十六条：清算组在清理公司财产、编制资产负债表和财产清单后，应当制定清算方案，并报股东会、股东大会或者人民法院确认。公司财产在分别支付清算费用、职工的工资、社会保险费用和法定补偿金，缴纳所欠税款，清偿公司债务后的剩余财产，有限责任公司按照股东的出资比例分配，股份有限公司按照股东持有的股份比例分配。

2 РОССИЙСКАЯФЕДЕРАЦИЯФЕДЕРАЛЬНЫЙ ЗАКОН“Оцифровых финансовыхактивах”，载俄罗斯财政部网http：//www.minfin.ru/，最后访问时间：2018年4月20日。

3 “美国证监会”（SEC）最新发布《关于可能违法的数字资产交易平台的声明》，声明中指出数字资产属于证券范畴，因此，交易平台必须在SEC注册或获得注册豁免。此外，SEC还列出了已经注册的合法证券交易平台供投资者参考。Statement on Potentially Unlawful Online Platforms for Trading Digital Assets，载“美国证监会”（SEC）https：//www.sec.gov/news/public-statement/enforcement-tm-statement-potentially-unlawful-online-platforms-trading，最后访问时间：2018年5月1日。

三、数字货币支付：基于"智能合约"的法律效力

数字货币的发展已经从比特币时代迈向了"智能合约"时代，"智能合约"为数字货币提供了更广泛的应用场景。

（一）"智能合约"的合同属性

在区块链技术中，数字货币通过嫁接"智能合约"最终完成了各种应用。"智能合约"（smart contract）概念是尼克·萨博在1994年其论文《智能合约》中首先提出的，根据尼克·萨博的描述，"一个'智能合约'是一套以数字形式定义的承诺（promise），包括合约参与方可以在上面执行这些承诺的协议"。"智能合约"概念中有两个关键词，一个是"合约"，即为法律意义上的"合同"；另一个是"智能"（smart），它所强调的并非是传统的纸质协议，而是通过计算机代码的方法来完成合约部署，从而实现合约的自动执行。时下盛行的"滴滴"或"Uber"，可以理解为"智能合约"的雏形。乘客发出请求，司机作出承诺。在"智能合约"下，几乎不存在违约的情况，例如乘客打车后拒绝付款会被剥夺再次打车的权利。那么，在"滴滴打车"的样态中，司机与乘客的权利义务不是写在纸上，而是写进了计算机代码，所有人的行为及后果均是由代码决定的，这便是"智能合约"的初级形态。[1]

数字货币语境下的"智能合约"还让它具备了"去中心化"的法律特征。"智能合约"一旦达成，其有关数字货币的执行条款便会在条件成熟时自动执行，相关的合约代码会同步给每一个结点，分布式的特征让它无法篡改。以数字货币众筹的"智能合约"为例，如要众筹1000枚比特币，并且约定在指定日期未达到1000枚比特币则视为众筹失败，已经支付的比特币自动返还给汇款人。上述的"智能合约"一旦部署成功，合约便会自动执行；一旦众筹失败，众筹账户会将比特币自动退还给汇

1　杨延超：《区块链对于现行法律的挑战与启迪》，载《经济参考报》2018年1月3日。

款人。

为了阐释“智能合约”的法律本质，有必要借用“架构”的概念。根据物理空间的形状，人的身体可以穿梭其中，这一切由物理架构所决定，例如建筑环境（建筑物、街道等）。按此道理，虚拟空间的形状则是由代码决定的，所有应用和协议内容都是建立在代码基础上。因此，代码便是虚拟空间的架构。[1]传统社会的信用体系是借助法律的强制执行效力来完成的，法律依赖于个人将规则内容化为自觉进而规范人的行为，个人行为一旦超越了法律的界限还需要法院强制执行。然而，“智能合约”通过塑造空间本身管理行为，它通过“去中心化”的区块链技术作为“架构”完成对人的行为进行规范，既不依赖个人的信誉，更无须法院的强制执行。从这一意义上讲，“智能合约”在效率上优于法律。在这种情况下，违约甚至不可能发生。所以说，“智能合约”催生数字货币更为广泛的应用前景。

（二）“智能合约”的法律救济

尽管在“智能合约”中自动执行的是数字货币，但它作为民法意义上的财产，依然对于行为人的权利义务产生实质影响。因此，智能合约也容易被划入私力救济的范畴。然而，利用现代技术完成的“智能合约”，却又可以在古老法律发展史中找到原始的影子。古日耳曼法“凡对于公开显明之侵害行为的救济手段，即由被害者方面采取自力救济之法，直接为之，并无须申诉任何法院，请求他力之救济必要”[2]。古印度《摩奴法典》规定：“债权人为强制债务人还债，可使用各种收回债务的例行手段。债权人可利用符合伦理义务的手段，利用诉讼、诈术、危难以及强暴措施，使人归还欠债。债权人强制债务人归

1 ［美］劳伦斯·莱斯格：《代码2.0：网络空间的法律》，李旭、沈伟伟译，清华大学出版社2009年版。

2 周枏：《罗马法原论》，商务印书馆1994年版，第926页。

还借给他的东西，是为了收回自己的财产，不应被国王责难。”[1]

私力救济虽然可以在一定范围内为法律所许可，却需要避免其出现异化的结果，如在自力救济中使用暴力，甚至出现了“冤冤相报何时了”的局面。也正是为了防止私力救济的异化，社会达成了另一种共识：剥夺了个人行使私正义的权利，公力救济则为自己赢得了法律上权利。[2]然而，在公权力主导的救济体系下，私力救济仍有其适用的空间，包括大量民间的“私了协议”依然在发挥着类似于判决的影响力。这种要求确立社会生活有序模式的倾向，绝不是人类所作的一种任意专断或“违背自然”的努力。[3]重点还在于公力救济与私力救济边界的确定。

在数字货币产生之前，债权人私力救济的范围是极小的，“对物或人施加暴力以保护自己的权利原则上是禁止的。”[4]债权人私力救济应侧重于为债权人的“敦促”行为提供必要的示范与指引，然而对于债务人所掌控的标的，债权人没有任何支配的权利。[5]的确，法律之所以需要如此审慎地来对待私力救济，则是要防止其越界所产生的对他人财产权、人身权、居住权等权利的侵犯。然而，数字货币和区块链技术却提供了另一种可能：“智能合约”会完成对数字货币的执行，并且这种执行只需要借助区块链技术即可完成，完全不需要借助于任何暴力手段。与银行扣除按揭款的情况不同，在“智能合约”的语境下没有所谓“银行”作为中心机构，“智能合约”完全发生在“平

1 [美]路易斯·亨利·摩尔根：《古代社会》(上)，杨东等译，商务印书馆1997年版，第75页。

2 [法]保罗·利科：《论公正》，程春明译，法律出版社2007年版，第150页。

3 [美]E.博登海默：《法理学、法律哲学与法律方法》，邓正来译，中国政法大学出版社2004年版，第25页。

4 这里引用德国学业者冯·巴特尔的学说，焦清扬：《民事自助行为的价值定位及其制度构建》，载《法学杂志》2014年7月15日。

5 沃耘：《民事私力救济的边界及其制度重建》，载《中国法学》2013年10月9日。

等”的网络结点之间，即便是两个完全不认识的民事主体，依据“智能合约”依然可以建立借款的信用，“去中心化”的分布式账本又决定了任何一方都无法篡改合约的执行。

（三）数字货币的支付效力

由于“智能合约”会涉及数字货币自动转账，所以“智能合约”的效力问题势必也成为法律关注的要点。世界各国针对“智能合约”的法律地位和法律效力还处于探索阶段。美国佛罗里达已有一位立法者提交的一项法案，讨论“区块链‘智能合约’不得单方面被撤销它的效力以及它的可执行性”。[1]在我国现有法律体系中还缺少有关“智能合约”法律效力的规范。关于契约的效力，学者们习惯于从合同法的两大原理：意思自治的保障与给付均衡的保障出发来讨论契约的效力。[2]关于“智能合约”的法律效力，同样可以借助这一研究方法。

第一，关于意思自治的保障，我国《民法总则》和《合同法》都规定了大量关于意思自由的条款，如基于未成年人、虚假、欺诈、胁迫、重大误解而订立的合同，由于违反意思自由原则会被认定为无效者可撤销。[3]类似的问题同样也存在于比特币

1 该法案还进一步解释了“智能合约”不得单方面被剥夺法律效力的原因：(1)合约中使用了一种电子记录；(2)合约中包含了一种“智能合约”条款。Florida House Bill 1357，载https://legiscan.com/FL/text/H1357/id/1676376，最后访问日期：2018年5月1日。

2 解亘：《格式条款内容规制的规范体系》，载《法学研究》2013年3月31日。

3 《民法总则》第一百四十六条：行为人与相对人以虚假的意思表示实施的民事法律行为无效。以虚假的意思表示隐藏的民事法律行为的效力，依照有关法律规定处理。《民法总则》第一百四十七条：基于重大误解实施的民事法律行为，行为人有权请求人民法院或者仲裁机构予以撤销。《民法总则》第一百四十八条：一方以欺诈手段，使对方在违背真实意思的情况下实施的民事法律行为，受欺诈方有权请求人民法院或者仲裁机构予以撤销。《民法总则》第一百四十九条：第三人实施欺诈行为，使一方在违背真实意思的情况下实施的民事法律行为，对方知道或者应当知道该欺诈行为的，受欺诈方有权请求人民法院或者仲裁机构予以撤销。《民法总则》第一百五十条：一方或者第三人以胁迫手段，使对方在违背真实意思的情况下实施的民事法律行为，受胁迫方有权请求人民法院或者仲裁机构予以撤销。

等数字货币的支付问题上，比如基于“智能合约”甲向乙支付了100枚比特币，而后甲又基于欺诈、胁迫、重大误解等意思表示不真实主张比特币的返还。以意思表示不真实为由撤销合同的诉讼是常见的，然而，这在数字货币的应用中却会受到来自区块链底层技术的困扰。以密码学技术为基础的分布式记账，旨在于通过技术来确认信用并提升执行的效率，这与传统用法律来构建信用的机制不同，所谓“意思表示”更依赖于密码学上“公钥”与“私钥”的确认，每一笔支付都会被如实记录下来并且会“分布式”存储给每个结点用户，账本一旦多数结点确认即视为有效。

在“智能合约”的语境下，以意思表示不真实为由返还数字货币的主张，与区块链底层运行机制产生了冲突。因此，民法中有关意思表示的相关规定也难以在“智能合约”中发挥作用。比如关于完全民事行为能力人的规定(《民法总则》第十八条)、关于限制民事行为能力人的规定(《民法总则》第十九条)、关于无民事行为能力人的规定(《民法总则》第二十条)、关于无民事行为能力人代理人的规定(《民法总则》第二十一条)、关于限制民事行为能力人代理人的规定(《民法总则》第二十二条)、关于意思表示真实作为合同生效要件的规定(《民法总则》第一百四十三条)、无民事行为能力人民事法律为无效的规定(《民法总则》第一百四十四条)、限制民事行为能力人民事法律行为效力的规定(《民法总则》第一百四十五条)、有关重大误解民事法律行为的效力(《民法总则》第一百四十七条)、有关欺诈的法律效力(《民法总则》第一百四十八条)、有关胁迫的法律效力(《民法总则》第一百五十条)。

第二，除了意思表示真实，双务合同还要求给付均衡，如果双务合同的给付严重失衡，同样涉及合同效力问题，如民法中的“显失公平”，[1]类似的场景是：基于“智能合约”甲向乙支付了100枚比特币，之后又以“显失公平”为由主张撤销合约。由于“智能合约”“不可篡改”的特征，基于《合同法》的规定，它可以被视为“格式合同”。面对类似的格式合同，用户极有可能提出撤销不公平条款的主张。[2]在“马某诉中国人民财产保险公司”的案件中，保险公司在其保险合同中作出这样的约定：被保险机动车方的损失应当由第三方负责赔偿，无法找到第三方时，免赔率为30%。法院就在判决中作出这样的解释：投保人购买保险的目的就是能够及时获得保险理赔，上述格式条款不符合投保人订立保险合同的目的，这无异于排除了投保人的主要权利，根据有关格式合同的相关规定，该格式条款应认定为无效。[3]如果“智能合约”中包含了上述内容，同样面临着法律效力的争议问题。

事实上，无论是基于意思表示不真实或者“显失公平”的理由，都难以真正否认“智能合约”的法律效力，其关键还在于区块链技术“不可撤销”的特定。在原有中心主义的立法模式下，法律状态是可追溯的，即法院作为中心裁判机构可以决定“返还财产”或者“恢复原状”；与此同时，银行还发挥着金融核心的作用，在执行法律判决的过程中，银行同样可以帮助追回损失的财产。然而，“智能合约”“去中心化”的特点则意味着其支付具有不可逆的特征，其分布式的账本更是无法修改的，

1 《民法总则》第一百五十一条：一方利用对方处于危困状态、缺乏判断能力等情形，致使民事法律行为成立时显失公平的，受损害方有权请求人民法院或者仲裁机构予以撤销。

2 我国《合同法》第三十九条第二款规定：格式条款是当事人为了重复使用而预先拟定，并在订立合同时未与对方协商的条款。我国《合同法》第四十条规定：格式条款具有本法第五十二条和第五十三条规定情形的，或者提供格式条款一方免除其责任、加重对方责任、排除对方主要权利的，该条款无效。

3 马某与中国人民财产保险股份有限公司南京市城北支公司保险纠纷案，南京市鼓楼区人民法院民事判决书（2010）鼓商初字第618号。

即便是法院同样也没有办法修改数字货币的账本。即便是法院作出了所谓合约无效的判决，同样面临着难以执行的问题。在区块链语境中不存在类似银行的机构帮助法院去执行财产。支撑数字货币支付法律行为的认定则主要是依靠“公钥”和“私钥”识别完成的，当然，这并不意味着“智能合约”会游离于法律监管之外，尽管难以实现数字货币的强制性支付，但必要时法院依然可以通过其他财产替代返还的方法实现利益回转。

四、数字货币的发行与监管

（一）数字货币的发行（ICO）

ICO是首次发行代币（Initial Coin Offering）的简称，[1]ICO最早出现在2013年，初期由于技术原因参与人较少。我国ICO是在2017年呈现井喷式发展的。2017年1～7月，在各类平台上线并完成的ICO项目共计65个，累计参与人数达10.5万人，累计融资规模折合人民币约26亿元。[2]为避免系统性金融风险，2017年9月，央行、中央网信办、工业和信息化部、工商总局、银监会和保监会联合发布《关于防范代币发行融资风险的公告》，禁止我国各类平台公开发行代币。

面对ICO，世界各主要国家的立法态度不尽相同，具体可参见表2：

1　ICO通常被解读为初始数字货币发行（Initial Coin Offering），考虑到私人发行的数字货币，“Coin”是否属于法律意义上的货币也有争议，该词也被替换成为“Token”（代币），并用“Crypto”（加密）加以修饰。因此，将ICO 解读为 Initial Crypto-Token Offering 更为准确，即通过发行加密代币的方式进行融资。

2 《2017上半年国内ICO发展情况报告》，载国家互联网金融安全技术专家委员会：https://www.ifcert.org.cn/industry/158/IndustryDetail，最后访问时间：2018年5月1日。

表2　关于ICO世界各国立法情况

类型	国家	相关规定
全面禁止	中国	2017年9月4日，《关于防范代币发行融资风险的公告》
	韩国	2017年9月29日，韩国金融服务委员会宣布禁止ICO
纳入监管	美国	2017年7月25日，美国证监会发布关于DAO报告
	俄罗斯	2018年1月，俄罗斯政府发布《关于数字金融资产》的法律草案
	日本	2017年4月1日，开始实施《关于虚拟货币交换业者的内阁府令》，规定数字货币交易所需要在政府登记申请
	新加坡	2017年8月1日，新加坡金融管理局公告：如果该代币符合证券期货法定，应受到监管
	泰国	2017年9月14日，泰国证监会表示构成证券发行的ICO应当遵守泰国证监会要求
	中国香港特别行政区	2017年9月5日，中国香港证券及期货事务监察委员会声明，代币发行受香港证券法管理
金融沙盒模式	英国	2017年4月，英国金融监管局表示区块链金融可适用金融沙盒
	加拿大	2017年8月27日，加拿大证券监督机构声明，欢迎ICO企业进入"监管沙盒"

各国关于数字货币发行（ICO）的立法总体上呈现三种方式：（1）禁止数字货币发行（IPO），如中国和韩国。我国于2017年9月发布《关于防范代币发行融资风险的公告》，全面禁止ICO。[1]韩国金融服务委员会也于2017年9月29日宣布禁止ICO。（2）纳入现有法律体系实施监管，如美国、俄罗斯、日本、新加坡、泰国、中国香港特别行政区等都试图将ICO纳入现有的法律

1　中国人民银行、中央网信办、工业和信息化部、工商总局、银监会、证监会、保监会《关于防范代币发行融资风险的公告》，载http://www.csrc.gov.cn/pub/newsite/zjhxwfb/xwdd/201709/t20170904_323047.html，最后访问时间：2017年5月1日。

体系予以规范。(3)金融沙盒模式。[1]英国金融监管局于2017年4月表示区块链金融可适用于金融沙盒。加拿大证券监督机构也于2017年8月27日声明，欢迎ICO企业进入“监管沙盒”。

无论是将ICO纳入现有的法律体系，抑或是采用沙盒模式，在这一过程中各国的证券监督机构都扮演了重要角色。[2]与此同时，ICO的法律概念与证券监督管理机构常用的另一个概念IPO(Initial Public Offering)又最为相近。然而，在将ICO纳入证券体系监管的过程中，又需要注意，ICO与IPO在法律意义上的区别。以我国《证券法》为例，IPO强调企业(股份有限公司)首次向公众公开募集股份，体现了严格的中心主义特征，为此，我国《证券法》为IPO设置了极为严格的审查条件。与其相比较，ICO在各方面都体现出了灵活的“去中心化”的征特，具体表现为如下特征：

1.ICO的发行主体更加灵活，即便是个人亦可以作为发行主体。区块链技术试图通过去中心化的分布式记账完成信用构建，这与中心信用模式的IPO截然不同，法律不仅要求其为企

1 “沙盒”一词最初源自软件开发行业，原意是指在隔离环境下测试软件的功能。针对金融科技领域的沙盒计划(Fintech Supervisory Sandbox)最早是在2015年3月由英国政府提出，其主要模式是创造一个“安全区域”，适当放松参与实验的创新产品和服务约束，营造创新环境。Financial technology(FinTech)review，载英国政府网https://www.gov.uk/government/collections/financial-technology-fintech-review，最后访问时间：2018年5月1日。

2 例如在美国、新加坡、泰国、中国香港等国家和地区，也恰恰在证券监督管理机构在推动将数字货币发行纳入既有证券法体系予以规范。MAS to Regulate Virtual Currency Intermediaries for Money Laundering and Terrorist Financing Risks，载新加坡金融管理局(MAS)官网http://www.mas.gov.sg/news-and-publications/media-releases/2014/mas-to-regulate-virtual-currency-intermediaries-for-money-laundering-and-terrorist-financing-risks.aspx，最后访问时间：2018年5月1日。BitLicense监管框架，载纽约金融服务局(NYDFS)官网https://www.dfs.ny.gov/legal/regulations/bitlicense_reg_framework.htm，最后访问时间：2018年5月1日。

业，还会对其资格进行严格审查（无论是采有备案制还是注册制，对企业的资格都有严格的要求）。

2.ICO整个融资过程，包括融资方法、范畴、货币形式、给付对价等多个方面，都彰显了其“去中心化”的法律特征。IPO需要由证券经纪商提供服务，而ICO则不需要证券经纪商提供服务，只要在任何区块链平台（如以太坊）发布即可。IPO募集资金一般会被限定在一国范畴内，而ICO则可以全球范围内融资。IPO融资资金一般为该国法定货币，而ICO融资资金形式可以为任何形式的数字货币。此外，IPO募集资金是以发行公司的股份作为对价，然而ICO募集资金的对价仅仅是数字货币。

（二）数字货币的监管

数字货币及其发行（ICO）的“去中心化”的本质，使传统中心化的监管思路遇到了“瓶颈”。数字货币容易被用于洗钱、贩毒、恐怖活动等犯罪。2011年上线的“丝绸之路”网站便是一个例证，该网站允许用比特币进行交易，最终也滋生了大量毒品、非法枪支买卖等非法交易。该网站也于2013年被美国执法部门查缴。[1]厄瓜多尔等政府之所以禁止比特币等数字货币，同样是由于利用比特币洗钱、贩毒等活动猖獗。因此，对于数字货币的有效监管，同样也是数字货币立法中的一个重要问题。

各国也在探索关于数字货币的监管制度，从国际上已经积累的立法和执法经验出发，总体上是从数字货币经营牌照监管的逻辑出发。2015年6月3日，纽约金融服务部（New York State

1　2015年5月30日，该网站的创办者罗斯乌布利希（Ross Ulbricht）被美国曼哈顿地区法院判处不得假释的终身监禁，此外他还被责令支付美联邦政府近乎1.84亿美元的罚金。然而对于收缴的比特币，美国法警局却采用了拍卖的方式处理。这也说明了美国司法机关在处理这一问题时“技术中立”的态度，将比特币和利用比特币的犯罪严格区分。BÖhme, Rainer, Nicolas Christin, Benjamin Edelman and Tyler Moore, 2015.“Bitcoin: Economics, Technology, and Governance”, Journal of Economic Perspectives, 29（2）,213-38.DOI,10.1257/jep.29.2.213.

Department of Financial Services，NYSDFS）发布了对纽约州数字货币业务审慎监管规定，实施牌照监管。[1]2015年6月19日，康涅狄格州颁布了修改康涅狄格州货币流通立法，要求在康涅狄格州运营数字货币业务应申请许可证。2017年7月，美国《虚拟货币商业统一监管法案》再次强调准入监管的重要性，该法案第2章第201条对许可制度（Licence）进行了专门规定，对于申请人的条件以及最低净资产等都作出详细规定。[2]2017年日本修订过的《支付服务法案》要求国内的比特币交易所必须获得财政部和日本金融服务局（FSA）的授权，否则不能作为数字货币交易所运行。[3]俄罗斯在其《数字金融资产法案》中同样设立牌照管理制度，该法还规定由“数字金融资产交易所”负责数字货币的发行与管理，其中还包括对发行人的管理、纰漏、合格投资人条件等诸多规定。[4]

通过牌照管理进而完成数字货币“反洗钱”等规则贯彻，

1　2015年5月7日，纽约州也颁发了第一个数字货币业务经营许可证“BitLicense”。ItBit信托有限公司获得了纽约州颁发第一个数字货币经营许可证。BitLicense监管框架，载纽约金融服务局（NYDFS）官网https：//www.dfs.ny.gov/legal/regulations/bitlicense_reg_framework.htm，最后访问时间：2018年5月1日。

2　《虚拟货币商业统一监管法案》第2章第201条对许可制度（License）进行了专门规定。许可申请人需要向注册部门提交申请人及行政执行官的基本信息、前五年的商业信息、申请人持有其他州货币服务许可证情况、业务获得资金存入银行名称地址、资金来源及最低净资产和储备金（第209条规定，最低净资产为25，000美元及保障业务运营的充足储备金）等监管者需要的信息。Uniform Law Commission：Regulation of Virtual-Currency Businesses Act，载http：//www.uniformlaws.org/Act.aspx?title=Regulation%20of%20Virtual-Currency%20Businesses%20Act，最后访问时间：2018年5月1日。

3　V.Gerard Comizio.Virtual Currency：growing regulatory framework and challenges in the emerging Fintech ecosys-tem.North Carolina Banking Institute 21（2017），131.

4　РОССИЙСКАЯФЕДЕРАЦИЯФЕДЕРАЛЬНЫЙЗАКОН“Оцифровых финансовыхактивах”，载俄罗斯财政部网http：//www.minfin.ru/，最后访问时间：2018年4月20日。

也将成为数字货币监管的重要路径。事实上，很多国家的金融法规中都有反洗钱等相关规定，如美国联邦法规（CFR）引第103.125项规定了货币服务业务的反洗钱程序[1]，防止货币服务业务用于洗钱犯罪和资助恐怖活动犯罪；[2]再如我国《反洗钱法》第三条明确规定："在中华人民共和国境内设立的金融机构和按照规定应当履行反洗钱义务的特定非金融机构，应当……建立健全客户身份识别制度。"[3]然而，如何将反洗钱规则贯彻到数字货币交易中则成为摆在监管者面前的核心问题，这可以在美国2015年5月的Ripple案件中得到体现。在该案中，虽然Ripple公司从事数字货币业务按照美国金融犯罪执法网络（FinCEN）的规定进行了相应的注册登记，但其在销售数字货币的几个月时间里没有配备相应的反洗钱措施，最终Ripple公司被处以70万美元的罚款。[4]从该案中也可以发现，美国对于数字货币的监管思路：先通过牌照管理将数字货币经营者纳入监管范畴，进而再将反洗钱规则贯彻到数字货币业务当中。

五、结语

关于数字货币的立法，各国金融管理机构一直都在积极探讨，我国有关数字货币的立法还基本属于空白。在这一过程中首要的是要厘清数字货币的法律属性，以及它与财产、货币、证券等一系列法律概念的区别。无论从任何一个视角——财产、

1 美国联邦法规CFR第103.11（uu）项对货币服务提供商进行了列举和规定。

2 AML policy per 31 CFR\ § 103.125.

3 我国《反洗钱法》第三章更进一步规定了金融机构的反洗钱义务。

4 Settlement agreement：FinCEN Fines Ripple Labs Inc.in First Civil Enforcement Action Against a Virtual Currency Exchanger，载美国金融犯罪执法网络（FinCEN）官网https：//www.fincen.gov/news/news-releases/fincen-fines-ripple-labs-inc-first-civil-enforcement-action-against-virtual，最后访问时间：2018年5月1日。

货币或者证券去解读数字货币，都有必要从“去中心化”的逻辑出发，演绎出数字货币固有的法律特质，并作出其特定的规定。事实上，除了本文论述的要点之外，数字货币在未来还可能会涉及取得（原始取得或继受取得）、交易、赠与、继承、税收等一系列法律问题，这一切也都将以数字货币的法律属性作为逻辑起点。

数字货币的发行（ICO）与监管，更是数字货币立法的一对重要矛盾。我国当前是全面禁止数字货币发行的，而是转由央行研究数字货币发行。[1]事实上，基于去中心化的概念出发，由央行发行数字货币与数字货币去中心化的本质相背离。俄罗斯财政部部长（Anton Siluanov）在近期给普京总统的信件中，在论述是否由央行发行数字货币的问题时也提出，由中央银行发行数字货币，这与数字货币自身“去中心化”的本质是相互冲突的。[2]厄瓜多尔央行发行数字货币更是一个失败的教训。厄瓜多尔政府禁止比特币等数字货币之后，并推出了官方的数字货币，但两年下来却收效甚微，相反，比特币虽然在法律上已被禁止，但私下交易仍然十分活跃。[3]因此，由国家中央银行发行的数字货币更近似于法币的数字化，而并非是去中心化的数字货

1　王永利：《央行数字货币的意义》，载《中国金融》2016年第8期。

2　Centralized Cryptoruble Not Possible，Minister Tells Putin，载https：//news.bitcoin.com/centralized-cryptoruble-not-possible-minister-tells-putin/。

3　尽管厄瓜多尔政府积极推动电子货币的使用，并与银行、第三方支付机构、交通系统等签署过电子货币使用协议，但两年时间内，全国活跃的电子货币使用账户仅2.3万个，流通金额80万美元，在全国120亿美元货币流通量中占比不足0.01%，存在感颇低。与厄央行推出的“官方比特币”电子货币低迷情况相反，比特币的使用在该国却一直在持续。虽然政府已经认定了比特币非法，但仍有买家和卖家通过Localbitcions.com进行比特币交易，另外通过Paypal和其他线上平台，也能购买到比特币。Localbitcoins：https：//localbitcoins.com/country/EC.Use of Bitcoin in Ecuador Continues to Grow Despite Government Ban：https：//news.bitcoin.com/use-bitcoin-ecuador-grow-government-ban/.

币，这是两个完全基于不同信用逻辑的产物。

在数字货币的监管问题上，美国、日本、俄罗斯等国家的"牌照监管"模式具有借鉴意义。通过牌照监管进而完成"反洗钱"等法律规则的适用，也成为这一监管思路的路径选择。需要指出，牌照监管的思想同样是中心化立法模式下的产物，如何能将它与去中心化的数字货币相契合，也成为讨论这一监管模式的重点。去中心化从其本质是为了弥补中心化模式的不足，但不可以过分夸大"去中心化"的优势，纯粹的去中心化势必也将导致"无监管主义的"后果，反倒会遏制数字货币的健康发展。在对数字货币的监管过程中，为了寻求中心主义与去中心主义的平衡点，英国等国家还推出"沙盒监管模式"，这对于推动像数字货币这样的新生事物的测试、完善与立法进程都具有重要意义。

总之，数字货币的立法也终将在"中心主义"与"去中心主义"的矛盾体中演进和发展。"统一的货币并非人类货币体系发展的最佳状态，我们正在进入一个大多数货币最终都将归入数字价值转移系统的时代。"[1]区块链技术更是试图通过去中心化的技术重构人类社会的信用，在这一过程中，"代码即为法律"的理念正是逐步渗透各个领域。有关数字货币的立法从未变得如此迫切和重要。与此同时，"去中心化"的特征也决定数字货币的结点最终将分布全球，甚至可以预见，数字货币的相关立法最终将完成从国内立法走向国际立法的路径选择。

---

1 ［美］爱德华·卡斯特罗诺瓦：《货币革命》，束宇译，中信出版社2015年版，第199页。

俄罗斯数字立法（修订版）

说明

比特币是否合法？私人能否发行货币？如何在法律意义上解释“挖矿”“ICO”等概念。俄罗斯率先立法，近期出台的《数字金融资产》法律草案引发社会关注。相关立法内容对于我国接下来的数字货币立法具有指导意义，笔者将其译成中文并予点评，共享并请指阅！

РОССИЙСКАЯФЕДЕРАЦИЯФЕДЕРАЛЬНЫЙЗАКОН

“О цифровыхфинансовыхактивах”.

俄罗斯联邦法律《数字金融资产法案》。

Глава 1.ОБЩИЕ ПОЛОЖЕНИЯ.

总则

Статья1Предметрегулированияисфера действиянастоящегоФедеральногозакона

第一章 调整对象和适用范围

1.Настоящим Федеральным законом регулируются отношения, возникающие при создании, выпуске, хранении и обращении цифровых финансовых активов, а также осуществлении прав и исполнении обязательств по смарт-контрактам.

本联邦法规定了数字金融资产的创建、发行、储存和流通过程中产生的关系，以及"智能合约"下权利的履行和履行义务。

点评：在俄文中"цифровойфинансовыйактив"系"数字金融资产"的意思。针对像比特币这样数字货币，各国立法不同，有的国家（德国和日本等）承认其"货币"，我国在相关文件中称其为"商品"，俄罗斯法律给它起了一个专门的名字"数字金融资产"。

Статья 2Основные понятия,используемые в настоящемФедеральном законе.

第二章 基本概念（联邦法律中使用的）

Для целей настоящего Федерального закона используются следующие основные понятия:

本法使用如下基本概念：

Цифровой финансовый актив - имущество в электронной форме, созданное с использованием шифровальных (криптографических) средств.Права собственности на данное имущество удостоверяются путем внесения цифровых записей в реестр цифровых транзакций.К цифровым финансовым активам относятся криптовалюта, токенЦифровые финансовые активы не являются законным средством платежа на территории Российской Федерации.

数字金融资产——以数字化形式出现，并采用了加密手段。确认数字金融资产的所有权需要向数字资产记账部提交数字登记。数字金融资产包括加密货币、代币。数字金融资产不是俄罗斯境内的合法货币。

点评：

（1）这一条文对数字金融资产进行了解释，其中一个关键词叫“криптовалют”，它相当于英文中“cryptocurrency”，特指“加密货币”；另一个词是“токен”，它相当于英文中“token”，表示“代币”。显然，本法中的数字金融资产指的就是像比特币这样的“加密货币”或“代币”。

（2）该条明确说明数字金融资产不属于俄罗斯联邦的法定货币，显然，在俄罗斯法律看来，比特币属于一种资产，但不被承认为法定货币。

Цифровая транзакция-действие или последовательность действий, направленных на создание, выпуск, обращение цифровых финансовых активов.

数字交易——包括数字金融资产的创建、发行、流通。

点评：在该部俄罗斯法律中，允许任何人发行数字金融资产（这里的“выпуск”相当于英文中“ICO”概念）。

Цифровая запись-информация о цифровых финансовых активах, зафиксированная в реестре цифровых транзакций.

数字登记——在"数字交易登记"中所记录的与数字金融资产相关的信息。

Реестр цифровых транзакций-формируемая на определенный момент времени систематизированная база цифровых записей.

数字交易注册——某个特定时间点形成的数字记录的系统化数据库。

点评：这里有一个关键词"база"，它在俄文中是数据库的概念（"database"）。事实上，所有数字金融资产的交易都被记录在这样的一个数据库当中。在该法中还多次出现这样的词"реестрцифровыхтранзакций"，仅从字面上看，它可以解释为"数字交易注册处"，但它应当就是一个记录交易信息的系统数据库。

Распределенный реестр цифровых транзакций-систематизированная база цифровых транзакций, которые хранятся, одновременно создаются и обновляются на всех носителях у всех участников реестра на основе

заданных алгоритмов, обеспечивающих ее тождественность у всех пользователей реестра.

数字交易的分布式注册——它是一个系统化数据库，这个数据库在所有参与到数据交易的结点上同步创建、更新。数据库基于一种保障所有参与者身份的特殊算法形成。

点评:“Распределенныйреестр”,它在俄文中表示“分布式记账”,这个词很重要。显然,该法所说的金融资产是一种“去中心化”的“加密货币”。它与某些国家央行发表的“中心化”数字货币或者像Q币这样的由企业自己发行的虚拟货币都有本质区别的。“分布式”也决定了,每个参考结点的数据系同步更新。

Участники реестра цифровых транзакций-лица,осуществляющие цифровые транзакции в соответствии с правилами ведения реестра цифровых транзакций.

数字交易注册的参与者——按照数字交易登记规则进行数字交易的人。

Валидатор-юридическое или физическое лицо,являющееся участником реестра цифровых транзакций и осуществляющее деятельность по валидации цифровых записей в реестре цифровых транзакций в соответствии с правилами ведения реестра цифровых транзакций.

验证人——验证人既可以是个人也可以是法人,他(它)是数字交易注册的参与者,其职责在于按照数字交易注册规则进行数字交易注册登记验证。

点评:具体在实务操作中,验证人设立的目的在于保障交易的合法有效,具体在后文有详解。

Оператор обмена цифровых финансовых активов-юридическое лицо,осуществляющее сделки по обмену цифровых финансовых активов одного вида на цифровые финансовые активы другого вида и/или обмену цифровых финансовых активов на рубли или иностранную валюту. Операторами обмена цифровых финансовых активов могут быть только юридические лица, которые созданы в соответствии с законодательством Российской Федерации и осуществляют виды деятельности, указанные в статьях 3-5 Федерального закона от 22 апреля 1996 г. № 39-Ф З "рынке ценных бумаг", или юридические лица, являющиеся организаторами торговли в соответствии с Федеральным законом от 21 ноября 2011 г. № 325-Ф З "Об организованных торгах".

数字金融资产交易经营者——从事数字金融资产交易的法人，它完成如下形式的数字货币交易：把一种形式的数字金融资产转换成另一种形式的数字金融资产；或者（并且）把数字金融资产转换成"卢布"或者其他外币。从事数字金融资产的交易者只能是法人，它需要根据俄罗斯联邦法律创建，并且根据俄罗斯1996年4月22日的《证券市场法》第三条至第五条规定开展经营活动；它也可以是根据2011年11月21日俄罗斯《贸易组织法》第三百二十五条规定的贸易组织者。

点评：俄罗斯会设立"数字金融资产交易所"（Оператор обмена цифровых финансовых активов），由它来负责数字货币的交易。回顾我们金融体系，在证券行业中的"上交所""深交所"等均为证券交易所，在未来像数字货币的交易，设置类似的"数字金融资产交易所"

是一个好办法。那么任何人(个人或者法人)要完成数字资产交易,都需在数字资产交易所完成。当然,作为数字资产交易者只能是法人,不能是自然人。

Валидация цифровой записи-юридически значимое действие по подтверждению действительности цифровых записей в реестре цифровых транзакций, осуществляемое в порядке,установленном правилами ведения реестра цифровых транзакций.

数字登记验证——它旨在于证明在数字交易表中完成的数字记录的合法有效性。数字登记验证需要根据数字交易注册规则完成。

点评:数字货币极容易被用于"洗钱""贩毒",因此该部法律草案设立了数字登记的验证制度,以确保数字货币交易的合法性。

Майнинг-предпринимательская деятельность,направленная на создание криптовалюты и/или валидацию с целью получения вознаграждения в виде криптовалюты.

"挖矿"——挖矿是一种创业活动,具体为创建加密货币或(和)以获得加密货币报酬的计算验证活动。

点评:Майнинг,在俄文中表示"挖矿",它是类似像比特币运算机制中通过算力竞争来获取记账权,由此获得比特币奖励。

Криптовалюта-вид цифрового финансового актива,создаваемый и

учитываемый в распределенном реестре цифровых транзакций участниками этого реестра в соответствии с правилами ведения реестра цифровых транзакций.

"加密货币"——数字金融资产一种形式，基于数字交易行为规则，它在数字交易的分布式记账中被创建和记录。

点评：需要注意，本法在对加密货币的解释中，"分布式"记账（распределенной реестр）是这里最为重要的关键词，显然，任何由国家或者企业发行的"中心化"模式的数字货币，不属于这里的加密货币。

Токен–вид цифрового финансового актива, который выпускается юридическим лицом или индивидуальным предпринимателем(далее–эмитент)с целью привлечения финансирования и учитывается в реестре цифровых записей.

"代币"——数字金融资产的一种形式，它被法人或者个人经营者发行，发行的目的是基于募集资金，并且记录于数字记录的账本中。

点评：这里对于大家熟悉的数字货币发行（ICO）进行了规范，并认定了它的合法性。我国现在是全面禁止ICO的。简言之，在我国，既有数字货币可以作为商品交易，但不允许ICO（重新发行数字货币）。在俄罗斯的这部法律中，它还允许个人或法人均可以发行代币，当然俄罗斯法律并不认为这是货币，界定为"数字金融资产"。

Смарт–контракт–договор в электронной форме, исполнение прав и обязательств по которому осуществляется путем совершения в автоматическом порядке цифровых транзакций в распределенном реестре цифровых транзакций в строго определенной им последовательности и при наступлении определенных им обстоятельств.Защита прав участников(сторон)смарт-контракта осуществляется в порядке,аналогичном порядку осуществления защиты прав сторон договора,заключенного в электронной форме.

"智能合约"——以电子形式出现的合同，依据"智能合约"自动实现各方的权利义务。"智能合约"以分布式记账的方式存在，并且按照它所确立的严格顺序和它所确定条件的成就作为合约执行的前提。"智能合约"缔约方的权利实现需要依据"智能合约"所确定规则实现。

点评：Смарт-контракт，它在俄文中表示"智能合约"，等价于英文中的"smart contract"。这部法律对于区块链中极为重要的一个概念"智能合约"给予了明确的解释。依据该条，"智能合约"应当具备两个必要条件：一个是电子化的协议（договорвэлектроннойформе），或者说一个计算机程序；另一个就是"分布式"（враспределенном реестре），显然，任何中心化的程序，如"滴滴打车"，都不能称为"智能合约"；只有具备去中心化的"分布式"特点的程序，才能称其为"智能合约"，因此，按照该部法律所规定的"智能合约"，只能依据分布式的区块链技术来支撑。

Цифровой кошелек-программно-техническое средство,позволяющее хранить информацию о цифровых записях и обеспечивающее доступ к реестру цифровых транзакций.Цифровой кошелек открывается оператором обмена цифровых финансовых активов только после прохождения процедур идентификации его владельца в соответствии с Федеральным законом от 7 августа 2001 г. №115-ФЗ, О противодействии легализации(отмыванию) доходов,полученных преступным путем,и финансированию терроризма.

数字钱包——它是一种计算机程序技术方法，允许用户存储关于数字记录信息并且提供数字交易记账。数字钱包只能由数字资产交易运营商向用户开放，运营商在开放数字钱包时应遵守2001年8月7日的联邦法律《打击犯罪所得（洗钱）和恐怖主义的法案》(№ 115-Ф З)。

点评：当下“数字钱包”的概念（Цифровой кошелек）已被广泛运用。在当下区块链领域较有影响力的两个平台，比特币、以太坊中都广泛运用数字钱包，如以太坊中的“Ether Wallet”已被以太坊用户广泛使用。数字钱包在本质上是给予用户支配数字货币账户的权限。简言之，区块链是比较复杂的，并不是每个用户都是计算机专家，如何让普通用户直接看到自己的余额、完成转账，或是查看交易记录，就需要一个程序帮助用户来完成这些事情，这就是“数字钱包”。所以，将数字钱包界定为一种计算机程序技术方法（программно-техническоесредство)。

Статья3Особенности выпуска токенов.

第三章　代币发行的特征

1. В целях настоящего Федерального

закона под выпуском токенов понимается последовательность действий, направленная на отчуждение эмитентом токенов их приобретателям.У токена определенного вида может быть только один эмитентЛица,не являющиеся в соответствии с Федеральным законом от 22.04.96 № 39-Ф З “О рынке ценных бумаг”квалифицированными инвесторами,могут приобрести в рамках одного выпуска токены на сумму не более пятидесяти тысяч рублей.При этом приобретение токенов лицами,не являющимися в соответствии с Федеральным законом от 22.04.96 № 39-Ф З “О рынке ценных бумаг”квалифицированными инвесторами, осуществляется только путем зачисления приобретаемого им токена на специальный счет,открываемый приобретателю оператором обмена цифровых финансовых активов,являющимся владельцем цифрового кошелька,используемого для хранения информации о приобретаемых токенах и порядке доступа к реестру цифровых транзакций.

基于俄罗斯联邦法律，代币的发行被理解为购买者从代币发行者购买代币的一系列行为。某个确定种类的代币只能有一个发行者。如果不属于依据1996年4月22日的俄罗斯《证券市场法》(№ 39-Ф З)规定的合格投资者(非合格投资者)，只能获得不超过5万卢布的代币，在这种情况下，非合格投资者购买的代币只能记录在特殊账户，这个特殊账户是由数字金融资产交易的运营商（用于保存获取代币信息和访问数字交易账本的数字钱包的所有者）为非合格投资者开设。

点评：在该法中，俄罗斯区分“合格投资者”与“非合格投资者”概念。作为合格投资者投资数字货币是没有额度限制的；但如果是非合格投资者，购买每一个类别代币不得超过5万卢布。（大约5000元人民币）。当然，5万卢布只限制购买一类代币，投资者可以购买多个类别代币。该法对于购买类别数量并没有限制。应当承认，为了防止系统性的金融风险，将投资者进行区分是有必要的。我国在未来有关数字货币的相关立法中，也有必要作出区分。

В случае приобретения токенов лицами, являющимися в соответствии с Федеральным законом от 22 апреля 1996 г.№ 39-Ф З “О рынке ценных бумаг”квалифицированными инвесторами, цифровой кошелек, используемый для хранения информации о приобретаемых квалифицированным инвестором токенах и порядке его доступа к реестру цифровых транзакций, может быть открыт на имя такого квалифицированного инвестора.

当合格投资者（符合1996年4月22日的《俄罗斯证券市场法》（№ 39–Ф З）规定获取代币的情况下，数字钱包（用于保护代币信息和访问数字交易账户）可以以合格投资者的名义开设。

点评：俄罗斯将数字货币的投资者区分合格投资者与非

合格投资者，并进行分别管理，如前文所述，非合格投资者购买一类代币的金额不得超过5万卢布。不仅如此，还体现在该条对于“数字钱包”权限管理方面，对于合格投资者而言是可以开设数字钱包的。简言之，合格投资者拥有自己独立的账户并可以自行管理账户；但对于非合格投资者，不能开设数字钱包的，他们所投资的数字货币只能放在交易所的一个特殊账户上。

2.Процедура выпуска токенов состоит из следующих этапов:

代币发行分为以下几个流程：

–опубликование эмитентом токенов в сети в информационно–телекоммуникационной сети(Интернет)оферты, содержащей предложение о приобретении выпускаемых им токенов,(далее–публичная оферта о выпуске токенов),инвестиционного меморандума, а также иных документов, необходимых для выпуска токенов;

通过互联网发布代币，允许购买者购买代币（包括代币发行的公开报价），提供投资备忘录以及其他代币发行的必要文件；

–заключение договоров, в том числе в форме смарт–контракта, направленных на отчуждение и оплату токенов их приобретателями;

以“智能合约”的方法签订协议，购买代币；

3.Публичная оферта о выпуске токенов

должна содержать:

代币发行的信息公开应当包括：

сведения об эмитенте и его бенефициаре (при наличии): полное наименование эмитента токенов и его бенефициара (при наличии), место нахождения постоянно действующего исполнительного органа эмитента и его бенефициара (при наличии), официальный сайт эмитента в информационно-телекоммуникационной сети "Интернет";

关于发行者和受益者（如有）的资料：代币发行者及其受益者（如有）全称，发行者及受益者（如有）常设机构所在地址，发行者的官方网站；

сведения о валидаторе: полное наименование (для физического лица-фамилия, имя и отчество) валидатора, осуществляющего валидацию цифровых записей в реестре цифровых транзакций выпускаемых токенов, место нахождения постоянно действующего исполнительного органа (для физического лица-адрес места жительства), официальный сайт в информационно-телекоммуникационной сети "Интернет";

关于验证者的资料：公司全称（对于自然人为姓、名和父姓），常设机构的所在地址（对于自然人为居住地址），官方网站；

сведения о лице, осуществляющем

депозитарную деятельность, которому передаются на хранение экземпляры публичной оферты о выпуске токенов и инвестиционного меморандума (в случае, если эмитент самостоятельно учитывает права владельцев токенов);

保管者的相关资料：保管者负责保存公开报价和投资备忘录的副本（在这种情况下，如果发行者独立考虑代币所有者权利）；

права, предоставляемые владельцу токена и порядок осуществления таких прав;

授权代币所有者的权利以及行使这些权利的方法；

цену приобретения выпускаемого токена или порядок ее определения;

购买公开发行代币的价格或者确定它的程序；

дату начала заключения договоров о приобретении выпускаемых токенов;

购买代币协议的签约日期；

порядок направления акцепта публичной оферты о выпуске токенов, в том числе срок для направления акцепта, а также порядок оплаты приобретаемых токенов;

接受代币发行公开报价的方法，包括接受的日期以及购买代币的付款方式；

указание на то, что лица, не являющиеся в соответствии с Федеральным законом от 22 апреля 1996 г. № 39-ФЗ (О рынке ценных бумаг) квалифицированными инвесторами, могут приобрести в рамках одного выпуска токены на сумму не более пятидесяти тысяч рублей;

对于不符合1996年4月22日《俄罗斯证券市场法》(№ 39-Ф 3)规定的合格投资者，其购买一类代币的总额不得超过5万卢布；

правила ведения реестра цифровых транзакций;

数字交易记账行为规则；

информацию о порядке открытия цифровых кошельков, используемых для хранения информации о приобретаемых токенах и порядке доступа к реестру цифровых транзакций;

开设数字钱包的规则（数字钱包用于保存购买代币的信息）与访问数字交易记账的规则；

иные сведения, определенные эмитентом;

代币发行者所确定的其他规则。

Публичная оферта о выпуске токенов должна быть подписана усиленной квалифицированной подписью лица, осуществляющего исполнительного органа единоличного исполнительного органа юридического лица-эмитента или индивидуального предпринимателя-эмитента.

代币的公开需要有发行人的合格签名。在发行人是法人的情况下，需要由该法人中履行执行事务的人签名；如果发行人是个体经营，则需要由个体经营者签名。

Если учет прав владельцев токенов ведется эмитентом самостоятельно, то эмитент обязан передать на хранение экземпляр публичной оферты о выпуске токенов и инвестиционного меморандума лицу, осуществляющему депозитарную деятельность.

如果代币所有者的账户由发行人独立来维护的话，发行人有义务把发行代币公开报价的副本和投资备忘录的副本交给专门的保管人员来保管。

点评：本法针对代币发行（Initial Coin Offering，ICO）的程序、提交的资料、具体要求等作出详细规范。ICO这个词类似于证券法中的IPO（Initial Public Offering）。当下各国对于ICO大都没有详细规定，从而也导致ICO的混乱局面。据统计，全球当下已经有超过1000多种数字货币。所以，立法规范ICO也十分必要。各国在证券法中都规定了信息披露制度，本法所涉及的代币发行程序中，也体现了充分的信息披露原则。

4. Инвестиционный меморандум должен содержать:

投资备忘录应当包括：

сведения об эмитенте: полное и сокращенное наименование, цели создания (при наличии), основные виды хозяйственной деятельности;

发行者资料：全称和简称，创造的目的（如果有的话），主要经营活动的种类；

сведения об акционерах (участниках) эмитента, а также о структуре и компетенции органов управления эмитента;

发行人股东（参加者）资料以及发行人管理机构的结构和权限；

основные цели выпуска токенов и направления использования средств, полученных в результате выпуска токенов.В случае, если выпуск токенов осуществляется с целью финансирования определенного проекта, приводится описание такого проекта, в том числе бизнес-план(при наличии) и сроки реализации проекта;

代币发行的主要目的和用途，如果代币发行系针对一个特定项目目的，还需要有这个项目的说明，包括项目计划和项目实施条款；

иную информацию, которую эмитент посчитает необходимым указать в инвестиционном меморандуме;

发行人认为需要在投资备忘录中规定其他必要信息。

Инвестиционный меморандум должен быть подписан лицом, осуществляющим функции единоличного исполнительного органа юридического лица-эмитента или индивидуальным предпринимателем-эмитентом, подтверждающими тем самым достоверность и полноту всей информации, содержащейся в инвестиционном меморандуме.

投资备忘录需要由法人组织中具有执行权限的人员签名

（在法人作为发行人的情况下），或者由个人企业家人员签名（个人作为发行人的情况下），从而确保投资备忘录中的信息均是可靠和完整的。

5. Оферта о выпуске токенов, инвестиционный меморандум, правила ведения реестра цифровых транзакций, а также иные документы, опубликование которых в соответствии с настоящим Федеральным законом осуществляется одновременно с публичной офертой о выпуске токенов, должны быть опубликованы не позднее, чем за 3 рабочих дня до указанной в оферте о выпуске токенов даты начала заключения договоров, направленных на отчуждение эмитентом токенов их владельцам.

所有文件（代币发行报价，投资备忘录，数字交易记账行为规则以及其他文件）都需要与代币发行时的法律法规相吻合，并且发布的时间不得晚于协议开始时间（在代表发行中指定）的3个工作日。

До опубликования оферты о выпуске токенов выпускаемые токены не могут предлагаться потенциальным приобретателям в любой форме и любыми средствами с использованием рекламы.

代币发行之前，拟发行的代币不能以任何形式和任何广告的方法提供给潜在的购买者。

点评：这里有一个关键词：Инвестиционный

меморандум, 我把它译为“投资备忘录”, 事实上它的作用类似于IPO中的“招股说明书”, 它的职责是向投资人介绍代币发行人是谁, 它的组织结构, 发行代币的目的等。事实上, 随着代币发行的规范化, 相关的中介组织也陆续产生, 包括未来的律师业中或许也会有专门的律师来代客户撰写代币发行的相关文件。

Статья 4 Особенности обращения цифровых финансовых активов

第四章 数字金融资产的本质和流通

1. Владельцы цифровых финансовых активов вправе совершать сделки по обмену цифровых финансовых активов одного вида на цифровые финансовые активы другого

вида и/или обмену цифровых финансовых активов на рубли, иностранную валюту и/или иное имущество только через оператора обмена цифровых финансовых активов. При этом указанные сделки, заключаемые с привлечением оператора обмена цифровых финансовых активов, являющегося организатором торговли в соответствии с Федеральным законом от 21 ноября 2011 г. № 325-ФЗ “Об организованных торгах”, должны осуществляться в соответствии с Правилами организованных торгов цифровыми финансовыми активами, зарегистрированными в Центральном банке

Российской Федерации.

数字金融资产的所有者有权按如下交易模式完成交易：将一种代币转换成另一种代币和（或）将一种代币转换成卢布（其他法定货币或其他形式货币），但这种交易只能通过金融资产交易经营者才能完成。在这种情况下，由数字金融资产经营者（符合2011年11月21日俄罗斯联邦法律《有组织贸易法》（№ 325-Ф З规定的经营者）参与的经营活动，应当符合数字金融资产交易规则（需要在俄罗斯中央银行注册）。

2. Сделки по обмену цифровых финансовых активов лицами, не являющимися в соответствии с Федеральным законом от 22 апреля 1996 г. № 39-Ф З (О рынке ценных бумаг) квалифицированными инвесторами, осуществляется только путем зачисления или списания цифровых финансовых активов со специального счета, открываемого оператором обмена цифровых финансовых активов, являющимся владельцем цифрового кошелька, используемого для хранения информации о цифровых финансовых активах и порядке доступа к реестру цифровых транзакций. Порядок открытия и ведения указанных специальных счетов устанавливается Центральным банком Российской Федерации.

如果是非合格投资者（不符合俄罗斯1996年4月22日《证券市场法》规定的合格投资者），他们只能通过金融资产交易经营者的账户来完成交易，但是数字金融资产运营商才是钱包的真正所有者。钱包在数字交易中有储存数字金融资产信息并且可以访问数字金融资产交易记账的权限。特殊账户的开户规则由俄罗斯央行确定。

点评：按照该法，比特币或其他数字货币的持有者可以进行数字货币交易，包括将比特币换成以太币（或其他货币），也可以将比特币换成卢布（或人民币等其他货币），事实上，这也将引发外汇管制的相关问题。各国大都规定，外汇兑换会有限额，如果允许比特币与其他货币完成兑换，这里的比特币也就具备了一定的"货币"属性，只不过该法并没有将比特币称为货币，而是"数字金融资产"。可以预见，后期此项规定势必会与外汇管制的相关规定衔接，比如，用比特币兑换法币时会有一定的限额，缺少类似的规定，也就意味着外汇管制失灵。

Статья 5.Порядок вступления в силу настоящего Федерального закона

第五章　本法生效的条件

Настоящий Федеральный закон вступает в силу по истечении 90 дней с даты его официального опубликования.

本法自公布之日起90日内生效。

点评：根据现有进度，该法或将在2018年5月1日左右生效。

Президент Российской Федерации

俄罗斯总统

注：俄文引自俄罗斯财政部网站

第十二篇
PART 12

物联网的法律挑战

在万物互联的时代，所有的物都存在两个世界里面，一个是物理世界，另一个是虚拟世界，它甚至穿梭于物理世界与虚拟世界之间。以家用电器为例，虚拟数据可以远程控制家用电器，家用电器的数据又会返还到云端。因此，在这样的时代，“物权”的概念将被重写，传统“物权”与“债权”二元关系理论也需要被重新解读。

物联网的法律挑战

一、物联网：从物理世界到虚拟世界

物联网最早于 1999 年提出，英文名称叫“The Internet of Things”。[1]原本，一个“物”存在于物理世界当中，比如一个杯子，它有长、宽、高，我们用眼睛能够感知到它的存在。在万物互联的时代，任何东西都可能被连入互联网中，物从物理世界走向可以无限延展的虚拟世界，具体而言，它是通过以下两种路径完成了这种延展：

第一，外部信息捕捉，即通过技术手段将物的信息捕捉到网络信息中，如人脸识别，它通过捕捉人脸信息并将分析结果存储到服务器中，在这一过程中，人不仅存在于物理世界中，还存在于无限的虚拟世界中。无人驾驶中也使用摄像头来识别外界事物，车辆甚至可以自动判断前方系红灯还是绿灯，摄像头同样把物理世界带入了虚拟世界。物理世界中物是孤立的，然而它一旦进入了虚拟世界，就可以完成分析比较，孤立的物

1 张鸿涛：《物联网关键技术及系统应用》（第2版），机械工业出版社2017年版，第2页。

相互成为集群，在程序运算中彼此相互作用。

第二，内嵌数据，即在物的内部嵌入数据传感设备，借助“阅读器”就可以把物的全部数据读取出来。比如RFID（Radio Frequency Identification）标签，又称“无线射频识别技术”，当把这个标签放在身份证中，身份证不但具有物理属性，同时还具有电子属性。身份证原本是一个物理世界的物，如必要时出示身份证以便核验。然而，当用身份证购票时就需要将其放入机器指定位置，“阅读器”就可以自动读取身份证信息，这一时刻，它又从长、宽、高的物理世界走向了无限的虚拟世界。再如，全球定位系统，手机里安装这种定位装置，它就把整个车辆带入了全球导航系统，这一系统又将所有车辆纳入物联网体系中，以便用户在叫车时可以实现资源的优化配置。

上述两种方法（外部信息捕捉与内嵌数据）都可以实现万物互联。不过，这两种方法存在重大区别：外部信息捕捉其实质是把物的物理信息转化为电子数据，通过机器学习可以让机器学会识别外部事物并完成对其特征分析，通过此种方法搭建物联网，实质上是将外部事物与服务器建立关联性，但外部事物与外部事物之间并没有建立关联性。[1]然而，内嵌数据的方法，则是将客观事物的数据写入其内嵌设备中，机器并不需要通过对其物理特征进行分析，而只需要直接捕捉其内部数据即可将物带入互联网中。要知道，无论机器学习如何发展，很多数据依然无法通过对其物理特征的分析最终获得。比如，一张办公桌此前都由哪些人先后使用过，它售价多少钱，它原产地是哪里等，要获取这些信息，只能通过将RFID标签内嵌到该物当

1　在一般场景下，通过外部信息捕捉的方法并没有在外部事物之间建立关联性，当然，在一些极特殊的应用条件下，比如，机器人在对室内空间丈量的应用中，机器人在捕捉外部信息的同时也会在外部局部事物之间建立关联性，比如屋顶与屋底之间的距离、东墙与西墙之间的距离等。

中，由阅读器来读取的方式完成。通过对物内嵌数据最终可以实现将外物汇总到服务器中，以便服务器将外部事物相互之间建立关联性。

二、RFID（Radio Frequency Identification）的法律价值

（一）RFID标签：万物互联的重要技术

RFID（Radio Frequency Identification）又称“无线射频识别技术”。身份证件中就有RFID标签，当自动购票或者自动打印登机牌时，都需要将身份证放在指定位置，阅读器会自动读取信息，然后完成自动打印，这里所利用的便是射频识别技术，阅读器读取了身份证内嵌的RFID标签的信息。

要读取身份证里射频识别标签，就需要一个阅读器。其实每个自动售票机或者自动打印登机牌的设备里都含有阅读器，它可以读取标签里的信息，知道这个身份证代表的是谁。阅读器读取信息所采用的是无线电信号原理，其特点在于：第一，无线读取，中间不需有物理介质。阅读器在读取身份证信息时中间无须物理介质，甚至中间存在空间或者物理障碍同样可以读取信息。第二，不需要可视读取，与二维码扫描不同，二维码扫描属于可视读取，中间不能有物理障碍，否则无法读取信息；RFID标签信息则不属于可视读取，即使中间有障碍物亦不影响信息读取，即使相距几米范围内有物理障碍亦不影响信息读取。第三，RFID标签本身无须电源，这与网络信号的传输不同，网络信号的传输与发送都需要依赖电源的，但RFID标签本身无须电源。事实上，阅读器在发送电磁信号，RFID标签可以在电磁信号中获取能量并将信息返还给阅读器。基于RFID标签的“无须可视”“无须电源”“无线读取”等特征，这张小小的RFID标签就可以放到任何物体里，从而将物体带入物联网体

系。试想，这可以让企业资产管理变得异常简单，借助RFID标签资产可以完成自动化管理，包括资产流转到谁的手里，使用年限，现在所处位置，都一目了然。

RFID标签可以存储的数据还相当惊人，一个RFID标签大约可以存储几兆（MegaBytes）大小比特数据。[1]所以，一个RFID标签可以存储的数据量足以用于描述商品信息，包括商品价格、厂家、产地等。随着技术发展，该标签存储的数据量还会更大。事实上，现在很多图书馆就在使用RFID标签完成自动借阅读：每本书里都有一张RFID标签，身份证里也含有RFID标签，于是在借阅时RFID标签就将书籍与身份相关联，并且安全门的阅读器还能够识别出RFID标签并判断是否属于非法借阅。我们还可以进一步设想，如果商店里的每一个商品上都含有RFID标签，我们结账时便不再需要排队，这便成为真正意义上的无人超市。我们甚至可以进一步放飞想象力，比如，当我们的鞋子、领带、袜子上都含有这种标签时，也就不会再有如此景象：老婆，我的袜子在哪？老婆，我的领带在哪里？RFID标签或将让“老婆”的功能大打折扣。

（二）万物互联与RFID标签的成本控制

RFID标签可以帮助我们实现万物互联，然而当前它却仅应用于有限的场景，而并非是每一件商品上都含有RFID标签，甚至连商场自动结账的设想都还没有完全实现，其应用困局表现在两个方面：第一，为成本考量；第二，为安全价值。尽管现在的RFID标签已是相当便宜，网上售价大约在1元人民币左

1　1MegaBytes(兆)＝1024KB；1KB=1024Byte，一篇从中国知网下载的文章（PDF格式），大约为200KB，一兆大约为5篇这样的PDF的文章，几兆大约为20篇这样的文章（PDF格式）。

右[1]，即便如此，如果每一件商品上都内嵌一个RFID标签，由此所带来的成本依然十分巨大。RFID技术的确可以帮助我们实现无人超市，如果在每个商品上都打上RFID标签，那么它所产生的成本将远高于它所能节省下来的人力成本，这也是为何当前的无人超市还仅停留在概念阶段的原因所在。

（三）万物互联与安全价值挑战

阻碍RFID标签大量普及另一个重要原因系对安全价值的忧虑。如果每一个商品上都嵌有RFID标签，那么也就意味着每个产品都是一个网络信息源，它们借助阅读器将信息传输到互联网中，那么如果有黑客在RFID标签里嵌入恶意代码，阅读器在阅读标签时，同样会将恶意代码带入互联网络中，这会对整个网络系统造成致命危害。

除了技术安全忧虑之外，RFID标签还产生了公民个人信息安全的忧虑。由于RFID标签可以实现定位功能，如果公民所使用的商品中都含有RFID标签，这也会对公民个人隐私带来巨大挑战。2003年3月，当时飞利浦（Philips）半导体公司宣布，将运送1500万个RFID标签给成衣厂和零售商“贝纳通”，并将它们缝进产品内。这些标签将和“贝纳通”（Benneton）商店货架上、仓库里的RFID阅读机一起相互作用，跟踪它在全球5000个零售公司的库存情况。[2]尽管飞利浦公司一再保证，走出商店后，附有RFID标签的衣服将不再受到跟踪，但是，一些行业专家称，使用敏感度更高的射频识别技术读取装置，罪犯可以扩大跟踪“贝纳通”标签的距离范围。[3]消费者担心，标签在离开商店

1　2000年，每个RFID标签的价格是1美元。许多研究者认为，RFID标签非常昂贵，只有降低成本才能大规模应用。2005年，每个RFID标签的价格是12美分左右，现在超高频RFID的价格是10美分左右。

2　本书编写组编：《中国采购发展报告》，中国物资出版社2010年版，第366页。

3　游战清、李苏剑：《无线射频识别技术（RFID）理论与应用》，电子工业出版社2004年版，第291页。

后仍然可能会被读写器扫描到，以此会让政府或犯罪跟踪检测到其个人行为，面对强烈质疑"贝纳通"最终放弃将RFID标签缝入衣内。有73%的英国人害怕自己可能会成为直销活动的目标，而在所有欧洲人中，则有52%的人也有这方面的担心。[1]

由此，RFID标签给公民带来的技术安全与隐私安全的双层价值挑战，或将成为未来RFID标签普及应用的最大障碍。随着技术发展，其制作成本势必逐渐降低，其成本障碍最终也将扫除。然而，其对安全价值的挑战却需要立法、技术等综合治理，唯有真正扫除公民对安全的忧虑，才可能实现真正意义上的万物互联。

三、物联网时代的物权异化

（一）物即为信息，信息即为物

在物联网时代，"物"同时存在于现实世界与虚拟世界之中，《物权法》只管现实世界，我们还缺少一部规范虚拟世界的法律。在物联网时代，物与信息的区别将更加模糊。在现实世界中，"物"与信息的区分是明显的，《物权法》中的物一般被指"有体物"，[2]而信息则被纳入"无体物"范畴，[3]前者如现实中具有物理属性的物，后者如作为智力成果的信息。在无体物扩张的进程中还创设出"虚拟财产"概念，[4]如游戏装备等。然而，虚拟财产并非物理财产的虚拟化，而是纯粹存在于虚拟世界中的财产，在现实世界中却找不到对应的物。

1.物联网时代，"物"即为信息

物联网将物理世界的"物"信息化，这样，"物"便同时存

1 《大部分欧洲人担心RFID技术将会威胁隐私权》，载网易科技http://tech.163.com/05/0211/16/1CAUH03L000915BF.html。

2 周枏：《罗马法原论》（上），商务印书馆2014年版，第320页。

3 徐开墅主编：《民商法辞典》（增订版），上海人民出版社2004年版，第39页。

4 来小鹏：《版权交易制度研究》，中国政法大学出版社2009年版，第21页。

在物理世界和虚拟世界中，虚拟世界对物的理解甚至比物理世界更加深刻，比如，人对台灯的理解，“这是一台漂亮的台灯”；而机器对它的理解却可能是，这台台灯的价格、原产地、生产厂家，甚至包括台灯外观设计专利的信息等。

2.在物联网时代，信息即为“物”

现实世界中，人对物的控制需要物理的接触，比如，我们要打开台灯或者开启电饭煲，需要用手指实际按下开关，然而在物联网时代，当把台灯、电饭煲连入到物联网之后，我们可以通过APP信息远程控制现实中物，对物的支配不再是物理接触，而是信息控制，控制虚拟世界的“电饭煲”，亦即会对物理世界的“电饭煲”产生实际影响，信息即为“物”的理念也应运而生。

（二）所有权的重新定位

在物联网时代，传统的所有权概念亦在发生“异化”。这是你的手机，这真的是“你的”手机吗？物不仅是“物”，还包括它在虚拟世界中的信息与数据，所以这让“物”有了新的属性。在物联网时代，这种属性渐渐会普及每一个物上，然而，这种普及却又首先从我们最为熟悉的手机和电脑开始。从物权的角度来看，电脑或手机是一个客观的物，人们可以基于物的支配完成对其“占有”“使用”“支配”“处分”。[1]与此同时，当厂家并没有完全丧失对电脑（手机）的支配，周期性的系统更新、数据存储，又让消费者与厂家之间建立了特殊的依赖关系。

原本，人对物享有绝对支配权，这里，“绝对”变成了“相对”。你以为电脑完全是你的，可是当你安装盗版软件时却可能会出现黑屏情况；你以为电脑完全是你的，可当你不及时更新操作系统时，某些功能可能会受限；你以为电脑完全是你的，

1 《物权法》第三十九条规定，所有权人对自己的不动产或者动产，依法享有占有、使用、收益和处分的权利。

可当你电脑丢失时，真正让你伤心的不是电脑，反倒是电脑里存储的信息和数据，如论文、与爱人的亲密照片以及存储其中的电话号码簿等，而厂家“云”端的信息存储和恢复又可以让你的电脑“失而复得”。电脑如此，物联网时代的其他“物”同样如此，对于无人驾驶车辆，你以为车辆完全是你的，然而真正能决定车辆行驶的，却又是云端汇总的算法与数据；你以为车辆完全是你的，可是对车辆享有最终控制权的却是远在千里之外的企业。

（三）“物权理论”与“债权理论”的再探讨

在物联网时代，消费者对物的控制从“绝对”转向“相对”，“完全”控制趋向于“部分”控制，企业在将物交付给消费者后仍然对物可以施加影响，问题在于，企业继续对物施加影响的依据又是什么？解释财产权的视角大致分为两个方面：一个是物权，另一个是债权。[1]

适用“物权理论”[2]或“债权理论”[3]来解释厂家对“物”的影响，会产生不同的法律效果：第一，在物的支配方面，针对厂家在更新操作系统，完成远程向物输入、输出数据等操作时，是否需要经过消费者同意呢？若认定厂家本身对物仍然享有物权，那么上述操作则无须消费者同意；若将厂家的权利认定为债权，上述操作则需要征得消费者（所有权人）同意。债权的本质系“请求权”而非“支配权”，未经消费者同意，任何影响物

1　物权与债权作为两种不同的民事财产权利，具有诸多不同，如反应的财产关系和体现的经济利益、主体与客体、权利的本质和效力、期限、权利变动与发生等。陈耀东主编：《物权法》，南开大学出版社2015年版，第19页。

2　《民法总则》第一百一十四条规定，民事主体依法享有物权。物权是权利人依法对特定的物享有直接支配和排他的权利，包括所有权、用益物权和担保物权。

3　《民法总则》第一百一十八条规定，民事主体依法享有债权。债权是因合同、侵权行为、无因管理、不当得利以及法律的其他规定，权利人请求特定义务人为或者不为一定行为的权利。

使用的行为都将被视为对物权的侵犯。第二，在物的转让收益方面，如果厂家同时还享有物权，那么还有权根据共有份额获取物的转让收益。[1]如果厂家享有债权，其已无权主张物之转让收益。事实上，仅从这一点，赋予厂家物权就已显得极不合理。第三，在侵权救济方面，当物受到侵害（被偷、被盗、被损坏）时，谁有权主张“停止侵害”“损害赔偿”等救济？若认定厂家对物仍享有物权，这意味着厂家仍然有权向侵权人主张“停止侵害”“损害赔偿”等权利；[2]若认定厂家享有债权，则无权直接对物的损害主张救济，只有消费者（所有权人）才有权主张“停止侵害”“损害赔偿”等权利。显然，在物联网语境下，在解释厂家对“物”的影响方面，认定其享有物权或债权所产生的法律效果截然不同。

然而，在物联网时代，在“物权”与“债权”选择模式下，适用“债权理论”解释厂家对于“物”的影响更为合适，理由如下：

第一，赋予公民完整物权，系“公民财产权神圣不可侵犯”原则的必然要求。《物权法》旨在于保护公民的财产权利，[3]其中《物权法》中“物”的交付规则又为所有权移转划清了界限，[4]“物”一旦转移到消费者手中，物的所有权即已完成转变，

1 《物权法》第一百零二条规定，因共有的不动产或者动产产生的债权债务，在对外关系上，共有人享有连带债权、承担连带债务，但法律另有规定或者第三人知道共有人不具有连带债权债务关系的除外；在共有人内部关系上，除共有人另有约定外，按份共有人按照份额享有债权、承担债务，共同共有人共同享有债权、承担债务。偿还债务超过自己应当承担份额的按份共有人，有权向其他共有人追偿。

2 《物权法》关于对物权的保护，规定了返还原物、排除妨碍、消除危险、修理、重作、更换、恢复原状、赔偿损失等多重保护方法。《物权法》第三十五条规定，妨害物权或者可能妨害物权的，权利人可以请求排除妨害或者消除危险。《物权法》第三十七条规定，侵害物权，造成权利人损害的，权利人可以请求损害赔偿，也可以请求承担其他民事责任。

3 吴文平编:《 物权法原理》，知识产权出版社2012年版，第75页。

4 《物权法》第二十三条规定，动产物权的设立和转让，自交付时发生效力，但法律另有规定的除外。

所有权人由厂家变为消费者，这是长期以来全社会达成的交易共识，即使在物联网时代亦不容破坏。物联网语境下“物”的特殊性在于，物永远身处于厂家的网络之中，如此消费者与厂家的相关关系可以从债的视角予以解释，这样既不破坏长期以来的“交付规则”，亦不破坏公民财产神圣不可侵犯的法律原则。在法律上承认消费者的完整物权，明晰在消费者外并不存在任何与消费者共有的其他法律主体，这对于保障物联网时代公民财产安全具有重要意义。

第二，赋予公民完整物权，系“消费者权利保护”的必然要求。任何一个时代都没有像今天这样对消费者的财产权利产生如此大的冲击，基于物联网，垄断者对公民财产甚至隐私可以永远的“侵占”和“掠夺”，[1]在物联网时代，消费者的权利保护正面临严峻危机。为此，有必要赋予消费者完整物权，但考虑到“物”对网络的依赖，理应允许厂家在数据存储、系统更新等方面与消费者之间达成债的约定，以便厂家可以对物施加“合理”影响，但基于债权理论，厂家对物施加的任何一种“影响”都应当征得消费者的同意。

综上所述，厂家对“物”的影响理应以“债权”为依据，而债权形成又源于消费者购买货物时与厂家达成的格式合同。《合同法》将格式合同界定为：“当事人为了重复使用而预先拟定，并在订立合同时未与对方协商的条款。”[2]那么在物联网时代，基于“物”的特殊属性，厂家也会在其格式合同中阐明其对物发挥持续“影响”的权利，然而，厂家所制定的格式合同亦应奉行《合同法》之相关约束，尤其不能包含不公平条款

1 《国外社会科学文摘》编辑部编：《 国外社会信息化研究文摘》(上)，上海社会科学院出版社2016年版，第118页。

2 《合同法》第三十九条第二款规定，格式条款是当事人为了重复使用而预先拟定，并在订立合同时未与对方协商的条款。

和限制消费者主要权利的条款。[1]消费者对于物所享有的完整物权，同样是物联网时代消费者的主要权利，厂家对物的“影响”中任何妨碍和干涉消费者主要权利的行为都将不被允许，即使类似的行为在格式合同中被允许，相关条文理应被视为无效。

四、物联网语境下数据权利

(一)从美国加州《1834参议员法案》谈起

2004年美国加州出台的《1834参议员法案》(Senate Bill 1834)，该法案是全球第一部关于RFID的立法。[2]该法案意在保护RFID下消费者隐私权问题，其规定：任何企业不得擅自利用消费者产品上的RFID标签或RFID阅读器收集、存储、使用或者分享收集到的信息识别个人，除非符合下列所有条件：

(a)该项信息已被法律允许收集。

(b)该信息在借阅者出于借阅目的而登记使用图书馆的收藏资料和享受相关服务(含附有RFID标签的图书或者资料)时，由借阅人自愿提供。

(c)该信息在借阅人实际借阅之前或者完成借阅之后(含附有RFID标签的图书或者资料)均没有被收集过。

(d)该信息仅供借阅者实际借阅所用，且仅限于此。

事实上，《1834参议员法案》提出了对物与数据关系的重新思考，尤其是在物联网时代对于公民隐私和数据的高度关注。

(二)基于“物”的数据权利

在物联网时代，物不仅身处于物理世界，还同时身处在网

---

1 《合同法》第三十九条第一款规定，采用格式条款订立合同的，提供格式条款的一方应当遵循公平原则确定当事人之间的权利和义务，并采取合理的方式提请对方注意免除或者限制其责任的条款，按照对方的要求，对该条款予以说明。

2 http://leginfo.legislature.ca.gov/faces/billNavClient.xhtml?bill_id=200320040SB1834.

络程序中，“物”几乎每时每刻都在制造数据，因此，物联网语境下的“物”也一分为二，一个是现实中的“物”，另一个是物联网中虚拟的“物”。传统的“物权”也裂变为“物权”和“数据权利”。物权仍由《物权法》调整，这里的数据权利又如何定性呢？为了进一步厘清物联网中的数据权利，可以在以下场景下具体追问数据权利的属性：

第一，存储在电脑或者手机信息（数据）归谁所有？

第二，远程操控电饭煲的相关信息（数据）归谁所有？

第三，书籍中RFID标签所记录的信息（数据）归谁所有？

在第一个例子中，电脑（手机）的数据与电脑（手机）本身系合为一体的，缺乏了数据，如手机缺少电话号码簿，手机的正常使用就会受到影响。这里有必要将“数据”从物中抽象出来，作为一类独立权利客体予以考察。用户基于使用电脑（手机）而产生的信息（数据）总体上可分为以下几种情况：第一，智力成果，如用户撰写的文章，用户对其享有知识产权[1]；第二，商业秘密，用户存储在电脑中涉及商业机密受到《反不正当竞争法》的保护[2]；第三，个人隐私，电脑（手机）中存储的与个人

1 《著作权法》第十一条规定，著作权属于作者，本法另有规定的除外。创作作品的公民是作者。

2 《反不正当竞争法》第九条规定，经营者不得实施下列侵犯商业秘密的行为：（一）以盗窃、贿赂、欺诈、胁迫或者其他不正当手段获取权利人的商业秘密；（二）披露、使用或者允许他人使用以前项手段获取的权利人的商业秘密；（三）违反约定或者违反权利人有关保守商业秘密的要求，披露、使用或者允许他人使用其所掌握的商业秘密。第三人明知或者应知商业秘密权利人的员工、前员工或者其他单位、个人实施前款所列违法行为，仍获取、披露、使用或者允许他人使用该商业秘密的，视为侵犯商业秘密。本法所称的商业秘密，是指不为公众所知悉、具有商业价值并经权利人采取相应保密措施的技术信息和经营信息。

隐私有关的信息，应属于“个人隐私”保护的范畴；[1]第四，公民个人信息，电脑（手机）中电话号码簿可以纳入“公民个人信息”范畴，受到相关《公民个人信息法》的保护，[2]欧盟《通用数据保护条例》对于公民个人信息给予严格保护。[3]根据上述信息（数据）的性质，可以将其归入不同法律保护范畴，但上述信息的权利主体应归电脑（手机）的所有人（使用人）所有，信息（数据）的权利亦应奉行“谁制造，谁所有”的基本原则。尽管电脑（手机）厂家也会针对上述信息（数据）提供存储服务，但厂家却与上述信息（数据）“制造”没有任何关系，故而对于上述信息亦不存在任何法定权利。

在用户远程使用“电饭煲”的案例中，相关信息和数据同样也是电饭煲所有者（使用者）制造的，按照“谁制造，谁所有”的基本原则，这些信息（数据）理应也归制造者所有。然而，与电脑（手机）中的信息（数据）不同，相关信息（数据）对于用户而言并无实际使用价值，故而实践中用户亦不会主动争取信息（数据）产权，唯有在上述信息泄露或曝光侵犯公民隐

1 《民法总则》第一百一十一条规定，自然人的个人信息受法律保护。任何组织和个人需要获取他人个人信息的，应当依法取得并确保信息安全，不得非法收集、使用、加工、传输他人个人信息，不得非法买卖、提供或者公开他人个人信息。《侵权责任法》第二条规定，侵害民事权益，应当依照本法承担侵权责任。本法所称民事权益，包括生命权、健康权、姓名权、名誉权、荣誉权、肖像权、隐私权、婚姻自主权、监护权、所有权、用益物权。《侵权责任法》第六十二条规定，医疗机构及其医务人员应当对患者的隐私保密。泄露患者隐私或者未经患者同意公开其病历资料，造成患者损害的，应当承担侵权责任。

2 齐爱民：《中国信息立法研究》，武汉大学出版社2009年版，第110页。

3 欧盟《通用数据保护条例》（以下简称条例）于2016年5月24日生效，并于2018年5月25日正式实施。条例废除了以《1995年个人信息保护指令》（以下简称指令）为基础的关于欧盟数据保护的一般法律框架。欧盟成员国采用不同的解释实施指令，造成各国的保护标准参差不齐。数据保护的改革旨在加强对数据被处理的自然人（以下简称数据主体）的权利的保护，并统一各欧盟成员国的数据保护立法。通过“一站式”监管机制，为在不同国家均由设立地的企业提供一套统一的规则，减轻合规成本。由于欧盟的条例具有直接适用的效力，条例在包括荷兰在内的所有欧盟成员国实施，而不需要成员国通过国内立法实施。条例对自然人及商业运营的企业均有重要影响。

私时，用户才会主张隐私权保护。（相关案例）上述信息或数据虽对用户无商业价值，但对于电饭煲企业则具有重要价值，企业可以基于大数据分析，完善“电饭煲”功能，更好提升用户体验。

在物联网时代，“用户制作数据，企业使用数据”的情况将十分普遍，这不仅存在于“电饭煲”案例中，同时还存在于“无人驾驶车辆”“智能家居”等很多物联网案例中。因此，在涉及信息（数据）权利规范方面，有必要在“谁制造，谁所有”原则下，允许用户与企业就数据利用达成协议。被视为史上最严的欧盟《通用数据保护条例》进一步明确了在用户同意的基础上，企业有权使用公民个人数据，然而公民个人仍享有“知情权”[1]“数据备份请求权”[2]“更正权”[3]“删

1 欧盟《通用数据保护条例》第15条（数据主体的访问权）：（1）数据主体应当有权从控制者那里得知，关于其的个人数据是否正在被处理，如果正在被处理的话，其应当有权访问个人数据和获知如下信息：(a)处理的目的；(b)相关个人数据的类型；(c)个人数据已经被或将被披露给接收者或接收者的类型，特别是当接收者属于第三国或国际组织时；(d)在可能的情形下，个人数据将被储存的预期期限，或者如果不可能的话，确定此期限的标准；(e)数据主体要求控制者纠正或擦除个人数据、限制或反对对数据主体相关的个人数据进行处理的权利；(f)向监管机构进行申诉的权利；(g)当个人数据不是从数据主体那里收集的，关于来源的任何信息；(h)存在自动化的决策，包括第22（1）和（4）条所规定的数据分析，以及在此类情形下，对于相关逻辑、包括此类处理对于数据主体的预期后果的有效信息。

2 欧盟《通用数据保护条例》第15条第3项：控制者应当对进行处理的个人数据提供一份备份。对于任何数据主体所要求的额外备份，控制者可以根据管理花费而收取合理的费用。当数据主体通过电子方式而请求，且除非数据主体有其他请求，信息应当以通常使用的电子形式提供。

3 欧盟《通用数据保护条例》第16条（更正权）：数据主体应当有权从控制者那里及时得知对与其相关的不正确信息的更正。在考虑处理目的的前提下，数据主体应当有权完善不充分的个人数据，包括通过提供额外声明的方式来进行完善。

除权与限制使用权”[1]“数据携带权”[2]“反对权”[3]等基本权利，进而全方面保障公民个人数据不被滥用。欧盟《通用数据保护条例》力求在企业与用户之间完成“公民个人数据”商业使用的合理构建，相关规定在国内立法时极具参考价值。

在“书籍中RFID标签信息”的案例中，同样需要判断相关信息（数据）的权利归属。这里，书籍中RFID标签的信息大致可以分为两部分：其一，RFID标签原有的信息。RFID标签中最初的信息系图书馆输入的，通过扫描其中的信息就可以了解到该书的相关信息，包括出版单位、出版时间、内容摘要、价格等各种信息，上述信息（数据）的权利理应归图书馆所有。其二，RFID标签还会记录读者的信息。读者在借阅书籍的过程中还会不断制造信息（数据），相关信息（数据）还会不断记录到RFID标签中去。比如，谁借阅了多长时间等，相关信息（数据）理应归读者所有。该部分信息还可能会涉及个人隐私，尤其涉及生理、疾病治疗等方面的借阅信息，读者可基于隐私权保护

1　欧盟《通用数据保护条例》第17条：擦除权（“被遗忘权”），数据主体有权要求控制者擦除关于其个人数据的权利，当具有如下情形之一时，控制者有责任及时擦除个人数据：(a)个人数据对于实现其被收集或处理的相关目的不再必要；(b)处理是根据第6(1)条(a)点，或者第9(2)条(a)点而进行的，并且没有处理的其他法律根据，数据主体撤回在此类处理中的同意。

2　欧盟《通用数据保护条例》第20条：数据携带权，当存在如下情形时，数据主体有权获得其提供给控制者的相关个人数据，且其获得个人数据应当是经过整理的、普遍使用的和机器可读的，数据主体有权无障碍地将此类数据从其提供给的控制者那里传输给给另一个控制者：(a)处理是建立在第6(1)条(a)点或第9(2)条(a)点所规定的同意，或者第6(1)条所规定的合同的基础上的；(b)处理是通过自动化方式的。(2)在行使第1段所规定的携带权时，如果技术可行，数据主体应当有权将个人数据直接从一个控制者传输到另一个控制者。……4.第1段所规定的权利不能对他人的权利或自由产生负面影响。

3　欧盟《通用数据保护条例》第21条：反对权，对于根据第6(1)条(e)或(f)点而进行的关乎数据主体的数据处理，包括根据这些条款而进行的用户画像，数据主体应当有权随时反对。此时，控制者须立即停止针对这部分个人数据的处理行为，除非控制者证明，相比数据主体的利益、权利和自由，具有压倒性的正当理由需要进行处理，或者处理是为了提起、行使或辩护法律性主张。

禁止上述信息的泄露，否则可提起隐私权保护诉讼。读者们长期借阅所形成的数据库对于图书馆还具有重要的经济价值，有助于帮助图书馆完成大数据分析，故而还应允许读者与图书馆在保密的前提下就相关数据完成使用协议，相关内容同样会受到有关公民个人信息保护规定的约束。

第十三篇
PART 13

“时间戳”的法律效力

时间是法律的起点，也是法律的终点。在数字的世界中，一切都可以被“封印”“时间戳”。一份文件、一张图片、一串代码，一旦被盖上时间戳，它们便被记入时间轨道，“时间戳”可以作为证据，帮助法官和律师还原案件事实。在法律的空间中，“时间戳”帮助我们穿越过去，奔向未来。

“时间戳”的法律效力

一、“时间戳”的法律意义

1.证明“时间”的法律方法

在法律上，时间是一个很重要的概念，在很多情况下都需要证明一个文件的形成时间，比如，在一合同案件中，两个人签订合同，但合同中有一条款：自签约日之后的相关费用由乙方全部承担，但合同上没有约定签约日期，后来双方就费用金额发生争议，就需要举证证明实际的签约日期。再如，在一份公司盖章的证明文件中，根据该份证明文件，公司就某一问题明确作出承诺并且盖章确认，然而，公司一方却拒不认可，并主张虽有盖章，但该证明文件系伪造的，原告方利用空白的盖章文件，后面再将相关内容打印在这份空白的盖章文件上，这并非是公司真实意思表示，在该案中也需要证明该份证明文件形成的真实时间。

一份纸质文件形成的时间可通过司法鉴定来完成，鉴定机构可以根据纸张和笔墨在空气中氧化的速度等要素来鉴定一份纸质文件大致形成的时间，如果鉴定的时间与该份纸质文件上记载的时间差异较大，那么，法院就有必要重新评估该份纸质文件形成的真实时间了。还需要指出，纸质文件形成时间的司法鉴定是有局限性的，[1]仅仅凭借纸张和笔墨氧化的速度来判断文件形成的真实，仅仅只能界定在一个相对宽泛的时间，还无法精确到一个具体的时间。[2]

2."时间戳"的意义

对于电子文件而言，传统司法鉴定的做法系行不通的。电子文件形成的时间系易变的，这也导致追踪一份电子文件形成的时间成为难题，然而，在很多情况下，这甚至又会影响到当事人的根本利益。比如《商标法》有一个重要规定，商标连续三年不使用即可能会被撤销[3]，一旦涉及相关争议，商标权人就会尽力证明他一直在使用这个商标，这样，商标权人就要举证证明其一直在使用该商标，其中一个重要的证据便是该商标在商业运营中的实际应用。比如在互联网上的销售情况，再如该商品的营销宣传，这其中的主要文件大都系电子格式的。那么，如何有效证明这些文件形成的时间便成为至关重要的问题，如果能够证明该文件系历史形成的，它便可以证明商标权人的商标一直在使用；如果缺乏了时间证据，类似这样的证据极有可

1　欧盟《通用数据保护条例》第21条：反对权，对于根据第6(1)条(e)或(f)点而进行的关乎数据主体的数据处理，包括根据这些条款而进行的用户画像，数据主体应当有权随时反对。此时，控制者须立即停止针对这部分个人数据的处理行为，除非控制者证明，相比数据主体的利益、权利和自由，具有压倒性的正当理由需要进行处理，或者处理是为了提起、行使或辩护法律性主张。

2　法律在时间概念上作出诸多规定，例如，合同签订时间、标的物交付时间、支付价款时间、邀约生效时间等。《合同法》第三十二条规定，当事人采用合同书形式订立合同的，自双方当事人签字或者盖章时合同成立。(合同签订时间)《合同法》第一百三十三条规定，标的物的所有权自标的物交付时起转移，但法律另有规定或者当事人另有约定的除外。(标的物所有权转移时间)

3　常林、张中主编：《证据理论与科学——第四届国际研讨会论文集》，中国政法大学出版社2014年版，第801页。

能被认为系临时制作用于证明使用的证据，如此证据将被最终无法证明商标的连续使用。[1]“时间戳”的意义则在于证明该份文件在历史上某一个时刻的确存在，这对于证明商标的连续使用具有十分重要的意义。

二、看懂一张“时间戳”证书

时间戳证书
Time Stamp Certificate

时间认证机构：国家授时中心
时间戳公钥证书序列号：01 0b 39 5c c7 67 88 6b 49 87 f0 49 e4 55 c8 03
时间戳公钥证书标识：China TSA，China Time-Stamp Authority

申请人：
证件类型：
证件号码：

文件名称：
签发时间：2012-07-19 10:28:06
指纹算法：SHA-1
数字指纹：3E5AD0095CF89497D448E7B2B73C9AD306CAC4 （时间戳认证码）
内容简述：

签发机构：

声明：
使用申请时间戳时的电子文件，通过登陆时间戳服务中心官方网站（www.tsa.cn）或将电子文件提交时间戳中心授权验证机构可对时间戳证书有效性进行验证。

1.“时间戳”证书上的几个要素

这是一份“时间戳”证书，其中有三个要素，一是“申请人”，二是“签发时间”，三是“数字指纹”。显然，这是一个人（法人）要在一个特定的时间对一个特定的文件盖印“时间戳”，当然，这可以是任何一种形式的文件，网页格式、文本格式抑或是视频格式等，该文件的内容系作为证书附件而存在的，它在

1 周学之主编：《理化物证检验学》，中国人民公安大学出版社2002年版，第406页。

证书正文中是看不出来的。证书中有一个至关重要的关键词即为“数字指纹”，准确而言，这是这个特定文件的哈希值，理解了这个哈希值，也就理解了“时间戳”的概念。

哈希算法将任意长度的二进制值映射为固定长度的较小二进制值；哈希值是一段数据唯一且极其紧凑的数值表示形式。[1]“时间戳”的基本原理是将电子数据的哈希值和权威时间绑定，即将一个文件与一个特定的时间对应起来，由此达到证明目的，即一个文件系在什么时间形成的。

2.“时间戳”与哈希值的关系

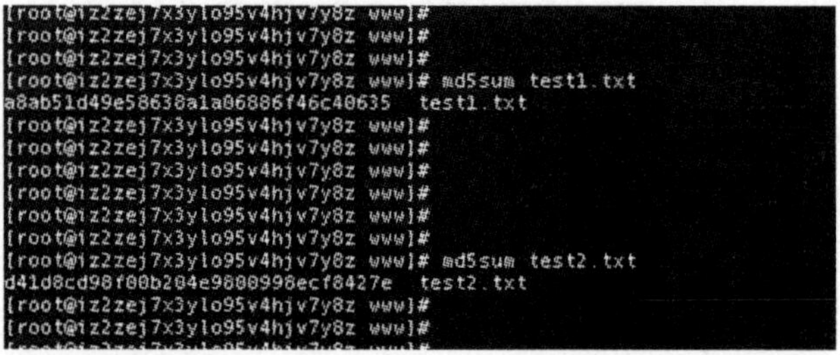

我在实验中取了两个文件的哈希值（test1.txt与test2.txt），这两个文件的哈希值是绝对不同的，按照哈希算法，世界上任何一个文件的哈希值都是独一无二的，在实验中也取到了这两个文件的哈希值，对应文件的哈希值，亦即这个特定文件的“时间戳”。“时间戳”证明文件就是将一个特定的哈希值与一个特定的时间点连接，表明某主体在某一个特定的时间有一个哈希值的文件。如果发生法律纠纷，原告只需要拿出自己手中的文件，如果这个文件的哈希值与证书上哈希值完全相同，就表明这两个文件系一样的，该主体并没有篡改过文件。两个文

1 《商标法》第四十九条第二款规定，注册商标成为其核定使用的商品的通用名称或者没有正当理由连续三年不使用的，任何单位或者个人可以向商标局申请撤销该注册商标。商标局应当自收到申请之日起九个月内做出决定。有特殊情况需要延长的，经国务院工商行政管理部门批准，可以延长三个月。

件是否相同，仅凭肉眼系难以辨别的，但如果计算两个文件的哈希值就很容易作出判断，根据哈希算法，只要对原文件做任何修改，其哈希值都会变化。

三、“时间戳”的证明逻辑

(一)给电子文件“盖印”“时间戳”的法律效力

当原告方给一个特定文件盖印“时间戳”后，它能够产生怎样的法律效力呢？“时间戳”的效力在于在一个特定的时间点对应一个特定的文件，“时间戳”可以监测出这个文件是否有改变，改变后文件的哈希值与此前文件的哈希值一定存在不同，故而，“时间戳”固化了那一时刻的文件内容。至于这个文件在诉讼中到底能发挥什么作用，还需要当事人进一步说明和论证。

在版权侵权的诉讼中，原告方试图用“时间戳”证据来证明自己系作品原创者，然而，“时间戳”能达到证明目的吗？“时间戳”证据仅能直接证明在一特定历史时刻原告方就已经拥有了这样一个作品。原告方证明在历史上的那一时刻就已经拥有了这张图片，这在法律上是具有意义的（稍后会详述）。如果不采用“时间戳”证据，原告方要证明在久远之前自己便已拥有该作品，这的确是一件很困难的事情，比如原告找到的人证、物证等都受到来自被告的种种质疑。然而，“时间戳”证据在证明了原告方曾在历史上的那一时刻拥有该作品，尽管如此，仍然还无法得出原告系作品原创的必然结论。要知道，数字化作品的复制系极其容易的，“你可以有，我亦可以有”；即便原告证明了在久远之前自己已经拥有了该作品，但在逻辑上也有可能系复制他人的作品，因此，原告为达到证明之目的，仍需要提交更充分的证据，包括作品底稿、原创作者（人证）等证据，进而与“时间戳”证据共同来证明自己系作品的原创者。

因此，“时间戳”证据并不能完全得出原告即为原创者的结论。当然，这并不能否认“时间戳”证据的法律意义，事实上，一旦原告向法庭出示了“时间戳”证据，法官会很自然地询问被告，其拥有和使用作品的最早时间，这对于被告而言，是一个十分棘手的问题。如果被告不能很好地说明自己比原告方更早拥有该作品，那么，被告就需要说明，为何自己会拥有与原告相同的作品。当然，被告可以作出这样的解释，虽然自己系在后拥有该作品，但是基于自己独立创作完成的，并且在创作的过程中从未剽窃过他人的作品。当然，《版权法》并不像《商标法》或《专利法》那样奉行“在先申请原则”，尽管作品内容类似，但如果各方系基于自身原创产生的，并没有剽窃他人作品，各方均可独立使用各自作品，这一过程中并不存在权利冲突。然而，当具体到一个特定的作品时，如针对一个精心设计的图片，在后独立创作又与此前作品相同或类似的概率小至如“中彩票”，事实上，被告提出系自己创作的，还需要就自己创作提供更为严格的举证责任，一旦被告不能作出有效解释时，法官便极有可能作出对被告不利裁决。

（二）“时间戳”与1秒误差

在“时间戳”证明效力上还有一个关键词就是“时间”。一个文件的哈希值需要对应一个具体的时间（某年某月某日某一时刻）才会产生法律效力。一个文件一旦被印盖“时间戳”，其哈希值不会随着时间改变而改变，这个哈希值所对应的具体时间也将成法官在庭审时需要了解的重要问题。甚至在有些极端的案件中对“时间戳”所指定的具体时间的要求还要非常精准，比如一位老人家在生前做了两份遗嘱，第一份遗嘱说房子给大儿子，第二份遗嘱说房子要给二儿子。根据《继承法》

的规定，生前订立两份遗嘱的，以第二份遗嘱为准。[1]假定老人又对这两个遗嘱都做了“时间戳”认证，我们再假定，这两个文件“时间戳”只相差1秒，这短暂的瞬间就可能会影响到当事人巨大的财产利益。所以，“时间戳”中的时间就必须要十分精准，这样“时间戳”证据才会具有权威性。

虽然，任何一个电脑都可以计时，在技术上都可以记录印盖“时间戳”的具体时间，但这里的时间是否精准则是会受到质疑的。当然，这需要被告的律师详细了解服务器上的“时间”概念。这里，不妨简要介绍一下服务器时间的形成。以Linux服务器为例，Linux时钟分为系统时钟（System Clock）和硬件（Real Time Clock，RTC）时钟。系统时钟是指当前Linux系统内核（Linux Kernel）[2]中的时钟，而硬件时钟则是主板上由电池供电的时钟，这个硬件时钟可以在BIOS[3]中进行设置。硬件时钟的电池系与电脑运行的电源相互独立的，即使电脑在关机的情况下，硬件时钟的电池依然会给时钟供电，所以当开机时电脑的时间依然是准确的。系统时间系Linux的系统时钟，程序运行时读取的时间便是系统时间。当Linux启动时，系统内核会去读取硬件时钟，然后系统时钟就会与硬件时钟独立运作。当然，要保证硬件时钟与系统时钟保持一致，就需要将两个时间同步。[4]显然，服务器上的时间，无论是系统时钟还是硬件时钟，其时间均是可以修改的，而且像硬件时钟还可能受到电池电量不足等原因导致时间偏离，因此，采用一般的服务器完成印盖“时间戳”时，其时间的准确性便是一个疑问。诚如在前面老人两份

1 蔡延光主编：《数据库原理与应用》，机械工业出版社2016年版，第81页。

2 蔡延光主编：《数据库原理与应用》，机械工业出版社2016年版，第81页。

3 《继承法》第二十条规定，遗嘱人可以撤销、变更自己所立的遗嘱。立有数份遗嘱，内容相抵触的，以最后的遗嘱为准。

4 Linux内核的主要模块（或组件）分以下几个部分：存储管理、CPU和进程管理、文件系统、设备管理和驱动、网络通信，以及系统的初始化（引导）、系统调用等。

遗嘱相差1秒的案件中，毫无疑问，收到不利后果的当事人会对服务器的时间产生质疑。

即使不像1秒遗嘱那样对时间的苛刻要求，即便在“时间戳”印证的普通案件中，人们依然会对时间的准确性提出质疑，毕竟普通服务器的时间系受程序人员控制的。因此，时间的准确性对于“时间戳”证据效力的形成具有重要意义。至此，人们更关心哪里的时间最准确呢？在我国，国家授时中心[1]承担着我国的标准时间的产生、保持和发布任务。联合信任“时间戳”服务中心（UniTrust Time Stamp Authority，TSA），它是由一家科技公司与国家授时中心合作提供“时间戳”服务的机构。其实，在这样的合作中“时间”的权威性至关重要。其实，哈希算法在技术上已不是秘密，我在实验室也经常用到哈希算法。然而，如果要将一个哈希值对应到一个特定的时间点上，时间的权威性就极为重要，这是一个单纯的科技公司无法单独完成的。比如科技公司不与国家授时中心合作，而是和一家公证机构或者和一家律师事务所合作提供“时间戳”业务，这种思路又是否可行呢？我们可以设想这样一个场景，一家公证处正在给当事人提供“时间戳”服务，科技人员先是获取到了这个文件的哈希值，之后公证人员看了下手表（或者电脑）上记载的时间，并将其记录在“时间戳”证明文件中。那么你会完全相信公证员的手表吗？的确如此，时间在传播过程中会基于各种原因受到影响，电池电力不足，时间矫正错误，人为时间控制等。事实亦是如此，我们现在每个人手机上、电脑上所掌握的时间，可能基于各种原因产生错误，当然，在一般的场景下我们并不

1　在计算机领域，BIOS是“Basic Input Output System”的缩略语，译为“基本输入输出系统”，与前者读法相同。计算机在运行时，首先会进入BIOS，它在计算机系统中起着非常重要的作用。一块主板性能优越与否，很大程度上取决于主板上的BIOS管理功能是否先进。

需要绝对精确的时间，但是在“时间戳”的法律效力中谈及这一问题，就需要时间的绝对精准，所以国家授时中心也就成为提供此项服务不可或缺的合作主体了。在这样的商业运营中，时间真正的等于价值了。

四、“时间戳”的法律应用

（一）“时间戳”与原创证明

版权登记中用到“时间戳”，在深圳某版权侵权案件中，原告在证明其图片版权时就用到了《时间戳证书》，原告曾将该图片在深圳版权登记协会进行了“时间戳”登记，法院在最终认定其版权时采纳了该份证据。版权登记中“时间戳”主要用来证明证据形成的时间，比如在那一时刻，原告方是有这个图片的，这是“时间戳”真正的证明效力，但“时间戳”并非能直接得出版权系原告的结论，“时间戳”还需要与其他证据一起，比如设计草图、设计师姓名、创作灵感的来源共同证据原创事实。“时间戳”法律证据价值在于，那一时间点我已经拥有了这个图片，也拥有了“时间戳”，这一事实几乎变得无可争议。如果原告证明了自己很早就已经拥有了这张图片，而被告所有的使用又都是在其后发生的，那么，原告原创的证明大局已定。其道理就在于，被告所谓原创的说法，却出现了与此前作品几乎一模一样的效果，这种概率极低的事件将在法律上难以被认可。所以，“时间戳”在版权原创证明上具有重要意义。[1]

在“沈鹏飞诉被告王聪、杭州阿里巴巴广告有限公司著作权侵权纠纷案”中，原告诉称，被告王聪将原告10幅美术作品印在搪瓷杯上，通过在阿里巴巴上开设的网店销售，侵犯原告著作权。原告的美术作品此前经过“时间戳”认证，并向法院

1　可以将系统时钟同步硬件时间，也可以将硬件时间同步系统时间，从而保证两个时间保持一致。

提交了“时间戳”证书等证据。法院最终确认原告系该系列作品的著作权人。[1]类似的逻辑还发生在《鼎天沐足标准化管理培训教材》系列作品侵权案件中，原告同样拿出版权登记时的“时间戳”证明，由于被告在后的作品与在先原告雷同，由此印证了原告系版权人。[2]在“羽绒服上美术作品侵权案件”中原告向法院提交了“时间戳”证据，涉案美术作品的创作完成时间早于被控侵权产品的销售时间。[3]在“玩家公司摄影作品侵权”案件中，原告方提出了摄影作品的“时间戳”证据，进而证明了自己为摄影作品的原创作者。[4]

（二）“时间戳”与侵权取证

1.给侵权网页加盖“时间戳”的困惑

“时间戳”取证逻辑是文件的哈希值与印盖“时间戳”时的哈希值吻合。所以当被告侵权的时候，就需要固定被告证据，又如何处理呢？要知道原告并没有被告的侵权文件，侵权文件在被告的服务器上，原告虽能看到被告的网页内容，然而要印盖“时间戳”就需要把文件下载到本地，顺着这个思路，如果原告把这个网页存储起来并且把它打上“时间戳”，这在法律上有意义吗？这份“时间戳”文件仅能证明原告电脑上有这样一份印盖“时间戳”的文件，可是该份文件来源于原告电脑，尽管原告在说明中指出，该文件系从被告网站下载的，但原告又该如何说明该份文件来源于被告的，而自己没有做过任何篡改，

1　国家授时中心负责确定和保持我国原时系统TA（NTSC）和协调世界时UTC（NTSC）处于国际先进水平，并代表我国参加国际原子时合作，它是由一组高精度铯原子钟通过精密比对和计算实现，并通过GPS共视比对、卫星双向传输比对法（TWSTFT）比对等手段与国际原子时间标准相联系，对国际原子时的保持做出贡献，目前的稳定度为10E-14，准确度为10E-13。

2　广东省深圳市宝安区人民法院民事判决书（2012）深宝法知民初字第906号。

3　浙江省杭州市滨江区人民法院民事判决书（2014）杭滨知初字第20号。

4　广东省广州市天河区人民法院民事判决书（2012）穗天法知民初字第777号。

事实上，这会是一个让原告无法证明的问题。同样，"时间戳"系亦无法证明该份文件与被告的关系，类似的时间戳证据在诉讼中也将失去法律意义。

2."时间戳"与在线取证

针对被告网页侵权，那种将页面存储在本地电脑上印盖"时间戳"的方法在法律上没有意义，为此，"时间戳"服务机构还提供一种在线取证的方法（在线抓取被告网页并印盖"时间戳"）。具体而言，当原告方将需要取证的文件网络地址输入后，"时间戳"服务器会自动抓取该文件到本地电脑，同时对该文件盖印"时间戳"。事实上，此种取证方法同样无法获取到被告服务器的原文件，依然是将该文件下载到本地服务器，只不过这里不是下载到原告自己的服务器，而是下载到"时间戳"服务机构的服务器上。这与当事人自行提交文件给"时间戳"服务机构印盖"时间戳"相比，这是由"时间戳"服务机构在为原告背书，确保下载到服务器上的文件没有经过任何修改。在法庭上，原告方会将其作为证据提交意在证明被告方侵权。这里的证明逻辑是：第一，"时间戳"服务机构所抓取的内容保证是真实的，这里包含域名内容和网页的内容，域名内容可以表明谁是网站的主人，网页的内容可以表明存在侵权内容。第二，时间标注系准确的，即在某年某月某日的某一个时刻，该网页上面存在上述内容。简言之，它旨在表明侵权事件系何时发生的，侵权时间又会与其他事实共同印证侵权之事实。第三，原告的"时间戳"加密技术是严谨的，任何对文件的修改都会导致"时间戳"验证错误。

事实上，一名计算机工程师，亦可以完成给文件加盖"时间戳"的工作：在线抓取—盖印"时间戳"—出具"时间戳"证明（带附件），然而，这名工程师却无法为第三方出具"时间戳"证据，其原因在于其不具备法律所要求的公信力。因此，"时间戳”证据虽对计算机技术有一定要求，但其根本上还是公信力在发挥主导作用。当然，如果“时间戳”服务机构足够具有公信力，那么其所出具有“时间戳”的证据才可以发挥法律之证明效力。

3.“时间戳”与动态取证

如果原告在做侵权证据固定时，还需要证明页面与页面之间的逻辑关系，尤其是“点击”与“点击”之间的关系时，就需要对整个过程进行公证了。这是没有办法通过固定一个页面完成的，它需要对整个动态过程进行证明。长期以来，人们常常采用公证的方法取证。

针对动态取证的需要，“时间戳”服务机构还发明一种“录像取证”的方法，即是将被告网页内容做动态录像，之后再将录像文件打印上“时间戳”。事实上，这种方法只能证明一个特定的“录像”对应一个特定的时间点，根据“时间戳”原理，任何对文件修改都会改变“时间戳”的哈希值，因此，此种方法更主要用来证明录像系在一个特定时间点形成的，并且在此后没有做任何更改。至于“录像”本身是否真实，则是“时间戳”本身无法证明的。如果该“录像”伊始即存在伪造内容，那么亦不影响印盖“时间戳”，即使后面没有篡改，但该文件自始已为伪造，亦不具有证明之效力。因此，在类似案件中，原告还需要尽力证明，“录像”系真实可信的，而“时间戳”的意义则在于固定了当时的证据，其逻辑是，当时系真实的，那么现在亦是真实的。原告七匹狼公司诉称被告陈国珍在淘宝网经营店铺，大量销售使用七匹狼公司商标标识的服装产品并使用七匹狼商标，侵犯其商标专用权。七匹狼公司提供现场视频等证据予以佐证，法院认定现场视频是在手机客户端上录制并获得“时间戳”认证，最终认定被告陈国珍侵权，判令其赔偿原告经济损失10万元。[1]

(三)"时间戳"与电子病历

电子病历。在发生医疗纠纷的时候,要判断医院是否有过错,这时候病历就成为医疗事故案件中至关重要的证据。医院试图通过病历来证明其不存在医疗过错,然而,这个病历是否经过修改,尤其当下主要是电子病历,修改病历也变得异常容易,因此医院提供的病历往往也会受到原告方的质疑(相关判例)。由此,在电子病历真实性的证明问题上,"时间戳"也就有了更广泛的应用前景。如果在初始就给电子病历打上"时间戳",那么医院拿出来的病历就没有办法造假了,道理很简单,在原始文件所做的任何修改,其哈希值都会改变。这样,在医疗事故的庭审案件中,对于电子病历的真实性就更容易达成共识,而将司法审判聚集于构成医院事故的法定要件。

五、"时间戳"与公证的选择

公证的法律效力源于对国家公权力的信赖。一个意思表示或者一个合同,在公证员证明下完成的法律行为就会具有更高的证明效力。那么,在需要固定证据时,到底是采用公证还是采用"时间戳"便是一个重要选择,如:

案例一:当需要证明自己系作品作者,选择公证还是"时间戳"证明?

案例二:当需要证明侵权方的网络侵权行为,选择公证还是"时间戳"证明?

案例三:当需要证明双方签订的合同是否真实合法有效,选择公证还是"时间戳"证明?

在案例一中,原告方试图证明自己系作品的作者,对于此事,"时间戳"的意义在于论明在历史上的某一个时间点原告方

1 浙江省杭州市中级人民法院民事判决书(2013)浙杭知终字第192号。

拥有这个作品，再辅之以其他证据，最终达到共同证明原告系作品作者之目的。对于此事，公证处在法律上几乎无法发挥作用，无论当事人的任何言词或者行为都无法直接证明它就是原创者，尤其是很多作品创作需要花费大量时间，无法想象一名公证员时刻蹲守其创作者左右，长期伴其创作，故而原创性证明不宜采用公证方法。

在案例二中，当需要证明侵权方存在网络侵权，如侵权方在其网站上使用盗版作品，这在侵权诉讼中是十分关键的证据。在大量的侵权诉讼中，原告习惯于联系公证机关，将被告网站的域名、涉及侵权的网页以及层层点击的逻辑关系全程公证录像，即使被告后期删除侵权内容，该份公证证据也足以能够证明被告侵权事实存在。当然，原告方亦可自行录像，然后在录像文件上加盖“时间戳”。那么，同为录像方式取证，公证与“时间戳”证据何种效力更高呢？对于盖印“时间戳”的录像，其能够直接证明的是，在那样一个历史节点上，存在这样一个录像文件，法官能够直接推演的结论亦是，原告向法庭提交的录像文件与印盖“时间戳”时的录像系完全吻合的，即原告并没有私自篡改该录像文件。尽管如此，被告律师依然会发表类似如下的质证意见：原告如何能够保障自己制作录像文件的真实性？原告又如何保障在取证电脑的底层没做技术手脚？单凭“时间戳”是显然无法直接回答上述问题。然而，在公证取证的情况下，由于有国家公权力机关作为背书，上述疑问自然也就不会存在，从这一意义上讲，公证的效率虽然远低于“时间戳”取证，但其在总体证明效力上却要高于“时间戳”取证。

在案例三中，当事人需要证明双方签订的合同真实、合法、有效。双方当事人可以在公证员的证明下签订合同。虽说公证并非系协议生效的必然条件，但经过公证的协议，其法律效力明显强于普通协议。需要公证的协议范围更加广泛，尤其包括传统的书面协议，然而，“时间戳”证据仅能适用于对电子协议的证明。“时间戳”的证明效力也主要体现为在历史上的某一个时刻存在这样一份电子协议文件，至于该合同是否系当事人真实意思表示却系无法证明的。

第十四篇
PART 14

无人驾驶的法律愿景

无人驾驶的时代似乎已扑面而来。在这样的时代，交通法律将面临彻底变革，传统的“酒驾”“疲劳驾驶”等概念也将成为历史，传统的“过错责任原则”也将迭代为“产品质量责任原则”。与此同时，传统基于人的过错所设计的保险制度也就演变为对产品的保险。事实上，无人驾驶时代，比车辆行驶安全更加紧迫的是网络安全，黑客侵入的威胁超过已往任何时代。无人驾驶法律绿灯何时打开，这一切均取决于“安全”价值的最终实现。

无人驾驶的法律愿景

第一，无人驾驶引发事故，谁来赔偿？保险制度何去何从？

先从两个数字开始谈起。一个是120万，另一个是94%。这里的关键词是无人驾驶和事故。说到无人驾驶，我们绝大多数人都会有一个共识：无人驾驶会减少交通事故的发生。这也是每一个无人驾驶汽车制造企业在游说政府和立法保护无人驾驶产业发展都会用到的理由：全世界每一年会有120万条生命死于交通事故，其中，94%的交通事故都是由人为失误造成的。[1]显然，这里的人为失误包括酒驾、无证驾驶、玩游戏、发微信、斗气飙车等。这意味着什么？这意味着无人驾驶每年会挽救上百万人的生命，还能够解放司机的劳动力。

无人驾驶有很多好处，那么它对法律会有什么影响呢？在无人驾驶时代，传统法律上的很多概念可能要逐步消失了，包括酒驾、无证驾驶、疏忽大意，甚至包括交通肇事罪，还有交通肇事逃逸，所有的数据都被记录下来，逃逸是没有必要的。其

1 《美媒:美称30年内靠自动驾驶技术消灭交通事故》，载新华网http://www.xinhuanet.com/world/2016-10/08/c_129313009.htm。

实，人们对这样的场景是很期待的。我引用新版《再别康桥》，别了，酒驾，我悄悄地走，犹如我悄悄地来，挥一挥衣袖，不带走一滴好酒。无人驾驶才是今晚的康桥！

这一切将深远地影响交通法的立法基础。传统交通法所奉行的过错责任原则将被淡化。大家知道现代交通法奉行的是过错责任原则，发生交通事故后，无论是交警的定责，还是法院的判决，彰显的主要是侵权责任法上的“过错责任原则”，过错责任原则也由此成为现代交通法的基石。[1]那么，在无人驾驶时代，传统交通法上的过错责任原则将被彻底淡化，人们会将注意力聚焦在产品质量方面，而不是司机的过错。可以预期，在未来的5～10年，传统《道路交通安全法》上的“过错责任原则”也将迭代为《产品质量法》上的严格责任原则。我甚至认为，从过错责任到严格责任的迭代，这是无人驾驶带给侵权责任法的最大变化。

严格责任原则，在司法中也被称“无过错责任原则”，它意味着车企将对事故的发生承担最终责任。那么车企会关心，在严格责任下自己还有没有免责事由呢？当然，严格责任也有免责事由，只不过车企的免责事由是极为苛刻的，比如你有证据证明事故是由司机的故意所导致的，可以想象，这是一件很难的事情！所以，在无人驾驶之前，交通事故多，但基本上都和车企没啥关系；然而在无人驾驶时代，交通事故少，但个个都与车企有关系。因此，车企有必要为这一法律格局改变做好准备。

这里我还想回答这样一个问题：从过错责任到严格责任，这一历程到底需要多长时间呢？如果从无人驾驶技术标准来回答的话，它大致等于无人驾驶从L0级到L5级过渡的时间。按

1 刘文杰：《过错概念的内涵》，载《中外法学》2009年第21卷第5期。

照国际分类标准，自动驾驶技术从L0级到L5级，[1]L0级是最低级的，我们现在的纯粹人工驾驶即为L0级，司机可以在里面睡觉的属于L5级。那么我们现在已经上路的自动驾驶，大致属于L3级或L4级的样子。那么从L3～L4级，到L5级，我觉得还有一个相当长的时间，而在L5级之前，准确地说只能是自动驾驶，而无非无人驾驶。自动驾驶与无人驾驶这两个概念常被学界和司法界混淆。事实上，这两个概念有重要区别。何为无人驾驶，真正意义的无人驾驶，意味着司机可以在里面睡觉，即汽车行业所说的L5级的标准，它意味着我们的盲人朋友也可以驾驶车辆。自动驾驶则不然，比如L3级或L4级的标准，虽然车辆可以自动巡航，司机仍然负有监管责任。

自动驾驶作为无人驾驶的过渡是具有重要意义的，并且两者是有本质区别的。关于自动驾驶与无人驾驶在法律上的区别，这里我想引用2017年5月德国联邦议会通过的一部法案。[2]该法案允许“自动驾驶”，但为了符合1968年《维也纳道路交通公约》第八条“每一部车辆在行驶时都必须有驾驶员在位”的规定，它没有允许“无人驾驶”。它规定，当自动驾驶系统启动之后，司机可以转移注意力，比如去读书或上网，但司机必须保持足够的警觉，以便在系统发出请求时恢复人工控制。[3]显然，按照相关的法律，在自动驾驶状态下，司机是负有监管责任的。

1 由SAE International 国际自动机工程师学会（也称为SAE）制定的最新修订版SAE J3016(TM)《标准道路机动车驾驶自动化系统分类与定义》标准，于2018年6月15日发布。按照SAE的分级，SAE International国际自动机工程师学会制定了J3016自动驾驶分级标准，将自动驾驶技术分为L0~L5级共六个等级。L0级代表没有自动驾驶加入的传统人类驾驶，而L1~L5级则随自动驾驶的技术配置进行了分级，载https://www.sae.org/standards/content/j3016_201806/preview/。

2 张韬略、蒋瑶瑶：《德国智能汽车立法及〈道路交通法〉修订之评介》，载《德国研究》2017年第32卷第3期。

3 Vienna Convention for Road Traffic：https://www.unece.org/fileadmin/DAM/trans/conventn/crt1968e.pdf.

如果司机睡着了，最后发生事故，这种情况下司机是要承担责任的，而不能简单地对制造商适用严格责任。

因此，在自动驾驶时代，人和车都是负有义务的。在这种场景下，将出现“过错责任”和“严格责任”交错适用的局面。德国2017年自动驾驶法案对一论题的论述更加透彻，它规定：如果自动驾驶模式正在运行过程中发生了事故，责任在于汽车制造商；如果是人为驾驶，责任在司机；当然，如果自动驾驶系统发出了请求人工控制的信号，司机不作为，没有及时转为人工控制，责任才会转移到了汽车的驾驶人员身上。德国的相关立法的经验可为我国后期立法借鉴。因此，我们可以相信，在L5级即完全的无人驾驶时刻到来之前，过错责任和严格责任交错适用的局面还将长期存在。这种法律局面的形成，从根本上是由于当下技术的发展水平所决定的。

那么，为了能让大家对无人驾驶时代法律责任承担，我想引用一个案例：

乔舒亚·布朗是在2016年5月，一辆特斯拉汽车（Model S）发生交通事故的主人公。2016年5月，一位特斯拉汽车40岁的驾驶员乔舒亚·布朗行驶在美国佛罗里达州宽阔的道路上，自动驾驶汽车撞上了一辆白色的大卡车。特斯拉驾驶员、车主布朗当场毙命。

事故发生后，人们都在探求死亡的原因到底是什么呢？责任到底在谁？

事后特斯拉发布了一份报告。特斯拉在这份报告中是这样解释的：在强烈的光照下，摄像头未能识别出拖车。大家知道，无人驾驶中，摄像头的作用很重要，比如它看到红灯会停，主要是依据摄像头收集到的图像识别。其实，无人驾驶还依赖于雷达（电磁波雷达和激光雷达）和车辆上面的各种感应装置来接收信息。这些装置也在进行不断收集外界信息，进行计算处理，这些是和日光之间没有联系的，那么，在这种情况下，雷达也失灵了吗？那为什么没有启动刹车装置呢？还有车辆的感应装置，这些感应装置也都失灵了吗？事后，一位专门从事无人驾驶投资的朋友和我做了进一步的解释：无人驾驶车辆将阳光下白色的货车识别为白云。总之是车辆出了问题，那么，当时乔舒亚·布朗在干什么呢？如果说摄像头没识别出来，人眼总能看出来，当时，他正在驾驶室里看电影《哈利·波特》。所以，这里车和人都有责任。

事实上，图像识别是无人驾驶中十分重要的技术，摄像头要能识别前方情况，比如它要能准确地识别出前方的事物。无人驾驶将白色车辆识别为白云，这是可以进一步通过机器学习弥补和完善的，在这方面，无人驾驶还需一个相当长的机器学习的过程。再举一个黑猩猩的例子。无人驾驶需要能够准确区别人与动物，以便在紧急避险时做出选择，Google公司的图像识别技术居于全球领先地位。可是直至今天，它依然会把我们的黑人兄弟误认为“黑猩猩”，2015年的时候这一技术缺陷就曾引发黑人朋友的不满。两年过去了，这一识别仍然没有实质进步，以至于Google当前不得不在图片识别中去掉黑猩猩这个类别。[1]

因此，上述的案例是给我们启示的。技术的成熟需要时间历练，产业的激情永远要让位于安全价值的考量，因此，立法允许自动驾驶，慎重适用无人驾驶，交错适用严格责任与过错责任，或将成为未来5～10年最有可能的立法格局。当然，无论适用哪种法律原则，无人驾驶、交通事故都离不开一个重要的制

1 关于图像识别，我在实验室也会应用图像识别，比如在做商标近似侵权的时候，机器学习的时候，它算的是概率，如果特征累积值大于50%就会作出判断。同样，在图像识别黑猩猩还是黑人的时候，同样也是根据相类度完成判断的，所以计算机识别后的结果就有可能把人当成黑猩猩了。

度——保险制度。大家知道，保险制度对交通业的发展可以说是功不可没。在无人驾驶时代，它还将发挥更加突出的作用！车辆企业所遇到的所有风险几乎都可以通过保险制度得到解决：无人驾驶的产品质量责任，可以通过保险解决；由于产品质量问题无人驾驶车辆被大批量召回的风险可以通过保险解决；无人驾驶网络安全的风险，可以通过保险来解决；甚至生产无人驾驶车辆所面临的知识产权侵权风险，也可以通过保险制度解决。所以，在人工智能时代和无人驾驶时代，保险业也迎来了前所未有的发展机遇。

这里我无法完全展开，我想重点谈一谈在无人驾驶时代保险法上一个重要的险种——"交强险"的立法变化，它的全称系"交通事故强制责任险"。这个交强险好处有两个：一是快，一旦造成事故，保险公司先承担责任，保障受害者第一时间获得救济。二是分散风险，人体的交通事故最终也分散给全社会共同承担。那么，在无人驾驶时代，交强险同样很重要！这里我想引用2017年2月22日，英国政府出台新的汽车保险法规，要求汽车强制保险必须覆盖自动驾驶汽车，当自动驾驶汽车发生事故时，第三方受害者由保险公司先行赔付，保险公司有权依据产品责任法向汽车制造商追偿。保险公司的这项权利被称为"代位求偿权"。[1]

"代位求偿权"的问题是无人驾驶时代保险法上的一个新问题。传统意义的交强险，实质上是用户在为自己的过错投保，用户缴纳保费，保险公司承保，无所谓代位求偿的问题。然而，在无人驾驶时代过错的概念被淡化，产品责任的概念被强化，因此保险公司在承担保险责任后有权向车企进一步追偿，也由此产生了代位求偿权的问题。

1 戴丽霞、陶玮玮编著：《保险纠纷案例与实务》，清华大学出版社2016年版，第164页。

这里还隐藏着一个比代位求偿更尖锐的问题。未来的保费到底该由谁来交？对于普通用户而言，他们还关心另一个重要的问题：在无人驾驶时代，“保险费”到底应当由谁来承担呢？现在交强险是由车辆所有人来缴纳的，如5座车辆按950元/年的标准缴纳，7座车辆按1100元/年标准交。然而，在无人驾驶时代，这笔钱应当是由用户来交，还是由车企业交，这也将成为一个新的问题。当然，在传统情况下，交强险由用户来交是没有问题的，这是因为用户在为自己的过错埋单；但无人驾驶时代就不一样了，用户越来越发现，过错的概念已被淡化，产品质量责任概念则被强化。所以，这个保险费最终也将由用户向车辆企业过渡。

总之，在无人驾驶时代，事故、保险，这些话题耐人寻味，其中既有机遇又有挑战。车企所遇到的任何困惑几乎都可以通过保险制度解决。保险业将迎来前所未有的发展机遇，但同时也面临着巨大的风险挑战。任何一次大的技术缺陷，倒闭可能是车企，也有可能是保险公司，但无论如何博弈，孰胜孰负，律师这一角色总是重要的，因此，对于未来的商业格局，律师们有必要保持足够的商业敏感性，或代理车企，或代理保险公司，历史的机遇会再一次让你变得更加重要。

第二，无人驾驶时代，黑客入侵，岌岌可危，立法如何保障？

在无人驾驶时代，有一件比交通事故更加可怕的事情，它就是网络安全。在传统互联网时代，黑客黑到你的银行账户，大不了改动一下数字；然而，在无人驾驶时代，万物互联，黑客黑进无人驾驶系统，汽车瞬间就会变成杀人的工具。

有这样两个黑客，一个叫Charlie Miller，另一个叫Chris Valasek，2015年他们做了一件轰动世界的事。2015年，美国的这两名黑客通过网络接入了一辆克莱斯勒汽车的驾驶系统，并且完全控制了这辆汽车。[1]

被控车主安迪在事后面对记者采访时还心有余悸，以下是他的一段自述：[2]

“我以70码的时速驾驶着，突然间，汽车失去控制。首先，制冷系统以最大档功率开始送风；接着，收音机自己切换到了本地嘻哈频道，音量调至最大，同时，雨刷也不断喷出清洁剂。随后，我的油门也停止了工作……车辆仍然持续减速……”

还好，Charlie Miller和Chris Valasek的“黑客入侵”是以研究为目的，他们研究的目的是让车辆更加注重网络安全，并修补漏洞。尽管如此，这次“入侵”却让整个汽车行业坐立不安，并直接导致克莱斯勒公司召回了超过140万辆汽车。

如果说黑客入侵汽车已让我们毛骨悚然，黑客一旦入侵“智能交通系统”，其危害更是无法估量。这里有一个概念叫“智能交通系统”，笔者去过很多城市，当地的领导都和笔者讨论过这个概念。在无人驾驶时代，智能交通系统将成为“智慧城市”的重要组成部分。简言之，智能交通系统将在智能交通指挥方面发挥主导作用。它会和每一辆无人驾驶汽车完成信息互动。未来的信号灯显然不会像今天这样傻瓜，智能交通系统会计算道路上无人汽车行驶的数据，从而智能完成信号灯的转化，最优化利用交通资源。智能交通系统还将汇总各方数据，包括交通事故、道路维修、恶劣天气，智能交通系统会汇总和处理这些数据，并和无人驾驶汽车完成信息互动，以便无人

1 《汽车、电视也可能“被黑”“中毒”终端防护亟待建立》，载新华社：http://www.xinhuanet.com/auto/2016-11/29/c_1120009035.htm。

2 载中国信息产业网http://www.cnii.com.cn/internetnews/2015-07/22/content_1602315.htm。

驾驶汽车可以科学规划路线。可以想象，黑客一旦侵入了智能交通系统，就意味着控制了整个交通系统，其危险不可估量。

网络安全，可谓是无人驾驶时代最大问题。所以，2016年在对慕尼黑再保险公司（世界第二大保险公司）风险师实施的一项调查中，有55%的分析师认为网络安全是无人驾驶汽车面临的最大难题。[1]

那么，我们的法律又该如何保障网络安全呢？我国在2017年6月正式实施的《网络安全法》[2]应当说恰逢其时，对维护网络安全也将发挥重要作用。但是，熟悉网络安全法，就会了解到《网络安全法》的内容整体上过于原则，更没有专门提及无人驾驶的网络安全，因此关于无人驾驶网络安全立法任务仍然十分艰巨！

在这一方面，我想引用2017年9月美国众议院通过了《自动驾驶法》(Self Drive Act)，[3]该法案可以给我们较好的借鉴。该法案第5章专门规定了“自动驾驶的网络安全”，即“cybersecurity plan”，其中有三个要点，值得借鉴：

其一，明确了制造商关于网络安全的责任和义务，制造商需制作网络安全方案，如果网络安全不过关，即使你的无人驾驶技术方面再厉害也不能销售；

其二，规定了责任到人的制度，规定要选定一名高层管理人员或其他员工，作为车企网络安全的责任人员；

其三，同时规定对员工也要进行监督，包括严格控制员工进入驾驶系统。

当然，要保证网络安全，有必要双管齐下：一个就是通过严格的技术保护措施确保网络安全，另一个是，法律还将对非

1 张玉洁：《论无人驾驶汽车的行政法规制》，载《行政法学研究》2018年第1期。

2 载中国人大网http://www.npc.gov.cn/npc/xinwen/2016-11/07/content_2001605.htm。

3 Self Drive Act：https://www.congress.gov/115/bills/hr3388/BILLS-115hr3388eh.pdf.

法入侵的黑客给予最严厉的处罚。说到法律的严厉，莫过于刑法规范。与黑客有关的刑法保护，我国现行《刑法》集中在第二百八十五条和第二百八十六条。《刑法》第二百八十五条系“非法侵入计算机信息系统罪”，[1]第二百八十六条为“非法破坏计算机信息系统罪”。[2]非法侵入计算机信息系统罪，3年以下有期徒刑；非法破坏计算机信息系统罪，原则上5年以下，后果特别严重的才5年以上有期徒刑。在传统互联网时代，应当说这两个罪名发挥了重要作用，然而在无人驾驶时代，《刑法》第二百八十五条与第二百八十六条却几乎无法发力，我甚至把它们称为万物互联时代的“死亡条款”，我解释其中的原因：

首先，破坏计算机信息系统犯罪。它针对传统的病毒、木马对于计算机程序或者对于数据库进行破坏的行为，然而在无人驾驶时代，黑客的行为并非系破坏，而是控制。这是现有的破坏计算机信息系统罪所无法解决的。

其次，有人会追问第二百八十五条系“非法入侵计算机信息系统罪”，控制也需要以“入侵”为前提，这话不假，但是熟悉《刑法》的人士会知道，非法入侵“国家事务、国防建设、尖端科学技术领域的计算机信息系统”，现在无人驾驶系统不属于这些系统，所以第二百八十五条无法发力。

最后，有人会想，当第二百八十五条和第二百八十六条无法发力的时候，是否可以适用危害公共安全犯罪？当然可以考虑。只不过它是一个口袋罪，显然缺乏明确的指导性、针对性、调控性。对于无人驾驶时代最为危险的行为，尚需要制定专门

1 《中华人民共和国刑法》第二百八十五条【非法侵入计算机信息系统罪】违反国家规定，侵入国家事务、国防建设、尖端科学技术领域的计算机信息系统的，处三年以下有期徒刑或者拘役。

2 《中华人民共和国刑法》第二百八十六条【破坏计算机信息系统罪】违反国家规定，对计算机信息系统功能进行删除、修改、增加、干扰，造成计算机信息系统不能正常运行，后果严重的，处五年以下有期徒刑或者拘役；后果特别严重的，处五年以上有期徒刑。

的罪名予以打击。

网络安全，两手都要抓，两手都要硬。网络安全也蕴藏着巨大的商机。当然，无人驾驶网络安全的问题，也为致力于网络安全的公司带来前所未有的机遇。众所周知，在传统互联网时代，个人电脑安全维护是免费的，像360这样的企业只有通过增值服务，比如游戏和广告来获取利润，然而在无人驾驶时代的网络安全却是一块巨大的蛋糕。

第三，无人驾驶时代，对公民个人信息和隐私的挑战，前所未有，又是一个裸体时代的法律思考。

在这里说一下"黑匣子"。飞机上有这东西，这东西可以记录各项飞行数据。它本身是红色的，为什么叫黑匣子？因为每次找它的时候，它都是黑色的。黑匣子也将成为无人驾驶中一个非常重要的法律概念。它将会记录无人驾驶过程中的各项数据，作用有两个：其一，一旦出现交通事故，黑匣子数据将成为法官判决的一个重要依据；其二，黑匣子中的数据不断上传到云端，对于提升无人驾驶智能水平具有意义。为此，2017年5月德国联邦议会批准的《德国道路交通法》修正案，[1]已经明确要求自动化汽车要安装记录行驶过程中的黑匣子，并要求黑匣子的数据必须保存半年。

然而，无人驾驶也将对公民个人信息和隐私的保护提出前所未有的挑战。

挑战一，行驶数据可能会被商用或者滥用。

在无人驾驶时代，你在哪里？你去过哪里？你经常去哪里？每次待多长时间，这一切都将一清二楚。这些数据很多人会喜欢，商家做精准营销的时候喜欢这些数据，公安机关破案的时候喜欢这些数据，当老婆怀疑老公的时候也喜欢这些数

1　张韬略、蒋瑶瑶：《德国智能汽车立法及〈道路交通法〉修订之评介》，载《德国研究》2017年第32卷第3期。

据。这些数据可能会被商用或者滥用。

挑战二，行车操作记录同样具有商业价值。

无人驾驶会记录用户的操作情况，包括你是否配安全带、车辆行驶的速度、你什么时候加速、降速等。所以，这些操作记录综合起来甚至可以为用户画像。各位朋友以后找男朋友或者女朋友，我甚至建议你们可以参考下无人驾驶的数据记录，佩戴安全带的信息，你甚至可以看出对方是否具有良好的安全习惯，你甚至可以通过提速记录，看出一个人的脾气是平和还是急躁的。的确，在无人驾驶时代，我们每一天都在制造大量的数据，而数据比我们自己甚至更了解自己，可是这一切都是公民信息和隐私的重要组成部分。

挑战三，车辆性能数据和记录也存在被转卖的风险。

无人驾驶所记录的关于车辆性能的数据，同样具有极高的商业价值。很快4S店的客服人员给你打电话的口气就会发生变化了，以前怎么打呀？一般是：先生/女士，您好，您的车差不多该保养了，您看看到5000公里没有？如果到了，您看什么时候有时间，过来保养一下。

那无人驾驶时代，4S店的服务人员电话怎么和你聊呀？一般是：先生/女士，您好，您的车辆距离上次保养刚刚到5000公里，该保养了，数据显示，您的空调该清洗了，总计费用3000元，您方便的时候过来。当然，如果真正的无人驾驶时代到来的话，您不便的时候也可以过来，因为无人驾驶，远程操控即可。这样的日子不会有多远都会到来。你刚接完4S店的电话，那个推销车的又来了，说“我们有款新车具有极强的推背感”，他为什么给你介绍推背感呀，因为他早就知道你喜欢动不动就瞬间加速。

所以，你可以理解，为什么美国在2017年通过《自动驾驶法案》中特别提到了车企的一个重要义务——“privacy plan”，[1]必须有一整套对公民个人隐私详细保护方案，否则车辆是不能销售的。

同样的道理，我国法律也将关注公民个人信息和隐私的保护，在接下来的无人驾驶时代，车辆销售合同将成为一个重点。这种合同一般是格式合同，如果说这个合同会有什么需要升级的话，关于公民个人信息（隐私）的约定，就将成为这个合同中十分重要的内容。这里的重点在于，公民个人信息和数据，哪些是可以让渡和商用；哪些是不能商用和让渡的；哪些是用户许可后可以商用的？

而要准确地回答这些问题，有必要厘清一组概念：隐私、信息、数据。我的一个学生毕业后在一个车企做法务，有一次他发给我一个相关文件，就混淆了相关概念，有一些条款约定了，但是没有效力的。这三个概念看着很像，却分属于不同的领域：隐私是民法上的一个概念，个人信息是网络信息法上的一个概念，数据是知识产权法上的一个概念。隐私是2009年《侵权责任法》上的一个重要概念；信息则属于网络和信息法中的一个概念，我国正在制定《个人信息保护法》。公民信息和隐私有什么区别？隐私保护窗帘背后的事情，那公民个人信息，像电话号码、家庭地址，它不算窗帘后面的事情，甚至还需要登记，这叫公民个人信息，那无人驾驶的行驶记录，也极可能被归入个人信息的范畴。至于数据和数据库则属于知识产权领域的一个概念。单独的数据很难受到法律的保护，但如果大量数据所组成的数据库就可能会受到法律保护了。

1　美国2017年通过《自动驾驶法案》（Self Drive Act），该法案第12章对高速自动化车辆所需的隐私保护计划作出规定，要求厂商必须制定隐私保护方案，包括对车主以及乘客信息的搜集、保存、使用等方面的保护措施，否则造商不得在贸易中销售、许诺销售、进口任何高度自动化车辆。https://www.congress.gov/115/bills/hr3388/BILLS-115hr3388eh.pdf.

无人驾驶时代，公民每一天都在制造数据，这些数据甚至比用户自己更了解自己。这些数据包括，无人驾驶的行驶记录、用户驾车的操作记录、车辆性能各项数据以及通过上述信息所汇总的用户画像，这一切的一切，哪些属于隐私，哪些属于个人信息，哪些属于数据的范畴，并找到它们各自的法律依据。只有这样，格式合同条款才可能是真正有效的。也只有这样，才可以放心大胆使用数据，不至于遭受侵权的风险。

第四，无人驾驶时代，紧急避险利益如何取舍？机器人两难选择的质疑与困境。

紧急避险，一个特殊的法律问题，交通场景中会碰到。比如在刹车失灵的情况下，一边向左，一边向右，是向左还是向右就需要利益权衡。一边是人，一边是动物，人肯定会驶向动物一方。一边是人多，一边是人少，车辆要驶向人少的部分。一边是车，一边是人，车辆肯定会撞向车，因为车辆有防护，比直接撞人损害要小。

我国《侵权责任法》和《刑法》都规定了紧急避险的概念。[1]一旦构成紧急避险，原则上讲，行为人不需要承担法律责任，既不承担刑事责任，也不承担民事责任。谁来承担责任呢？法律规定，谁造成险情，谁来承担责任。总之，避险人原则上不需要承担责任。那么，在无人驾驶情况下，无人驾驶车辆如何紧急避险，这显然是一个十分凸显的法律问题。

让无人驾驶学会紧急避险，在理论上和技术上是可行的，

1 《侵权责任法》第三十一条：因紧急避险造成损害的，由引起险情发生的人承担责任。如果危险是由自然原因引起的，紧急避险人不承担责任或者给予适当补偿。紧急避险采取措施不当或者超过必要的限度，造成不应有的损害的，紧急避险人应当承担适当的责任。《刑法》第二十一条：为了使国家、公共利益、本人或者他人的人身、财产和其他权利免受正在发生的危险，不得已采取的紧急避险行为，造成损害的，不负刑事责任。紧急避险超过必要限度造成不应有的损害的，应当负刑事责任，但是应当减轻或者免除处罚。第一款中关于避免本人危险的规定，不适用于职务上、业务上负有特定责任的人。

无非就是在代码上教会机器判断，哪个是小利益，哪个是大利益，从而教会机器进行价值取舍。比说，当左边是人，右边是动物的时候，它会驶向右侧；当左边人多右边人少的时候，它会驶向右侧。一旦写入了代码，无疑告诉机器一个确定的价值观：谁的利益大，谁的利益小，问题也就产生了。比如前面的例子中，一边人多，一边人少，车辆最终驶向了人少的方向，车企会说，车辆是紧急避险，可是你以为那个被撞的人会心服口服吗？他一定会对车企提出类似这样的法律主张：同样是人的生命，凭什么机器要牺牲我的利益？这就是机器人在利益取舍时的两难选择。

我甚至还可以举一个例子，来看这种两难选择有多难。我引用美国弗吉尼亚州交通创新与研究中心的科学家诺亚·古道尔（Noah Goodall）提出的一种场景：[1]假设一辆无人车马上就要撞到障碍物。它可以选择向左边或右边急转弯，但一边的“目标”是戴头盔的摩托车手，另一边的“目标”是不戴头盔的摩托车手。这里我想请问各位，你认为，无人驾驶车辆应当驶向戴头盔的还是不戴头盔的？

这是一个很难回答的两难选择。从紧急避险的角度，显然是驶向左侧，戴头盔的，总体计算后，这会让损害降到最低的。于是，编程人员就会把这样的规则写入无人驾驶车辆，让它学会作出这样的价值判断。这种价值判断会引发挑战，难道我戴头盔有错吗？为什么，无人驾驶总盯着我呀？原本戴头盔是守规则的，不戴是违法交通规则的，结果反倒牺牲了守规则的。那么，以后大家就只有不戴头盔，显然，这与交通法的规定又是冲突的。

因此，面对紧急避险，机器人无论作出何种选择都将陷入

1　上海交通大学智能车实验室：https://cyberc3.sjtu.edu.cn/info/1012/1025.htm。

法律的质疑。不仅如此，受害人会将车企带入法庭，而且在法庭上，车企还将面临法官的责难。当个人主张紧急避险的时候，法官一般是会比较宽容的；但是无人驾驶车辆主张紧急避险的时候，态度无疑是苛刻和责难的：第一，法律对于单独的个人会宽容一点，对于车就会非常苛刻。人的选择具有一定的随机性和不可控性，所以在紧急避险时，作为人，你很难在瞬间作出准确判断。所以，差不多就行了，只要差不多，法官就可以认定紧急避险成立，免责；但车不一样呀，它不是瞬间反应，法官会认为你有充分大量的时间准确研究，去编程，所以当然要苛求；当然还有第二个方面的原因：作为个人经济承受能力是十分有限的，但车辆背后是企业，它的经济实力要远胜于个人，这两方面的原因决定了，无人驾驶时代法律会对车辆奉行苛求的态度。

因此，可以想象在无人驾驶时代，现有的紧急避险制度或将再难以适用无人驾驶车辆。无论作出何种选择，受害者都可能起诉车企理赔，车企也难以避免要为损害埋单；当然，努力提升算法、让机器学会作出最合理的紧急避险措施，同样是一件很重要的事情，对于车企依然重要，这也决定了车企最终承担责任的大小。

无人驾驶与知识产权

说到无人驾驶的知识产权，我想有两个关键词，一个是专利，另一个商业秘密。

像百度和谷歌这样的企业都在疯狂地进行专利布局。谷歌在2009年启动无人车项目，在2016年专门成立了Waymo，开发无人驾驶汽车。百度的无人车项目始于2013年，比谷歌整整晚了4年。兵马未动，粮草先行。车辆未上路，专利先申请，百度和谷歌在无人驾驶的专利方面，谁更猛一点呢？

谷歌和百度在专利布局领域各有特点的。从专利布局来看，主战场是美国，谷歌进行的全球布局，其中14%的核心技术布局在中国。[1]这说明谷歌对中国市场的野心。百度的专利主要是在中国。在专利的数量和质量上，谷歌也在一定程度上优于百度。[2]

除了专利，无人驾驶领域大量的技术还表现为商业秘密，包括大量的试验数据、技术指标等。所以，你会发现各大企业都在疯狂布局无人驾驶领域时，对于人才的掠夺日趋白热化。人走了，技术可能也就被带走了。

在此要提到一个名叫安东尼·莱万多斯基（Anthony Levandowski）的人，他是引发Uber和谷歌之间有关知识产权（主要是商业秘密）战役的主角，这场战役至今都还在继续。这场战役也被称为自动驾驶行业首次重大知识产权战役。这里，我谈一谈这场战役对我们的启示。

大家知道，Uber也在布局无人驾驶，2016年，Uber以6.8亿美元的价格收购了一家初创的自动驾驶公司Otto。那么，这个成立还不到一年的公司为何价值6.8亿美元呢？这个Otto有何来头呢？这个Otto就是这位安东尼创建的，而他又是谷歌旗下从事无人驾驶研发的一名核心技术人员。

谷歌在起诉Uber的诉请这样写道：前雇员安东尼在离职

1　在专利的全球化布局中谷歌比百度更广泛。谷歌在8 个国家、地区和组织进行了专利申请，其中约78%分布在美国，约14%在中国，另外在日本约3.45%，在欧洲约2%。而百度无人驾驶汽车专利布局主要集中在中国。廖燕、余业干：《百度与谷歌无人驾驶汽车技术专利对比分析》，载《北京汽车》2017年第6期。第一款中关于避免本人危险的规定，不适用于职务上、业务上负有特定责任的人。

2　百度无人驾驶项目于2013年起步，在2014年之前，百度主要在于人员的整合，期间几乎无无人驾驶相关专利申请，到了2015年，随着无人驾驶车的搭建和实验，开始无人驾驶相关的专利。2015年年底，随着自动驾驶事业部的成立，在2016年开始进入专利申请急速增长时期，已公开专利将近100件。专利检索及分析：http://www.pss-system.gov.cn/。

时非法窃取了超1.4万机密技术文档，其中包括“LiDAR激光雷达”技术，该技术对无人驾驶项目至关重要。安东尼所创立的Otto之所价值6.8亿美元，纯粹是谷歌的技术价值所在，一切仅此而已。

应当说，谷歌很快在这场战役中占据优势：第一，安东尼已被Uber解聘；第二，美国旧金山地方法院法官威廉·艾尔索普（William Alsup）于2017年5月做出判决，命令Uber必须立即向Alphabet旗下无人驾驶汽车子公司Waymo返还被盗窃的机密文件；第三，谷歌还进一步提出18亿美元的索赔金额；第四，美国司法或将就此案展开刑事调查，这意味着安东尼或能会坐牢。[1]当然，最终两家公司选择了和解。[2]

这场战役对于我国无人驾驶知识产权保护具有重要借鉴意义。这样的案例以后在我国肯定也会发生，但是在我国如果要提起高额的赔偿，怕是很难受到法院支持的。应当说，我国的知识产权整体保护水平是在逐步加强，但是就赔偿额度方面还远低于西方。

一项专利或者是一项商业秘密被侵权，法院又会判赔多少呢？关于专利赔偿，我国《专利法》规定了四种计算赔偿方法，包括被告的损失，原告方的收益，专利许可费的合理倍数

1 《腾讯科技：Uber把Waymo诉讼案主角解雇》一文称其不配合调查，http://tech.qq.com/a/20170531/003780.htm。

2 优步与Waymo公司于2018年2月9日宣布达成和解，Waymo获得优步0.34%的股权，按照优步目前720亿美元市值计算，所获股权价值2.45亿美元。协议还规定，优步须确保不利用Waymo公司拥有的保密信息。《双赢！优步2亿多美元了结“偷师”诉讼案》，载新华网http://www.xinhuanet.com/world/2018-02/11/c_129810405.htm。

以及法官在法定额度内自由裁量(100万元以下)。[1]我国《反不正当竞争法》也规定了类似的赔偿方法，先按实际损失确定赔偿，实际损失难以确定的，按照侵权人因侵权利益来确定赔偿；均无法确定的，则由法官在法定额度内自由裁量(300万元以下)。[2]

那么，实践中法官大都采用哪种方法判赔呢？由于在实践中难以计算损失和收益，因此法官主要适用的判赔方法就是法定赔偿。这里有一组数据，它可以表明在专利赔偿方面我国与西方有多大差距。在专利侵权案件损害赔偿诉讼中，有97.25%的案件适用"法定赔偿"标准，平均赔偿数额仅为7.96万元(约等于8万元)。[3]不仅平均数额系8万元，而且我看到很多案件就直接8万元。所以，专利走不出8万元的魔咒。很多法官喜欢判8万元，为什么判8万元，或许有心理学的暗示。国际专业咨询机构普华永道公布了《2014年美国专利诉讼研究：案件数量跳跃式攀升而损害赔偿额持续性下降》。1995～2013年，专利侵权

1 《专利法》第六十五条：侵犯专利权的赔偿数额按照权利人因被侵权所受到的实际损失确定；实际损失难以确定的，可以按照侵权人因侵权所获得的利益确定。权利人的损失或者侵权人获得的利益难以确定的，参照该专利许可使用费的倍数合理确定。赔偿数额还应当包括权利人为制止侵权行为所支付的合理开支。权利人的损失、侵权人获得的利益和专利许可使用费均难以确定的，人民法院可以根据专利权的类型、侵权行为的性质和情节等因素，确定给予一万元以上一百万元以下的赔偿。

2 《反不正当竞争法》第十七条：经营者违反本法规定，给他人造成损害的，应当依法承担民事责任。经营者的合法权益受到不正当竞争行为损害的，可以向人民法院提起诉讼。因不正当竞争行为受到损害的经营者的赔偿数额，按照其因被侵权所受到的实际损失确定；实际损失难以计算的，按照侵权人因侵权所获得的利益确定。赔偿数额还应当包括经营者为制止侵权行为所支付的合理开支。经营者违反本法第六条、第九条规定，权利人因被侵权所受到的实际损失、侵权人因侵权所获得的利益难以确定的，由人民法院根据侵权行为的情节判决给予权利人三百万元以下的赔偿。

3 詹映、张弘：《我国知识产权侵权司法判例实证研究——以维权成本和侵权代价为中心》，载《科研管理》2015年。

判赔平均数额为550万美元，单案判赔金额系我国的500倍。[1]再说说商业秘密的实际判赔金额，在最高人民法院公报公布的侵害商业秘密的案件中，赔偿数额通常是从几万元到几十万元。[2]

所以，同样是无人驾驶的专利或商业秘密盗取，如果发生在我国，可以预期的赔偿数额可能不会太高。即使是法院按照法定赔偿的最高标准判赔（100万元或300万元），这对于无人驾驶企业实际受到的影响和损失也是微不足道的。我国正在进行《专利法》第四次修改，在多次会议上，我都谈及此问题。但是，可以想象，要提升专利赔偿数额还有一个相当长的过程。因此，在这一背景下，事前管理就比事后诉讼要重要得多。因此，“无人驾驶技术保护方案”将是一个系统工程：从劳动协议、竞业禁止、工作流程、权限划分、技术管控、专利申请等，所有的关键词将共同发力，方才可能构建一个坚实的“无人技术保护方案”。

1 2014 Patent Litigation Study：As case volume leaps, damages continue general decline，载https://www.pwc.com/us/en/forensic-services/publications/assets/2014-patent-litigation-study.pdf。

2 孙海龙、姚建军：《商业秘密侵权赔偿数额的认定——以裁判文书赔偿数额为研究视角》，载《知识产权》2009年第19卷第4期。

第十五篇
PART 15

无人机与隐私危机

无人机的广泛应用全面扩展了人的视野，它可以被用于侦查、取证、勘测等多种场景中。然而，在这一过程中，公民的隐私权也受到前所未有的挑战。无人机能否抓取公民个人数据（包括肖像等）？无人机用于侦查的法律审批程序？无人机用于公共事业与公民隐私权的权利平衡问题等，都将成为未来无人机立法的重中之重。

无人机与隐私危机

全球无人机市场正呈现爆炸式增长趋势。随着无人机智能化水平全面提升，它也给人类的未来带来了无限想象空间，有人拿它做物流[1]，有人用它做监测工作，[2]还有人拿它来取证[3]，公权力机关还将它用于执法工作。无人机的广泛应用也催生了公民隐私权保护、空间权冲突等一系列法律新问题。

一、无人机及当前立法现状

我国无人机现有的法律大致分为三级，分别为法律层面、行政法规层面，还有民航部门的规范性文件，具体为：第一级：法律。根据《民用航空法》的相关规定，无人机禁止在民用机

1 《无人机物流开启商用大战》，载新华社http://www.xinhuanet.com/tech/2018-02/06/c_1122373273.htm。

2 《无人机如何用来环境监测》，载中国新闻网http://www.chinanews.com/ny/2014/03-20/5975225.shtml。

3 《湿地遭破坏，无人机高空取证》，载http://www.spp.gov.cn/spp/zdgz/201805/t20180527_379881.shtml。

场范围内飞行，[1]如需在控制空域内飞行，需要取得批准。[2]我国《刑法》第一百一十四条、第一百一十五条规定的以危险方法危害公共安全罪或者过失以危险方法危害公共安全罪。[3]在 2014 年，国内就发生了一起无人机“黑飞”被起诉至法院的案例。2013年12月，北京某科技公司无人机飞行队就曾因用无人机航拍测绘，导致多架次民航飞行受影响，北京军区空军战机紧急起飞拦截。该公司3名操作人员后被检方指控犯有过失以危险方法危害公共安全罪。法院经过审理后认定，3 名被告人“黑飞”构成“过失以危险方法危害公共安全罪”。[4]第二级：行政法规。国务院制定了一系列关于飞行管理的行政法规。[5]第三级：民航部门的规章。在法律和行政法规的指导下，民航部门也出台了一系列有关管理民用无人机的规范性文件，进一步细化了关于无人机的管理。[6]为应对无人机迅速发展的形势，完善无人

1 《民用航空法》第五十八条：禁止在依法划定的民用机场范围内和按照国家规定划定的机场净空保护区域内从事包括“饲养、放飞影响飞行安全的鸟类动物和其他物体”在内的活动。

2 《民用航空法》第七十四条：民用航空器在管制空域内进行飞行活动，应当取得空中交通管制单位的许可。

3 《刑法》第一百一十四条：放火、决水、爆炸以及投放毒害性、放射性、传染病病原体等物质或者以其他危险方法危害公共安全，尚未造成严重后果的，处三年以上十年以下有期徒刑。《刑法》第一百一十五条：放火、决水、爆炸以及投放毒害性、放射性、传染病病原体等物质或者以其他危险方法致人重伤、死亡或者使公私财产遭受重大损失的，处十年以上有期徒刑、无期徒刑或者死刑。过失犯前款罪的，处三年以上七年以下有期徒刑；情节较轻的，处三年以下有期徒刑或者拘役。

4 《无人机飞行：发挥作用与强化监管如何并行？》，载人民网http：//military.people.com.cn/n1/2017/0220/c1011-29094121.html。

5 如《国务院关于通用航空管理的暂行规定》《通用航空飞行管制条例》《通用航空飞行任务审批与管理规定》等行政法规。

6 包括《关于民用无人机管理有关问题的暂行规定》《民用无人机适航管理工作会议纪要》《民用无人机空中交通管理办法》《民用无人驾驶航空器系统驾驶员管理暂行规定》《民用无人机驾驶员管理规定》《民用无人驾驶航空器系统空中交通管理办法》《民用无人机驾驶员管理规定》《民用无人驾驶航空器系统 空中交通管理办法》等。

机相关立法规定。2018 年1月16日,《无人驾驶航空器飞行管理暂行条例》(征求意见稿)(以下简称《征求意见稿》),由国务院、中央军委空中交通管制委员会办公室发布并征求意见。[1]

我国现有法律中多处使用了两个相关的概念,一个是“民用航空器”,另一个是“无人机”。现有法律虽未直接回答二者之间的关系,但《民用航空法》第五条则用排除的方式规定,只要无人机不是用于军警、海关、警察任务,就属于民用航空器,即可以纳入民用航空器的范畴。[2]从这一意义上讲,无人机会涉及两个法律场景下被使用,一个是用于公权力执法,如侦查、监管等工作;另一个是在市民社会中使用。如果是在第二种场景下应用,无人机与民有航空器的概念可以等价。

二、无人机与公民隐私权

无人机与公民隐私权的冲突,一般会发生在两种场景下,一种是公权力机关使用无人机执行公务时,公民会提出隐私权保护的主张;另一种是在民事生活中,由于使用无人机会引发隐私权纠纷。

(一)无人机公权力执法与隐私权冲突:基于美国法的考察

关于无人机公权力执法与公民隐私权冲突,美国司法积累了相对丰富的司法判例,可以先从美国司法上几个经典判例入手,进一步挖掘公权力与公民隐私权的边界。

---

1 该《征求意见稿》围绕无人驾驶航空器、驾驶员、飞行环境等关键环节,区分总则、无人机系统、无人机驾驶员、飞行空域、飞行运行、法律责任和附则共7章59条明确制度规定。管理对象全面覆盖各类 无人机,范围由250g以下至150kg以上,包含微型到大型五个类别;囊括全生命周期,涵盖设计制造、产品适航、运行规范、人员管理、事后查处等一系列环节。

2 《民用航空法》第五条规定,本法所称民用航空器,是指除用于执行军事、海关、警察飞行任务外的航空器。

在加利福尼亚州的“西拉诺”案[1]中，西拉诺将大麻种植在自家后院，并设起了10英尺高的围栏以免被发现。警察驾驶直升机从1000英尺高的地方对该后院进行监测，在没有搜查令的情况下，这种监测是否合法则成为本案争议的焦点问题。法院则认为不存在隐私权保护的必要性，甚至把警察的空中监测比喻为警察公共道路经过时视线扫过公民的家中，并且认为，该飞行和监测不需要搜查令。法院同时主张，被告希望他的花园受到排除上述监测的保护期待是不合理、不正当的，也不应被社会允许和兑现。法院最终认定从1000英尺飞行高度的航空器上对被告后院进行观察，没有违法美国《宪法》第四修正案，[2]被告提出保护的请求不能成立。

发生在佛罗里达州的“莱利”案与加利福尼亚州的“西拉诺”案类似，警察驾驶直升机通过屋顶天窗对一处住宅从400英尺的高度进行了巡查，并认定建筑内种植有大麻植株。莱利同样对警察的高空监视的合法性提出异议，但法院同样认为，警察在直升机监测的行为并未违反美国《宪法》第四修正案。在上述“西拉诺”案和“莱利”案中，警察所使用的系直升机监测，但其与公民隐私权冲突的原理同样适用于对于无人机监测场景的解释。显然，在涉及无人机执法监测与公民隐私权之间冲突的法律问题上，法院对警察的高空监测与直接进入住宅进行了区分，进入住宅内部是需要搜查令的，然而高空监测因未

1　California v.Ciralo 476 U.S.207(1986).

2　The right of the people to be secure in their persons, houses, papers, and effects, against unreasonable searches and seizures, shall not be violated, and no Warrants shall issue, but upon probable cause, supported by Oath or affirmation, and particularly describing the place to be searched, and the persons or things to be seized.美国《宪法》第四修正案译文：人民的人身、住宅、文件和财产不受无理搜查和扣押的权利，不得侵犯。除依照合理根据，以宣誓或代誓宣言保证，并具体说明搜查地点和扣押的人或物，不得发出搜查和扣押状。

进入住宅内部，故而不需要搜查令，从而对公权力执行给予必要的容忍，也对公民隐私权给予了合理的限制。

然而，在另一起“柯爱罗”案中，执法人员使用热成像技术对柯爱罗的家庭进行扫描来确定是否藏有大麻的行为则是不被允许的。[1]无人机常用的是光学摄像头，只能看外部而无法透射，然而一旦搭载热成像设备则可以穿透墙壁，洞察住宅的内部隐私活动。使用热成像技术的监测也被法院认为定为美国《宪法》第四修正案中的“搜查行为”（Search）。法院甚至担心未来通用技术的发展会突破“家园”的限制，使政府机构、商业机构和个人有充分的能力从外面“看”到作为隐私单元的“家”的内部细节。[2]

显然，在涉及警察无人机执法的判例中，法院对于光学摄像头和热感应设备的认识是存在本质区别的，前者犹如人的眼睛向远方看去，不会涉及公民的隐私权问题，但如果搭载了热感应设备，其行为犹如进入家门搜查一样，会对公民隐私权产生实质影响，在这种情况下，“搜查令”也成为合法监测的必要前提。

进一步指出，除了监测之外，政府部门使用无人机对公民信息的收集、存储、保留和传播都深层次影响公民隐私权问题。为此，美国政府强调无人机领域的隐私保护和政策应当跟上无人机技术的发展和变化。政府机构应当检视现有的无人机领域的与信息收集、使用、保留和传播有关的政策及程序，确保公民隐私受到保护，并定期更新这些政策及程序。[3]美国白宫在2015年2月发布的《总统备忘录：提升国内使用无人机系统的经

1 Kyllo v.United States，533 U.S.27（2001）.

2 Kyllo v.United States，533 U.S.at 35–，41，https：//supreme.justia.com/cases/federal/us/533/27/case.html.

3 佚名：《美国领空将引入民用无人机公众隐私保护成焦点》，载《中国测绘》2014年第1期。

济竞争力，同时保障隐私、民权和公民自由》提及，在将无人机系统纳入国家航空系统时，美国联邦政府应当采取措施保证不仅考虑经济竞争力和公共安全，也应当考虑无人机系统可能引起的隐私、民权和公民自由方面的保护问题。该备忘录特别强调无人机系统作为收集信息的平台，信息的收集、使用、保留和传播要遵守宪法、联邦法律和其他条例与政策。例如，政府必须遵守《隐私法》(1974年)，限制个人信息的收集和传播，并允许个人获取和修改信息记录。[1]

还需指出，美国国土安全部在 2015年12月18日发布了一套名为《保护无人机系统项目中隐私、民权和公民自由的最佳实践》(Best Practices for Protecting Privacy, Civil Rights & Civil Liberties In Unmanned Aircraft Systems Programs)的无人机隐私最佳实践。该最佳实践建立了数据收集、使用、传播和保留全生命周期的一套数据保护规则。[2]

1 除了遵守《隐私法》(1974年)，政府机构还应当确保其相关政策和程序满足以下要求：(1)收集和使用。基于无人机系统收集和使用信息，应当与授权的范围和目的一致。(2)保留。基于无人机系统收集的包含个人识别信息的个人信息保存不超过180天，除非该信息为相关机构执行特殊任务所必须，或满足《隐私法》或其他法律的规定。(3)传播。基于无人机系统收集的信息，若不在《隐私法》规定的信息记录留存范围内，除非法律规定或为满足授权目的或符合政府机构要求，则不能对外传播。(4)禁止性规定。保证相关的政策足以禁止违反宪法第一修正案或可能导致歧视的数据收集、使用、保留或传播。(5)透明度。告知可能影响其隐私的无人机计划及其变更，并告知其授权运行的地域范围。(6)责任。确保政策和程序能对有权获取 敏感信息(包括PII)的个人进行有效监督；确保应用于无人机系统的任何数据共享协议或政策，数据使用政策，数据留存管理政策符合法律、条例和政策的规定。该备忘录计划建立“多方参与程序”，以发展和交流商业及消费级无人机领域隐私保护、责任和透明度的最佳实践，该程序同时吸收政府机构和私企参与。

2 Best Practices for Protecting Privacy, Civil Rights & Civil Liberties In Unmanned Aircraft Systems Programs, https://www.dhs.gov/sites/default/files/publications/UAS%20Best%20Practices.pdf.

（二）无人机的飞行权与公民隐私权

1.无人机：私人场所的隐私权

无人机除用于执法场景外，普通的民用、商用更是在飞速发展之中，由此也带来了人们对于隐私权的极大忧虑。美国肯塔基州的一位父亲发现一架微型无人机飞行在邻居家庭院的上空，怀疑是有人操纵无人机偷窥在自己家的庭院内晒日光浴的女儿。于是在无人机进入他家庭院上空后立即开枪射击，将其击落。[1]2013年，美国小镇Deer Trail的居民菲利普·斯蒂尔为防范无人机对小镇居民的“监视”，提议小镇施行“猎杀”无人机换政府奖金的条例。该提议最终未能通过居民的投票决议，但同样体现了普通大众对无人机可能侵犯隐私的忧虑。瑞士律师Schneider-Marfels还专门为这种“猎杀”无人机进行辩护：“无人机驾驶员如因侵犯他人私隐而违反法律，受影响人士有权作出防卫自己的行为，包括以高压水枪反击，受影响人无须为造成无人机损害而承担任何责任。”[2]

由于无人机对于隐私权所产生的巨大影响，一些立法机构已经修改了他们现有的法规，明确表示适用于无人机。例如加州最近修改了侵犯隐私法，以明确侵犯隐私权侵权行为包括不只是有意地进入另一个人的土地上拍照或记录私人活动，还包括进入该土地上方的空域。

2.无人机：公共场所的隐私权

无人机所带来的不仅是私人场所的隐私权侵权问题，还包括公共场所隐私权侵权问题。例如，美国加利福尼亚州和佛罗里达州的媒体就被报道，有人操纵无人机飞行至海滩或者度

1 《父亲怀疑无人机偷窥女儿3枪将其击落》，载http://www.lyunx.com/article-16362-1.html。

2 《民用无人机可能侵犯隐私》，载中国航空新闻网http://www.cannews.com.cn/2015/0819/132063.shtml。

假村上空，拍摄公众穿着比基尼的照片或者全裸晒日光浴的视频，并发布到社交媒体或视频网站上，而在司法实践中，西方国家已经承认了公共场所隐私权的合法性。[1]

在法学界，与无人机拍摄的谷歌公司“街景”拍摄车[2]很早就涉嫌侵犯隐私权的问题曾引发广泛争议。2011年，比利时联邦检察院认定谷歌公司的“街景”拍摄行为触犯了比利时电子通信法，要求它支付15万欧元（约合138万元人民币）赔款以实现和解。[3]对于谷歌街景采集信息的行为，美国本土和欧洲大陆都采取了相应措施。在德国，汉堡当地的检察官对谷歌展开刑事调查，谷歌街景车的拍摄行为最终被勒令禁止。[4]法国数据保护局（CNIL）也曾认定谷歌街景违法，并处罚金额高达8.7万英镑（约86.3万元人民币）。[5]在捷克，当地政府在与谷歌公司就隐私权问题谈判无果后，于2010年9月将谷歌街景服务驱逐出境。[6]2014年4月，意大利数据保护局判定谷歌街景拍摄车不够醒

1　刘泽渊：《公共场所隐私权的悖论》，载《当代法学》2008年第3期。

2　谷歌街景拍摄车采集了大量图片和其他信息作为“谷歌地图”的数据信息。拍摄车同时配备电子扫描仪，能够沿途扫描无线互联网信息。如果被扫描到的无线互联网没有采取保护措施，谷歌能够收集、存储密码和电子邮件等被发送的数据信息。

3　应比利时个人隐私委员会的要求，比利时联邦检察院今年初对谷歌公司展开调查。2008年至2010年，谷歌公司的几辆“街景”拍摄车游遍比利时全境，采集了大量图片和其他信息作为“谷歌地图”的数据信息。拍摄车同时配备电子扫描仪，能够沿途扫描无线互联网信息。如果被扫描到的无线互联网没有采取保护措施，谷歌能够收集、存储密码和电子邮件等被发送的数据信息。《谷歌街景地图多次因侵犯隐私被罚》，载网易新闻网http：//world.163.com/14/1031/16/A9TAMIRU00014OQQ.html。

4　在德国，已有上万名当地民众联名要求将自己的物业财产等信息从谷歌“街景”地图中删除。《谷歌“街景”服务受质疑或引起打“未经授权窥视”》，载人民网http：//media.people.com.cn/GB/40606/11850168.html。

5　《谷歌承认街景地图侵犯公众隐私》，载纽约时报中文网https：//cn.nytimes.com/business/20130313/c13google/。

6　《谷歌涉嫌在英国窃取隐私遭调查　英政府被批监管不力姗姗来迟》，载《中国日报》http：//www.chinadaily.com.cn/hqzx/2012-05/29/content_15406896.htm。

目，辨识度不高[1]，导致普通公民不知道自己是否被拍摄，因此对谷歌开出100万欧元（约合140万美元）的罚款。[2]

事实上，隐私权从私人领域到公共领域历经了一个渐进发展的过程。美国法学家沃伦 Warren和布兰斯于1890年首次提出“隐私权”（Right to privacy）时将其描述为“一个人待着的权利”（Right to be let alone）。为此，在1960年以前美国权威的法律信条是“公共场所”不存在合法的隐私利益（Legistimate privacy interests do not exist in public place）。然而，随着科技的发展，偷拍、跟踪等事件普及，公共场所的隐私利益也越发受到关注，其代表的案件系美国联邦最高法院在1967年“凯兹诉美国案”（Katz v.United States）中，美国联邦调查局FBI在没有获得法院事前“司法令状”的情况下在公用电话亭外搭线窃听到了凯兹正在将赌博信息通过电话传送给其他州的委托人，上诉人因此项关键证据被判有罪，凯兹认为，联邦调查局的监听违反了《宪法》第四修正案，构成了对其隐私权的侵犯，监听获得的证据应予以排除。

2003年“魏某诉上海复星高中案”系我国首例涉及公共场所侵犯隐私权案例，在该案中，学生魏某和任某在教室里的接吻行为被学校摄像头拍摄，并被收录学校的专题片《校园不文明现象》，上海复兴高中还专门组织观看该专题片。后魏某以

1　谷歌将街景拍摄车派到世界各地，为谷歌地图服务提供数据。现在的谷歌街景拍摄车都在车门上喷印了“谷歌地图街景”的标识，车顶上装架了巨型摄像机，因此较为容易辨识。

2　意大利数据保护局（DPA）在一份声明中表示：“谷歌的汽车在意大利街道穿梭，但完全难以辨识，因此现场公民难以确定自己是否被拍到。”谷歌将街景拍摄车派到世界各地，为谷歌地图服务提供数据。现在的谷歌街景拍摄车都在车门上喷印了“谷歌地图街景”的标识，车顶上装架了巨型摄像机，因此较为容易辨识。《谷歌街景又惹祸，在意大利被罚140万美元》，载腾讯网http：//tech.qq.com/a/20140405/007892.htm。

学校侵犯隐私权为由将学校起诉。[1]另一案例则是2007年的上海地铁吻照案件，在某地铁站口，一对情侣热情拥吻的镜头被地铁工作人员拍摄并被上传到网上，这给当事人造成了极大的精神痛苦，也引发了人们关于隐私权的讨论。

我国当前对于公共场所的隐私权并未明确规定，由此也引发诸多不确定争议，如在“魏某诉上海复星高中案”中法院作出的不侵犯隐私权的结论就备受争议。可以预见，随着无人机民用和商用的普及，公共场所隐私权的问题也将更加凸显。为此，《中国民法典（学者建议稿）》“第二篇人格权”第377条规定了“公共场所的隐私权保护”。该条规定：“自然人在公共场所的隐私权受法律保护。任何个人和组织在公共场所安装闭路电视、摄像等监控装置必须符合法律规定，并标明必要的警示措施，所取得的资料只能在本来的目的内使用。”[2]该规定明确了两个重要问题：第一，“公共场所隐私权“的确定。该项规定明确了自然人在公共场所的隐私权受法律保护。第二，“符合目的使用”作为隐私权保护的边界。公共场所的监控装置所获取的资料只能在本来目的使用。换言之，如将拍摄下来图像（如自然人接吻镜头）擅自上传到网络中，其行为理应视为对隐私权的侵犯。

1　上海虹口区人民法院的判决理由认为：其一，用于监督学生是否遵守纪律的摄像头安装于教室这个公共场所，且原告方在入学时就已被告知摄像头的存在，因而安装摄像头属于一种公开行为，同时我国现有法律也没有禁止学校出于管理的目的使用监控设备；其二，被捕获的当事人的接吻行为发生在教室这个公共场所，且当时有20多名同学在场，因而这一行为不具备私密性，当事人无法对此主张隐私权。因此学校安装摄像头进行拍摄和播放的行为并不构成对学生隐私权的侵犯。胡建淼、岑剑梅：《论公共摄像监视——以隐私权为中心》，载《法律科学》（西北政法大学学报）2008年第4期。

2　王利明：《中国民法典草案建议稿及说明》，中国法制出版社2004年版，第53页。

三、无人机与空间权

即使在不涉及隐私的情况下，无人机在建筑物上空盘旋，建筑物所有人是否有权阻止呢？有学者就主张，无人机的这种行为实质上损害了“不动产产权人享受安静和无瑕疵的天空的权利”，[1]这一权利也被称为“空间权”。[2]民用无人机侵犯的一般是空间权中的地上空间权，也被学者称作“空中权”。[3]

随着科技发展，人们对土地的利用不再局限于土地表面，并逐渐向地上和地下立体化拓展，而土地地上或地下的利用空间也成为决定土地价值的非常重要因素，并成为土地权利不可分割的一部分。产权人对土地上下一定范围内空间所享有的支配和利用的权利就是空间权。[4]关于空间权的性质，我国学术界也存在争议。有学者认为“空间权并不是物权法体系中一个新的物权种类，而是在一定空间上所设立的各种物权的综合表述”；[5]与此相反，有学者认为，“由于空间利用权可以基于土地所有权人、使用人的意志而在特殊的情况下与土地所有权和使用权发生分离，且可以通过登记予以公示，因此空间利用权可以成为一项独立物权”。[6]尽管学理上对空间权能否作为一项独立的物权仍然存在争议，但随着土地资源的日益稀缺以及利用空间技术水平提升，空间权作为一项财产的重要意义也越来越

1 See Geoffrey Christopher Rapp, Unmanned aerial exposure: civil liability concerns arising from domestic law enforcement employment of unmanned aerial systems, North Dakota Law Review, Vol.85, Issue 3, 2009, pp.623-648.

2 王利明:《空间权：一种新型的财产权利》，载《法律科学》(西北政法学院学报)2007年第2期。

3 孟繁超、张静:《空间权法律问题研究》，载《当代法学》2003年第2期。

4 王利明:《空间权：一种新型的财产权利》，载《法律科学》(西北政法学院学报)2007年第2期。

5 梁慧星主编:《中国物权法研究》，法律出版社1998年版，第591页。

6 王利明:《物权法论》，中国政法大学出版社1998年版，第644页。

突出。

关于空间权具体内涵的表述，学理上也不完全相同：一种观点认为，空间权仅仅是利用一定空间的权利，故而空间权也称“空间利用权”；[1]另一种观点则认为，空间权不仅仅包括对于空间的利用，还包括对于空间的处分权。[2]当前在我国《物权法》中还没有“空间权”的完整表述，只是在《物权法》第一百三十六条规定：“建设用地使用权可以在土地的地表、地上或者地下分别设立。新设立的建设用地使用权，不得损害已设立的用益物权。”该法律虽然规定了可以在地表、地上、地下设立使用权，但要有效解决无人机与空间权的冲突问题，该法条还存在很多局限性：第一，它仅限于建设用地使用权，而没有包含宅基地使用权。无人机在农村的广泛使用势必会涉及与宅基地空间权的冲突问题，有必要在宅基地之上也设立空间权。第二，从未来无人机发展需要来看，空间权不仅应包括土地使用权，还应包括出租权、抵押权、处分权等多项权能，从而保证房屋产权人可以与无人机经营者之间完成空间权的处分，赋予无人机更广泛的飞行自由权。

四、无人机与损害赔偿

这里要讨论无人机坠落致人损害的侵权责任，无人机导致他人损害的案例屡见不鲜。2013年，厦门市某公司的一架遥控飞机在试飞时和公路上行驶的轿车相撞，后双方诉至法院，法院认为无人机使用之前未得到当地主管部门的批准就擅自放飞无人机，属于违规飞行。而且，事发公路属于人员密集的公共区域，无人机使用人基于通常的社会经验可以预料到公路上

1 王利明：《空间权：一种新型的财产权利》，载《法律科学》（西北政法学院学报）2007年第2期。

2 梁慧星、陈华彬：《物权法》，法律出版社1998年版，第151页。

有大量车辆来往，但是汽车司机却不可能预料到公路上会突然降落无人机。因此在公路上降落的行为明显不当，无人机使用人对事故的发生应负全部责任。更为严重的，还有无人机导致他人死亡的情况。2010年，安徽一名4岁男孩被一架突然坠落的航模击中，虽然肇事航模较小，但是由于高空俯冲，撞击时速度极快，仍然导致受害人伤重不治。[1]2014年，郑州的汪某在骑车时被一架从天而降的无人机撞伤，虽然及时送医，但经历了7个小时的抢救之后还是不幸去世[2]……

有关无人机导致他人损害的情况，我国《侵权责任法》第七十一条规定："民用航空器造成他人损害的，民用航空器的经营者应当承担侵权责任，但能够证明损害是因受害人故意造成的，不承担责任。"据此规定，无人机导致他们损害的，原则上应由无人机的经营者（一般为所有者或使用者）承担责任；并且，这一责任原则还可被归为无过错责任，即无论经营者是否存在过错，均应由其承担责任，除此经营者能够证明系由受害者故意导致，在无人机致人损害的案件中，这一免责事由几乎不会存在。然而，在其雇用的无人机操作人员导致他人损害的情况下，有关责任的判定要更为复杂一些，诸如2014年美国知名连锁餐厅"星期五美式餐厅"（TGI Fridays）的一次促销活动中，餐厅雇用了无人机操作人员在操作无人机运送物品的过程中撞上了一位名叫 Georgine Benvenuto 的摄影师的脸，无人机机上锋利并且裸露的螺旋桨瞬间割伤了该摄影师的鼻子和嘴

1　子午：《被撞身亡，遥控飞机惹祸背后的隐忧》，载《江淮法治》2014年第14期。

2　杨亚东：《宁波一无人机"黑飞"失控坠毁，砸中高速公路货车2人受伤》，载《澎湃新闻》2016年10月20日，第5版。

巴。[1]如果无人机操作人员系企业的雇员，则可以按照雇主责任原则来确定责任，雇员在工作过程中造成他人损害的，应由用人单位承担责任。[2]当然，如果企业聘请某无人机企业完成相关工作，在这一场景下聘请方与受聘方（无人机企业）系基于平等主体之间的意思合意而订立合同关系，该合同关系的标的即为无人机服务。在这种情况下，无人机操作人员系无人机企业的员工，而并非系聘请方企业员工，操作失误导致他人损害的，理应由无人机企业自负其责。

无人机导致他人损害，还可能系产品责任的原因。英国广播电台BBC2015年报道，家住英国Worcestershire的男童Oscar Webb在自家后院玩耍，邻居操作无人机的过程中失去控制直接撞上了该男童，其右眼被失控的无人机螺旋桨划伤，视力严重受损，需安装假眼并接受多次手术。[3]如果该事件系由于无人机自身质量问题导致的，受害者则可以试图通过产品质量责任获得救济。由于产品质量问题导致他人损害的，受害人可以向产品的生产者或销售者主张侵权赔偿责任。[4]当事故即使是由于

1 《英国每日邮报》(daily mail online)：That'll kill the moment! TGI Friday's mistletoe drone smashes woman in the face and slices end of her nose on its maiden flight，载http：//www.dailymail.co.uk/news/article-2866658/That-ll-kill-moment-TGI-Friday-s-mistletoe-drone-smashes-diner-face-slices-end-nose.html。

2 我国《侵权责任法》第三十四条：用人单位的工作人员因执行工作任务造成他人损害的，由用人单位承担侵权责任。……第三十五条：个人之间形成劳务关系，提供劳务一方因劳务造成他人损害的，由接受劳务一方承担侵权责任。提供劳务一方因劳务自己受到损害的，根据双方各自的过错承担相应的责任。

3 BBC：Toddler's eyeball sliced in half by drone propeller，载https：//www.bbc.com/news/uk-england-hereford-worcester-34936739。

4 《产品质量法》第四十一条规定，因产品存在缺陷造成人身、缺陷产品以外的其他财产（以下简称他人财产）损害的，生产者应当承担赔偿责任。《产品质量法》第四十二条规定，由于销售者的过错使产品存在缺陷，造成人身、他人财产损害的，销售者应当承担赔偿责任。

产品质量导致的，受害者可以向经营者主张赔偿[1]，只是，当无法寻找到无人机的经营者或者其经营者无力偿还的情况下，基于产品质量责任向无人机的生产者或销售者主张赔偿责任，则可以最大限度维护受害者的根本利益。

五、无人机取拍摄取证的合法性

无人机正在被广泛使用于环境保护、土地地形地貌、森林防护等方面的取证工作。[2]相关的取证工作同样引发关于证据效力的法律争辩，核心依然在于是否涉及对当事人隐私权的侵犯。

在美国陶氏化学工业案件中，美国环境保护局（Environmental Protection Agency，EPA）依据清洁空气法（Clean Air Act，CAA）进行调查，雇用了一名民用无人机飞行手担任空中摄影师在陶氏化学工业的厂房上空进行飞行并使用高精度航空摄影机进行拍摄。考虑到厂房是一个相当开放的领域，对其提供的隐私保护水平相比庭院（curtilage）的私密性要求要低，法院因此认为美国《宪法》第四修正案并不禁止从可飞行空域拍摄厂房航空照片的行为。

如果说无人机对于公共领域或者说厂房的取证系完全合法，那么其对于更加隐私的私人领域的取证的合法性却是一个备受争议的话题。对于无人机拍摄的资料能否作为证据，有必要结合我国现有的法律予以分析。2015年2月4日实施的《最高人民法院关于适用〈中华人民共和国民事诉讼法〉的解释》（以下简称《解释》）确立了新的非法证据排除规则，对于该类证据

1 《侵权责任法》第七十一条规定，民用航空器造成他人损害的，民用航空器的经营者应当承担侵权责任，但能够证明损害是因受害人故意造成的，不承担责任。

2 《无人机如何进行环境监测》，载中国新闻网http://www.chinanews.com/ny/2014/03-20/5975225.shtml。

的合法性确立法定标准。《解释》第一百零六条规定："对以严重侵害他人合法权益、违反法律禁止性规定或者严重违背公序良俗的方法形成或者获取的证据，不得作为认定案件事实的根据。"按此规定，无人机拍摄的资料，即使是存在侵权之嫌，但不是严重侵害他人合法权益；即使是存在违规之嫌，但不是违反法律的禁止性规定；即使是存在不当之处，但不是严重违背公序良俗的，均可作为认定案件事实的证据。简言之，在绝大多数情况下，无人机拍摄的资料均可作为庭审证据使用。

对于无人机拍摄合法性问题，更多人还停留在原有的法律思维模式中。最高人民法院曾经作出批复，该批复认为："证据的取得必须合法，只有经过合法途径取得的证据才能作为定案的根据。未经过对方当事人同意私自录制其谈话，系不合法行为，以这种手段取得的录音资料，不能作为证据使用。"[1]在司法实践中的一些案件也是以此为依据认定证据无效。[2]如果按此批复，所有的偷拍、偷录都将被视为无效，无人机的拍摄资料也几乎都无法作为证据使用，显然，这将让当事人的取证之路近乎被堵死。2001年《最高人民法院关于民事诉讼证据的若干规定》(以下简称《证据规定》)第六十八条进一步放大了当事人取证自由，进一步明确：以侵害他人合法权益或者违反法律禁止性规定的方法取得的证据，不能作为认定案件事实的依据。显然，按此逻辑，偷拍的证据并非无效，还要区别其是否侵犯他人合法权益或者违反法律禁止性规定。然而，从法律渐进强化隐私的保护趋势来看，如果把所有侵犯隐私权的证据都排除在

1 《关于未经对方当事人同意私自录制其谈话取得的资料不能作为证据使用的批复》([1995]2号)。

2 广州市中级人民法院民事判决书(2014)穗中民二终字判决第634号认定"未经对方当事人同意私自录制其谈话，系不合法行为，以这种手段取得的录音资料，不能作为证据使用"，并据此对上诉人提供的录音材料不予采纳。佛山市禅城区人民法院作出的民事判决书(2013)佛禅法民一初字第1206号同样适用该《批复》对私下录音不予采纳。

外的话，事实上，在实践中，如果所有取证工作都需要事先告知当事人的话，取证势必举步维艰，当事人可以取证的自由依然近乎为零。正是基于上述原因，2015年最高人民法院才在《解释》中强调，只有严重侵犯他人合法权益或者违反法律强制性规定的"偷拍"才会被视为无效证据。

六、结语

随着无人机智能化水平的进一步提升，它也被比作会飞的机器人，[1]它可能给整个社会带来更多麻烦，如福州个别监狱上空深夜常有无人机出没，严重影响了监狱管理安全。[2]再如2015年美国，一段装有手枪的无人机视频在网上传播，该视频是关于一位18岁的康涅狄格州的男孩，他把手枪安置在无人机上，并在地面几英尺以上盘旋射击。该州议员Byrd提出立法建议将无人机武器改装的行为视E级重罪。[3]显然，无人机的法律监管问题的重要性不容忽视。事实上，前面所有法律问题的讨论，如果隐私权、空间权、取证、致人损害的赔偿等问题，最终都需要确定无人机的经营者身份，这也是无人机监管中的核心问题。[4]

众所周知，有人驾驶的航空器必须是采取登记制，无人机比有人驾驶的航空器要简便很多，前者只能由厂家生产，然而无人机却可以由个人加工生产。这也使无人机难以被有效监管。每一个无人机都需要芯片，即使个人制作无人机同样需要

1 《探秘高科技无人机：会飞的空中机器人》，载腾讯网http：//tech.qq.com/a/20090105/000077.htm。

2 黄齐超、民声：《无人机不能无人管》，载《人民日报》2016年4月27日，第17版。

3 墨浅夜：《田纳西州立法禁止公民将无人机武器化》，载http：//www.huahuo.com/UAV/201512/8620.html。

4 《无人机：市场与监管如何平衡》，载新华网http：//www.xinhuanet.com/tech/2016-01/15/c_128630937.htm。

购买无人机芯片，它相当于无人机的大脑，因此所有监管的规则都可以植入这个大脑，从而保障所有的无人机都纳入监管体系。从这一意义上讲，芯片监管或将成为未来无人机监管的重要思路。

随着无人机智能化水平的提升以及它所产生的系列社会问题，各国都在渐进完善无人机立法。结合我国的实际情况，可以从以下几个方面进一步完善无人机相关立法：第一，明确民用无人机的法律属性，根据其型号进行划分，明确哪些民用无人机属于航空器，哪些属于一般动产。第二，确立芯片监管路径，并进一步建立民用无人机的登记管理制度，将销售、使用、流转情况纳入监管体系。第三，建立民用无人机的适航标准，明确其飞行的时间、空域、航线、高度等标准。第四，建立民用无人机企业的准入条件和监管规则等一系列管理规范，通过对民用无人机企业的严格监管，规范无人机市场。[1]

1　杨延超：《民用无人机“黑飞”亟待立法规制》，载《检察日报》2015年4月20日。

第十六篇

PART 16

法律正义与算法黑洞

机器人法官并非系全部替代法官完成审判，但它出具有的参考结果却对法庭具有重要的参考价值，比如量刑、对证据真伪的判断等。机器人结论的权威性，在很大程度上是源于机器运算超越人脑思考的范畴，比如，对于侵权案件的机器学习和数据分析等。按此逻辑，机器人结论在实质上已经在影响当事人权益，那么，当事人及律师对于机器人结论就将产生质疑的权利，甚至整个庭审也将围绕机器人结论的科学性与否展开。

法律正义与算法黑洞

一、法律与算法的二元共治

《未来简史》曾预言，未来的时代将会进入算法社会，这个社会的一切都将由算法定夺，由于技术掌握了你的数据，因此比你自己更了解你自己，因此通过数据就可以对人定制出一些更为合理的方案。然而，这个所谓合理方案又是怎样形成的，它背后的道理又是怎样的，这一切都是不透明的。[1]尽管如此，人们又只能在代码所规划的空间内从事各种活动。“在互联网络时代，人们之所以遵守关键规则，并非源于社会制裁和国家制理的压力，而是源于统治该空间的代码和架构”。[2]“随着网络社会治理的发展，人们越来越形成技术治理与法律治理二元共

---

1 美国加州大学信息学院的乔娜·布雷尔（Jenna Burrell）在其论文《机器如何“思考”：理解机器学习算法中的不透明性》中论述了三种形式的不透明性，其中包括因算法本身复杂而产生的不透明性。Jenna Burrell, “How the machine ‘thinks’: Understanding opacity in machine learning algorithms”, Big Data&Society, January-June 2016, 1-10.

2 [美]劳伦斯·莱斯格：《代码2.0：网络空间的法律》，李旭、沈伟伟译，清华大学出版社2009年版，第28页。

治的话语共识。”[1]

二、法律正义与算法黑洞

法律代表公平正义，这也意味着算法也要体现出公平正义的理念。在人工智能时代，“邪恶”的算法将成为人类社会的最大灾难。于是，在未来，人们每一天都将面对好算法与坏算法之间的争论，事实上，这个争论在网络化时代便已经开始。

（一）走出“技术中立”的算法黑洞

“技术中立原则”也称作“实质性非侵权用途原则”或“普通商品原则”。其含义为：利用技术完成的违法、犯罪理应由行为人承担责任，尽管其中利用了相关技术，但技术所有人不应承担任何责任。在美国，“技术中立原则”始于1976年的“索尼版权案”。电视节目版权人起诉索尼，认为索尼的家用录像带会被索尼录像带的消费者用于录制电视节目并将其播出，这种行为侵犯了他们的版权，因而索尼公司作为录像带的制作人也应该对侵权行为承担一定赔偿责任。在经过了一审、上诉、二审改判等程序后，这个案件最终进入了美国最高法院。最高法院驳回了版权人的诉讼，认为如果“产品可能被广泛用于合法的、不受争议的用途”，即“能够具有实质性的非侵权用途”，即使制造商和销售商知道其设备可能被用于侵权，也不能推定其故意帮助他人侵权并构成“帮助侵权”——这就是“技术中立”原则的实质。

“索尼案”也成为技术发明人根据“技术中立原则”免责的重要判例。在互联网时代，技术中立原则甚至又进一步催生“避风港规则”。在搜索引擎所涉及的一系列“版权”“名誉权”侵权案件中，搜索引擎已经习惯于引用“避风港规则”帮助自

1 郑智航：《网络社会法律治理与技术治理的二元共识》，载《中国法学》2018年4月。

已免除责任，其基本逻辑是：内容是用户上传的，排名系算法自动实现的，故此搜索引擎理应免责。[1]从NapstER案到Grokster案，站在被告席上的网络服务提供者都积极地以索尼案确立的原则为自己辩护，试图免予版权法律责任。Napster公司反复强调其软件和系统也可以用来交流正版音乐作品和公有领域的作品。如果判决其承担侵权责任，则许多网络新技术将会不当地受到限制。在Grokster案，虽一审、二审法院支持被告的主张，认定“散发一种能够具有实质性非侵权用途的产品不能导致对侵权行为的责任”。但美国最高法院推翻二审判决，认定被告诱导他人侵权成立。[2]随着人工智能时代的到来，原本躺在“技术中立原则”后面的“算法”，越发受到人们的普遍关注。“算法”属于技术，但它并非系绝对“中立”的，在算法形成的过程中，设计者的价值观通过代码转嫁到了算法当中。由此，起源于对“人”正义与否的讨论也延伸到对“算法”正义性的讨论中，“算法”成为人们在类似案件中讨论的焦点。如果有足够的证据证明算法本身就存在“歧视”或者“不公平”，“技术中立原则”便无法再为被告免责。

在“魏则西事件”[3]中，百度搜索引擎背后的“算法”便为人

1 “避风港规则”来源于英美法，其旨在于强调平台和算法的中立性，企业可据此主张自己免责。2009年我国颁布《侵权责任法》时也引进了避风港规则。《侵权责任法》第三十六条规定：网络用户、网络服务提供者利用网络侵害他人民事权益的，应当承担侵权责任。网络用户利用网络服务实施侵权行为的，被侵权人有权通知网络服务提供者采取删除、屏蔽、断开链接等必要措施。网络服务提供者接到通知后未及时采取必要措施的，对损害的扩大部分与该网络用户承担连带责任。网络服务提供者知道网络用户利用其网络服务侵害他人民事权益，未采取必要措施的，与该网络用户承担连带责任。

2 张今：《版权法上“技术中立”的反思与评析》，载《知识产权》2008年第1期。

3 “魏则西事件”是指2016年4月至5月初在互联网引发网民关注的一起医疗相关事件。2016年4月12日，西安电子科技大学21岁学生魏则西因滑膜肉瘤病逝。他去世前在知乎网站撰写治疗经过时称，在百度上搜索出武警北京第二医院的生物免疫疗法，随后在该医院治疗后致病情耽误，此后了解到，该技术在美国已被淘汰。载http://www.baike.com/wiki/魏则西事件。

们所诟病。而在“魏则西事件”中，北京市武警总队第二医院的推广广告恰恰属于百度的竞价广告信息，显然，该信息并非百度平台简单抓取、自然排名的信息，它之所以会在首页显著位置出现，是因为其向百度交纳了推广费用，经过技术或人工干预后推荐的信息。最高人民法院2014年出台的司法解释也指出，如果网络服务商通过人工或自动方式对信息以推荐、排名、选择等方式进行处理，视为其“知道”该信息内容[1]，搜索引擎无法运用“避风港规则”为自己免责。

（二）《傲骨贤妻》中的“算法黑洞”

在人工智能时代，“算法”是一个明星词，它甚至走进了知名美剧《傲骨贤妻》（*The Good Wife*）[2]中的经典案例。在该案中原告朱莉和伊丽莎白为语音识别软件玛格丽特动态的所有权人，被告为搜索引擎“查查网”所有人格罗斯。玛格丽特动态语音软件曾被《小发明》评为国内顶级语音识别软件，在“查查网”搜索引擎搜索语音识别软件，该软件会出现在搜索结果顶端。但是，某日，该软件在“查查网”排序突然下跌，一夜之间从第1页下跌到第28页。当通过名称搜索该软件时，“查查网”搜索引擎会显示“你想要玛格丽特鸡尾酒吗？”而在排序下跌的一周前，“查查网”的销售代表表示希望玛格丽特动态购买搜索引擎的广告位，但被拒绝。因此，原告起诉“查查网”的不正当经营行为。

在本案中，到底是什么导致语音识别软件排名下降成为审判焦点。原告认为排名之所以下降是因为原告拒绝被告的广告小时，被告“查查网”基于报复心理，将算法改变，人为干涉

1 《关于审理利用信息网络侵害人身权益民事纠纷案件适用法律若干问题的规定》第9条。

2 《傲骨贤妻》（*The Good Wife*）是一套美国法律剧情电视连续剧，2009年9月22日在CBS上首播。

将玛格丽特动态排名，将其下调至第28页。被告则坚持排名下降系由于算法导致，并非人为修改算法的结果。被告方还进一步提出，广告部销售员工在原告拒绝广告销售之后即开始为期两周的度假，度假前并未将此消息告知被告格罗斯先生，因此排名改编与广告销售行为无关。在涉及被告产品能否通过算法调整排名时，被告说法也被指出存在矛盾之处，一方面被告承认，为了避免垃圾邮件发送者扰乱搜索结果，算法几乎需要每天进行监控和修正；另一方面又指出，因为算法是自动的，其无法对搜索结果施加影响。

法庭在上述争辩中又进一步引发出“算法公开”的问题，原告方坚持其排名下降系由被告方修改算法导致的，据此要求法庭调查“查查网”的算法记录。被告称，算法是“查查网”成功的关键所在，是公司的核心机密，公开算法相当于公开商业秘密，被告以保护商业秘密为由拒绝公开算法。法官表示，关于算法是可以被操纵的，因此法官要求被告提供此项证据，即要求被告公开一切算法相关信息以供法庭审阅，另法庭将指定第三方审阅所有算法文件，以避免竞争泄密。最终，原被告双方当事人达成和解，被告“查查网”所有人聘请原告朱莉和伊丽莎白经营“查查网”旗下的语音识别软件。

三、以“正义”为名的“算法黑洞”

算法的法律，其核心词在于“法律”，其强调在人工智能和大数据的技术支持下，越来越智慧的“法律”。

1.算法与科学立法

法律可以让算法更加正义；反之，算法也可以让法律更加正义。按照《社会契约论》的观点，法律原本就是社会各方利益平衡的结果。平衡得好与不好，甚至决定了法律属于良法还是恶法。人工智能和大数据便可以帮助立法者找到利益天平的合理刻度。比如，在知识产权立法中，法律一方面需要保护知识垄断以促进创新，另一方面要保障知识传播以促进科技发展，立法有必要在二者之间找到平衡，未来科技文化产业的大数据将指导立法者平衡知识产权专有垄断的程度，从而实现知识产权保护制度达到最优状态。

法律在实现社会契约的过程中，还要规定权利、义务、责任条款，对于违法人要给予其制裁，既有法律中存在大量的幅度型制裁条款，如刑法中有从N年到M年，再如经济罚责又常见从N元到M元。这些量化指标与违法者违法性质、程度系相对应的，法律之罚责既要体现对违法者的惩罚，又要保障在一个合理的限度内，唯有如此，法律之功能才能得到全面彰显。按照波斯纳的观点，行为人总是在计算违法收益与成本之间的关系，并据此作出决策。虽说人工智能的算法在于实现法律之最佳教育和警示效果，背后的算法科学性也直接决定了其立法科学性。

2.算法与犯罪惩治

侦查就是要还原事实，原本事实是没有办法还原的，即使法律上的证据也被专家们强调，这是对事实的证明而非对事实的还原，因为事实无法还原。然而，在人工智能时代，人们每一天都在制造数据，在物理空间的人的行为，同时也映射在虚拟空间数据的叠加，数据比人还要了解自己，通过还原数据进而还原真相。

2016年12月，一件涉及亚马逊的人工智能家务助手Echo的新闻引起了广泛关注。在侦查一起谋杀案的过程中，阿肯色州本顿维尔（Bendonville）警方在对犯罪嫌疑人詹姆斯·贝茨（James Andrew Bates）在侦查过程中借助了对智能数据的分析。贝茨家里还有其他的智能电子设备，比如智能水表，该水表记录着案发时段（凌晨1点～3点）贝茨家里一共用了140加仑的水，可以佐证他可能用水冲洗犯罪痕迹。

的确，数据和算法有助于惩罚犯罪，然而，它也会引发对于公民隐私的担忧。2015年12月2日，美国加州圣贝纳迪诺发生了“9·11”之后最严重的恐怖袭击，恐怖分子开枪射杀了14人、射伤20多人后被警察击毙。联邦调查局查获了一名恐怖分子的iPhone手机，为了获得犯罪调查证据，在获得法院授权的情况下向苹果公司发出了解锁手机要求。苹果公司拒绝合作，公司总裁还在公司网站上发布一封公开信，谴责联邦调查局“破坏了我们的政府旨在保护的那种权利和自由”。[1]该事件也引发了一个更深层次思考：有必要在犯罪惩治与个人隐私的平衡保护中完成算法与数据利用的制度建构。

3.算法与司法公正

公正的司法在实质上是在完成两个方面的工作，第一，是对人的行为作出准确评价（合法还是违法）；第二，在准确评价的基础上进一步作出法律判决结果（停止侵权、违约金、刑量等）。长期以来，法官大都依据自己的经验完成上述工作。然而，随着大数据时代的到来，经验在“数学”与“数据”面前越发显得苍白，甚至走向真理的反面，由此也催生算法在司法审判中积极运用：首先，可基于算法完成对人行为的准确评价，如在被告方主张效益违约行为的评价方面，算法可以为法官呈现违约所产生的效益与成本分析，从而让法官在诚信与效益之间平衡中完成准确判断；再如针对被告所使用的品牌是否侵犯原告方商标权的情况下，大数据的运算可以呈现出商标的整体使用情况。其次，算法还可以帮助法官作出更加科学的法律判决结果，包括对被告人量刑以及在损害赔偿的计算方面，算法都具有极为广阔的发展空间。

1　廖政军：《苹果公司拒绝为美国政府“开后门”》，载《人民日报》2016年2月23日，第22版。

一旦算法介入司法审判中，算法的科学性自然会首先成为律师辩论的焦点。在 State v. Loomis 一案中[1]，法官在对被告量刑时参考了 COMPAS 算法的风险评估。被告对其算法提出异议，主张其应有权检查算法；同时，他认为该算法的科学有效性和准确性都值得怀疑，它侵犯到了自己被个体化量刑的权利；此外，他认为将性别作为算法的一项考虑因素是违背宪法的。该被告据此提出异议，并进行了起诉。威斯康星州最高法院判决认为，这个过程没有违背正当程序，因为法院在使用 COMPAS 算法，参考其进行量刑时，仍然是可以作出个体化判决的，而且该算法并不是法院考虑的唯一因素。

事实上，要保障"算法"在审判中能帮助法官更加公平地审判案件，这就需要算法本身亦是正义而非歧视性的。在未来，律师们也将围绕算法展开激烈的辩论，尽管不能苛求律师成为计算机专家，但它们依然可以就算法发表质证和辩论的意见，比如他们可以请求更多例子来验证算法的科学性；再如，他们可以"算法黑洞"为由提出算法结果不能作为证据等。唯有在法律上保证算法本身正义的前提下，基于算法完成的法律结果才可能是正义的。

四、对"算法黑洞"正义的审判

1.USACM的七项原则

美国公共政策委员会计算机协会（USACM）提出了算法透明的七大原则：[2]

第一，意识原则（awareness），即算法系统的所有者、设计

1 朱体正：《人工智能辅助刑事裁判的不确定性风险及其防范——美国威斯康星州诉卢米斯案的启示》，载《浙江社会科学》2018年6月13日。

2 https://cacm.acm.org/magazines/2017/9/220423-toward-algorithmic-transparency-and-accountability/fulltext.

师、建设者、用户和其他利益相关者应该意识到他们的设计、实施和使用中可能存在的"偏见",以及由此可能造成的潜在危害。

第二,准入和补救原则(access and redress),监管机构应鼓励采用机制,对因算法决策而受到不利影响的个人和群体提出质疑和纠正。

第三,问责原则(accountability),机构应该对其算法负责,即使机构不可能详细解释算法是如何产生结果的,须承担"无过错责任"。

第四,透明原则(explanation),鼓励使用算法决策的系统和机构对算法遵循的过程及所做的具体决策给出解释。

第五,数据来源原则(data provenance),算法设计者应当对训练数据的来源进行说明,同时还要对人类或算法数据收集过程中可能存在的偏差进行探索。

第六,可审计性原则(audit-ability),即应记录模型、算法、数据和决策等数据,以便在可疑的情况下可以对它们进行审计。

第七,验证和测试原则(validation and testing),即算法设计者应该使用严格的方法来验证它们的算法模型,记录这些方法和结果,并定期进行测试,以评估和确定该算法模型是否产生了歧视性损害,鼓励机构公开这些测试的结果。

2.美国纽约:《算法问责法案》

2017年12月,纽约市议会通过了算法问责法案,[1]以解决算法歧视问题。根据该法案,纽约市将成立一个由专家和公民组织代表共同成立的工作组,专门监督市政机构使用的自动决策算法的公平性、问责性和透明度。该小组负责推动政府决策算

1 http://legistar.council.nyc.gov/LegislationDetail.aspx?ID=3137815&GUID=437A6A6D-62E1-47E2-9C42-461253F9C6D0.

法开源，使公众了解市政机构自动化决策的过程，并就如何改进算法问责制和避免算法歧视提出建议。

该法案系算法规制领域的一个重要立法。随着人工智能技术不断发展，自动化决策也将逐渐进入政府和司法决策领域。该法案所提倡的促进政府自动决策算法的公开透明和可解释性，将促进政府决策中的算法的可信度，避免"算法黑洞"而导致对公众利益的侵犯，为其他国家制定算法监管规则提供了有益借鉴。

要保障算法能够以"公平""正义"的方式影响人们的生活，还需要设立关于"算法"的监管审查主体以及监管审查机构。2016年英国下议院科学和技术委员会发布《机器人与人工智能》，特别强调决策系统透明化对于人工智能安全和管控的作用。[1]世界科学知识与技术伦理委员会（COMEST）也发布关于机器人伦理的初步草案报告，提出应当在机器人及机器人技术的伦理与法律监管中确立可追溯性，保证机器人的行为及决策全程处于监管之下。按照美国纽约的《算法问责法案》，算法的审查机构由计算机算法领域的专家和公民成员共同组成。然而，在对算法的正义性进行监督检测的过程中，要做到检测的科学、高效，并且得出相对公正的结论，同样还需要借助一系列计算机程序和算法的方法来实现。故而，要实现"法律的算法"，同样需要"算法的法律"来保障。

1 Unless otherwise stated, all information in this section was retrieved from: House of Commons, Science and Technology Committee.2016.Robotics and artificial intelligence.Accessible online at: http://www.publications.parliament.uk/pa/cm201617/cmselect/cmsctech/145/145.pdf.

第十七篇
PART 17

人工智能与金融监管

机器人作为理财顾问的时代已经到来。机器人通过对大数据的综合运算（结合客户的风险承受能力），从而给客户出具科学的投资方案。人工智能也为普惠金融发展提供了巨大契机，由此也催生系列金融法律问题。由于算法错误可能会产生批量性的投资风险，相关权利如何得到救济、风险如何防范？上述问题都要认真思考。与此同时，人工智能还将广泛地用于金融监管领域，内幕交易、市场操纵的确定以及因果关系、损害赔偿计算等方面都将借助人工智能完成。

我国智能投顾立法完善
——以美国立法为借鉴

一、问题的提出

随着人工智能与大数据的到来，"智能投顾"渐进取代传统的投资咨询顾问。智能投顾是一种基于算法程序和数字技术，通过智能化算法，对客户的投资目标、财务状况、风险偏好、投资经验等信息进行综合评估，从而计算出适合客户投资风格的投资组合，并根据客户的具体需求，提供个性化的智能化投资理财服务。[1]据Credio统计，2015年，美国智能投顾管理的资产规模从256万美元到882亿美元，总规模已经近1218亿美元。美国近期一项研究显示，到2020年，智能投顾的资产管理规模将达到2万亿美元，大约占美国所有资产管理规模的5.5%。

智能投顾是以"现代资产组合理论"（MPT）为基本理

1　吴烨、叶林：《"智能投顾"的本质及规制路径》，载《法学杂志》2018年第39卷第5期。

论。[1]"现代资产组合理论"由美国纽约市立大学巴鲁克学院的经济学教授马柯维茨提出的。1952年3月，马柯维茨在《金融杂志》发表了题为《资产组合的选择》的论文，将"概率论"和"线性代数"的方法应用于"证券投资组合"的研究，探讨了不同类别的、运动方向各异的证券之间的内在相关性，并于1959年出版了《证券组合选择》一书，详细论述了证券组合的基本原理，从而为现代西方证券投资理论奠定了基础。[2]的确，如果买一只股票，风险就会很大；但如果买很多只股票，做好有效组合，就可抵御风险。当然组合投资不一定买股票，还包括房产、债券、黄金。这里就涉及买哪只股票，买多少只股票的问题？在软件中就需要设置很多很多变量，包括当前的政治形势、经济形势、政策、法规、市场行情等。

区别于传统的投资顾问咨询，智能投顾系借助大数据运算最终完成投资决策，它提升了投资效率，让绝大多数人都有机会接受投资服务，推动"普惠金融"[3]发展，然而，在这过程中也衍生了一系列新的法律问题，包括对机器人"算法"的监管、机器人顾问的管理、如何降低金融风险等，对于上述问题，我国立法几乎还处于空白，有必要厘清和深入研究。

二、我国关于"智能投顾"的立法现状

智能投顾应当属于投资顾问的一种，根据《证券法》的规定，只有经证监会批准，取得证券投资咨询牌照的主体，方能从

1　现代资产组合理论（MPT）认为，投资组合能降低非系统性风险，一个投资组合是由组成的各证券及其权重所确定，选择不相关的证券应是构建投资组合的目标。

2　Richard A.Bre Brealey, "Harry M.Markowitz' s Contributions to Financial Econmics"，载瑞典《斯堪的纳维亚经济学杂志》1991年第93卷第1期。

3　普惠金融（inclusive finance）概念由联合国在2005年提出，是指以可负担的成本为有金融服务需求的社会各阶层和群体提供适当、有效的金融服务，小微企业、农民、城镇低收入人群等弱势群体是其重点服务对象。

事证券投资咨询业务。除此之外，根据《证券投资顾问业务暂行规定》第七条的规定，从事证券投资咨询服务的人员，亦应取得相应的执业资格，并在中国证券业协会登记注册。由此可见，对于传统的证券投资顾问业务，我国采取的是双重许可，不仅要求证券投资咨询机构取得相应牌照，还要求证券投资顾问取得从业资格并进行登记。

我国2012年《关于加强对利用“荐股软件”从事证券投资咨询业务监管的暂行规定》(以下简称《“荐股软件”暂行规定》)第2条规定：“向投资者销售或者提供荐股软件并直接或间接获取经济利益的，属于从事证券投资咨询业务，应当经中国证监会许可，取得证券投资咨询业务资格。”《“荐股软件”暂行规定》还将“荐股软件”定义为“具备证券投资咨询服务功能的软件产品、软件工具或 终端设备”，功能包括提供涉及具体证券投资品种的投资分析意见、预测具体证券投资品种的价格走势、提供具体证券投资品种选择建议和买卖时机建议、提供其他证券投资分析和建议。

智能投顾大致可分为两类：一类是全权委托型；另一类是咨询顾问型。然而，根据我国《证券法》第一百四十三条的规定，证券公司不得接受顾客的全权委托[1]。《证券法》第一百七十一条规定，“投资咨询机构及其从业人员从事证券服务业务，不得代理委托人从事证券投资。”证监会印发的《证券投资顾问暂行规定》第十二条规定，“证券投资顾问不得代客户作出投资决策”；第二十四条也规定，证券投资咨询机构及其投资咨询人员，不得代理投资人从事证券、期货买卖。之所以禁止全权委托，有两方面的原因：第一，稳定金融风险；第二，防止双方代理，既代理客户，又可能担任证券承销人的发行商。

1　证券投资咨询机构及其从业人员，在为客户提供证券投资咨询服务时，不得代理客户做出投资决策，不能代理客户从事证券买卖。

由此可见，“证券全权委托型”智能投顾在我国面临法律障碍。

三、美国智能投顾的现状及启示

（一）产业发展现状

美国智能投顾的发展始于2008年全球金融危机之后。2008 年，全球首家数字化金融公司 Betterment 在美国纽约成立，此后两年内，Wealthfront[1]、Personal Capital[2]、Future Adviser[3]、Kensho[4]等一批数字化金融公司相继成立，开启了智能化财富管理时代。在美国，传统的人工投资顾问服务公司也在纷纷向智能投顾转型，如1971年成立的Charles Schwab（嘉信理财）也于2015年推出智能投顾产品 “Schwab Intelligent Portfolios”。[5]2015

1　2011年12月，美国在线资产管理公司Wealthfront 成立，正式注册为“美国证监会”（SEC）的投资咨询业者（RIA），提供自动化的投资组合理财咨询服务。Wealthfront以个人投资者为主要客户兼顾部分法人客户，其用户主要投资ETF基金。当前，该公司的客户遍布美国各地，截至2016年2月底，Wealthfront的资产管理规模近30亿美元。

2　PersonalCapital是一家坐落于美国雷德伍德城提供在线资产管理及投资理财顾问服务的公司。公司借助互联网金融“便捷”“草根性”优势，针对被排除在传统个人理财行业的中低净值投资者为服务对象，通过汇总投资者所有财务信息，为其提供在线的整套投资管理、银行账户和个人金融服务以及战略性的投资建议。https：//www.personalcapital.com/financial-software.

3　Future Advisor的服务目标定位在资产规模在10万美元左右的中产阶级，其所提供的信息整合及优化建议都是免费的，当用户要求Future Advisor代理日常投资组合管理操作时，Future Advisor才进行收费服务——费用约为用户要求管理的资产量的千分之五，相当于市面普遍价格的一半。

4　2013年成立的Kensho基于云计算在硬盘设置了9万个变量（企业业绩、经济指标、政策变化、风险参数等），容纳了6500万个计算机语言。Kensho通过大数据分析和机器学习，自动探知最新新闻，把国外的金融分析师平均需要耗时40小时完成的报告在几分钟内自动完成，给客户提供综合性解决方案。

5　嘉信理财公司（Charles Schwab Corporation）是一家美国券商和银行公司，总部位于加利福尼亚州旧金山。公司于1971年由Charles R. “Chuck” Schwab作为一个实体店的经纪公司和投资通讯的出版商。https：//www.schwab.com/.

年5月，美国Vanguard（先锋公司）推出了智能投顾服务。[1]2015年8月底，全球最大的资产管理公司贝莱德（BlackRock）宣布将收购理财服务公司 Future Advisor。

（二）"智能投顾"概念的精准解读

在智能化投资的研究中，人们时常还会用到"自动化投资""数字化投资"，事实上，从严格意义上讲这些概念与"智能投顾"并非完全相同，有必要予以厘清。我国相关法律还未有对上述概念的具体解释，这里可以参考美国的相关立法。

"自动化投资"概念是美国证监会（SEC）和美国金融业监管局（FINRA）在2015年发布的《关于自动化投资工具给投资者的公告》，提出了"自动化投资工具"的概念，认为只要用手指点击移动设备或在电脑上用鼠标点击，投资者就可以访问范围广泛的自动化投资工具，包括个人财务规划工具（如在线计算机）、投资组合选择或资产优化服务［如提供关于如何分配你的401（k）[2] 或经纪账户的建议的服务］和在线投资管理程序（如可以选择和管理投资组合的智能投顾）等。[3]2016年3月，FINRA发布了《数字化投资顾问报告》（*Digital Investment Advice Report*）提出了"数字化投顾"和"智能投顾"的概念，提出智能服务中的"用户档案创建"及"用户分析""资产配置""投资组合选择""交易执行""投资组合再平衡""税收损失收割""投资组合分析"七项功能，投资服务中机器人完成上述七项功能中的

1 先锋公司于1974年由约翰·鲍格尔（John Bogle）创立，其前身威灵顿基金则早在1929年就诞生了。在不长的时间公司已经在基金行业里占有突出的地位，是世界上第二大基金管理公司。同时，先锋公司是世界上最大的不收费基金家族，现在在全世界管理着3700多亿美元的资产，为1000多万投资者提供服务。https：//investor.vanguard.com/corporate-portal/.

2 401（k），取自美国1978年《国内收入法》中的（section401K）条款，它是美国一种特殊的退休储蓄计划，它深受欢迎的原因是可以享受税收优惠。

3 李晴：《互联网证券智能化方向：智能投顾的法律关系、风险与监管》，载《上海金融》2016年第11期。

一个或多个为“数字化投顾”，如果机器人综合完成七项功能则为“智能投顾”。[1]显然，从概念的外延上来讲，“自动化投资工具”外延最大，其次是“数字化投资”，最为严格的是“智能投顾”。

根据2016年3月FINRA发布的《数字化投资顾问报告》，智能投顾还可以具体包括两种形式：第一，数字化建议工具。券商机构从业人员为客户提供投资咨询分析时辅助使用的数字化建议工具（Digital Advice Tools）。美国金融业协会（FINRA）发布的《数字化投资建议报告》指出，数字化建议工具是一个产生于模拟和统计分析，对投资活动或投资策略和方式的多种投资结果进行呈现的互动型技术工具。第二，机器人顾问（Robo-Adviser）。机器人顾问需要在美国证监会（SEC）注册为投资顾问，并适用《1940年投资顾问法》的有关规定。[2]根据SEC《机器人投资顾问指导文件》，机器人顾问是一种运用创新技术、通过在线算法向客户提供“全权委托”资产管理服务的计算机程序。[3]

（三）智能投资顾问的监管

1.智能投资顾问的登记管理

根据美国证监会（SEC）2017年2月发布的《智能投顾监管指南》（Guidance Update：Robo-Advisers）中的定义，智能投顾是指通过基于网络算法的程序、利用创新技术为用户提供全权委

1 “Report on Digital Investment Advice”，http：//www.finra.org/sites/default/files/digital-investment-advice-report.pdf.

2 Securities and Exchange Commission：Investor Bulletin：Robo-Advisers，updated April 8th，2018.

3 客户将个人信息和其他数据输入数字化互动平台（如网站和手机应用软件），机器人顾问基于这些信息为客户生成投资组合并管理客户账户。李苗苗、王亮：《智能投顾：优势、障碍与破解对策》，载《南方金融》2017年第12期。

托的账户管理服务的注册投资顾问。[1]同时，智能投顾的主体须为注册投资顾问，即按照美国《1940年投资顾问法》第203（a）条及第203（c）条的要求向委员会提交ADV表完成注册的投资顾问，这也意味着，在第203（b）条下予以豁免注册的投资的顾问们不在其列。[2]

根据1996年国会实施的《投资顾问监管协调法》的规定，对于管理不超过2500万美元或仅担任注册投资公司的投资顾问，该法实质上给予各州对此类投资顾问的专属管辖权，SEC对管理超过2500万美元的注册投资顾问拥有专属管辖权。2010年《多德—弗兰克法案》修订，重新划分管辖权，将划分州与SEC管辖权的界限提高至1亿美元。[3]

2016年，美国 SEC 对摩根士丹利史密斯巴尼有限责任公司（MSSB）提起了重大网络安全诉讼，因其违反了保护客户记录和信息的S-P［1 7C.F.R. § 248.30（a）］规则（保障规则）第30（a）条。其一名雇员（客户服务合伙人）Galen Marsh通过长期访问MSSB存储客户敏感身份信息（PII）的两个门户网站——商业信息系统（BIS）门户网站和固定收益部门选择（FID Select）门户网站，盗用了大约73万个客户账户数据（包括姓名、电话号码、账号、账户余额和持有量等），并试图卖掉牟利。SEC称，该公司保护客户信息的措施不足，未能有效地限制合法业务需求的员工访问机密客户数据，也没有监控、分析员工访问门户网

1 See Securities and Exchange Commission，Guidance Update：Robo-Advisers，https：//www.sec.gov/investment/im-guidance-2017-02.pdf，last visit April 2，2017.

2 美国《1940年投资顾问法》规定当事人是其主要营业地居民（只要该顾问不提供上市公司交易的咨询）、唯一用户为保险公司的顾问、用户不超过15个且既不对公众也不对投资公司提供服务而将自己视作顾问的顾问等几类投资顾问可以豁免注册。［美］托马斯·李·哈根：《证券法》，张学安等译，中国政法大学出版社2003年版，第880页。

3 宋丽智、胡宏兵：《美国〈多德—弗兰克法案〉解读——兼论对我国金融监管的借鉴与启示》，载《宏观经济研究》2011年第1期。

站的行为，最终对其处以100万美元的罚款。[1]

2.算法监督

由于智能投顾系依赖于计算机算法完成投资决策，因此“算法监督”与“测试框架”也成为智能投顾业务管理的关键环节。[2]美国对智能投顾“算法”的审查包括初步审查和持续审查。“初步审查”包括评估数字咨询工具使用的前提假设和相关方法是否适合特定的目标，评估系统输出是否符合公司的预期目标等；持续审查包括评估数字化建议工具使用的模型是否适用于持续变化的市场、定期对工具的输出结果进行测试和评估等。[3]

四、美国智能投顾立法对我国的启示

（一）适时放开“全权委托”的立法限制

与传统的投资咨询相比，智能投顾系由机器人通过大数据的计算最终完成投资决策，这使智能投顾最终势必呈现“全权委托”的格局。然而，我国《证券法》严格禁止“全权委托”的规定也成为智能投顾的最大障碍。因此，契合人工智能和大数据时代的到来，有必要适时开放“全权委托”的投资顾问模式。事实上，相关机构也在考虑是否允许全权委托。

2015 年 3 月，中国证券业协会（证券业自律组织）发布的《账户管理业务规则（征求意见稿）》提出，“持照投资咨询机构可以接受客户委托，代客执行账户投资和交易管理。”从该征求意见稿的表述来看，证券监管部门和行业自律组织已经开始考虑全权委托投资模式。然而，基于“下位法”不能与

1 李文莉、杨玥捷：《智能投顾的法律风险及监管建议》，载《法学》2017年第8期。

2 李苗苗、王亮：《智能投顾：优势、障碍与破解对策》，载《南方金融》2017年第12期。

3 李苗苗、王亮：《智能投顾：优势、障碍与破解对策》，载《南方金融》2017年第12期。

"上位法"相冲突的立法原则，该问题最终还有必要完善《证券法》之相关规定，从而为"全权委托"投资顾问模式发展开辟道路。

(二)对智能投顾实施严格监管

借鉴美国的立法，对于智能投顾设置三维监管体系：第一，对从事智能投顾的机构进行监管，尤其包括其技术能力和专业水平的监管，只有具备相关资质和条件才能赋予其智能投顾的资质；[1]第二，对于从业人员的监管，由于智能投顾属于全权委托，有必要将每一个从事智能投资的顾问，对于道德水平和执业水平都应严格考核，全面纳入监管体系；第三，对于"算法"的监管，智能投顾主要依赖于算法完成投资决策，其"算法"是否有效维护了投资者的合法权益，其"算法"是否保护了投资决策不存在利益倾斜等，都将成为监管机构监督的重点。

(三)梳理《证券法》与智能投顾的制度衔接

智能投顾还会涉及与现有《证券法》相关制度的衔接问题，比如有学者就提出了"智能投顾"与"一致行动人"的关系问题。智能投顾会汇集众多小量资金共同购买一只股票，这是否属于"一致行动人"呢？我国《证券法》专门有"一致行动人"的规定，如果是"一致行动人"应当合并计算其所持有的股份。投资者计算其所持有的股份，应当包括登记在其名下的股

1　2017年11月，中国人民银行会同银监会、证监会、保监会、外汇局联合发布《关于规范金融机构资产管理业务的指导意见》(征求意见稿)，其中也提及智能投顾业务应当经金融监督管理部门许可，取得相应的投资顾问资质。

份，也包括登记在其一致行动人名下的股份。[1]事实上，“一致行动人”在本质上“一致表决”的人，尽管智能投顾基于特定算法会在某一只股票的购买上表现出若干散户的共同决定，但在具体的公司经营过程中，涉及“表决问题”，每个散户仍表现出独立的表决权，故而智能投顾不宜作为“一致行动人”看待。

1 《上市公司收购管理办法》第八十三条：本办法所称一致行动，是指投资者通过协议、其他安排，与其他投资者共同扩大其所能够支配的一个上市公司股份表决权数量的行为或者事实。在上市公司的收购及相关股份权益变动活动中有一致行动情形的投资者，互为一致行动人。如无相反证据，投资者有下列情形之一的，为一致行动人：（一）投资者之间有股权控制关系；（二）投资者受同一主体控制；（三）投资者的董事、监事或者高级管理人员中的主要成员，同时在另一个投资者担任董事、监事或者高级管理人员；（四）投资者参股另一投资者，可以对参股公司的重大决策产生重大影响；（五）银行以外的其他法人、其他组织和自然人为投资者取得相关股份提供融资安排；（六）投资者之间存在合伙、合作、联营等其他经济利益关系；（七）持有投资者30%以上股份的自然人，与投资者持有同一上市公司股份；（八）在投资者任职的董事、监事及高级管理人员，与投资者持有同一上市公司股份；（九）持有投资者30%以上股份的自然人和在投资者任职的董事、监事及高级管理人员，其父母、配偶、子女及其配偶、配偶的父母、兄弟姐妹及其配偶、配偶的兄弟姐妹及其配偶等亲属，与投资者持有同一上市公司股份；（十）在上市公司任职的董事、监事、高级管理人员及其前项所述亲属同时持有本公司股份的，或者与其自己或者其前项所述亲属直接或者间接控制的企业同时持有本公司股份；（十一）上市公司董事、监事、高级管理人员和员工与其所控制或者委托的法人或者其他组织持有本公司股份；（十二）投资者之间具有其他关联关系。

量化交易的法律规范

一、“量化交易”与“高频交易”的法律界定

量化交易(quantitative trading)。“量化交易”中的关键词为“量”,可以指“变量”。在量化交易中要设定很多变量,或者说它是在分析各种要素(历史数据)与投资之间关系,并试图找到规律,然后用数学模型去固定这些规律,以求获得长期、稳定回报。因此,与程序化交易的重点不同,量化交易不仅要用到计算机程序,更需要借助高等数学、概率、微积分等数学工具来完成交易,从事量化交易对于投资者的数学能力要求很高,甚至会要求比较复杂的数学模型。

高频交易(high frequency trading)。“高频交易”中的关键词系“高频”,因此它具有以下特点:第一,由计算机自动完成程序交易;第二,高频交易的交易量巨大;第三,高频交易持仓时间很短,日内交易次数很多;第四,高频交易每笔收益很低,但是总体收益稳定。

二、“伊世顿”案与“闪电崩”事件

2017年6月23日，我国第一个高频交易市场操纵案——伊世顿案在上海市第一中级人民法院公开宣判。伊世顿公司于2012年9月正式成立，它在2013年6月到7月（一个月的时间内）利用高频交易在期货交易中获利3.893亿元。[1]在这一过程中，伊世顿公司在交易过程中使用了26个账户，其中包括19个法人账户和7个自然人账户，上述账户表面上没有关联性，实则为伊世顿控制。高频交易在几毫秒内申报的大量订单最终只有极少量被执行，大量订单同时又被撤掉，没有发生实质性交易。申报大量订单的目的仅是给其他投资者造成假象，进而把价格提升。“速度”也成为此交易中的关键要素，订单申报后不能被他人买去，而需要在极快的速度将其撤掉。因此，许多高频交易者会选择靠交易所近的场所以缩短自己和服务器之间的距离，实现优先传输（参见判决书）。

伊世顿案件还让我们想起美国历史上著名的“闪电崩”事件。2010年5月6日14时40分，道琼斯工业指数盘中自10460点开始近乎直线下跌，当天指数高低点差近1000点，最大跌幅9%，近1万亿美元瞬间蒸发。这一波及全美股市的混乱局面是被基础的期货市场大幅波动引发的。这就是著名的美股“闪电崩”事件。“闪电崩”事件的主人公是一位交易员叫萨劳。根据美国司法部的刑事诉状，萨劳被控使用了一款自动交易程序，来操纵美国芝商所标普500指数期货合约（所谓的E-Min合约）市场。他通过电脑程序在不同价格点同时下达多个数量巨大的出售指令，在市场上制造供应量巨大的假象。这一假象会让市场价格下跌。萨劳利用软件和软件的超高速度，挂出的卖单一天能达数亿美元，当然萨劳的目的并不是真正要卖出，而

1 参与中国金融期货交易所中证500股指期货主力合约和沪深300股指期货主力合约的交易，买卖总计多达377.4万余手。

是释放市场下跌的信号。在挂出幌子骗卖单的同时，萨劳还做了两件事，一件是在低点买入；另一件是撤销卖单。当卖单撤销的时候，市场价格又会上升，这里萨劳再将低点买入的合约再高价卖出。[1]

三、“量化交易”与市场操纵

（一）规定订单撤回的最短时间，防止“闪电订单”

利用量化交易操纵市场的一个共性特征便是“闪电订单”，即在量化交易过程中，先是在几微秒的时间内自主申报订单，而后又迅速撤回订单，其订单的目的并非系要真正成交，而是要抬高产品市场价格。美国监管机构已经明确将此类订单纳入市场违禁种类。[2]我国证券监管机构也有必要为订单撤回规定了一个最短时间，并通过技术手段限制“即申报、即撤回”的情况，如此，可以有效地防止利用高频交易进行市场操纵。

（二）建立物理隔离，严禁直连服务器

“速度”也成为量化交易操纵市场的重要优势。“闪电崩”事件后，美国证监会采取了物理隔离的措施，原有利用大型期货公司租用交易所服务器或是能直连交易所的通路将不再允许。美国证监会明确说明：即使是规模较大的期货公司和专业机构投资者，也不同意他们直接或者以其他方式缩短和交易所服务器的距离，如果这类高频交易者无视物理距离，肆意追求高速的交易，他们就已经在利益眼前迷失了对市场原有的认

1 萨劳的做法与伊士顿案件的做法如出一撤：（1）萨劳挂出大量卖单，向市场释放下降信号，造成市场下行；（2）然后买入；（3）撤单。上述步骤均是电脑在瞬间完成的，每一次盈利很小，但通过高频交易，就会带来不菲收益。就这样，在闪崩当日市场收盘时，萨劳斩获87.9万美元。周武英：《英交易员涉股市“闪崩”案被捕》，载《经济参考报》2015年4月23日第4版。

2 See Risk Management Controls for Brokers or Dealers with Market Access, 75 Fed.Reg.at 69794.

识，是与市场设立的初衷背道而驰。

(三)加强技术监管，实施订单管理

美国证监会(SEC)于2012年7月通过了《全美市场系统规则》[1]，要求与自律组织(SROs)共同制定实施订单跟踪监测系统。该系统于2012年年底上线，有效提高了监管部门对程序化交易的监测和预警。2013年SEC开始使用市场信息数据分析系统(MIDAS)，加强对订单的管理，实时分析监测每一笔订单，包括订单的交易、更改、报单和撤单。美国商品期货委员会(CFTC)于2015年11月首度提交了《自动化交易法规》，并向市场征求意见。该法规的核心，是监管机构可随时要求提供软件源代码供查询，这也是该部法规中最备受争议的内容。技术监管无疑会成为未来高频交易监管的重要举措，相关措施对于我国完善高频交易监管具有借鉴意义。

(四)进一步完善《证券法》"操纵市场"规定

针对美国原有的《商品交易法》，2011年国会通过了《多德—弗兰克法案》[2]。随后，美国商品期货委员会(CFTC)又对《多德—弗兰克法案》第753条补充相关细则，明确规定了人为故意价格欺诈或操纵市场的行为，为惩戒非法高频交易提供了法律依据。这也是美国对高频交易进行监管的重要法规。我国《证

1 https://www.sec.gov/spotlight/regnms.htm.

2 《多德—弗兰克法案》全称《多德—弗兰克华尔街改革和消费者保护法案》(Dodd-Frank Wall Street Reform and Consumer Protection Act)，于2010年7月21日由美国时任总统奥巴马签署生效。它是自20世纪30年代以来美国一项最全面的金融监管改革法案，明确旨在限制系统性风险，为大型金融机构可能遭遇的极端风险提供安全解决方案，将存在风险的非银行机构置于更加严格的审查监管范围下，同时针对衍生产品交易进行改革。

券法》第七十七条仅对“操纵市场”作出比较原则性的规定，[1]对于“高频交易”操纵市场行为未作出进一步细化规定。

四、“乌龙指”与“骑士梦魇”

2013年8月16日，光大证券策略投资部使用的套利策略系统出现问题，订单生成系统在11时5分8秒之后的2秒内，瞬间生成26，082笔计划外的市场委托订单，这些巨额订单被直接发送至交易所，A股被突然拉升。短短几分钟内，上证指数上涨超过百点，从跌近1%拉升到涨近3.5%。石油、银行、券商等蓝筹股集体异动，总共71只个股瞬间触及涨停，而后又集体回落，至收盘，上证指数收跌0.64%。[2]

就在一年前，2012年8月1日纽交所上演了同样的“梦魇”。那一天早上9时30分，刚一开市纽交所就发现从市场收到了不正常的交易订单流量。开市20分钟之后，非正常的交易订单就如同发怒的海潮一样涌向纽交所，直接触发了10%的断路开关（Circuit Breaker），并自动暂停了多只股票的交易。直到9时50分时，纽交所才最终确定了这些非正常的交易订单来自“骑士

1 《证券法》第七十七条：禁止任何人以下列手段操纵证券市场：（一）单独或者通过合谋，集中资金优势、持股优势或者利用信息优势联合或者连续买卖，操纵证券交易价格或者证券交易量；（二）与他人串通，以事先约定的时间、价格和方式相互进行证券交易，影响证券交易价格或者证券交易量；（三）在自己实际控制的账户之间进行证券交易，影响证券交易价格或者证券交易量；（四）以其他手段操纵证券市场。

2 田志明：《“乌龙指”致71只股瞬间涨停》，载《南方日报》2013年8月17日第3版。

资本集团”。[1]该事件引发了市场的剧烈波动，[2]导致这起事故的原因，是由于在软件中存在一个长期废弃不用“死模块”，由于这个模块长期不用，所以系统升级时候就忽略了它，然而在8月1日软件执行的时候，触发了这个死模块，于是就出现了系列错误。[3]

五、量化交易之撤单争辩与困局

在量化交易案件中，一旦出现程序出错，就可能导致大面积错单交易，这里的错单交易是否可以撤销，便成为法学界备受争议的难题。在“骑士资本”的案例中，在交易事件之后立刻向美国证监会提出申诉，要求撤销错误交易，[4]最终没能获得成功。最终证监会决定仅取消6只股票的交易。取消交易意味着这6只股票当天的所有交易全都是无效交易。[5]在骑士资本的案例中，证监会并未同意撤销全部错单，骑士资本也因此受到

1 骑士资本集团是美国最大的经纪商和做市商之一。公司总部位于新泽西州泽西城。

2 当骑士资本集团的交易平台开始向纽交所发出错误的交易订单之后，一些股票开盘后突然出现离奇的涨幅和跌幅。例如，奇才软件公司（Wizzard Software Corp）的股票从昨天的收盘价3.50美元涨到了14.76美元的价位，知名的阿伯克龙比和菲奇服装公司的股票在几分钟之内便攀升了9%，从之前的33.80美元涨到了36.84美元。然而，哈雷戴维森摩托公司的股票突然掉了12%，从43.23美元掉到了37.84美元。

3 根据事后调查，骑士资本当天准备发送212笔小交易订单，然而由于交易系统出错，不到45分钟的时间用高频发送了超过了400万笔交易订单，平均每一秒成交的订单超过1500笔。涉及的股票代码达到154个。

4 就在这短短的45分钟的时间里，骑士资本的交易系统的总交易量就达到了66.5亿美元，成交的股票数量高达3.97亿股，共买入了80只股票，价值约35亿美元，融券做空了74只股票，价值约31.5亿美元。骑士资本最终的损失高达4.6亿美元。

5 被撤销交易的6家上市公司分别是：奇才软件公司（Wizzard Software Corp.，NYSE：WZE）、中国脐带血库（China Cord Blood Corp.，NYSE：CO）、里夫斯公用收益基金（Reaves Unility Income Fund，NYSE：UTG）、E-住房控股公司［E-House（China）Holdings，NYSE：EJ］、美国摄影制图公司（American Reprographics Company，NYSE：ARC）、快银资源公司（Quicksilver Resources，NYSE：KWK）。

巨额损失。

这里涉及“错单取消机制”的建立。所谓“错单取消机制”是指交易执行后，如发现存在数量、价格、证券代码等明显错误时，交易可在交易双方的申请下或者在交易所的裁定下撤销交易记录。然而，是否建立“错单取消机制”则面临着法律方面的争辩，一方面，根据“意思表示真实”的缔约原则，出现错单交易的时候，当事人可以根据“意思表示错误”请求撤销协议；另一方面，从保护交易安全的角度，善意相对人并不知晓错单交易，基于对其善意相对人和交易安全的保护，错单撤销又面临着来自市场的反对。

当下的问题是需要在撤销与不撤销的争辩中找到一种平衡机制。具体而言，平衡机制要解决以下几个问题：第一，哪些单可以撤销？第二，谁有权申请撤？第三，怎么撤？在哪些单可以撤的问题上，要划定一个范围，哪些是由于程序出错引发的错单？在哪些人可以撤的问题上，还要建立善意第三人保护制度，尤其关注到“错单交易”中个人用户利益保障。在怎么撤的问题上也应方便用户行使撤销权。基于上述考量，有必要借助智能算法建构撤单机制，通过“算法”加“数据”的方式来回答撤单机制中需要回答的上述问题：第一，用算法来确定哪些属于错误；第二，用算法来确定哪些人可以行使撤销权；第三，用程序来帮助用户行使撤销权，包括在错单交易后的固定时间（如30分钟）内开设“一键撤销”的功能设置等。

六、内幕交易之投资者救济难题

光大“乌龙指”事件最终是按照“内幕交易”处理的。我国《证券法》第七十五条和《期货交易管理条例》第八十五条对内幕信息进行了定义，并列举了内幕信息种类，《证券法》第七十五条的兜底条款还授权证券管理机构有权认定内幕信息。[1]然而，该案即在量化交易领域提出一个严重的警示：投资者利益如何救济？

（一）损失计算的证明难题

关于内幕交易，我国《证券法》第七十六条规定，内幕交易行为给投资者造成损失的，行为人应当依法承担赔偿责任。但该条过于原则，缺乏可操作性。显然，在光大“乌龙指”事件中受到损失的投资人便很难主张赔偿。的确，在内幕交易案件中，要确定损害赔偿的确存在技术难度：第一，谁是内幕交易受害者，在股市交易中总有输赢，对于损失者是否系由“内幕交易”事件引发损失，这是一个极难证明的问题；第二，即使证明了所受损失与内幕交易有关，那么具体的损失数额同样是一个极难证明的问题，股市风起云涌，波动瞬息万变，那么又当如何计算损失数额，同样是一道证明难题。

（二）光大“乌龙指”内幕交易民事赔偿案件

尽管如此，在光大“乌龙指”事件被认定为“内幕交易”后，由此引发的内幕交易赔偿系列案接踵而至。该案引发的内幕交易赔偿案也被视为我国民事赔偿第一案。[2]在缺乏先例可供遵循的前提下，如何证明内幕交易损害的因果关系以及损失数额也就成为本案的最大难题。

---

1 《证券法》第七十五条：证券交易活动中，涉及公司的经营、财务或者对该公司证券的市场价格有重大影响的尚未公开的信息，为内幕信息。下列信息皆属内幕信息：（一）本法第六十七条第二款所列重大事件；（二）公司分配股利或者增资的计划；（三）公司股权结构的重大变化；（四）公司债务担保的重大变更；（五）公司营业用主要资产的抵押、出售或者报废一次超过该资产的百分之三十；（六）公司的董事、监事、高级管理人员的行为可能依法承担重大损害赔偿责任；（七）上市公司收购的有关方案；（八）国务院证券监督管理机构认定的对证券交易价格有显著影响的其他重要信息。

2 上海第二中级人民法院受理的由“8·16光大证券乌龙指”引发的内幕交易赔偿案件总数达507起。2013年12月2日，上海第二中级人民法院受理了第一起案件；2016年7月29日，最后一批案件在上海第二中级人民法院作出判决。

1.因果关系的确定

关于内幕交易因果关系的确定，1981年美国联邦第二巡回上诉法院为解决“Wilson v. Comtech Telecommunications Inc.648E2d8”案提出了“同时交易者理论”，[1]即证券市场中与内幕人员的内幕交易同时为相反交易的善意投资者足以被认定为内幕交易之受害者。“同时”是指同一时刻、同一日期，或是内部人连续交易的同一时段。在光大“乌龙指”案件民事赔偿因果关系的确定问题上，合议庭也采用了“同时交易者理论”，即在光大证券公司实施内幕交易行为期间，如果投资者从事了与内幕交易行为主要交易方向相反的证券交易行为，而且投资者买卖的是与内幕信息直接关联的证券、证券衍生产品或期货合约，最终遭受损失，则应认定内幕交易与投资者的损失之间具有因果关系。至于内幕交易人进行内幕交易的数量多少和时间长短，内幕交易人是否因内幕交易获得实际利益，其内幕交易行为是否对相关证券、期货品种的交易价格产生实质性影响，都不影响对内幕交易侵权因果关系的认定。[2]

光大“乌龙指”案件的合议庭进一步指出，基于交易品种的不同，因果关系亦有所不同。如果原告投资者进行50ETF、180ETF、IF1309、IF1312交易，可推定存在因果关系；如果原告投资者进行50ETF、180ETF的成分股交易，因光大证券公司在内幕交易期间50ETF、180ETF的成交量与市场同期成交量相比巨大，足以通过套利机制等因素影响50ETF、180ETF成分股的价格，故也可推定50ETF、180ETF成分股损失与光大证券公司内幕交易行为存在因果关系。至于上述品种之外的交易品种，

1 王林清:《内幕交易侵权责任因果关系的司法观察》，载《中外法学》2015年第27卷第3期。

2 《“8·16光大证券乌龙指”引发的内幕交易赔偿系列案回顾》，载《中国审判》2017年第21期。

与光大证券公司内幕交易品种的价格关联性极为微弱，无法认定存在法律上认可的因果关系。[1]

2.损失的计算

综观各国证券理论与司法实践，对于内幕交易赔偿金额计算，主要包括直接损失法、实际诱因计算法、价差法、重新卖出价格法、补进法五种方法。[2]但无论采用哪一种计算方法，内幕交易赔偿的计算都将成为一项“浩瀚”的工程，并且每个用户的情况又存在巨大区别，有些用户甚至在内幕交易期间存在反复操作情况，那么，如何准确计算出所受损失的赔偿数额，也将成为此类案件中至关重要的环节。

（三）人工智能：内幕交易审判的未来

光大“乌龙指”案件民事赔偿案件前后整整历经970天。[3]对于全部507个案件，法官们付出巨大的努力，“最大的困难之一是大量数据的处理和计算等烦琐的事务性工作。每个案件中的投资者交易情况、繁简程度均不相同，有的高频交易案件每分钟都有数十笔交易数据。即便最简单的案子，也需要完成从信息录入到文书生成的全套流程，这其中就是几百次的重复”。[4]“乌龙指”民事赔偿案件一方面体现出法官的敬业精神，

1 “杨林军与光大证券股份有限公司期货内幕交易责任纠纷二审民事判决书”，参见上海市高级人民法院民事判决书（2016）沪民终208号。

2 李有星、杨楠：《论我国内幕交易损害赔偿计算方法的建构》，载《时代法学》2012年第10卷第6期。

3 经统计，对于全部507起案件，上海第二中级人民法院判决部分或全部支持原告投资者诉请的共有354件，判决驳回95件，撤诉58件，判决支持的占判决案件总数的78.84%；在判决结案的案件中，原告主张损失总金额为6284万余元，合计判决支持4101万余元，支持数额比例为65.26%。上诉案件105件，上诉率为20.71%。在二审已审结的案件中，尚无改判、发回重审的案件。彭志、肖土盛、赵园：《中国资本市场20年内幕交易行为案例综述》，载《财经研究》2017年第43卷第12期。

4 彭建华、李学辉：《双刃之剑：证券内幕交易民事赔偿诉讼的探究与规制——从光大证券“乌龙指”事件出发》，载《法治论坛》2014年第4期。

另一方面也反馈出人工智能在此类案件审判中的巨大潜力。507个案件，970天。我们可以设想，97天、9.7天、0.97天。人工智能终将预言变成现实：

1.用人工智能和数据算法来确定因果关系

美国法上的“同时交易理论”，系对内幕交易受害者的假设理论，在缺乏数据分析的情况下，只能将“同时反向交易人”理解为受害者，或者假定他们如果也知道内幕信息，他们就不会反向操作。“同时交易理论”虽有其理论指导意义，却很难准确捕捉内幕交易的真正受损失者，这需要借助人工智能和大数据分析的方法。事实上，在内幕交易过程中，还存在这样一批交易者，即使他们知道内幕信息，他们仍有可能会反向操作，比如实施程序化交易的操作者，其买入或卖出均是程序按规律设定好的，其交易本身与内幕交易关联性不大；那些基于某些法定事由买入或卖出股票，如为履行法院强制执行而卖出股票的交易也与内幕信息关联不大。因此，完全可以通过完善人工智能与大数据的算法来锁定内幕交易中受损失者的范围。

2.用人工智能和数据算法来确定损失数额

内幕交易赔偿数额计算的工作量十分巨大，甚至会让法官望而却步。[1]在“乌龙指”案件赔偿计算问题上，上海市第二中级人民法院自行研发了交易数据的损失计算公式，对于普通的证券、期货案件，只要将交易数据导入Excel计算表格，就能直接计算形成赔偿结果。[2]这也可以被理解为人工智能的最原始阶段。可以肯定，针对损害赔偿的计算方法，没有谁能够比机器人更厉害，只要将符合法律的算法赋予给机器人，机器人就可

1 在光大“乌龙指”案件之前的内幕交易赔偿案件，法院大都未予受理和审判，除了“因果关系”难以认定之外，赔偿数额的计算系一项十分复杂而且工作量十分巨大的工作。

2 史欣媛：《论“乌龙指”事件中的投资者保护——由“光大8·16事件”引发的思考》，载《南方金融》2015年第3期。

以在海量数据中计算出赔偿数额。

3.用人工智能来批量撰写判决文书

内幕交易引发的民事赔偿往往数量众多，撰写判决书亦是一项浩大的工程。在此类判决书中还会广泛涉及数据的计算，这又是机器人最为擅长的工作。在光大“乌龙指”案件中，法官们借助“Office软件中的邮件合并功能，将上述Excel表格中的所有个案数据直接导入Word格式的裁判文书中”，从而一定程度地提升了工作效率，这可以被理解为人工智能撰写判决的雏形。

事实上，根据我在实验室完成的实验结果，如果借助当下的机器学习的方法，当法官确定完成了本案的判决思路，机器人完全可以自动撰写并生成大量判决文书，只要法官为机器人设定损害赔偿的计算方法，机器人在撰写判决过程中还会根据每个案件的不同情况准确计算出个案的赔偿数额。

第十八篇
PART 18

人工智能与知识产权

人工智能对于知识产权制度提出了严峻挑战，尤其是机器人的创作有知识产权吗？如果有，它又归于谁呢？依据传统的工具论，将知识产权归于机器人的创作者，已遇到严重的理论困境。有必要在人工智能语境下重构知识产权理论。同时，人工智能本身又需要知识产权的严格保护，既有知识产权制度在保护人工智能产品过程中又遇到严重“瓶颈”，尤其是在与“算法”和“数据”有关的知识产权制度建构方面亟须突破。

人工智能之法律保护攻略

一、人工智能之法律攻略

人工智能正在全面走进我们的生活。在这一背景下，对于人工智能产业该如何进行法律保护，也随之成为社会热切关注的话题。早在2013年小i机器人和苹果Siri机器人之间就曾因为法律纠纷打得轰轰烈烈。这场战役首先是小i机器人提起的，它先起诉苹果Siri侵犯自己的专利权，主要是涉及小i机器人的一项专利“一种聊天机器人系统”。[1]接着苹果Siri向国家专利局提起专利无效宣告，于是，双方战役的焦点也就转为小i机器人的专利是否有效。当然，该项专利最终的效力对于双方战争的结果至关重要，由此，机器人之争也转化为专利之争。

在我国，有关专利的法律之争往往要经历专利局、专利复审委员会、法院（一审、二审）这样一个漫长的阶段，根据我国《专利法》的规定，对于相关部门作出的裁决，任何一方不服还

1 本案涉及名称为“一种聊天机器人系统”、专利号为200410053749.9的发明专利，专利权人为智臻公司。2012年11月19日，苹果公司针对本专利权向专利复审委员会提出了无效宣告请求。

可以继续提起复审或上诉，直到二审法院作出生效裁决。在小i与Siri的争议当中，应当说小i机器人还是一路领先的，包括双方诉讼到北京市第一中级人民法院后，仍然是作出了支持小i机器人的裁决，然而小i机器人并没能将胜利的优势保持到最后。2015年4月，北京市高级人民法院作出终审裁决，最终支持苹果Siri的主张。[1]这在某种意义上也意味着小i机器人专利面临被宣告无效的风险。

事实上，孰胜孰负还不是最重要的，胜者需要总结经验，败者需要吸取教训。重要的还在于，如何为自己的企业制定一个成熟的人工智能的法律保护攻略。可以预见，小i与苹果Siri机器人法律之争还仅仅只是开始，随着人工智能产业格局日益凸显，关于人工智能法律保护的话题也将更加复杂，甚至有些问题现有法律体系都还无法完全解决。科学家、律师、投资人在关注人工智能产业的时候，势必需要回答：该如何为自己的人工智能产品制定法律保护战略，因此，法律保护也就成为人工智能战略的重要组成部分。

二、机器人的姓名与商标

机器人像人一样也会有名字，如谷歌的“AlphaGo”、IBM的“Watson”机器人，微软的“小冰”机器人，苹果公司的“Siri”“HOW”人脑机器人，显然每个机器人都有属于自己的名字。自然人的名字是父母给起的，而且名字可能会伴随终身，民法上还专门设置了姓名权来保护人的名字，那种随意修改个人姓名的行为会被视为侵犯公民的姓名权。在现有的法律体系中，机器人还不具备像人一样的主体资格，它的法律地位更像是一种商品，而机器人的名字更像是商品的商标。因此，涉及机器人名字的法律问题，不属于自然人姓名权的问题，而应

1 北京市高级人民法院行政判决书（2014）高行（知）终字第2935号。

当划归商标法调整的范畴。

商标与人的姓名不同，作为姓名，几个人可以叫同一个名字，彼此之间并不侵权。如果系商标就具有独占使用的问题，机器人的名字一旦被注册为商标，它就具有专有使用权，以"HOW"机器人为例，"HOW"被注册为商标，那么也就意味着其他企业便不能再使用这个名字给同类机器人命名，如果有企业再以这个名字给机器人命名即意味着侵犯"HOW"的商标权。

一个好的品牌可以给企业带来源源不断的价值，机器人名字作为商业品牌，也就意味着它背后的商业利益，并且，随着机器人时代的到来，会有越来越多的机器人需要自己的名字。毫无疑问，类似于婴儿的起名难问题也终将在机器领域出现。从人工智能品牌战略的角度，机器人企业有必要为自己的机器人名字提前做好品牌储备。

根据我国《商标法》的规定，商标可分为文字和图形两种形式，前面所提机器人的名字更多属于文字商标的范畴。应当说，文字商标与图形商标各有所长，文字商标朗朗上口有利于口头传播；而图形商标又能带给客户更为形象的视觉体验，像肯德基的"老爷爷"图形商标、耐克的"打钩"图形商标，都会让消费者一眼便可识别。对于机器人商标，除了申请文字商标，还可以同时申请图形商标，比如将机器人的卡通形象抑或它的显著造型申请为商标，同样可以起到增加消费者识别的作用。

一旦给机器人起了好的名字（或LOGO），就需要及时注册商标，像人工智能助眠机器人"睡啦"商标因未及时注册而被另一商家在先抢注。[1]我国《商标法》奉行的在先保护原则。同样的名字，谁在先申请，就会将商标权授予给谁。然而，在机

1 《人工智能助眠机器人商标"睡啦"遭抢注》，载中国经济网http：//finance.ce.cn/rolling/201804/17/t20180417_28846016.shtml。

器人商标申请过程中还有一个最大的问题即为“类别选择的困难”。按照国际尼斯分类标准，[1]商标共分为45个类别，比如有服装的属于25类、有法律服务的属于45类等。人工智能作为一个新生事物，在现有的尼期分类标准中还没有专门的分类，所以只能找最贴近的产品，比如第7类“机械设备”中有“工业机器人”产品；[2]第9类“科学仪器”中有“具有人工智能的人形机器人”“安全监控机器人”“实验室机器人”“教学机器人”等产品；[3]第10类“医疗器械”中有“外科手术机器人”产品；[4]第15类“乐器器乐”中有“机器人鼓”产品；[5]第28类“健身器材”有“玩具机器人”产品以及第42类“技能服务”中有“计算机编程”相关产品，[6]都有必要做重点保护。

三、机器人的形象与外观设计

机器人与人一样也有自己的形象，这些形象可以作为外观设计专利予以保护，如仿人机器人会表现出类人的形象，[7]仿生

1 《商标注册用商品和服务国际分类》(尼斯分类)是于1957年6月15日在法国尼斯外交会议上正式签订，于1961年4月8日生效的国际公约，全称为《商标注册用商品和服务国际分类尼斯协定》(尼斯协定)。一般每五年修订一次，一是增加新的商品，二是将已列入分类表的商品按照新的观点进行调整，以求商品更具有内在的统一性。

2 尼斯分类第7类-0742群组-工业机器人。

3 尼斯分类第9类-0901群组-具有人工智能的人形机器人；第9类-0908群组-安全监控机器人；第9类-0910群组-实验室机器人；第9类-0910群组-教学机器人。

4 尼斯分类第10类-1001群组-外科手术机器人。

5 尼斯分类第15类-1501群组-机器人鼓。

6 因机器人产品大都与计算机编程有关，故在商标保护时，《尼斯分类表》第42类中与计算机编程相关的产品最好一并纳入保护。

7 如拥有外观设计专利的“娱乐仿人智能机器人”(专利号为201730484732.7)，该外观设计产品用于儿童智力教学，可供儿童学习歌舞。再如“仿人双足机器人外壳”(专利号为201630498260.6)，该外观设计产品用于仿生机器人，外壳可以随仿生机器人关节运动。此外，青岛里奥机器人公司的产品“机器人(里奥)”亦拥有外观设计专利(专利号为201630454809.1)，该外观设计产品用于仿人形全包裹机器人。

机器人则会模拟各种动物的形象进行设计，[1]机器臂又以人的手臂为原型进行设计[2]，而扫地机器人又多以圆饼形为主[3]。还有一类机器人是没有立体形象的，如HOW机器人，它是以帮助人类完成思考的，所以它并不需要立体的实物形象，当然，为了更好的用户体验，也会为它设计一个虚拟的形象。

每一款机器人的形象都花费了设计师的巨大心血，一款别具匠心的设计也就存在较大被仿冒的可能，那么保护好机器人的形象也是一个比较棘手的问题。涉及形象保护的，首先考虑的就是版权法的相关规定。机器人的形象可以划归美术作品的范畴，机器人企业作为美术作品的设计者（或者委托设计者）对机器人形象享有版权，从这一意义上讲，擅自使用他人机器人形象的行为即属于侵犯版权。

说到机器人的“形象”问题，我们会发现，它有一个特别突出的特点：机器人的形象会与它的“功能”紧密联系在一起，比如机器臂形象无论如何不能设计成扫地机器人模样，仿人机器人也不能设计成像扫地机器人样子，道理很简单，机器人的外形紧紧地关联着它的功能和用途。显然，一般的美术作品，它

1　武汉飞令机器人科技有限公司的“仿生鱼”机器人拥有外观设计专利（专利号为201730469405.4），拥有鱼的外形，本外观设计产品用于水质检测，水域环境监测。“六足仿生机器人”（专利号为201630151460.4），外观形似昆虫，用于侦查、搜救、消防等场合。“仿生拳击机器人”（专利号为201730571755.1），游乐场里面的仿生机器人，供娱乐用。“安检机器人（仿生多履带式微波）”（专利号为201630360292.X），本外观设计产品用于安检、侦查作业，属于机器人技术领域。

2　“机器臂”（专利号为201630184894.4），用于弧焊、涂胶、喷绘、装配、分拣以及服务业的机械臂，实现指定的动作。“风光互补照明系统（机器臂型）”（专利号为201030132469.3），用于路灯节能。

3　“扫地机器人”（专利号为201730057656.1），系圆饼状，用于清洁室内地上的垃圾。“清扫机器人面板”（专利号为201730002141.1），本外观设计产品可以单独出售，可更换固定在清扫机器人机体表面，用于保护清扫机器人机体。“机器人清扫机”（专利号为201730239461.9），系方形，本外观设计产品的用途：可以自动行驶而将要清扫的区域的地面进行清扫。

仅仅只是一个艺术品，并没有所谓“功能”的要素，这也使机器人的形象与普通美术作品有所区别。

那么，在知识产权法上，还有一个与机器人形象更加契合的概念，即“外观设计”专利。根据我国《专利法》的规定，可将产品具有“新颖性”的外观申请为专利，[1]即“外观设计”专利，一旦取得了机器人“外观设计”专利权，对这一形象便具有专有使用的权利，对于他人的擅自使用可提起专利侵权的诉讼。[2]在“银星诉凯力外观设计专利案”中，原告方银星公司为其生产的“全自动清洁机”申请了外观设计专利，并获授权，原告发现被告凯力公司生产销售的吸尘器外观与其外观设计专利基本一致，原告遂将被告起诉，法院将被告产品与原告产品图片进行比对后，认定其在整体视觉感观上无实质性差异，并判决被告承担侵权责任。[3]

显然，关于机器人的形象既可以寻求著作权法的保护，也可以寻求《专利法》的保护，只不过两种保护形式的“维度”是不同的，著作权法上保护更注重是“复制”这个概念，《专利法》上更注重“产品”的概念，因此一旦涉及“产品”概念的，最好选择《专利法》的保护，比如，对方为生产同类机器人而使用机器人形象，最好选择外观设计专利的保护；然而，一旦涉及“复制”概念的，最好选择著作权保护，比如，如果仅是将机器人形象用在画册里或者机器人衍生品（如玩具）则最好选择著作权

1　《专利法》第二十三条规定：“授予专利权的外观设计，应当不属于现有设计；也没有任何单位或者个人就同样的外观设计在申请日以前向国务院专利行政部门提出过申请，并记载在申请日以后公告的专利文件中。授予专利权的外观设计现有设计或者现有设计特征的组合相比，应当具有明显区别。”

2　《专利法》第六十条规定：“未经专利权人许可，实施其专利，即侵犯其专利权，引起纠纷的，由当事人协商解决；不愿协商或者协商不成的，专利权人或者利害关系人可以向人民法院起诉，也可以请求管理专利工作的部门处理。”

3　广东省广州市中级人民法院民事判决书（2012）穗中法民三初字第39号。

法的保护。此外，著作权和专利对在保护机器人形象方面还有很多其他的区别，比如，在保护期方面，著作权保护期为50年要长于外观设计专利的10年保护期[1]；在侵权主张赔偿时计算方法也有所不同[2]，因此到底选择著作权保护还是专利保护，需要因具体案件不同而不同。

四、机器人的大脑与发明专利

机器人的大脑负责机器人的整体运算，它是机器人灵魂。机器人会具有什么样的“人格”属性，包括“智商指数”“幽默指数”“情商指数”等都是由机器人的大脑所决定的。当下人工智能领域最为顶级的人才在于设计机器人的大脑。说到机器人大脑，自然离不开“算法”的概念，其中会涉及大量高等数学、微积分、统计学方面的知识。

一款机器人一旦投入市场之后，机器人大脑就极有可能存在被仿冒的情况，而这里的仿冒并非是把“大脑打开”复制其源代码，无论如何侵权者都很难找到机器人大脑的源代码，除

1 《著作权法》第二十一条规定，公民的作品，其发表权、本法第十条第一款第（五）项至第（十七）项规定的权利的保护期为作者终生及其死亡后五十年，截止于作者死亡后第五十年的12月31日；如果是合作作品，截止于最后死亡的作者死亡后第五十年的12月31日。《专利法》第四十二条规定，发明专利权的期限为二十年，实用新型专利权和外观设计专利权的期限为十年，均自申请日起计算。

2 《著作权法》第四十九条规定，侵犯著作权或者与著作权有关的权利的，侵权人应当按照权利人的实际损失给予赔偿；实际损失难以计算的，可以按照侵权人的违法所得给予赔偿。赔偿数额还应当包括权利人为制止侵权行为所支付的合理开支。权利人的实际损失或者侵权人的违法所得不能确定的，由人民法院根据侵权行为的情节，判决给予五十万元以下的赔偿。《专利法》第六十五条规定，侵犯专利权的赔偿数额按照权利人因被侵权所受到的实际损失确定；实际损失难以确定的，可以按照侵权人因侵权所获得的利益确定。权利人的损失或者侵权人获得的利益难以确定的，参照该专利许可使用费的倍数合理确定。赔偿数额还应当包括权利人为制止侵权行为所支付的合理开支。权利人的损失、侵权人获得的利益和专利许可使用费均难以确定的，人民法院可以根据专利权的类型、侵权行为的性质和情节等因素，确定给予一万元以上一百万元以下的赔偿。

非与机器人设计工程师里应外合。更多的情况是，通过对机器人大脑功能的分析后，自行编制代码与其实现类似的功能。在小i机器人、苹果Siri机器人侵权纠纷中所涉及的也主要体现在对机器人大脑功能的近似方面。

那么，机器人的大脑又当如何保护，这也是很多人工智能设计者们关心的话题，而这里的核心概念——"算法"所面临的最大问题又是它与《专利法》第二十五条的冲突。根据我国《专利法》第二十五条规定，《专利法》不保护纯粹的智力规则，[1]也正是根据这样的规则，我们耳熟能详的一些数学、物理规则，诸如速算法则、牛顿定律都被排除在《专利法》的保护之外。《专利法》第二条更是明确将保护范围限定在"技术方案"层面[2]，所以也就可以理解，爱迪生可以拥有很多专利，而牛顿的东西跟专利几乎没关系。

那么，计算机的大脑、算法这些概念，到底属于智力规则还是技术方案？这也决定了《专利法》能否对其进行保护。应当说，我国《专利法》对算法的保护走过了一个从封闭到开放的过程。在2006年以前对于计算机软件是不予以专利保护，[3]2006年之后逐步放开，对于涉及计算机软件与硬件结合给予保护，而近些年来纯粹的软件符合条件的也可以申请专利保护，国家专利局《专利审查指南》还专门设置"计算机程序发明专利"一篇。[4]

1 《专利法》第二十五条规定，对下列各项，不授予专利权：……（二）智力活动的规则和方法……

2 《专利法》第二条规定，本法所称的发明创造是指发明、实用新型和外观设计。发明是指对产品、方法或者其改进所提出的新的技术方案。实用新型是指对产品的形状、构造或者其结合所提出的适于实用的新的技术方案。

3 孙海龙、曹文泽：《计算机软件专利保护法律问题研究》，载《法学家》2002年第2期。

4 《专利审查指南》第二部分第九章关于涉及计算机程序的发明专利申请审查的若干规定。

国家专利局的《审查指南》中还列举了很多计算机程序能否给予专利保护的例子，并试图通过这些例子来指导申报者做好专利申请。事实上，这对于申报者的撰写水平提出了较高的要求，简言之，一个计算机大脑虽然它的核心是算法，但撰写者一定想办法把它写成一个技术方案，即采用了什么样的技术手段，解决了什么技术问题，达到了什么技术效果等一系列的问题；反之，如果就算法、写法，审查员会将直接认定违反《专利法》第二十五条规定，而被排除在专利保护范围之外。

在涉及计算机大脑保护的问题上，我还时常碰到类似的问题：是先写好代码，还是先申请专利。事实上，根据《审查指南》的要求，计算机程序在申请专利时并不需要提交代码，或者说专利局重点审查的不是你的代码，更不需要你演示机器大脑的功能。[1]因此，如果已经有了一个明确的构思，完全可以专利先行，之后再慢慢完善代码和功能的友好度，一句话，“兵马未动，粮草先行”。

五、机器人的隐私与数据保护

机器人也有隐私？对，这里的隐私指的便是机器人的数据。机器人的智能运算离不开大数据，前面提及算法是机器人的大脑，但是再聪明的大脑如果离开了数据的支持，那么大脑也没办法算出精确的结果。在人工智能时代，数据也被称为未来最有价值的资源，百度、淘宝、京东这些大企业更是基于自身数据完成顾客画像和行为预测，这些数据更是企业构建智慧大脑的“隐私”。当下还有很多数据公司专门致力于获取数据，包括网络采集、数据交易等各种方法，如何保护数据，也越发成为社会关注的焦点。

1 《专利审查指南》第二部分第九章指出，审查应当针对要求保护的解决方案，即每项权利要求所限定的解决方案。

我们当下还没有专门的法律保护数据，面对数据问题，很多企业会寻求《著作权法》的保护。的确，我国《著作权法》第十四条规定："汇编若干作品、作品的片段或者不构成作品的数据或者其他材料，对其内容的选择或者编排体现独创性的作品，为汇编作品……"按照《著作权法》的要求，如果数据要获得版权的保护，需要数据库内容的选择或者编排体现独创性。然而，在人工智能背景下的关键词是"大数据"而非数据库的"独创性"，恰恰相反，人工智能的算法可以在海量数据，甚至非结构性的数据找到所需要的信息并进行计算。简言之，人工智能越发达，也就越发淡化数据库的独特性，这样，数据库便很难再获得著作权保护了。

在"SIC实时金融系统"[1]信息数据库侵权案件中，终审法院称："SIC实时金融系统"信息作为一种新型的电子信息产品应属电子信息库，在本质上是特定金融数据的汇编。这种汇编在数据编排和选择上并无著作权法所要求的独创性，不构成著作权法意义上的作品，不能受到著作权法的保护。终审法院最终只是以"反不正当"为依据判令被告进行赔偿。然而，《反不正当竞争法》是以扰乱市场秩序为前提条件的，这也给大数据的保护带来了诸多的不确定性，尤其是针对当下比较典型的数据采集、复制等情况，是否属于不正当竞争还是一个不确定的问题。

欧盟在解决这一问题时，"发明"了"特殊权利"的概念，

1　北京市第一中级人民法院民事判决书（1996）一中知初字第54号；北京市高级人民法院民事判决书（1997）高知终字第66号。

也可以理解为专门为保护数据创设的权利。[1,2]这里的“特殊权利”包括“撷取”与“反复利用”。所谓“撷取”(extraction)是指“采取任何方法或以任何形式，将数据库内容的全部或实质部分(substantial parts)永久或暂时转载到别的载体上”(类似“复制”)；所谓“反复利用”(re-utilization)，[3]也译为再利用或二次使用，在WIPO提案中改为utilization，是指“通过销售拷贝、出租、联网或其他传输方式将数据库的全部或实质内容以任何一种形式提供给公众”(类似“发行”)。在这种情况下，那种大批量采集、复制数据行为就属于典型“侵权行为”。

我国关于数据保护的立法还在进行中，欧盟的立法值得借鉴。无论如何在当下涉及数据的侵权还只能通过《反不正当竞争法》的方式予以保护。

六、结语

应当说，人工智能来得太快，法律该怎样保护它，或许法律自身都还没有想好。本文旨在于强调在现有法律体系内，该如何运用法律手段保护人工智能产业。然而，面对产业格局调

1 Directive 96/9/EC, Article 7 Object of protection, “Member States shall provide for a right for the maker of a database which shows that there has been qualitatively and/or quantitatively a substantial investment in either the obtaining, verification or presentation of the contents to prevent extraction and/or re-utilization of the whole or of a substantial part, evaluated qualitatively and/or quantitatively, of the contents of that database.”

2 “extraction” shall mean the permanent or temporary transfer of all or a substantial part of the contents of a database to another medium by any means or in any form.

3 “re-utilization” shall mean any form of making available to the public all or a substantial part of the contents of a database by the distribution of copies, by renting, by on-line or other forms of transmission.The first sale of a copy of a database within the Community by the rightholder or with his consent shall exhaust the right to control resale of that copy within the Community.

整，法律也将作出变化，因此“人工智能之法律保护攻略”也将成为一个需要在“变化”讨论的话题。诚如《孙子兵法》所言：“兵无常势，水无常形，故能因敌变化而取胜者，谓之神！”[1]最后，还需要特别强调的是，除了法律的关怀，还有必要为人工智能的发展设定限制和责任，从而确保这个产业是为人类造福而不是毁灭人类。关于“人工智能的法律责任”笔者将在其他专题中重点论述。

1　先秦的孙武《孙子兵法·虚实篇》：“夫兵形象水，水之形，避高而趋下；兵之形，避实而击虚。水因地而制流，兵因敌而制胜。故兵无常势，水无常形；能因敌变化而取胜者，谓之神。”

智能时代的版权战争

谢谢腾讯的邀请，让我有机会能来这里和各位朋友一起聊聊这个时代的知识产权的话题。今天对于我本人也同样是一次很好的学习机会。

各位腾讯的朋友，应当说，最近发生了很多知识产权的重大事情，包括抖音、今日头条和腾讯的版权之争。我想，先梳理一下这些事情，然后再详细展开：

第一件事情，腾讯与"差评"。腾讯收购了一个叫"差评"的公众号，花了3000万元人民币，后面的事情大家想必都知道，"差评"因为涉嫌多次"洗稿"，在业界引起了很大的争议，马化腾先生估计也不太高兴，这次收购很有可能"不欢而散"。[1]我有个问题先留给大家。江湖人说，"差评"和"洗稿"联系在一起，那么如果基于知识产权的视角，如何评价"差评"的行为，又如何评价这次收购呢？

第二件事情，腾讯与抖音之争。抖音发展速度很快，成为今日头条当前最得意的产品；APP下载量据称已超过4500多万。

1　腾讯官方公众号：一则声明，https://mp.weixin.qq.com/s/_LIzpLNuxng2lzO5J0YEfw。

今日头条的CEO张一鸣也公开表示抖音是让他引以为自豪的产品；也由此引发了张一鸣和马化腾的互怼。就在半个月之前(2018年5月17日)，抖音已经把腾讯给告了(诉至海淀法院)。[1]张一鸣和马化腾互怼的事怎么就引发诉讼了呢？它缘于腾讯公众号“快微课”发了一篇文章《抖音，请放过孩子》，这篇文章很有杀伤力，抖音上面的主力是“90后”的年轻朋友，文章直指抖音的“要害”。一会我们展开分析一下，这个案子的走向如何？

第三件事情，腾讯与今日头条的版权之争。今日头条说，“我们不生产新闻，我们是新闻的搬运工”[2]。搬运的现象很普遍，这种行为在知识产权法中属于合法行为吗？

一、腾讯与“差评”

我们先说说第一件事：腾讯与“差评”。这次收购引起争议的主要原因在于“差评”涉嫌洗稿。

这里有一个关键词，“洗稿”，洗稿到底是剽窃还是借鉴？“洗”，这个词用在法律上就没什么好事，大多都涉及违法。比如洗钱，把违法的钱“洗”成“合法的钱”。什么叫洗稿？它改变原有文章的逻辑，改变原有文章的段落，改头换面一下变成一篇“新文章”。

“洗稿”是当下一种十分普遍的现象，也是一种试图钻版权法空子的做法。这和传统的版权侵权不太一样，原来大家所了解的版权上的抄袭、剽窃，大都是粘贴、复制而成。我在《版权战争》一书中甚至把它称为“Control + c”(粘贴)、“Control +

1 北京市海淀区人民法院网(案件快报)：称微信公众号虚构视频来源，抖音诉腾讯索赔百万元，载http://bjhdfy.chinacourt.org/public/detail.php? id=5416。

2 《“新闻搬运工”今日头条引媒体质疑是谁的头条？》，载人民网http://media.people.com.cn/n/2014/0606/c120837-25111642.html。

v”（复制）式的侵权。

面对传统的版权，法官在判断是否抄袭的时候往往就是采用“比对法”，原告起诉被告侵权，法官怎么审呢？需要比对两个作品之间的重复率到底有多少？10%、20%、50%还是100%。以前就有好多朋友问我，抄袭多少算侵权，一看这种问法，估计就是企图规避侵权的。事实上，法律并没有明确具体的比例，也没有办法规定一个确定的比例，而是将裁量权交给了法官综合裁量。但无论如何，总是需要有一定比例的重复，才算侵权。有的时候，在涉及计算机软件代码侵权时，还会涉及使用比对软件来比对，算一算重复比率到底有多少，最后再认定是否构成侵权。

然而，“洗稿”给法律界带来了一个难题：“洗稿”之后，改头换面了，段落也改了，说辞也改了。这种情况下，简单地比对已经不再管用了，算不算侵权，也就成为一个难题。按照传统认知，版权法上“表达和思想”二分的方法，版权法只保护表达，不保护思想。如果按照比对法简单比对，“洗稿”在表面上是不构成侵权的。所以，在媒体界，有人还说“洗稿”是最高境界。

这里，我们可以借一个案子来梳理一下复杂问题的版权侵权，这个案子之所以出名，不仅是当事人（琼瑶）出名，更为重要的是，它给出认定抄袭的另类思路和原则。琼瑶诉于正，其《宫锁连城》抄袭了自己的《梅花烙》。在这个案子中，法院最终在判决中确立了“实质性相似原则”对类似“洗稿”的行为进行了诠释。[1]

如果仅仅做简单的比对，不好说《宫锁连城》全文不动地抄袭了《梅花烙》，可是如果再深入到两部作品的细节对比时就会发现：两部戏都是男主角（身份显赫）但是却深爱着一个身

1　北京高级人民法院民事判决书（2015）高民（知）终字第1039号。

份低微的女孩。男主角的妻子(身份也是十分显赫),一开始仇视身份低微的女孩。人物情节的设计也极为相似;其中《梅花烙》中有几个阿哥,《宫锁连城》中也对应有几个阿哥。

进一步讲,两部戏中一些对白还出现了类似“洗稿”的情景,表达方法虽然不同,但大致含义类似。在原告的《梅花烙》中有这样一段台词,男主角养母对白:“谁叫我一连三胎,生的都是女孩,连个子嗣都没有,已经是把我往冷宫里推了呀。”对应在被告的《宫锁连城》里也出现了类似的对白:“这些年来我只给老爷生了三个女孩子,还是生不出个男娃。”意思一样,却采用了不同的表达。

琼瑶诉于正的案件凸显了一个版权法上的重要原则:实质性相似的标准,这也是贯穿整个庭审的重点。在该案庭审中,原被告双方各执己见,原告方坚持“实质性相似原则”的不同,被告更倾向于“表达的原文比对方法”。[1]

实质性相似在我国还算是一个新问题,在学理上又有“抽象法”和“整体感观法”之分。该概念来源于美国1970年的罗斯贺卡与联合卡片公司纠纷(Roth Greeting Cards vs United Card Co.),[2]其指的是以普通、理性的观众角度对作品是否构成实质性相似做出判断。该比对方法是指将作品作为一个整体,以一般读者的感受进行判断,更强调普通公众对作品的感受,注重读者的欣赏体验,对思想和表达不做技术上的区分。[3]

对此,琼瑶案件中法院最终认为:

“……如果人物身份、人物之间的关系、人物与特定情节的具体对应等设置已经达到足够细致具体的层面,那么人物设置及人物关系就将形成具体的表达。

1 北京高级人民法院民事判决书(2015)高民(知)终字第1039号。

2 Roth Greeting Cards v.United Card Co.429 F.2d 1106。

3 梁志文:《版权法上实质性相似的判断》,载《法学家》2015年第6期。

"……就情节本身而言仍然存在思想与表达的分界。区分思想与表达要看这些情节和情节整体仅属于概括的、一般性的叙事模式，还是具体到了一定程度足以产生感知特定作品来源的特有欣赏体验。如果具体到了这一程度，足以到达思想与表达的临界点之下，则可以作为表达。"

采用上述判断标准，法院认为，琼瑶指出的21个情节中，有18个构成"表达"，可以享有著作权的保护；其中还有9个情节构成实质性相似，因此构成侵权。

后来法院判决侵权成立，判赔500万元。

虽然，《著作权法》上并没有明确规定，但"实质性相似原则"现在为越来越多的法官所接受。我在参加《著作权法》修改过程中，提倡把实质性相似写进《著作权法》修改草案。目前，实质性相似标准也已经写进了《著作权法》的修改草案，这也算是一个巨大的进步。[1]一旦《著作权法》有了更为明确的规定，"洗稿"试图打法律擦边球的空间也将变得更小，甚至没有。

当然，"实质性相似标准"也给通过智能化监测侵权提出了新的挑战。现有的软件大都采用"比对法"进行判断，然而要让软件完成实质性判断相似，在计算机技术上提出了更大的挑战。

这里还有一个问题，如果少量"洗稿"算是版权侵权，那么，大规模地"洗稿"呢？在法律上还有一条红线，就是反不正当竞争。单独的著作权起诉，获赔偿金额不一定太高；如果是反不正当竞争，我国有专门的《反不正当竞争法》。如果一个

1 《中华人民共和国著作权法（修订草案送审稿）》第四十六条第二款规定，适用前款规定获取的信息，不得超出计算机程序兼容的目的使用，不得提供给他人，不得用于开发、生产或者销售实质性相似的计算机程序，不得用于任何侵犯著作权的行为。载中央政府门户网http：//www.gov.cn/xinwen/2014-06/10/content_2697701.htm。

网站长期大量使用"洗稿"文章或者剽窃别人作品，58同城的案例或许会给我们一些启发。一个叫"奋斗在韩国"的网站，起诉了58同城，索赔1000万元。

这个故事梗概大致是："韩华公司"是创立于2006年的"奋斗在韩国"网站的经营者，该网站主要面向用户提供包括租房、住房、留学、旅游、招聘、韩语学习等分类综合信息。2017年1月，因涉嫌信息抄袭，58同城被韩华公司诉至北京市海淀区人民法院。韩华公司诉称，58同城在未付出任何劳动的情况下，出于商业利益的目的，大量直接抄袭、裁剪"奋斗在韩国"网站上的租房信息内容及图片的行为严重侵犯了韩华公司的合法权益，违反了诚实信用的基本商业原则与公认的商业道德，构成不正当竞争。并提出1000万元的索赔请求。

2017年7月24日，北京市海淀区人民法院作出一审判决，认定58同城未经韩华公司同意，大量采集加工来自"奋斗在韩国"网站上的分类信息，并发布在58同城上的做法其行为具有主观恶意且具有不正当性，对韩华公司的预期利益和市场份额造成影响，构成不正当竞争行为。故判决58同城在"58同城"网站首页上刊登声明以消除影响，赔偿韩华公司经济损失600万元及合理开支共计601万元。因不服一审判决，58同城向北京知识产权保护法院提起上诉。2018年2月24日，北京知识产权法院就该案作出二审判决，驳回58同城上诉，维持原判。[1]

二、腾讯与抖音之争

抖音短视频认为在腾讯公司运营的"微信"客户端上，微信公众号"快微课"发布文章虚构其视频来源，抖音短视频以名誉权侵权纠纷为由将腾讯公司诉至法院，要求其立即停止侵权，提供微信公众号"快微课"的注册信息及身份信息，赔礼道

1 北京知识产权法院民事判决书（2017）京73民终2102号。

歉，并赔偿经济损失及维权合理费用共计100万元。日前，北京市海淀区人民法院受理了此案。[1]

根据原告抖音短视频诉称，2018年4月2日，微信公众号“快微课”在腾讯公司运营的“微信”客户端发布了《抖音，请放过孩子》一文，该文章内容引用了大量由用户拍摄的孩子视频以及家长与孩子互动的视频，其中将明显带有“北京时间”“秒拍”“腾讯视频”水印的视频认定来源于抖音短视频。该部分视频内容含有危险动作，并且配上了“孩子一直在挣扎，一直在哭闹”“惊悚”“严重外伤”“玩儿上命”“拿孩子的命开玩笑”等一些会引起读者恐惧情绪的文字。

抖音短视频主张名誉权侵权，也在诉状中给腾讯扣了三顶帽子：编造事实、误导公众、后果严重。具体为：第一，报道中所提到的视频并非来自抖音短视频，编造虚假事实；第二，误导广大网友，引发广大网友卸载抖音，对抖音短视频产品运营情况的负面评价；第三，后果严重。涉案文章发布后，大量微信用户受到误导进行转发、评论，并且短时间内包括搜狐网、百家号、一点资讯等大量媒体转载该文章，造成极其恶劣的影响。

北京市海淀区人民法院2018年5月17日官方微博也陈述了该案件事实。同日下午，对于抖音起诉腾讯一事，腾讯公关总监张军在其社交账号上表示，公众账号有完整的侵权投诉和处理流程，任何机构和个人都可以发起，也会第一时间处理。

腾讯作为一个大平台，一旦碰到微信侵权的问题，很多人就自然把腾讯一起起诉。现在BAT都是做平台的，所以在每次诉讼中，都毫无例外地重申自己平台的巨大作用。

1 《称微信公众号虚构视频来源，抖音诉腾讯索赔百万元》，载http://bjhdfy.chinacourt.org/public/detail.php?id=5416。

这里不得不提一个重要的知识产权原则：避风港规则。[1]

在2017年今日头条与腾讯公司另一个经典案例中，今日头条就提出了这样的理由，它说，涉案作品(《篮球产业陷入利益博弈泥潭姚明与篮协撕破脸》)不是我上传的，它是我的用户上传的。所以原告你说它侵权，我把它删了就是了，但你不应当让我承担法律责任。在这个案例中，北京市海淀人民法院支持了今日头条的主张。[2]在这样的主张背后，道出了版权法上一个重要法律原则"避风港原则"。有了避风港原则，它会催生新闻平台大量发展用户参与新闻制作和上传，自己只需要收到通知后删除，而不需要承担侵权责任。

当然，"避风港原则"可能将成为抖音诉腾讯一案的重要争议点。这里我不妨把这个原则再详细陈述一下：

"避风港原则"适用的前提是不是平台上传的，是用户自己传的。用户上传后，是否就可以主张适用该原则呢？

主张"避风港原则"有四个构成要件，我也把它称为四不原则：(1)不直接收费，上传的内容我没有直接收费。视频网站上面如果直接打了广告的，不能引用避风港，因为直接赚钱。(2)不修改。用户上传之后，没有修改过。(3)不知道，主观善意。(4)不消极，用户一旦投诉，立即删除。如果有这四个条件，即可适用"避风港规则"。[3]

在互联网的世界中，被告方可以通过避风港规则免责，却

1 胡开忠：《"避风港规则"在视频分享网站版权侵权认定中的适用》，载《法学》2009年。

2 《腾讯诉今日头条侵权案 法院裁定驳回腾讯诉求》，载《法制晚报》：http://www.fawan.com/2017/08/08/357497t185.html? kuaixun。

3 《信息网络传播权保护条例》第二十三条规定：网络服务提供者为服务对象提供搜索或者链接服务，在接到权利人的通知书后，根据本条例规定断开与侵权的作品、表演、录音录像制品的链接的，不承担赔偿责任；但是，明知或者应知所链接的作品、表演、录音录像制品侵权的，应当承担共同侵权责任。

要满足前面的四个条件。我们再来看一个案例。在《疯狂的石头》起诉土豆网的案件中，原告方作为版权方主张土豆网侵权，土豆网说，我是平台，我有避风港，但法院说，我不能同意你，你看看客户上传的时候，正值影片热播的黄金档期，而且该影片点击量已经排到了网站的前10名了，你主张避风港，这不合适。所以，最终判决土豆网承担侵权责任。[1]

无论如何，适用避风港的一个重要前提：内容是用户自己上传的，并非是平台上传的。"快微课"如果是腾讯自己运营的，其上的内容也是自己上传的内容，如果这一事实属实的话，估计就不太好主张避风港原则免责了。

三、腾讯与今日头条

今日头条的广告语是：我们不生产新闻，我们是新闻的搬运工。这种新闻的搬运工，在法律上是否侵权呢？事实上，类似于这种新闻的搬运工，在当下还十分盛行，于是会有很多原告起诉被告的"搬运"行为。作为被告一方在诉讼中，一般会有三板斧，试图为自己免责：第一，新闻无版权；第二，合理使用，的确，著作权法上有一个重要制度叫合理使用；第三，当你费了九牛二虎之力论证，不符合合理使用的时候，被告方会搬出——避风港规则。

这里我重点说说，这三板斧有没有道理？

第一，新闻无版权？

我国《著作权法》第五条规定，时事新闻不适用版权。[2]在诉讼中，被告喜欢引用时事新闻，来为自己免责。

2015年《新京报》作为原告起诉被告侵权，被告方主张引用内容是时事新闻。时事新闻，指的最简单的事实，即时间、地

1 上海市高级人民法院民事判决书（2008）沪高民三（知）终字第62号。

2 《著作权法》第五条规定，本法不适用于：……（二）时事新闻。

点、人物。按照作者的逻辑对事件进行归纳总结，不属于时事新闻。法院认为被告主张不成立。[1]所以，时事新闻的范围是很窄的。我甚至认为，当下新闻，尤其是涉及付费的新闻都不属于时事新闻的范畴，包括了作者的独创性。

当然，被告方经常乱引用时事新闻，与《著作权法》中时事新闻这个词没说清楚有关系。如果仅仅从字面解释，很多作品都可能被划入时事新闻的范畴，这也会让很多作品脱离著作权法的保护。当前，我国正在进行《著作权法》第三次修改，在《著作权法》修改草案的送审稿中，把"时事新闻"这个词给去掉了，改成了一个更准确的说法，"单独的事实消息"没有版权。[2]所以，以后就清楚了，被告方主张免责时，你别说，这是不是时事新闻，你要看它是不是单独的事实消息。

因此，绝大多数的情况下，新闻都是有版权的。所以在诉讼中，一定要把概念说清楚，不要让被告方牵着鼻子走。

第二，新闻评论，能随便合理使用吗？

《著作权法》上有一条叫合理使用，一旦构成合理使用不构成侵权。[3]所以，很多公司肆无忌惮地说：我们不生产新闻，我们是新闻的搬运工。而且，合理使用也几乎成为每个被告都试图主张的免责事由，所以，我们看到，在腾讯起诉今日头条，在《经济参考报》起诉北京世华时代技术公司的案件中，被告方都提出类似的免责事由：合理使用。但是，要构成合理使用，这里

1　北京知识产权法院民事判决书（2015）京知民终字第1697号。

2　《中华人民共和国著作权法（修订草案送审稿）》第九条第二款规定，"本法不适用于：……（二）通过报纸、期刊、广播电台、电视台、网络等媒体报道的单纯事实消息。"载中央政府门户网http://www.gov.cn/xinwen/2014-06/10/content_2697701.htm。

3　《著作权法》第二十二条规定，在下列情况下使用作品，可以不经著作权人许可，不向其支付报酬，但应当指明作者姓名、作品名称，并且不得侵犯著作权人依照本法享有的其他权利……

的关键点是：时事性文章（政治经济范畴）。[1]

根据我国《著作权法》的规定，政治经济类的时事性文章，可以合理使用。那么什么是政治、经济类的时事性文章呢？被告方总是会试图扩大这个概念，然而原告方呢，毫无疑问，需要精确阐述这个概念。在经济参考报起诉北京世华时代公司的那个案子中，就涉及一篇文章，文章的题目是《经济数据泄密背后：多家金融机构深陷其中》，被告说这是时事性文章（经济类），因此可以合理使用，故而不算侵权。法院最终没有支持这种主张。[2]应当说，我们看到的绝大多数文章都不属于时事性文章。我认为典型时事性文章，像《人民日报》的时评文章，属于时事性文章，可以主张合理使用。当然，对于这个概念，我建议此次《著作权法》修改时，一并能予以明确。这样以后大家就清楚了，知道哪些文章可以合理使用，而哪些文章需要付费。最后，时事评论文章的合理使用，还需要特别注意，仅限于政治、经济，像文化、体育、饮食、健康、教育，这些统统不能主张合理使用，都必须付费，而且要征得作者同意。

第三，避风港规则。前面已详述，此不赘述。

所以，我们不生产新闻，我们是新闻的搬运工。如果不构成前面三个免责事由，就可能会构成侵权。

四、“深度链接”的版权之争

深度链接是当下新闻“搬运”中的一种新兴形式：被告方并没有将作品内容Copy到自己的服务器上，而是链接到原告

1 《著作权法》第二十二条规定，在下列情况下使用作品，可以不经著作权人许可，不向其支付报酬，但应当指明作者姓名、作品名称，并且不得侵犯著作权人依照本法享有的其他权利：……（四）报纸、期刊、广播电台、电视台等媒体刊登或者播放其他报纸、期刊、广播电台、电视台等媒体已经发表的关于政治、经济、宗教问题的时事性文章，但作者声明不许刊登、播放的除外……

2 北京市大兴区人民法院判决书（2015）大民（知）初字第18765号。

（版权方）的服务器上，再通过框架技术，让用户感觉到内容是在原告自己的服务器上。深度链接对于被告有很多好处，比如几乎无成本地增加了自己网站的内容，而且还不需要耗费自己的服务器资源。但深度链接对于原告（版权方）却有不少坏处，最为重要的就是客户分流。

深度链接带给法律界最大的挑战是：深度链接在法律上怎么认定呢？是否侵犯了著作权，准确地说是“互联网络传播权”？要知道，互联网络传播权的要义：有线或者无线的方式向公众提供作品，传统的方式便是把他人作品拿下来放在自己的服务器上，或网站，或APP等渠道向公众提供。长期以来，大量的侵犯信息网络传播权的案例，其表现形式都是将作品Copy后上传到自己的服务器上。然而，被告并没有将内容Copy到自己的服务器上，而且连接到他人的服务器上，这种行为算什么？算著作权侵权吗？应当说，现有的司法判例也存在争议：

1.主张构成著作权侵权

在2016年腾讯诉“易联伟达”侵犯信息网络传播权纠纷案中，北京易联伟达科技有限公司（以下简称易联伟达）有一个“快看影视”，玩了一个深度链接，链接到乐视网的一个影视剧，因为著作权方是腾讯，所以本案中腾讯是原告，起诉被告侵犯作品《宫锁连城》的信息网络传播权。2018年年初，腾讯一纸诉状将其告至北京市海淀区人民法院（一审法院）。

一审法院认定侵权的首要逻辑是，认为被告方利益受到了损失。法院认为，被告易联伟达公司所提供的“快看影视”手机端软件，未经许可链接了与腾讯存在内容合作的乐视网影视作品，且用户在使用快看影视播放乐视网的视频内容时，不但去除了标明来源的乐视网电子水印，更去除了原有的前置广告，导致获得专有许可的权利人本应获取的市场收益因快看影视而被分流，因此判定被告承担侵权损害赔偿责任。法院经审理后作出一审判决，判令被告赔偿原告经济损失3.5万元。并且，法院在该案中认定视频聚合平台提供盗链行为不属于合理使用，具有非法性和主观过错。[1]

一审法院在这个案件最终认定“深度链接”为著作权侵权。基于法院的理解，著作权中关于互联网络传播权中向公众提供作品，不仅指将作品放在自己的服务器上算侵权，即便是这种深度链接也属于“向公众提供作品”事实上将“链接”也视为向公众提供作品的一种方法。无疑，法院扩大解释了“互联网络传播权”的法律概念。为此，北京知识产权法院作为二审法院对此进行了纠正：信息网络传播行为是一种对作品的传输行为，且该传输行为足以使用户获得该作品。信息网络传播行为应指向初始上传行为。而任何上传行为均需以作品的存储为前提，存储介质即为服务器标准中所称“服务器”。被告没有上传作品于服务器，不构成侵权，撤销一审判决。[2]

2.不宜认为著作侵权，更像不正当竞争

然而，在“浙江泛亚电子商务公司诉百度案件案件”中，二审法院（北京市高级人民法院和最高人民法院）都描述了深度链接，认为它和互联网络传播权是有本质区别的。[3]

3.小结

我以为，对于著作权的解释，需要符合文义本身的规范。只有放在服务器上才属于真正意义的提供作品，也只有这样的

1　北京市海淀区人民法院（2015）海民（知）初字第40920号民事判决书认为，一审法院认为，被告并非仅提供链接技术服务，还进行了选择、编辑、整理、专题分类等行为，且主观上存在积极破坏他人技术措施、通过盗链获取不正当利益的过错。被告一系列行为相互结合，实现了在其平台上向公众提供涉案作品播放等服务的实质性替代效果，对涉案作品超出授权渠道和范围的传播具有一定控制、管理能力，构成侵权。

2　北京知识产权法院民事判决书（2016）京73民终143号。

3　北京市高级人民法院民事判决书（2007）高民初字第1201号；中华人民共和国最高人民法院民事判决书（2009）民三终字第2号。

提供，才能算作是对作品真正的控制，深度链接与这种控制在技术层面是有本质区别的，深度链接虽然可以使用作品，但并没能真正控制作品，就算是有了深度链接，也无法保证作品能够正常播放以及如何播放，因此，深度链接并不属于“信息网络传播权”的范畴。

这里，我也提出依法解决“深度链接”纠纷的两种思路：

第一，按著作权中的第17项权利（其他权利）[1]起诉。《著作权法》一共规定了17项权利，前16项权利无法包含的内容，可以按第17项权利（其他权利）[2]解释，即应当由著作权人享有的其他权利。这一条是法律的兜底条款，现实很复杂，如果一个著作权侵权行为，相关利益无法通过明列的16项权利来解释，但却给著作权人带来了实际的损失，可以通过这一条。但很多法院不愿意用这一条，因为用这一条需要论证的难度较大，它相当于“司法造权”，所以法官们愿意用现成的权利，通过扩大解释的方法，也比较省事。

第二，按不正当竞争法审理。这里，需要关注新的《反不正当竞争法》第十二条对网络经营者的反不正当竞争行为予以规范，“妨碍、破坏其他经营者合法提供的网络产品或者服务正常运行的”，属于不正当竞争行为。[3]

1 《著作权法》第十条规定，著作权包括下列人身权和财产权：……（十七）应当由著作权人享有的其他权利。

2 《著作权法》第十条规定，著作权包括下列人身权和财产权：……（十七）应当由著作权人享有的其他权利。

3 《反不正当竞争法》第十二条第二款规定，经营者不得利用技术手段，通过影响用户选择或者其他方式，实施下列妨碍、破坏其他经营者合法提供的网络产品或者服务正常运行的行为：……（四）其他妨碍、破坏其他经营者合法提供的网络产品或者服务正常运行的行为。

五、结语

最后我用新书《版权战争》中的一段话来结束我今天的演讲：知识产权在本质上是多维的；在企业家的眼中，知识产权是一种资本，获取竞争优势的资本；在法学家的眼中，知识产权是一种权利，能做不能做的权利；在政治家的眼中，知识产权是一场战争，跨越国界，涉及国家利益；在哲学家的眼中，知识产权是一种世界观，知识即存在，存在即合理世界观。

事实上，在知识产权的战争中，我们经常会恍惚：找不到好人与坏人，唯有朋友和敌人！

（笔者于2018 年5月30日在腾讯公司的演讲。）

人工智能对知识产权法的挑战

一、问题的提出

人工智能(Artificial Intelligence)已成为各个行业的必争之地。谷歌在2016年明确提出了“人工智能”的公司发展战略，Facebook也于2016年规划了以人工智能为核心的“十年路线图”。2017年我国人工智能市场规模达到237.4亿元，相较于2016年增长67%。[1]到2020年，全球人工智能市场将发展到200亿美元左右的规模。[2]美国白宫于2016年10月发布了《人工智能国家战略》，将人工智能升级为“国家战略”[3]，我国也于2017年7月

1 清华大学中国科技政策研究中心：《中国人工智能发展报告2018》2018年7月，载http：//stdaily.com/index/kejixinwen/2018-07/13/689842/files/f3004c04e7de4b988fc0b63decedfae4.pdf，2018年8月28日。

2 《正在崛起的变革力量——2016中国人工智能产业发展报告》2016年10月27日，载http：//sike.news.cn/statics/sike/posts/2016/10/219508490.html，2018年8月27日。

3 Preparing for the Future of Artificial Intelligence，2016-10，https：//obamawhitehouse.archives.gov/sites/default/files/whitehouse_files/microsites/ostp/NSTC/preparing_for_the_future_of_ai.pdf，2018-08-27.

印发了《新一代人工智能发展规划》。[1]总之，人工智能正在深刻地影响着社会的方方面面。

人工智能对于文学艺术创造领域也产生了深远影响。Google 人工智能的画作甚至卖到了8000美元一幅。[2]在日本，机器人创作的小说甚至进入了“星期一奖”的初审。[3]传统人工撰写的新闻稿件也渐渐被机器人稿件取代。[4]事实上，机器人参与创作不仅可以节省大量人力，在大数据计算、统计、分析方面，人工智能还具有人无法取代的优势。可以预见，人工智能创作在未来也将迎来爆发式增长。现有知识产权法是基于自然人(fresh and blood)创作场景构建的，无论是《著作权法》上作者“精神权利”的保护，抑或是《专利法》上关于“创造性”的审查标准，都深深地刻有“自然人”的烙印。大陆法系的知识产权法更是以黑格尔的“作者人格权”学说为基础完成构建的。那么，机器人创作，其知识产权又应当如何理解，在既有的知识产权体系中尚难以找到准确答案。为此，哲学家、科学家、法学家还进行着激烈的辩论。2016年，欧盟委员会法律事务委员会向欧盟提交动议，要求将最先进的自动化机器人定义为“电子人”(electronic persons)，除赋予其“特定的权利义务”外，还建议为智能机器人进行登记，以便为其纳税，使其获得缴纳、领取养老

1 《新一代人工智能发展规划》，2017年7月8日，载http://www.gov.cn/zhengce/content/2017-07/20/content_5211996.htm，最后访问时间：2018年8月27日。

2 《Google 的人工智能学会了画画，还能卖到 8000 美元一幅》，载http://www.pingwest.com/googles-ai-can-create-artwork/，最后访问时间：2018年8月27日。

3 《人工智能写小说成为现实　参加比赛已过初审》，载http://tech.sina.com.cn/it/2016-03-23/doc-ifxqnski7867553.shtml，最后访问时间：2018年8月27日。

4 [美]P.W.辛格(P.W.Singer)：《机器人战争　21世纪机器人技术革命与反思》，华中科技大学出版社2016年版，第390页。

金的账号。[1]

与此同时，为保护人工智能产业，各大公司也在疯狂地进行人工智能专利布局。与人工智能有关的专利诉讼也接踵而至。小i机器人就曾起诉苹果Siri专利侵权，该案历经数年最终以苹果Siri胜诉而告终。2015年北京市高级人民法院作出终审裁决[2]，小i机器人的专利保护请求未能最终获得支持，其中的启发意义值得思考。事实上，在人工智能时代，传统的产业格局将被重新规划，传统产业也面临着被"智能化"改造的命运。由此，知识产权保护也将迎来像"神经网络""算法""大数据"等一系列全新保护需求。以计算机视觉、自然语言处理、智能驾驶三类人工智产品为例，从2000～2017年上述类别的专利体现出逐年剧增的趋势。[3]

总之，人工智能将从两个维度上全面挑战既有的知识产权法：一方面，机器人参与创作的知识产权法律保护难题该如何破解；另一方面，机器人自身也需要知识产权保护，既有的制度又该如何完善？上述问题甚至还会动摇知识产权法哲学基础，对上述问题的回答最终也将勾勒出人工智能时代知识产权法的轮廓：我们到底需要一个怎样的知识产权法？本文将围绕上述问题予以展开和研究。

二、人工智能对既有"知识产权法哲学"的挑战

从知识产权产生至今，哲学家们、法学家们从未停止过关于知识产权的哲学探讨，其中具有较大影响力的是黑格尔的"人格理论"、洛克的"劳动财产理论"以及卢梭的"社会契约

1 欧盟《考虑制订法律用于约束人工智能机器人》，载人民网http://it.people.com.cn/n1/2016/0623/c1009-28472795.html，最后访问时间：2018年8月28日。

2 北京市高级人民法院行政判决书（2014）高行（知）终字第2935号。

3 《乌镇指数：全球人工智能发展报告（2017）》，载http://sike.news.cn/hot/pdf/25.pdf，最后访问时间：2017年11月18日。

论”。关于知识产权的哲学理论也成为知识产权合理性存在的终极解释，那么，人工智能又会对既有的哲学基础产生怎样的影响，这甚至决定了未来知识产权法发展的路径。

（一）人工智能与黑格尔哲学中的“人格”

大陆法系知识产权法深受黑格尔“人格理论”的影响，黑格尔的人格理论甚至被誉为大陆法系著作权法的基石。[1]黑格尔认为：“物”必须从我的意志中获得它的规定性和灵魂，也只有“人能够把他的意志或灵魂通过对物的支配，从而使它具有人的目的性”。[2]作者的“意志”或“人格”等概念，也由此被法学家们用来解释知识产权的合理性。按照黑格尔的理论，在创作的过程中，作者的意志和灵魂已经渗透于作品，作品也由此成为作者人格的组成部分，于是作者可以主张作品是我的，法律上也就有了相应保护作者的“著作权”概念。[3]大陆法系《著作权法》中关于作品“著作人格权”和“著作财产权”二元划分的制度体系也正是根源于黑格尔的人格理论。总之，传统版权法被深深打上了“人格”的烙印。

然而，机器人在创作作品的过程中，似乎再也无法找到传统知识产权法哲学中的“人格”和“意志”的要素，诸如像人工智能创作的小说、画作、诗歌等，机器人通过对海量数据的运算以及自我学习所产生的创作能力，甚至已经超越了机器人设计者本身的预想，这种情况下，作品还是否体现人格，又在体现谁的人格，这些问题都是传统知识产权法的人格理论所无法解释的。

1 邹彩霞编：《中国知识产权发展的困境与出路 法理学视角的理论反思与现实研究》，上海社会科学院出版社2013年版，第84页。

2 ［德］黑格尔：《法哲学原理》，范扬、张企泰译，商务出版社2011年版，第60页。

3 吕世伦、谷春德编著：《西方政治法律思想史》，西安交通大学出版社2016年版，第299页。

（二）人工智能与洛克"劳动"概念的差异

洛克的"劳动财产理论"同样为知识产权合理性提供了有力的哲学解释，只不过，洛克强调劳动在物成为私有财产权过程中的关键作用。谁在土地上种植庄稼，谁就可以收取果实，按照洛克的理论，财产私有化的基础便是劳动，其理论用于解释知识产权的逻辑在于：一项发明的专利权归"张三"所有，那是因为张三付出了劳动，只不过这里的劳动不是普通劳动，而是一种创造性劳动。英美法系知识产权法中的很多制度都深受洛克的劳动理论的影响，包括英美法系著作权法早期确立的"额头流汗原则"作为判断作品独创性标准，[1]也源于洛克的劳动理论。

如果用洛克的劳动理论来诠释人工智能创作，同样需要解释其中的"劳动"概念。人工智能创造要经历复杂运算、大数据统计、自我学习等系列过程，最终才能完成创作、决策等类似于人的"思维"活动，犹如在AlphaGo与李世石对弈中，李世石下棋属于我们公认的的脑力劳动，而AlphaGo所完成对海量数据超级运算则可以理解为一种特殊意义的"劳动"。

之所以称它为特殊的"劳动"，还在于"计算"与"意识"之间的区别。人工智能的"劳动"是复杂的数据计算，而人的劳动则是包含了复杂情感的意识。所以，更多学者愿意从工具论的视角将"劳动"归功于人工智能的设计者。然而，在很多人工智能专家眼中，机器或将拥有像人一样的"意识"，[2]李德毅院士甚至在这一基础上还提出了"人工智能会有爱吗"这样一个更为复杂的命题。[3]总之，人工智能下的"劳动"概念已经远远

1　鲁甜：《短语类作品版权保护的困境与进路——以"我叫MT"案为切入点》，载《重庆理工大学学报》（社会科学版）2017年第5期。

2　吴恩达所构建人工神经网络能够识现对猫图片的自主识别，他也由此提出人工智能"意识"的问题。韩啸：《李彦宏　百度与智能时代的畅想》，中国言实出版社2015年版，第216页。

3　中国科协学会学术部：《基于大数据和专家知识的人工智能前沿基础理论》，中国科学技术出版社2015年版，第96页。

超越了洛克眼中的人的“劳动”范畴。

（三）人工智能语境下“社会契约论”的重新诠释

在解释知识产权合理性的问题上，卢梭的社会契约论与其他哲学观点形成鲜明对比。在卢梭的哲学中，一切法律的合理性都可以用“社会契约”来解释[1]，根据“社会契约论”的逻辑，知识产权完全是基于发明人与使用者之间利益的博弈（社会契约）的结果，谁拥有知识产权，权利期限为多久，谁可以对它合理使用，一切都是“社会契约”的结果。从知识产权法哲学的研究现状来看，卢梭的“社会契约论”在一定程度上弥补了黑格尔“人格理论”与洛克“劳动理论”的不足，尤其是在解释“为何只有在先申请会受到知识产权保护”以及“知识产权的法定期限”等问题上提出了“社会契约论”的解释方法。

在涉及人工智能的知识产权案件中，社会契约论有时还会成为法官判案的指导思想。在“方正诉飘柔版权侵权”的案例中，法院的终审判决实质上契合了社会契约论的观点。该案涉及计算机自动生成的字体能否享有版权，法院最终并没有直接回答有或没有，而是变通适用了“默示许可理论”[2]，认为软件商销售软件即为默示许可他人商业性使用，基于“默示许可”使用者使用软件打印字体无须承担侵权责任。[3]总之，社会契约论更关注利益各方合意（明示或者默示），当然合意源于利益博弈的格局，在人工智能背后也彰显着多元化的利益格局，包括投

1　罗朝慧：《自由与权利的必然性和现实性　从黑格尔的政治哲学出发》，中国社会出版社2011年版，第42页。

2　所谓默示许可，是指作品一经创作完成且公之于众后，只要作者事先未申明拒绝对作品的利用或者是经合理的公示催告后，作者未明确表示不允许对作品进行利用，就推定作者认可了他人的使用，作为一种补偿，使用人应向作者支付报酬的制度。王国柱、李建华：《著作权法定许可与默示许可的功能比较与立法选择》，载《法学杂志》2012年第10期。

3　北京市第一中级人民法院民事判决书（2011）一中民终字第5969号。

资人、人工智能开发者、同行业竞争者、普通用户等利益群体。从产业发展的角度其利益主体还可分为数据提供商、算法提供商、机器人制造商、云服务提供商等。人工智能时代知识产权法的新格局，正是各方在博弈中渐渐形成。

三、人工智能对知识产权法主客体制度的挑战

（一）机器人创作中"作者"概念的解读

在机器人创作中，机器人能否成为作者？由此也掀起了一场关于法律哲学中"人"的概念的大讨论。在既有的法律体系中，机器人还不能视为法律意义上的"人"，而只能作为"工具"，这也涉及权利主体和客体的讨论，两者划分的标准还在于"人格"要素。根据人格权的定义，人格是人作为人不可或缺的要求，诸如生命、健康、身体、名誉、隐私、姓名等。[1]因此传统人格局限于自然人领域，而公司作为法人系虚拟人格。根据《著作权法》的规定，创作作品的公民是作者，[2]显然，《著作权法》将自然人定位为作者，而排除了其他非自然人作为创作主体。类似的法律问题还发生在猴子的"自拍照"是否具有版权的问题上，美国法院最终是以其不符合创作主体为由，否认了该"作品"的版权。[3]因此，如果将自然人作为唯一法律主体的前提不变，再聪明的猴子也无法像人一样享有知识产权，这与猴子的智商无关，与主体的属性有关。

然而，传统人格权制度却受到了来自人工智能的挑战。近年来，人工智能的专家们在模拟人脑思维方面取得了重大进步，通过对机器人建设了大量的神经元，从而帮助机器人完成信息识

1 赵霖主编:《实用民法教程》，四川大学出版社2016年版，第143页。

2 我国《著作权法》第十一条第二款。

3 Naruto v.Slater, United States Court of Appeals, Ninth Circuit.April 23, 2018888 F.3d 418.

别、深度学习、模拟思考等类人化行为，甚至表现出了比人脑更为强大的“创造力”。为此，是否有必要为机器人创设类似于法人一样的虚拟人格也同样值得认真研究。2015年，欧盟议会还专门针对机器人相关的民法规范展开讨论，其报告草案指出应当为机器人创设特定的法律地位，至少那些具有自主性的机器人应当具有电子人格，并具有特定的权利和义务。事实上，这里的“电子人格”与法人虚拟人格的意义仅在于科学规范主体的权利、义务，基于“社会契约论”的逻辑来平衡各方的利益关系。

（二）人工智能语境下“精神权利”的困惑

基于黑格尔人格财产的哲学理论，在文学艺术领域，有所谓“作品系作者人格化身”的说法[1]，反映在《著作权法》上即为作者的“精神权利”。我国《著作权法》第十条规定了四项精神权利，即作者的“署名权”“发表权”“修改权”“保护作品完整权”。深受黑格尔“著作人格权”学说影响的法国和德国也有类似的规定。[2]作为知识产权重要内容的“精神权利”往往被视为作者人格权，在性质上区别于具有知识产权中的“财产权”，这表现在权利流转方面，“精神权利”往往被视为人格权而被禁止转让和继承。[3]

1 冯晓青：《知识产权法哲学》，中国人民公安大学出版社2003年版，第148页。

2 版权的人格价值观深受自然法理论和康德、黑格尔哲学思想的深刻影响。建立在“人格价值观”基础之上的法国和德国等大陆法系国家的著作权法坚决主张精神权利的不可让渡性，即精神权利往往只能由作品创作者本人行使，由他人行使应当由创作者本人行使的精神权利是与版权的基本理念不相符的。精神权利的不可让渡性的理由往往与对精神权利进行保护的必要性理由同步出现，尽管两者偶尔也会出现偏差。杨红军：《版权许可制度论》，知识产权出版社2013年版，第25页。

3 我国《著作权法》第十条第二款、第三款规定：著作权人可以许可他人行使前款第（五）项至第（十七）项规定的权利，并依照约定或者本法有关规定获得报酬。我国《著作权法》第十九条：著作权属于公民的，公民死亡后，其本法第十条第一款第（五）项至第（十七）项规定的权利在本法规定的保护期内，依照继承法的规定转移。上述条款中第（五）项至第（十七）项规定的权利就排除了作者的精神权利。

文学艺术所彰显的是人的精神追求，作者“精神权利”亦可以理解为对人精神追求的法律保护，然而，若在人工智能的语境下讨论这一问题，将变得异常复杂。机器人创作的作品，它的“精神”在哪儿，“精神权利”又在哪儿？暂且抛开科幻电影中带有复杂情感的机器人场景，就以当下能够帮助人类完成创作的机器人而言，“精神权利”则是一个十分神秘的东西。法律甚至会追问，除“自然人”之外的主体会有精神权利吗？即使机器人的计算能力再强大，其与人的“精神”之间也有着本质的区别。

进一步而言，精神权利是否会延及机器人的设计者呢？设计者属于自然人，其完全符合精神权利的主体要求，然而与传统作品的创作不同，设计者虽然完成了对机器人的设计，但机器人创作的作品又会超出设计者可以预想的范畴。这里要区分两个概念，一个是机器人，另一个是机器人创作的作品，这在知识产权领域完全属于两个不同的范畴。设计者可以控制机器人，但设计者却无法控制机器创作的作品，这与传统“工具论”中，人通过控制工具，进而控制“物”的路径出现根本差异，由此，将精神权利简单归于设计者的思路亦存在法律障碍。早在2002年的“Desktop Marketing Systems Pty Ltd. v.Telstra Corporation Ltd.”案中，澳大利亚联邦法院合议庭佩勒姆（Perram）法官就曾对此有过详细的论述：人对软件程序的控制可以被视为对作品的控制，将该人作为计算机软件的作者并无不妥，但如果软件程序的人并不能控制最终创作之作品的物质形式，那么这种情形下……该人不得被视为作者。[1]

此外，在人工智能语境下讨论“精神权利”，更超出传统

1 Jani McCutcheon, *The Vanishing Author in Computer-Generated Works: A Critical Analysis of Recent Australian CaseLaw*, Melbourne University Law Review, Vol.36, No.3, 2013.

"精神权利"概念的内涵。传统的"精神权利"实质上是捍卫作者的"署名权""发表权""修改权""保护作品完整权"等权利，这些权利又被理解为与作者的社会声誉、内心感受、精神追求息息相关，故而被界定为保护"精神利益"范畴。由此，挖掘机器人的"精神权利"，又会涉及机器人精神追求、内心感受等话题的讨论，这一切又将回归到人工智能对知识产权法哲学的挑战，问题由此变得更加基础和复杂。

（三）人工智能语境下的"独创性"概念

"独创性"概念是知识产权法中的核心概念，在涉及作品是否享有著作权的问题上，其主要取决于"独创性"。英美法系关于作品独创性的判断标准，走过了从"额头流汗原则"到"最低创造性"的演变，而大陆法系则要求要体现作者的个性或者最低创造性，总之，两大法系在"独创性"标准上渐渐融合，并且都将其作为判断作品是否受著作权保护的重要标准。机器人作品是否受著作权保护，所面临的首要问题依然是"独创性"问题。如果简单地从"机器人不是人"的逻辑出发，可以直接否定机器人作品的独创性。然而，在很多领域，机器人创作已让人无法区分作者系人还是机器人，自巴黎索尼计算机科学实验室的GaetanHadjeres和Francois Pachet在音乐家约翰·塞巴斯蒂安·巴赫（Johann Sebastian Bach）的歌曲上训练其人工智能系统，该系统使用了352首巴赫的歌曲，将其转换成不同的音符，形成2503个作品，包括专业音乐家和音乐系学生在内的1600名听众中，有超过一半的人以为是巴赫本人的作品。[1]机器人在很多文学艺术领域所表现出来的"艺术造诣"甚至远超人类，如果仅仅因为其系机器人，就否认高质量创作的"独创性"，反而却要赋予更低质量的人类作品"独创性"，这与"独

1 《搜狐IT.AI创造性思考是风潮还是噱头？》2017年4月3日，载http：//mt.sohu.com/20170403/n486288443.Shtml，最后访问时间：2018年8月27日。

创性”立法目的本身严重不符。

法理学上习惯于将主客体分开研究，在人工智能作品著作权的问题上，也有必要秉承这一思路。机器人是不是“人”，它所要解决的是权利主体问题；至于机器创作的作品有没有“独创性”，它要衡量的是作品的创作水准问题，理应属于权利客体的研究范畴。如果不考虑人工智能场景，将创作主体与创作客体混淆研究的方法并无大碍，毕竟在自然人之外不存在其他主体能像人一样创作作品，然而，人工智能却可以通过自我学习、深度思考完成像人一样的创作，甚至在某些领域其创作水平已超越人类，对于此类作品理应纳入“独创性”的研究范畴，至于其创作主体是否适格，则属于另外需要研究的问题。

四、算法与数据：知识产权新客体保护需求

机器人不仅仅可以参与文学艺术创作，它还将被广泛应用到生产生活的各个领域。在人工智能时代，产品将呈现高度智能化的样态，由此也将衍生出一系列以人工智能为核心的新的知识产权保护需求，知识产权法又当如何应对同样是当下亟须思考的话题。任何人工智能产品都离不开算法和数据这两个核心概念，[1]对于人工智能的知识产权保护也将集中在对算法和数据的保护方面。

（一）“算法”的知识产权保护

人工智能“算法”有赖于计算机程序，长期以来，计算机程序更多的是通过著作权的方式予以保护。著作权关注“算法”的表现形式，而并非是“算法”的核心思想。这样，当侵权者绕

1 在2017年人工智能计算大会（AI Computing Conference，AICC）上，中国工程院专家表示，发展人工智能，就离不开计算、算法、数据三大要素。《AICC：发展人工智能离不开计算、算法、数据》2017年9月12日，载http://tech.huanqiu.com/original/2017-09/11239891.html，最后访问时间：2017年11月19日。

开"算法"的代码表现形式，而采用其他代码编译相同"算法"的时候便可以绕过侵权，因此传统著作权保护"算法"的方法越来越无法满足智能化时代的保护需求，算法商们主张专利保护呼声越来越高。[1]我国自2006年以后开始允许计算机程序申请专利，但需要其与硬件结合在一起申请；近些年国家专利局进一步放开计算机程序申请专利的要求，国家专利局的《专利审查指南》第九章还专门规定了"关于涉及计算机程序的发明专利申请审查的若干规定"。

然而，人工智能"算法"在专利保护方面还面临着《专利法》第二十五条的困境。根据《专利法》第二十五条的规定，智力活动的规则和方法不被授予专利权。《专利法》中的发明专利侧重于对"技术方案"的保护，为此，我国《专利法》第二条还明确规定了专利的范畴为"采用技术手段解决技术问题，以获得符合自然规律的技术效果的方案"。长期以来，计算机"算法"往往被归于"一种智力活动的规则和方法"，面临着《专利法》第二十五条规则的困境，如果人工智能的"算法"一旦落入《专利法》第二十五条"智力活动的规则和方法"的范畴，将被直接排除在专利保护范畴之外，专利审查员甚至不用考虑其他"新颖性""创造性""适用性"等授权条件。[2]

因此，避开"智力规则"而将其归入"技术方案"的范畴，也就成为"算法"获取专利保护的关键。2010年国家专利局

1 王太平：《知识经济时代专利适格标的研究》，知识产权出版社2015年版，第5页。

2 我国《专利法》还规定了专利授权的其他条件，诸如"新颖性""创造性""适用性"等，《专利法》第二十二条规定，授予专利权的发明和实用新型，应当具备新颖性、创造性和实用性。新颖性，是指该发明或者实用新型不属于现有技术；也没有任何单位或者个人就同样的发明或者实用新型在申请日以前向国务院专利行政部门提出过申请，并记载在申请日以后公布的专利申请文件或者公告的专利文件中。创造性，是指与现有技术相比，该发明具有突出的实质性特点和显著的进步，该实用新型具有实质性特点和进步。实用性，是指该发明或者实用新型能够制造或者使用，并且能够产生积极效果。

《专利审查指南》在其第九章"关于涉及计算机程序的发明专利申请审查的若干规定"中还明确列举了"技术方案"与"智力规则"的区别方法。(见表1)[1]

表1 技术方案与智力规则的区别方法

序号	技术名称	属性
1	利用计算机程序求解圆周率的方法	智力规则
2	一种自动计算动摩擦系数 μ 的方法	智力规则
3	一种全球语言文字通用转换方法	技术方案
4	一种控制橡胶模压成型工艺的方法	技术方案
5	一种扩充移动计算设备存储容量的方法	技术方案
6	一种去除图像噪声的方法	技术方案
7	一种利用计算机程序测量液体黏度的方法	技术方案
8	一种计算机游戏方法	智力规则

根据《专利审查指南》的要求，上述列举中的八个"算法"案例，其中像"利用计算机程序求解圆周率的方法"(例1)、"一种自动计算动摩擦系数 μ 的方法"(例2)、"一种计算机游戏方法"(例8)就被视为"纯粹的智力规则"而被排除在《专利法》保护范围。根据《专利审查指南》的说明，这些"算法"并不实际地解决一个具体的技术问题，同时也不受自然规则的约束，所获得的也不属于符合自然规律的技术效果，因此被划归为"智力规则"的范畴。然而，像"一种全球语言文字通用转换方法"(例3)、"一种控制橡胶模压成型工艺的方法"(例4)、"一种扩充移动计算设备存储容量的方法"(例5)、"一种去除图像噪声的方法"(例6)则旨在于解决一个具体的技术问题，受自然规律的约束，有明确的技术手段和技术方法，所实现的也属于符

1 2010年国家专利局《专利审查指南》(2010年版)，载http://www.sipo.gov.cn/zhfwpt/zlsqzn/sczn2010.pdf，最后访问时间：2017年11月20日。

合自然规律的技术效果，因此属于《专利法》保护的“技术方案”的范畴。[1]

因此，作为人工智能核心的“算法”，系“智力规则”还是“技术方案”，成为其能否获得专利保护的关键所在，而《专利审查指南》的考察重点又是“算法”是否在解决一个具体的技术问题，“算法”本身是否会受到自然规律的约束（物理、化学或电学等），以及“算法”是否会获得一个受自然规律约束的技术效果。总之，随着人工智能产业的发展升级，知识产权法对于“算法”保护还将提出更多要求，以期更好平衡人工智能产业各方的利益，既能发挥知识产权法科技创新之激励作用，又能促进科学研究的传播和普及，在二者之间完成人工智能“算法”保护的制度建构。

（二）“数据”的知识产权保护

人工智能是以大数据的运算作为基础的，缺乏了大数据，人工智能的自我学习和深度思考都将无法完成，因此，大数据也成为人工智能不可或缺的要素。对于大数据又该如何完成知识产权保护，对于完善人工智能知识产权保护体系同样具有重要意义。

纵观世界各国对数据（数据库）的保护，主要有以下三种途径：第一，大数据的著作权保护方案。TRIPs第10条第2款规定：“数据或者其他材料的汇编，无论采用机器可读形式还是其他形式，只要其内容的选择或安排构成智力创作，即应予以保护”。我国《著作权法》第十四条规定：“汇编若干作品、作品的片段或者不构成作品的数据或者其他材料，对其内容的选择或者编排体现独创性的作品，为汇编作品……”基于上述规定，《著作权法》保护数据库要求数据库内容的选择或者编排体

1　2010年国家专利局《专利审查指南》（2010年版），载http://www.sipo.gov.cn/zhfwpt/zlsqzn/sczn2010.pdf，最后访问时间：2017年11月20日。

现“独创性”。第二，通过《反不正当竞争法》进行保护。如果数据库未经许可被复制或者采集，严重损害了权利人的经济利益、违反市场竞争秩序，可以通过反不正当竞争法进行保护。[1]第三，欧盟的“特殊权利”(Sui Generis Right)保护，欧盟于1996推出了《关于数据库的法律保护指令》，率先建立了关于数据库的“特殊权利”。目前，数据库的“特殊权利”已经在欧盟成员国范围内得以实施。[2]

那么，契合人工智能的特点和发展方向，何种数据保护方法更有利于促进人工智能产业发展是需要重点商榷的问题。数据库被认定为《著作权法》中的汇编作品而受到《著作权法》的保护，这也是世界上绝大多数国家认同的方式，据世界知识产权组织(WIPO)统计，全世界有一百三十多个国家为数据库提供了版权的保护。这里需要指出，数据库要获得版权法的保护，需要数据库在选择和编排上体现独创性，然而在人工智能的发展可以完成对数据的准确分析，从而对传统数据库的编排不再有过高要求，因此，人工智能的发展方向实现了从传统数据库的“独创性”转向了智能“算法”的科学性，而将数据库编排要求降至最低，从这一意义上讲，人工智能背景下的数据库存最终将无法通过《著作权法》上“独创性”获得保护。

同时，《反不正当竞争法》在保护大数据方面也发挥着重要作用。在“广西广播电视报”案件中，双方诉争的“电视节目

1　在北京阳光数据公司诉上海霸才数据有限公司案中，原告阳光公司向法院诉称，霸才公司未经阳光公司许可，非法获取阳光公司综合数据流后，将其转发给自己的用户，用以牟取暴利。霸才公司的这一行为严重侵害了阳光公司的权益，应当承担相应的法律责任。法院认定，原告阳光公司的数据分析格式是不为公众所知悉、能为阳光公司带来经济利益、具有实用性并经阳光公司采取了保密措施的信息，具备商业秘密的构成要件，应受《反不正当竞争法》保护。北京市第一中级人民法院民事判决书(1996)一中知初字第54号。

2　梅术文：《网络知识产权法　制度体系与原理规范》，知识产权出版社2016年版，第82页。

预告表”就因缺乏《著作权法》意义上的独创性，但最高人民法院肯定它是“电视台通过复杂的专业技术性劳动制作完成的，电视台对其劳动成果应享有一定的民事权利”，即“以报纸形式向公众传播的专有使用权”，从而实现了从《反不正当竞争法》的角度对大数据给予保护。[1]在“SIC实时金融系统”信息数据库侵权案件中，终审法院称“SIC实时金融系统”信息作为一种新型的电子信息产品应属电子信息库，在本质上是特定金融数据的汇编。这种汇编在数据编排和选择上无《著作权法》所要求的独创性，不构成《著作权法》意义上的作品。终审法院最终只能依据《反不正当竞争法》为依据判令被告进行赔偿。[2]

《反不正当竞争法》的适用需要以扰乱市场秩序作为前提条件，[3]然而在人工智能时代极为凸显的问题在于大数据的采集、复制、利用等是否属于不正当竞争则是一个十分模糊的问题，这也为人工智能的数据保护带来了极大的不确定性。相较而言，欧盟《关于数据库的法律保护指令》的“特殊权利”则给予了数据更为周到的保护。这里的“特殊权利”包括“撷取”与“反复利用”两种情况。所谓“撷取”(extraction)是指“采取任何方法或以任何形式，将数据库内容的全部或实质部分(substantial parts)永久或暂时转载到别的载体上”(类似“复制”)；所谓“反复利用”(re-utilization)，也译为再利用或二次使用，在WIPO提案中改为“利用”(utilization)，是指“通过销售拷贝、出租、联网或其他传输方式将数据库的全部或实质内容

1 广西壮族自治区柳州市中级人民法院民事判决书(1994)柳地法民终字第127号。

2 《阳光数据公司诉霸才数据公司违反合同转发其汇编的综合交易行情信息不正当竞争案》，载http://www.gsfzb.gov.cn/FLFG/SFJS/200504/26512.shtml，最后访问时间：2017年12月4日。

3 我国《反不正当竞争法》第二条第二款：本法所称的不正当竞争，是指经营者违反本法规定，损害其他经营者的合法权益，扰乱社会经济秩序的行为。

以任何一种形式提供给公众”(类似“发行”)。[1]事实上,“特殊权利”是以洛克的“劳动财产理论”作为哲学基础,不考虑数据库编排的“独创性”而基于数据库市场价值给予其保护。美国政府为了使自己的数据库在欧洲也能获得特殊权利保护,还于1996年5月向美国国会众议院提交了H.R.354法案,旨在于给予数据库类似于特殊权利的保护,不过因为争议很大最终未能获得美国国会通过。[2]

五、反思:我们需要一个怎样的知识产权法?

人工智能时代,我们到底需要一个怎样的知识产权法?是人工智能时代亟须思考的问题。这是当下亟须回答的问题:

(一)冲破传统哲学思维禁锢,拥抱人工智能时代的法律价值

随着人工智能深度思考和深度学习的全面升级,机器人所彰显的“人”属性越发强烈,毫无疑问,这对于传统哲学认知将带来极大的冲击。与人工智能一样,“人格”“创作”“劳动”“发明”这些传统语境下的哲学概念也在一步步完成着自我进化。传统的知识产权法哲学理论,如黑格尔的人格理论,洛克劳动财产理论,抑或卢梭的社会契约论,虽在特定历史时期对于知识产权合理性的解释发挥了重要作用,然而面对人工智能创作的知识产权问题时却面临着历史局限性和理论困境,为此,当传统的哲学体系难以有效解释相关知识产权法律问题时,有必要洞察人工智能的技术特质,进一步创新和发展人工智能时代知识产权法的哲学体系,从而为人工智能时代知识产权的立法和司法提供更加扎实的理论根基。

---

1 《关于数据库法律保护的指令》第7条第2款。

2 肖冬梅:《信息资源公共获取制度研究》,海洋出版社2008年版,第149页。

（二）设置机器人虚拟人格，完善知识产权主体制度

在人工智能时代，机器人将与“人”一样成为创作主体。传统条件只有“自然人”才能创作的格局或将被全面打破，原有“工具论”已经无法解释当下的机器人创作。为此，欧盟正在试图为机器人创办虚拟的“电子人格”。公司法意义上的“法人”同样也是虚拟的法律主体，虚拟的法律主体会像自然人主体一样享受法律权利、承担法律义务。事实上，所有虚拟人格的意义还在于厘清人类社会的权利义务关系，公司作为虚拟人格孕育了有限责任制度，从而厘清了个人与单位的责任划分。同样，机器人作为虚拟人格的目的也在于解释机器创作的法律现象，从而防止对机器毫无边界的滥用，既有虚拟人格便有版权主体，从而终结机器创作物为无主物的时代。

机器人虚拟人格的设立还有助于厘清机器复杂创作过程中各方的利益关系。机器人参与创作的复杂性，还在于这一过程中融合了众多主体，包括机器人的投资人、机器人的发明人、机器人用于训练写作的既有作品的著作权人。应当说，上述人员对于培养机器人的创作能力都具有十分重要的意义。如果在一起机器人创作作品的著作权诉讼中，允许上述人员主张权利的话，势必导致法律关系复杂无序，进而影响对争议的解决。按照机器人“拟制人格学说”，该作品的知识产权归机器人所有。至于各方对于机器人享有的权益或通过合同解决，或在机器人备案登记时注明。而法院只需认可机器人的著作权利益，无须判断机器人背后复杂的利益关系。事实上，按照机器人虚拟人格，只要机器人作为主体所享有的权利一旦确定，相关利益方的权益问题自然迎刃而解。这样，机器人的主体概念将进一步融合各方利益主体，借助机器人“拟制人格学说”，用极简的思维模式化解背后复杂的利益纠葛。

在机器人虚拟人格的理论下，还有必要对机器人“精神权

利”予以限制。需要正视机器人创作与人工创作的区别，作为自然人的创作甚至可以理解为一种对艺术追求和人文精神的需要，然而机器创作则以作品使用为主导，作为机器人虚拟人格将不再享有像自然人作者那样的“精神权利”，而版权对它保护的重点也将从人格转为财产。

（三）完善算法与数据的知识产权保护制度

人工智能将围绕“算法”与“数据”展开“思考”。随着“算法”与“数据”所带来的产业价值的不断提升，它们也将成为新时期知识产权法关注的重点，并且有必要弥补传统知识产权法对“算法”和“数据”保护的不足。为适应产业发展需要，我国《专利法》也正在逐步放开对机器人“算法”的专利保护，但针对人工智能产品的专利申请，《专利审查指南》还有必要进一步完善和补充，以便给予申请者更好指导。

针对“数据”的保护，也有必要进一步完善相关数据保护制度，从而建立《著作权法》《反不正当竞争法》、“特殊权利”三位一体的数据保护模式。其中有关“特殊权利”模式，可以参考欧盟《数据库法律保护指令》中有关“特殊权利”的规定，以期全面规范和激励大数据产业发展。

（四）针对机器人作品，完善授权使用制度

在人工智能时代，机器人将会大量参与创作，由此创作艺术作品也将呈现几何倍数的增加，对于艺术作品的高效利用也将成为一个重要问题。传统的著作权授权制度存在效率低下的问题，为此，可以参考孤儿作品管理制度来完善人工智能背景作品的利用。我国现有《著作权法》并没有规定“孤儿作品”，但在《著作权法》第三次修改草案（送审稿）第五十一条规定了“孤儿作品”，即在权利查找无果的情况下，可直接向著作权管理机构提存费用，进而直接使用相关作品。[1]欧盟在2012年通过了欧盟《孤儿作品指南》也作出了相关“孤儿作品”的规定。[2]

面对大量的由人工智能创作的作品，也将出现无力寻找著作权人的局面，甚至也没有必要去一定要寻找到著作权人，因此对于人工智能创作物而言，它从一开始就不存在所谓“精神权利”的概念，它的产生便是为了使用，否则机器创作便丢失了意义，为此可以建立类似于“孤儿作品制度”，对于机器创作物而言，使用者直接提存使用费用便可放心使用，这将极大提升人工智能背景下作品的利用率，也符合人工智能高效创作的产业需求。

六、结语

未来已来，人工智能已悄然走到了我们身边，一时之间，机器人、智能创作、新科技、算法、大数据等一系列关键词都纷至沓来，全面冲击着现有的知识产权制度。然而，这一切都将激发我们全面反思现有的知识产权制度。事实上，任何一次技术变革都将对知识产权制度产生深远影响，印刷术取代了传统手工制书，从而催生了复制权；广播电视技术的发展催生了传播权，互联网技术又将知识产权从传统的纸质时代带入了全面的数字化时代，由此还诞生了像互联网络传播权等一批新兴的知识产权权利样态。只不过，与前面的技术革命相比，人工智

1 《著作权法》第三次修改草案（送审稿）第五十一条规定：“孤儿作品”著作权保护期未届满的已发表作品，使用者尽力查找其权利人无果，符合下列条件之一的，可以在向国务院著作权行政管理部门指定的机构申请并提存使用费后以数字化形式使用：（一）著作权人身份不明的；（二）著作权人身份确定但无法联系的。《中华人民共和国著作权法》（修改草案送审稿），载http://www.law-lib.com/fzdt/newshtml/20/20140609090547.htm，最后访问时间：2018年8月27日。

2 “The European Union directive on certain permitted uses of orphan works”, 2012-10-25, http://ec.europa.eu/internal_market/copyright/orphan_works/index_en.htm, 2018-08-27.

能不再仅是工具的升级，它所要颠覆的恰是我们对传统知识产权哲学的认知，甚至人工智能对于创作能力的发展还将超越我们可以想象的空间。可以想象，未来，它对知识产权的挑战还将继续，而对这一话题的研究也才刚刚开始。

机器人专利诉讼策略

一、机器人专利诉讼：商战策略

在智能化时代，专利或将成为企业的核心竞争力。专利诉讼的重要目的则在于维护企业在商战中的霸主地位，这在2012年美国苹果公司与韩国三星公司之间的专利诉讼中被体现得淋漓尽致。

2012年的苹果公司与三星公司之间的诉讼，堪称专利的世界大战，其中争夺的专利还包括手控图形的实用新型专利，即用手指可操控图像大小的专利。2012年8月24日，美国加利福尼亚州法院作出裁决：在苹果和三星专利侵权诉讼中，三星公司产品侵犯了苹果公司的一项或多项专利，但苹果公司并未侵犯三星公司的专利，并判决三星应当向苹果公司赔偿10.5亿美元。[1]就在美国加州法院宣布裁决结果的同一天，韩国首尔法院也对苹果与三星之间的专利诉讼做出了裁决，该裁决认定苹果和三星互相侵犯对方专利权，苹果需要赔三星35，000美元，而

1　载中国日报网http：//www.chinadaily.com.cn/hqzx/2012-08/26/content_15706148.htm。

三星需要赔苹果22,000美元。[1]折算之后，苹果还需要赔偿三星13,000美元。

相同的专利诉讼却在两国形成迥然不同的判决。因此，这可以从知识产权法的地域性原则出发作出解释，即韩国和美国属不同国家，两国的专利法并不相同，故而可能会产生不同结果。然而，美国和韩国同属于《保护工业产权巴黎公约》和TRIPs的成员国，虽然专利法并非完全相同，但也不至于有如此大的区别。事实上，美国人保护苹果，韩国人保护三星，这是再正常不过的道理，相比美国法院一边倒的判决，韩国法院的判决还算厚道。

与传统机械时代不同，人工智能时代的很多专利都表现出极强的勾连性，你中有我，我中有你。甚至没有企业敢说，舍我其谁？回到专利诉讼本身，它绝不仅仅是维权那样简单，更升级为商业竞争的重要武器。作为企业的法律顾问也需要制定好诉讼策略，是“战”是“和”，或者“现在战”还是“未来战”，主张的金额是多少，所有的一切都取决于商业竞争的效果，服从于商业竞争的目的。

高智公司是一家专门从事专利运营的公司。它专门从别人的手中买断专利，然后再把它高价卖出，或者坐拥专利后再对他人提起侵权诉讼，在高智公司，专利诉讼已经成为企业的主营业务。[2]专利诉讼同样还是美国著名的知识产权管理公司Rembrandt的主营业务。令人印象深刻的是2010年Rembrandt公司与希捷硬盘之间的专利诉讼，Rembrandt从发明人科恩的手里购买了一项专利，该项专利可以有效解决硬盘在运行时的噪声问题。之后，Rembrandt公司就对全球领先的硬盘公司希捷

1　载第一财经：https：//www.yicai.com/news/2019170.html。

2　修红义：《美国高智专利运营模式及案例分析》，中国发明与专利2016年版，第20页。

公司提出专利侵权诉讼。

二、专利侵权诉讼审理

在涉及人工智能的专利侵权诉讼中，有两个核心问题：

第一，原告方有没有专利权？

在法院看来，原告方是否有专利权，首要的是，原告方是否有涉案专利的专利证书。当然，在原告方拿出专利证书后，被告方往往又会纠缠于专利的无效诉讼，被告方试图证明涉案专利缺乏专利法所要求的"新颖性""创造性""实用性"。如果涉案专利被无效了，当然原告主张权利也就失去了根本依据。所以，在专利案件中，专利证书系专利权的初步证据，却不是最终证据。

如果被告方的无效策略最终失败，被告又会想方设法主张自己不侵权。为此，被告还可能伪造原创的经历。还记得在一起"语音交互机器人"的专利诉讼中，我代理原告诉讼，原告主张被告侵权，被告方却提出了这样的抗辩理由——主张是自己最先发明的。被告方抗辩说："这项技术，是自己最先发明和使用的，只是原告方比自己在先申请了，等自己去申请专利的时候，才发现出现抵触申请了。"被告方为此还提出了很多证据，如获奖证书、销售合同等。

事实上，被告方的抗辩最终很难获得《专利法》的支持。我国《专利法》奉行"在先申请制"，即同一项技术，谁在先申请，其专利就归谁，而至于在先使用并非最重要的因素。当然，在先发明或者使用，可以获得《专利法》第六十九条所规定的一项特权：在原有范围内继续制造、使用的权利。[1]根据我国《专

1 我国《专利法》第六十九条，有下列情形之一的，不视为侵犯专利权：……(二)在专利申请日前已经制造相同产品、使用相同方法或者已经作好制造、使用的必要准备，并且仅在原有范围内继续制造、使用的……

利法》第六十九条的规定，在先发明人，已经在专利申请日之前就已经开始制造、使用，或者为制造、使用做好必要准备的，在先发明人有权在原有范围内继续制造和使用，这种制造和使用不视为侵犯专利权。当然，这里的关键词是“原有范围”。在互联网时代，机器人产品往往会借助电商完成销售，如果发明人此前在“京东”上销售，而现在又在“天猫”上销售，这可以被理解为扩大了销售范畴，扩大的销售范畴将不被允许。然而，这起“语音交互机器人”专利诉讼中，被告方明显扩大了自己的销售范围，此前仅是在实体店销售，而现在搬到了互联网上销售，按照专利法的规定，扩大销售部分则会构成侵权。

在法庭上，被告方律师还试图通过诠释美国法律来影响法官。众所周知，在知识产权界，泛西方化尤其是泛美国化倾向在国内司法中表现得十分严重。学者、律师动辄谈美国知识产权立法。就专利申请而言，美国是世界上少有的采用在先发明制的国家。长期以来，美国专利法更关注谁在先发明，而并非仅仅是谁在先申请。在美国专利法看来，这更能彰显法律之公平正义。在庭审上，我用了最简单的语言回应了对方律师的说法：这是中国法庭，不是美国法庭！其实，在优先保护“在先发明”还是“在先申请”的问题上，美国法律也并非一成不变，早在2011年6月23日，美国发明法案在参议院和众议院都获得通过，2011年9月16日，美国总统奥巴马签署并公布了该法案。[1]该法案最大的亮点莫过于，用“在先申请”取代了“在先发明”。随着智能化时代的到来，专利申请量急剧增加，美国人终于不堪重负，要证明谁在先发明，这越来越成为不可能的事情。

第二，被告方有没有侵权？

在证明被告方是否侵犯原告专利时，法官们时常会用到的

1 美国发明法案（America Invents Act），载https://www.uspto.gov/sites/default/files/aia_implementation/20110916-pub-l112-29.pdf。

两项法律原则是“全面覆盖原则”和“等同原则”。在涉及人工智能专利侵权案件时，这两项原则同样发挥重要作用。

1.全面覆盖原则

长期以来，“全面覆盖原则”在专利侵权认定中发挥重要作用。根据“全面覆盖原则”，被告侵权产品（如仿造机器人）的技术特征，要全面覆盖原告方专利权利要求中所记载的全部必要的技术特征。如果符合“全面覆盖”的条件，则认定构成侵权；如果仅仅只是部分覆盖，则不构成侵权。

侵权人总是很聪明，他们总是习惯于“逍遥法外”。他们总是在侵权时变通侵权产品的技术特征，使其在字面上无法覆盖专利权利要求的全部技术特征，比如在“机器人”专利权利要求中写的左边，他们会变通为右边；权利要求中写的上面，他们会变通为下面；权利要求中写的塑料，他们也会变通为金属，但就技术特征的本质上没有发生任何变化。所以，在很多情况下，虽然构成了实质上的侵权，但却无法做到“全面覆盖”。在“聪明”的侵权者面前，全面覆盖原则再难以适用，“等同原则”由此产生。

2.等同原则

最早确认“等同原则”的判例源于美国1853年著名的Winans v. Denmead 案，原告Winans设计了一种上部是圆形截面的圆锥体运煤车厢，其特点在于可以平均分配货物对车体的压力，并获得专利。被告Denmedad设计的车厢与原告的专利产品极为相似，只不过是上部截面呈八角形，下部是八棱形，美国最高法院推翻了一审法院认定的不构成侵权的判决，判定八棱锥与圆锥等同，侵犯了Winans的专利。略有遗憾的是，Winans v. Denmead 案虽实质适用了“等同原则”，但并未归纳出等同原则的构成要件。

1950年美国最高法院在Graver Tank Mfg Go v. Linde Air

Products Co. 案中确立了适用等同原则的构成要件。在该案中原告Graver焊接专利产品使用的镁和硅酸盐，镁属于碱土金属，而被控侵权产品的主要成分是锰，但锰不属于碱土金属。美国最高法院根据原告Graver提供的专家证言认定锰和镁在焊剂中的功能等同，因此判定构成侵权。在该判例中，Jiekeson大法官总结了“等同原则”的具体标准，即以实质相同的方式，完成实质相同的功能，达到等同效果，这就是著名的“功能—方式—效果”标准。

一个独立的专利会包含若干个技术特征，在比较被告侵权产品与原告专利是否构成侵权时，若适用“等同原则”就会有两种思路：第一，逐一等同，即每一个技术特征进行逐一“等同”比较；第二，整体等同，即把原告的专利与被告产品进行整体比对。在逐一等同的情况下，若认定侵权就需要符合两方面的条件：(1)被告的产品包含了原告专利的每一项技术特征，比如原告的专利包含了5项技术特征，那么被告产品也需要包含该5项技术特征；(2)根据“等同原则”，每一项技术特征逐一比对时在法律意义上是“等同”的。然而，若按照“整体比对”的原则，则不需要被告的产品包含了原告专利的每一项技术特征，而只是需要从整体比对，以实质相同的方式，完成实质相同的功能，达到等同效果，即可视为专利侵权。无疑，整体等同原则赋予了法官更大的自由裁量权，同时也扩大了对原告专利的保护。

在1983年的Hugh es Aircraft Co. v. Lnite States 一案中，法官就适用了“整体等同”判决被告专利侵权，二审法院在判决中阐明，法院应把专利发明作为一个整体和被控侵权物进行比较，如果被控侵权用大致相同的方式，完成大致相同的功能并且达到大致相同的效果，法院就应该根据等同原则判决侵权成立，这是美国联邦巡回上诉法院第一次在判决专利侵权案件时按照“整体等同”的思路适用“等同原则”。按照“整体等同”的思路，即使被控侵权物缺少权利要求规定的某一项技术特征，专利侵权仍有可能成立。显然，“整体等同”原则明显加强了对专利权人的保护，权利要求的被过宽解释也使“等同原则”的适用彰显了极强的主观性，“整体等同”原则因而遭到美国公众和律师界的广泛质疑。1997年美国最高法院在Warner Jenkinson Co v. Hilton Davis Chemical Co.中改变了Hugh案所确立的“整体等同”的思路，明确确立了“逐一比对”的原则，这被视为美国最高法院在比较方法上的重大转变。无论如何，“等同原则”抛弃了字面的简单比对，而是从本质上比对专利的技术特征，从而在实质上保护原告方（专利权人）的利益。

“等同原则”在我国司法体系中的明确规定，源于2001年最高人民法院颁布的司法解释。2001年6月22日，最高人民法院颁布了《关于审理专利纠纷案件适用法律问题的若干规定》（以下简称《若干规定》），《若干规定》第十七条第二款将等同特征界定为“是指与所记载的技术特征以相同的手段，实现相同的功能，达到基本相同的效果，并且本领域的普通技术人员无须经过创造性劳动就能联想到的特征”。[1]最高人民法院又于2009年在《关于审理侵犯专利权纠纷案件应用法律若干问题的解释》（以下简称《专利权司法解释》）第七条规定：“人民法院判定被诉侵权技术方案是否落入专利权的保护范围，应当审查权利人主张的权利要求所记载的全部技术特征。被诉侵权技术方案包含与权利要求记载的全部技术特征相同或者等同的技术特征的，人民法院应当认定其落入专利权的保护范围；被诉侵权技术方案的技术特征与权利要求记载的全部技术特征相比，缺少权利要求记载一个以上的技术特征，或者有一个以

1 最高人民法院《关于审理专利纠纷案件适用法律问题的若干规定》（法释[2001]）。

上技术特征不相同也不等同的，人民法院应当认定其没有落入专利权的保护范围。”[1]

进一步指出，在专利侵权诉讼中适用“等同原则”保护专利权时还会受到“禁止反悔原则”的限制。所谓“禁止反悔原则”，是指专利权人在专利授权无效过程中，为满足专利法要求而通过书面声明或者记录在案的陈述，对发明或者实用新型专利要求的保护范围所作的有关放弃、限制、修改、承诺，在专利侵权诉讼中不得反悔。禁止反悔原则理应在侵权诉讼中由被告提出，而并非由法院主动引用。北京市高级人民法院在其规范性意见中给出了两个更为具体的条件[2]：(1)专利权人在对有关技术特征所作的限制承诺或者放弃时必须明示的，而且已经被记录在专利文档中；(2)限制承诺或者放弃保护的技术内容，必须对专利权的授予或者维持专利权有效产生了实质性作用。

在解文武诉海尔公司、大中电器公司侵权案中，禁止反悔原则便对原告适用等同原则进行了限制。[3]涉及发明的专利名称为“手机自动隐形拨号报失的实现方法”，解文武在申请发明专利时已经明确表示其专利权利要求保护范围中的“非法用户在正常情况下隐形拨号报失”，与“非法用户不能正常使用并显形拨号报失”是两种不同的技术特征，即解文武是将第二种情况（非法用户不能正常使用并显形拨号报失）排除在本专利保护范围之外的情形下，才获得专利权的。在本案中，被告方涉案侵权物使用的智能防盗方法恰恰是“非法用户不能正常使用并显形拨号报失”的技术方案，故法院最终认为，原告方所

1 最高人民法院《关于审理侵犯专利权纠纷案件应用法律若干问题的解释》（法释[2009]）。

2 北京市高级人民法院2001年9月29日印发《专利侵权判定若干问题的意见》（试行），京高法发[2001]229号，第45条。

3 北京市第一中级人民法院民事判决书（2005）一中民初字第3254号、北京市高级人民法院民事判决书（2005）高民终字第1262号。

主张的"等同原则"系对其在专利申请阶段陈述的反悔，不应允许。

三、法官克服人工智能技术盲区的法理依据

法官虽深谙法律，但对于人工智能却完全属于门外汉，尤其在适用《专利法》的"全面覆盖原则"或者"等同原则"来认定被告的机器人是否侵犯原告机器人专利权时，则会遇到技术理解方面的障碍。这会使关于机器人专利侵权方面的裁判陷入"尴尬"的境地。

根据现有的诉讼规则，法官可以通过以下三种方法来寻求机器领域的专家帮助：

第一，聘请机器人领域的技术专家作为人民陪审员。

法国宪政学者托克维尔指出："陪审制度，特别是民事陪审制度，能使法官的一部分思维习惯进入所有公民的头脑。而这种思维习惯，正是人民为使自己自由而需要养成的习惯。"[1]

长期以来，在我国司法审判工作中，人民陪审制度并未真正发挥其应有的作用，"陪而不审"的现象比较突出。事实上，在常规案件中，比如离婚案件或者借贷纠纷等，法官对于事实与法律的理解会显得更加全面和权威，其对案件主导地位也导致陪审员成为"摆设"。然而，对于专利类侵权诉讼案件，法官在裁判前需要对于该领域的专利技术十分了解，方可以更加科学地裁判。以机器人专利侵权为例，若适用"等同原则"，就需要法官做好两方面的工作：(1)对于原告"机器人"专利的技术特征有准确地把握；(2)对于被告方机器人产品的技术特征具有以相同的手段，实现相同的功能，达到基本相同的效果，并且本领域的普通技术人员无须经过创造性劳动就能联想到的。

1 [法]托克维尔：《论美国的民主》(上卷)，董果良译，商务印书馆1988年版，第347页。

在司法实践中，离开了人工智能领域的专业工程师，这两方面的工作都难以有效推进。

事实上，由专业技术人员参与到知识产权庭审当中，在各国立法中均有体现。1790年美国专利法明确规定，专利侵权案件的损害赔偿应当由陪审团决定，但并没有达到预期效果，1996年美国联邦最高法院在判决论及知识产权诉讼中使用陪审团审理以保持专业判断的问题，并在知识产权案件中推行专家陪审团。[1]《英国民事诉讼规则》第三十五章第十五条规定：技术陪审员协助法院处理掌握技术和经验之事项，对于法院和真理有极高的忠诚度，拥有完全的独立的地位[2]；德国于1961年7月1日设立的联邦专利法院，是国际上第一个专门处理知识产权诉讼的法院，该法院将法官分为法律与技术两类，对于技术法官还对其在技术知识领域有一定要求，其与法律类法官的法律地位是完全一致的[3]；日本于2005年4月特别设立了知识产权高等法院，协助法官审判的技术专家多达150名，有力地推动了知识产权专业案件的审判。[4]

我国也在逐步探讨专利侵权诉讼中邀请专家作为陪审员参与庭审。1991年《最高人民法院关于审理第一审专利案件聘请专家担任陪审员的复函》中指出，人民法院在审理第一审专利案件时，可以根据该案件所涉及的技术领域，聘请有关技术专家担任陪审员。[5]2010年《关于人民陪审员参加审判活动若干问题的规定》第五条规定，特殊案件需要具有特定专业知识的

---

1 张玉瑞、韩秀成：《我国知识产权司法体制改革（6）》，载http：//chinalawedu.com/news/20800/213/2006/5/xi0158329511225600212834-0.htm。

2 《英国民事诉讼规则》，徐昕译，中国法制出版社2001年版，第123页。

3 寿康、李剑：《我国知识产权审判组织专门化问题研究——以德国联邦专利法院为视角》，载《法学家》2008年第3期。

4 叶强：《日本实施知识产权战略的借鉴意义》，载《经济纵横》2007年第6期。

5 最高人民法院法经函［1991］64号。

人民陪审员参加审判的，人民法院可以在具有相应专业知识的人民陪审员范围内随机抽取。

从美国的经验来看，陪审团对包括认定专利的有效性是否构成侵权、赔偿金的数额等事实问题进行审理，其深度参与最终会极大影响法院的判决。根据普华永道发布的《2014年美国专利诉讼研究报告》，[1]专利侵权诉讼的胜诉率和赔偿数额在有陪审团参与时会得到极大提高。[2]由此，在涉及机器人专利侵权诉讼的庭审中，如果合议庭中有“人民陪审员”，多半都是该领域的技术专家，其法律地位是万不可轻视的。长期以来，在法院庭审中，律师们已经养成了重视法官、轻视人民陪审员的职业习惯，但这种习惯在涉及人工智能专利庭审中是万不可要的。那个看似衣着不整又没穿法官服的人民陪审员，或将成为决定这个案件输赢的关键人物。

第二，聘请人工智能领域的专家证人出庭作证。

在涉及机器人专利诉讼纠纷时，当事人双方亦可以向法院申请人工智能领域的专家作为专家证人出庭作证。

“专家证人”是一个来自英美法系的概念。根据《布莱克法律词典》对专家证人如此定义：“专家证人”是指“因接受教育和训练或者具有专业技术和经历适格的证人，提供关于科学技术的或者其他特殊的关于事实问题的证据，也称技术证

1 2014 Patent Litigation Study：As case volume leaps，damages continue general decline，载https：//www.pwc.com/us/en/forensic-services/publications/assets/2014-patent-litigation-study.pdf。

2 以下对各阶段专利侵权诉讼的胜诉率进行比较，其中“有”代表“有陪审员参与的专利侵权诉讼”；“无”代表“没有陪审团参与的专利侵权诉讼”：(1)在1995～1999年，胜诉率分别为43%(无)和81%(有)；(2)在2000～2004年，胜诉率分别为55%(无)和78%(有)；(3)在2005～2009年，胜诉率为58%(无)和77%(有)；(4)在2010～2013年，胜诉率分别为64%(无)和74%(有)。此外，根据该报告显示，在2010～2013年这一阶段，有陪审团参与审理的专利侵权案件的赔偿额高出37.5倍。

人”。[1]有资料显示，在美国约有60%的案件适用专家证人制度。[2]另有资料显示，加利福尼亚州高等法院在20世纪80年代末审理的案件中，有专家证人出庭的占86%，平均每个案件中有3.3个专家证人。一些评论家认为，美国的司法程序已经变成由专家审理的程序。

我国也构建了专家证人制度的雏形。《最高人民法院关于民事诉讼证据的若干规定》(以下简称《民事证据规定司法解释》)第六十一条第一款的规定，即“当事人可以向人民法院申请一名至二名具有专门知识的人员出庭就案件的专门性问题进行说明。人民法院准许其申请的，有关费用由提出申请的当事人负担。审判人员和当事人可以对出庭的具有专门知识的人员进行询问。经人民法院准许，可以由当事人各自申请的具有专门知识的人员就有关案件中的问题进行对质。具有专门知识的人员可以对鉴定人进行询问。”2013年1月1日生效的新修改的《民事诉讼法》将上述内容明确规定在第七十九条，即“当事人可以申请人民法院通知有专门知识的人出庭，就鉴定人作出的鉴定意见或者专业问题提出意见”。[3]

在涉及人工智能的专利诉讼中，当事人聘请专家证人出庭针对人工智能领域的专业问题作出说明是十分必要的，它有助于帮助法官厘清其中关于人工智能专业领域的技术问题，为法官准确作出事实认定和援引法律都具有十分重要的意义。如

1 A witness qualified by knowledge, skill, experience, training, or education to provide a scientific, technical, or other specialized opinion about the evidence or a fact issue.Fed.R.Evid.702-706.-Also termed skilled witness. BLACK'S LAW DICTIONARY 1633(8th ed.2004).

2 事实上，我们有60%的诉讼官司需要参考专家证人的证词，而唯有通过对这些证人的法庭盘问，才能启蒙我们的陪审团，并且帮助他们对于这类证词作出公正的评价。[美]富兰西斯·威尔曼:《交叉询问的艺术》，红旗出版社1999年版，第79页。

3 [美]约翰·W.斯特龙主编:《麦考密克论证据》(第五版)，汤维建等译，中国政法大学出版社2004年版，第31页。

在奇虎360起诉腾讯不正当竞争的案例中，奇虎360以腾讯滥用市场支配地位为由，向广东省高级人民法院起诉索赔1.5亿多元案。360公司聘请的是英国学者David Stallbass，曾担任英国伦敦公平贸易局局长，是欧洲最大的独立提供竞争法调查经济意见机构RBB的顾问；而腾讯方面聘请的是中国社会科学院信息化研究中心秘书长姜奇平，他曾当选中国互联网十大启蒙人物。

在涉及专家证人出庭的问题时，还容易形成双方对于专家级别比拼的问题。双方会比拼专家所在单位的等级，如是普通高校还是名牌学府；双方还会比拼专家的职称，如是副教授还是教授；双方还会比拼专家的荣誉，如行业顶尖专家或是诺贝尔奖获得者；双方甚至还会比拼专家在核心期刊上发表论文的数量等。当然，从司法实践的效果来看，专家的级别固然重要，其在法庭上“表现力”同样不可忽视，有些专家虽然在研究人工智能的算法，如数学、统计学或者计算机编程方面很厉害，但庭审表现力却极差，这并非是理想中的专家证人。在庭审中，专家证人需要把复杂的问题说简单，并且能够让法官信服自己的观点，此为最佳。

同时，人工智能系跨学科的研究，那么为了说明一个问题，也可以同时聘请多名专家作为专家证人出庭陈述。例如，江苏省高级人民法院在审理一起发明专利侵权纠纷案中，对涉案“一种海绵状泡沫镍的制备方法”发明专利争议组织专家论证，出庭6名专家证人涉及物理电子学、纳米薄膜电子学、真空镀膜技术、化学、金属电沉积和金属腐蚀领域、物理学纳米喷射机理等多个学科，专家从不同学科角度发表了意见。[1]

1 2014 Patent Litigation Study：As case volume leaps，damages continue general decline，载https：//www.pwc.com/us/en/forensic-services/publications/assets/2014-patent-litigation-study.pdf。

最后，还需要回答，在涉及人工智能专利侵权纠纷的案件中，专家证人的适格标准又是什么？对于业内声名卓著的人工智能专家自不待言，然而，对于普通的算法工程师或者编程人员能否有资格作为专家证人出庭呢？按照美国《联邦证据规则》（2011年重塑版）第702条规定，专家证人是指“因知识、技能、经验、训练或者教育而具备专家资格的证人，可以以意见或其他的形式就此作证”。[1]在美国证据法上专家证人的标准并不是很高，“这里的专家，显然是广义含义上的专家。在规则范围内的专家，不仅是最严格意义上的专家，例如医生、物理学家和建筑师，而且包括有时叫作‘熟练’（skilled）证人的巨大群体，例如，土地价值作证的银行家或者土地所有者可以作为专家证人”。“在评估专家资格时应当自由和灵活。审判法院在就某一特定事项确定专家资格时，具有很大的自由裁量权”。[2]

我国在专利侵权的诉讼中，对于专家证人的资格问题同样应当奉行相对较宽的尺度，而不应仅仅局限于少数个别权威人员。在江苏省高级人民法院二审审理的一起涉及化学产品生产的技术转让合同纠纷案中，原告受让方出庭的两名证人只是普通技术人员（仅有大专学历），在庭审过程中，被告就原告专家证人的大专学历质疑其证人的适格性。在该案中，证人虽然不具有较高学历和高级专家身份，但法官认为，证人所表现出来的专业知识和对技术的理解能力，完全符合所属领域“熟练”技术人员的要求，符合专家证人适格性的最低要求。[3]同样在涉及人工智能专利的侵权诉讼中，所涉及的算法或者数据仅需要

1 王进喜：《美国〈联邦证据规则〉（2011年重塑版）条解》，中国法制出版社2012年版，第212页。

2 王进喜：《美国〈联邦证据规则〉（2011年重塑版）条解》，中国法制出版社2012年版，第213页。

3 宋健：《专家证人制度在知识产权诉讼中的运用及其完善》，载《知识产权》2013年第4期。

由普通的编程人员即可回答的情况，普通的编程人员亦可作为专家证人参加诉讼。

第三，法官借助“司法鉴定意见”完成对专业问题的审查。

与前面的专家陪审员或者专家证人不同，司法鉴定更主要是从“鉴定意见”角度解释专业问题，与专家陪审员或者专家证人在庭审中“互动”“追问”“解释”的场景不同，司法鉴定更有一锤定音的味道。

尽管我国《民事诉讼法》已将有关条文中的“鉴定结论”修改为“鉴定意见”。从“结论”到“意见”的转变，意味着法院不仅需要审查鉴定意见，而且需要对鉴定的依据、检材、样本、鉴定方法、鉴定过程以及鉴定结果进行全方位的审查和评定。并且，根据我国《民事诉讼法》第七十八条的规定，当事人有权要求鉴定人出庭接受询问。[1]然而，在绝大多数的案件中，法官常常会根据一纸“鉴定意见”就作出判决，鉴定人出庭接受询问的情况十分少见，从根本上讲，我国当前还缺少鉴定人出庭接受询问的司法习惯，究其根本，有两个方面的原因：(1)律师在专业问题方面还难以与鉴定人形成有效对抗，故而律师要求鉴定人出庭的积极性不高。以人工智能专利侵权为例，即使要求鉴定人出庭，也需要律师能够就专业问题发表十分深入的意见，才可能形成“对抗”和“力量”，这就需要律师对于人工智能领域十分熟悉和了解。当然，随着我国律师专业化程度的提升，类似于英美法系中律师与鉴定人之间的交叉询问格局也将最终形成。(2)面对案多人少的局面，法官允许鉴定人出庭的积极性不高。根据我国《民事诉讼法》的规定，律师申请鉴定人出庭，还需要法院审核其“必要性”并最终允许出庭。然而，伴随

1　我国《民事诉讼法》第七十八条：当事人对鉴定意见有异议或者人民法院认为鉴定人有必要出庭的，鉴定人应当出庭作证。经人民法院通知，鉴定人拒不出庭作证的，鉴定意见不得作为认定事实的根据；支付鉴定费用的当事人可以要求返还鉴定费用。

着我国司法体改革的深入，案件受理量急剧增加、法官员额制后人数急剧减少，案多人少的局面十分凸显，如允许鉴定人出庭接受询问，无疑会极大增加司法审判的工作量，所以，法官更乐意接受纸质的鉴定意见径直作出判决。当然，随着律师执业水平和司法审判水平的渐进提升，鉴定人出庭接受询问是必然趋势。

四、人工智能专利侵权：被告的策略

在涉及人工智能专利侵权诉讼中，被告系主“战”还是主“和”，这是一个策略问题。当然，最终的决策还取决于律师对于诉讼的精准判断：第一，原告方人工智能专利的效力如何？第二，作为被告方可能的侵权责任有多大？第三，和解与诉讼的利弊分析。

（一）和解

孙子兵法讲，“不战而屈人之兵，善之善者也”。前提依然是对专利诉讼的准确评估。

2006年8月2日，正泰集团以侵犯专利权为由，将施耐德天津公司诉至浙江省温州市中级人民法院，要求施耐德天津公司停止生产侵权产品，连带赔偿50万元。[1]涉案专利是正泰集团于1997年11月11日向国家知识产权局申请并获得授权的名为“一种高分段小型断路器”的实用新型专利（ZL97248479）。

之所以会主张50万元的赔偿金额，源于专利侵权案件中赔偿金额的举证十分困难，根据《专利法》的规定，在无法举证的情况下，法院可以在100万元以下自由裁量。同样，正泰集团也是无法举证赔偿金额，故而只向施耐德公司主张50万元的赔偿。

本案同样存在“主和”还是“主战”的策略分析。当正泰

1 浙江省温州市中级人民法院民事判决书（2006）温民三初字第135号。

集团向温州市中级人民法院起诉后，施耐德天津公司却采用了常规的作战手法，即向专利复审委员会主张专利无效，并申请法院中止审理。而后，温州市中级人民法院中止审理。然而，对于施耐德公司的不利战局由此开始。

基于施耐德公司的无效申请，双方的专利权侵权诉讼演变为无效诉讼。2007年4月，国家知识产权局最终认定该实用新型有效。更为重要的是，施耐德公司宣告专利无效的失败，极大助长了原告正泰公司的“斗争”士气，于是就请求会计师事务所对施耐德公司进行全面审计。审计结果显示，被告销售该侵权产品的金额竟达8.8亿元，按照同行业利润率30%计，正泰公司将诉讼请求从50万元增加到3.3亿元。温州市中级人民法院就本案作出裁决后，施耐德公司不服又上诉至浙江省高级人民法院，最终以施耐德公司支付1.57亿元调解结案。[1]

该案给我们的启示是深刻的，是关于专利侵权的诉讼策略，从一开始就要正确定位案件的诉讼策略。不能老用常规打法，必要时要随机调整。如果一开始就能善于运用和谈的方法，有可能50万元就可以结案，但最终赔了1.57亿元。一旦和解结案，原告方即便后面想反悔上诉也难有机会。

(二)现有技术抗辩

“现有技术抗辩”中一个重要关键词为“现有技术”。所谓“现有技术”即为在申请日以前就为国内外公众所知的技术。[2]而现有技术抗辩则是专利法赋予被告方的一项重要权利。在专利权侵权诉讼中，如果原告方主张被告技术侵犯了我的权利，那么，被告只需要证明自己的技术属于“现有技术”，即不

1 浙江省高级人民法院民事判决书(2007)浙民三终字第276号。该案标志中国专利侵权赔偿进入了亿元时代，该案也入选2009年中国知识产权司法保护十大案件。

2 《专利法》第二十二条，本法所称现有技术，是指申请日以前在国内外为公众所知的技术。

构成侵犯专利权。[1]现有技术抗辩不构成侵犯专利权的逻辑在于，被告方所使用的是不受专利法保护的“现有技术”，而并非系对原告专利权的“剽窃”，故而被告不再纠结于原告的专利是否有效，而只需要说明自己所使用的技术为现有技术，便可以在逻辑上得出不构成侵犯专利权的结论。

那么，被告在适用现有技术抗辩时，又需要遵循怎样的法律流程呢？为此，最高人民法院在《关于审理侵犯专利纠纷案件应用法律若干问题的解释》进一步明确，现有技术抗辩的比对对象为“被诉侵权技术方案”和“一项现有技术”；比对方式为将“被诉落入专利权保护范围的全部技术特征”和“一项现有技术中的相应技术特征”进行对比；成立现有技术抗辩的标准为：两个对比对象各相应技术特征是否“相同或无实质差异”。[2]这里的“无实质性差异”可以理解为“等同原则”，北京市高级人民法院更是在其《专利侵权判定指南》明确两个比较对象只要符合“相同原则”或者“等同原则”便可以构成“现有技术抗辩”的适用标准。[3]

还需指出，被告技术的全部技术特征，只能与一个现有技术方案[4]进行比对。不能用两个或多技术方案进行比对。比如

---

1 《专利法》第六十二条：在专利侵权纠纷中，被控侵权人有证据证明其实施的技术或者设计属于现有技术或者现有设计的，不构成侵犯专利权。

2 最高人民法院《关于审理侵犯专利权纠纷案件应用法律若干问题的解释（法释）[2009]21号》第十四条第一款规定：被诉落入专利权保护范围的全部技术特征，与一项现有技术方案中的相应技术特征相同或者无实质性差异的，人民法院应当认定被诉侵权人实施的技术属于《专利法》第六十二条规定的现有技术。

3 北京市高级人民法院《专利侵权判定指南》第125项：现有技术抗辩，是指被诉落入专利权保护范围的全部技术特征，与一项现有技术方案中的相应技术特征相同或等同，或者所属技术领域的普通技术人员认为被诉侵权技术方案是一项现有技术与所属领域公知常识的简单组合的，应当认定被诉侵权实施的技术属于现有技术，被诉侵权人的行为不构成侵犯专利权。

4 这里的现有技术方案系原告方申请日之前的已公开的技术方案，包括但不限于在报纸、期刊、书籍、网页等方式公开的技术。

被告在举证自己的技术属于现有技术的过程中，拿出了两个或两个以上的现有技术方案中，并试图证明被告的技术特征分布在多个现有技术方案，在这种情况下，被告的技术很可能就不再属于现有技术了。所以在最高法院的司法解释所强调的是被告的技术方案需要与“一项现有技术方案”进行对比，而并非系两项或者两项以上的技术方案进行对比。

总之，“现有技术抗辩”可以作为被告方的一个十分重要的诉讼策略。在“插入式立体绿化花盆组合造型专用并连接长插销”发明专利侵权纠纷案件[1]中，原告主张被告以经营为目的，制造、销售原告的专利产品，系对于其专利权的侵犯，故对被告提起专利权侵权诉讼。被告提出现有技术抗辩，提交了专利文献记载的技术方案与被控侵权产品的技术特征无实质性差异，最终法院认定被诉侵权产品不构成侵权。[2]在“一种LED灯罩”的实用新型专利侵权案件[3]中，原告发现被告未经许可制造、许诺销售、销售被诉侵权产品，其行为侵犯了原告的合法权益，故向法院起诉。被告辩称被诉侵权产品实施的是现有技术，不构成侵权，并提交发明专利申请公布说明书予以佐证。

1　贵州省贵阳市中级人民法院民事判决书（2016）黔01民初72号。

2　被告所提交专利文献记载的技术方案特征与本案原告的发明专利的技术特征比对，二者均是细长矩形体、带有凸肩的插销或连接件，插入大小一致的插销孔，从而达到固定不同产品的功能，达到众多数量产品垒砌或并联组装的效果。上述产品均是以基本相同的手段（带有凸肩的细长矩形体插销插入插销孔），实现基本相同的功能（固定不同产品），达到基本相同的效果（使众多数量的产品垒砌或并联组装）。无论插销的大小及材质，该技术均是本领域的普通技术人员无须经过创造性劳动就能够联想到。法院最终认定现有技术抗辩成立。

3　广州知识产权法院民事判决书（2017）粤73民初2878号。

法院最终认定，被告现有技术抗辩理由成立，不构成侵权。[1]

最后，在“现有技术抗辩”之前，被告方一直援引“无效抗辩”制度。两种抗辩制度的目的都是相同的，即被告方试图证明自己不构成侵权责任，但两种抗辩制度为实现目的路径却是截然不同的：“无效抗辩”试图通过证明原告方的专利系无效专利，进而证明被告不构成侵权责任；“现有技术抗辩”则是通过证明被告方技术为现有技术，进而证明被告不构成侵权责任。至于被告采用哪种抗辩策略，则需要根据个案情况确定，具体而言，如果原告的专利明显不符合“新颖性”“创造性”“适用性”等专利授权条件，则可以选择“无效抗辩”的思路；反之，如果无效原告专利的难度相对较大，反倒是可以直接证明被告的技术方案属于“现有技术”，则通过现有技术抗辩的策略更为可行。无效抗辩与现有技术抗辩之间一个更为重要的区别还在于：现有技术抗辩所解决的只是个案问题。虽然被告胜诉了，但从法律上讲，原告方的专利仍然是有效的，它并非像成功的无效抗辩那样可以导致专利无效的法律后果，“现有技术抗辩”最终只解决被告是否会排除侵权的问题。所以，在实践中，被告主张现有技术抗辩成功后可以免除侵权责任，然而，这并不意味着原告在起诉其他被告专利侵权的案件中也会败诉。

1　本案中，被告提交的发明专利申请公布说明书的公开日早于涉案专利申请日，可作为现有技术抗辩的对比文件。在审查现有技术抗辩时，应当将被诉侵权产品的被诉落入原告涉案专利权利要求的技术特征与现有技术方案中的相应技术特征进行比对，判断被诉落入原告涉案专利权保护范围的相应技术特征是否与一项现有技术方案中的相应技术特征相同或者无实质性差异。原告表示被诉侵权产品的凸起是直接从内表面延伸出弧面，而该对比文件中的凸起是先从内表面树立起一个正方体，然后在正方体上面设置一个弧面，与被诉侵权产品的弧面完全不同，两者产生的技术效果完全不一样。法院认为，对比文件并未限定弧面结构的形状，将被诉侵权产品的被诉落入原告涉案专利权保护范围的全部技术特征与对比文件的技术方案图文中的相应技术特征相对比可知，被诉侵权产品的被诉落入原告涉案专利权保护范围的相应技术特征与对比文件的技术方案中的相应技术特征相同，因此，被告提出的现有技术抗辩成立。

（三）针对恶意诉讼的即时反击

在涉及人工智能的专利诉讼中，被告方除了通过无效抗辩等防御策略外，是否还可以发起主动进攻呢？尤其是当被告受到专利流氓骚扰[1]的情况下，被告的权益保护同样是颇具思考的话题。

1.两个关于专利恶意侵权诉讼的案例

2003年8月6日，原告袁某某向南京市中级人民法院提起诉讼，要求被告江苏省扬中市通发气动阀门厂和通发公司承担专利侵权责任。[2]后来经审查，原告申请“消防用球阀”实用新型专利内容，是国家作为技术标准的已经公开的技术方案，原告方拿着明显不能作为专利内容的技术方案申报实用新型专利。由于实用新型专利无需经历实质审查，这也使得实用新型专利很容易被授权。然而，如果实用新型专利内容不符合专利法规定，即使授权最终也可能被无效掉。袁某某的这项专利最终就被宣告无效了，[3]此后的行政诉讼又进一步维持了该无效裁决。

涉案专利被无效之后，原告袁某某向法院申请撤诉，被告方却反过来对原告方提起恶意诉讼损害赔偿之诉。南京市中级人民法院对两案——“原告诉被告的专利权侵权诉讼”与

1　专利流氓起源于1993年的美国，用于形容那些忙于提起专利诉讼的公司，至今在美国仍然十分活跃。据统计，仅2012年在美国由“专利流氓”发起的专利侵权诉讼就有约2500件，占同年美国专利侵权案件的60%以上，2013年更是提高了19%，达3000件以上。随着技术日益更迭，专利流氓现象蔓延至欧洲、日韩等地，我国在经济一体化的趋势下不可避免地在国内外受到“专利流氓”不同程度的骚扰。Patent Freedom的数据显示，从2009年至2014年，苹果以 212 起诉讼成为被“专利流氓”攻击最多的企业，三星以 172 起诉讼位居第二，AT&T 以 171 起诉讼位居第三，中国企业华为和中兴分别位居第二十、第二十四。杨延超、吴烁：《防止“专利流氓”对创新的阻碍》，载《经济参考报》2018年1月17日。

2　2001年2月8日，袁某某向国家知识产权局提出一项名为“消防用球阀”的实用新型专利申请，2001年12月12日该项专利即获授权。

3　国家专利复审委员会第6355号文件宣告无效。

"被告诉原告的恶意诉讼损害赔偿之诉"合并审理，最终认定侵权之诉不成立，损害赔偿之诉成立。[1]

南京市中级人民法院审理后认为，"袁某某恶意申请并获得专利授权，进而控告他人侵犯其专利权，将无辜的被告拖入专利侵权诉讼、专利行政诉讼等诉讼旋涡，干扰其正常的生产经营活动。其行为已严重背离专利制度设立的宗旨，侵害了他人合法权益，客观上给被告方造成损害，已构成恶意诉讼，应当承担相应的法律责任。"2006年8月，南京市中级人民法院判决，袁某某赔偿被告方经济损失215，00元。[2]

无独有偶，维纳尔公司与北京明日公司之间也发生了类似的专利恶意诉讼的争议。该诉讼起源于维纳尔公司作为原告起诉被告北京明日公司侵犯四项外观设计专利权侵权，而后被告方北京明日公司成功宣告该四项外观设计专利无效，并据此又向原告提出专利恶意侵权诉讼。然而，北京市高级人民法院终审认定该恶意侵权诉讼不能成立，其理由为"维纳尔公司的四项外观设计专利权最终被宣告无效的原因是其在专利申请前已经将与之相近似的产品在出版物上公开，并非是将他人的已有设计申请为外观设计专利，因此仅依据在先公开的事实和维纳尔公司应当知道了解《专利法》的推定尚不足以认定维纳尔公司申请专利的行为具有恶意。维纳尔公司提起诉讼所依据的当时尚有效的四项外观设计专利权，其提起诉讼有正当理由。不能认定给维纳尔公司对北京明日公司的行为提起侵犯专利权的诉讼属于恶意诉讼，北京明日公司为其被指控侵犯专

1 谢光旗：《遏制专利蟑螂：美国专利诉讼费用移转规则的新发展》，载《法律科学》（西北政法大学学报）2017年第35卷第1期。

2 江苏省南京中级人民法院民事判决书（2003）宁民三初字第188号认定：袁某某故意以他人受到损害为目的，以恶意申请并应当被认定自始无效的专利权对通发公司提起专利侵权诉讼，致使通发公司在诉讼中遭受损失，应当承担民事赔偿责任，赔偿律师代理费2万元，专利无效宣告请求费1500元。

利权而支出的相关费用亦不应由维纳尔公司承担”。[1]

2.“专利恶意诉讼”在《专利法》中的地位

我国现行《专利法》中并没有关于“专利恶意诉讼”的规定，然而相关规定却曾在《专利法》修改的历史中短暂出现过。2006年公布的《专利法》第三次修改草案中曾一度对“专利恶意诉讼”作出规定，具体为：审理或者处理专利侵权纠纷的人民法院或者专利行政管理部门依据当事人提供的证据，认定被控侵权人实施的技术或者设计是现有技术或者现有设计的，应当认定该实施行为不构成侵犯专利权的行为。专利权人明知其获得专利权的技术或者设计属于现有技术，恶意指控他人侵犯其专利权并向人民法院起诉或者请求专利行政管理部门处理的，被控侵权人可以请求人民法院责令专利权人赔偿由此给被控侵权人造成的损失。[2]

原本这一规定是专利立法上的一项重大突破，首次在法律中明确出现了“专利恶意诉讼反赔制度”。然而，这一条也迎来一连串反驳的声音，首要的是担心会影响专利权人提起诉讼的积极性。在知识产权强化保护的呼声中，这一条最终在《专利法》正式出台时被删掉了。

尽管现行《专利法》中并没有“专利恶意诉讼”的明确规定，这并不意味着被告方不能向原告提起恶意侵权诉讼，毕竟最高人民法院颁布的《民事案件案由规定》中增加了“因恶意提起知识产权诉讼损害责任纠纷”这一新的案由。与此同时，又可以在《侵权责任法》中找到专利恶意诉讼的法律依据，具体为：行为人因过错侵害他人民事权益，应当承担侵权责任。[3]

1 北京高级人民法院二审民事判决书（2008）高民终字第163号。

2 聂鑫：《专利恶意诉讼的认定及其法律规制》，载《知识产权》2015年第5期。

3 我国《侵权责任法》第六条。

3D 打印的版权之争

一、3D 打印的版权挑战

为了了解3D打印技术，我特意去参观了一家3D打印照相馆。平时看到的相片，都是平面的，而3D打印出来的相片却是立体的。人站在特定位置，由摄像头完成全程扫描后立体建模，最终通过3D打印机完成打印，这样，一个人的立体模型就被打印出来了。其实，不仅仅是立体相片，很多东西都可以实现3 D 打印，比如工艺品、玩具、服装、鞋帽、小提琴，不可思议的还有汽车、房子都可以通过3D打印出来。[1]一个小的工艺品被打印出来，这个容易理解。那么，房子、汽车又如何被3D打印出来呢？就难以想象了，一个按钮，一台打印机，一辆汽车，这个过程的确很难想象。事实上，这里主要指的是汽车的零部件，而并非系一整台完整的汽车。

随着3D打印技术的发展，我们可以憧憬，坐在家里，所想

1 来自伦敦的一个建筑设计师已经完成了世界首个3D住宅打印模版，这种3D打印住宅有望解决英国的住房危机。《英国建成首座3D打印住宅模型：外形酷似蜘蛛网》，载中国网http：//news.china.com.cn/tech/2013-02/26/content_28058504.htm。

即所得。如此设想，电子商务模式将被重新改写，物流业也将遭受重创。当然，这一切还需要时间。即便如此，很多人还是把它比喻为“第三次技术革命的标志”，美国总统奥巴马甚至在2013年的国情咨文中认为“3D打印有可能革命我们制造所有产品的方式”！[1]

随着3D打印的广泛应用，它与版权的关系日渐凸显。“复制权”可谓《著作权法》的核心权利，正如著作权英译为“Copyright”，其所指就是“复制权”，3D打印又变革着传统的“复制”方式，即从平面到平面，迭代为从立体到立体。人们不禁要问：3D打印会侵犯著作权吗？所有的工艺品，自己在家里按按鼠标就打印出来了，这算合理使用吗？

二、3D打印之前的“复制权”

在3D打印技术之前，从“立体到立体复制”的话题并没有引起著作权人太多的注意，因为在当时这种情况很难发生。比如，对于一个立体的雕塑，要对它进行立体复制，如完成比例大三倍的雕塑，即便是专业的设计人员，也要分成两个步骤：第一，先把立体雕塑转化成平面设计图；第二，再从平面设计图做成立体雕塑。极少会有艺术家或者仿造者能直接从立体到立体进行复制，比如直接面对着一堆原材料，就能仿造出与原立体作品一模一样的艺术品。郑成思教授也指出，极少会出现这种情况。[2]因此，传统著作权法律学者很少关注从立体到立体的复制问题，至多会研究一下从平面到立体的复制，或者从立体到平面的复制。

---

1 据美国市场研究机构ReportsnReports发布的《2017年全球3D打印市场》报告显示，全球3D打印市场需求将以每年20%以上的速度增长，并将在2017年达到50亿美元的规模。

2 郑成思：《版权法》（第二版），中国人民大学出版社1997年版，第168页。

然而，在3D打印时代，立体复制成为常态。在这种情况下，《著作权法》也有必要给予其准确的解释。我国《著作权法》也在修订中，不过暂未发现有关立体复制的规定，仅是增加了“数字化复制”。[1]事实上，数字化复制还不能等同于立体复制。数字化复制强调从有形介质到数字介质，或者从数字介质到数字介质的复制，但3D打印则是在有形介质之间完成打印，虽然其中有数字化运算参与，但打印结果仍体现为有形介质，所以立法有必要进一步明确3D打印的立体复制权问题。

三、立体复制权的争议解决

我国《著作权法》缺少立体复制权的规定，甚至没有规定从平面到立体的复制问题。[2]国外很多国家的《著作权法》，都规定了“立体复制权”，明确规定从平面到立体的复制，也属于《著作权法》意义上的复制。如英国《著作权法》就明确规定：艺术品的复制既包括从平面到立体的复制，也包括从立体到平面的复制。[3]日本《著作权法》也规定，从建筑物图纸到建筑物本

1 以印刷、复印、拓印、录音、录像、翻录、翻拍等方式将作品制作一份或者多份的权利。《著作权法（修改草案）》还增加了“有关数字化”方式进行复制的内容。

2 我国《著作权》法虽未明确规定艺术作品由平面到立体是一种复制行为，但司法实践中法院普遍认为这是一种复制行为。如在十二生肖存钱罐判例当中，就涉及从平面到立体的复制行为。原告方是一家文化公司，该公司设计十二生肖的卡通形象，被告方将十二个卡通形象进行了生产，作为存钱罐艺术品使用。原告方认为，被告的行为属于复制，系侵权；被告认为，其行为是从平面到立体不属于复制，不是侵权。但法院却认为：被告生产的Q版“12生肖全家福”产品与原告享有版权的Q版“12生肖全家福”卡通造型形象比较，十分相近，被告公司在储钱罐上使用Q版“12生肖全家福”卡通造型的行为，构成对原告作品的复制，属于侵权行为。

3 英国《著作法》第17条规定……（三）关系到艺术作品，复制包括对平面作品所进行的立体复制以及对立体作品所进行的平面复制。

身，这也属于立体的复制。[1]法国《著作权法》也作出了类似的规定[2]，美国《著作权法》原本不承认从平面到立体的复制，但加入《伯尔尼公约》之后，专门制定了《建筑艺术作品法》，从而承认按照建筑设计图建造建筑物属于复制。然而，3D打印技术进一步跨越了“从平面到立体”的复制过程，径直实现了从立体到立体的复制。

如果立法明确规定了“立体复制权”，相关争议也就有法可依了，如在“大力水手案”中，英国法院认定，将二维的卡通形象“大力水手波派”制作成三维的小塑像，属于侵犯复制权。[3]然而，在我国还没有相关规定的情况下，类似案件又应当如何处理呢？从法律适用逻辑来看，可能存在三种情况：第一，由于立法没有规定立体复制权，故而按不侵权处理；第二，对复制权扩大解释，认定侵权成立；第三，适用《著作权法》兜底条款，将其认定为“《著作权法》应予保护的其他权利”[4]，认定侵权成立。然而，从实践中发生的案例来看，法官们更倾向于按照后面两种情况，保护著作权人利益。

涉及立体复制权较早案例可以追溯到2000年古田县村民委员会与郑楚雄（中学美术教师）著作权侵权案件[5]。郑楚雄设计了“三头牛”的雕塑，后来村委会就按照三头牛雕塑（立体）设计成放大版的雕塑，还将这“三头牛”放在村委会门口。后来针对“三头牛”立体雕塑的侵权问题，郑楚雄将村委会诉至

1 日本《著作权法》第2条第1款：复制，指使用印刷、照相、复印、录音、录像或其他方法进行的有形复制。以下列举的事项包括：……（二）建筑著作物：根据与建筑有关的图纸建成建筑物。

2 法国《著作权法》第28条：复制，指用各种可使公众间接得知的办法对作品加以有形的固定。建筑作品的复制也只重复使用图纸或标准设计。

3 罗娇：《“3D打印”的著作权法律问题研究》，载《知识产权》2014年第8期。

4 《著作权法》第十条：著作权包括下列人身权和财产权……（十七）应当由著作权人享有的其他权利。

5 福建省高级人民法院民事判决书（2000）闽知终字第12号。

法院。本案便涉及立体复制权问题。法院终审判决认为，无论在整体布局和设置风格上，如牛的数量、相应位置、高低错落等，还是在三头牛各自的体态和神态上，如牛头的朝向、各牛的姿态等，都很相似，村委会从立体到立体的复制属于侵权行为。[1]在上海世博会吉祥物“海宝”案中，法院认定：“未经著作权人许可，生产海宝形象美术作品的玩具挂件并对外销售，系复制发行相关美术作品的行为。”[2]同样在“腾讯QQ”案中，法院也认定：“未经许可制造外形与腾讯QQ企鹅动漫形象类似的加湿器，属于从平面到立体的复制，构成复制权侵权。”[3]

四、3D 打印：“生产”与“复制”之间的抉择

这里要讨论3D打印中一类特殊的问题：将产品设计图、工程设计图转化为立体产品，这是属于复制还是生产？“复制”和“生产”属于两个不同的法律范畴，前者将被视为《著作权法》保护的范畴，后者则被排除在《著作权法》保护范畴之外。

不能将“产品设计图”“工程设计图”转化为立体作品，简单地视为“从平面到立体”的复制，这从人的本源的视觉体验上就能对上述问题作出区分。在“从平面到立体”的复制中，无论是平面作品还是立体作品，在视觉上都可轻易感受到这两部作品的“同一性”，并且都能领略到它们的艺术风格。然而，在从“产品设计图”“工程设计图”转化为立法作品的过程中，“产品设计图”“工程设计图”与立体作品所表现的“艺术”风格系截然不同的，甚至更多的人能够看懂最终的立体作品，却看不懂初始的“产品设计图”“工程设计图”，两类作品在表现形态上存在本质区别。事实上，在实际生产环节，这两

1 福建省高级人民法院民事判决书（2000）闽知终字第12号。

2 上海市黄浦区人民法院刑事判决书（2011）黄刑初字第86号。

3 北京市朝阳区人民法院民事判决书（2007）朝民初字第17052号。

类作品也分属于不同专业人员完成，“产品设计图”“工程设计图”由工程技术人员来做，然而产品立体效果图却又是由美术人员来做。显然，按照“产品设计图”“工程设计图”制造产品，与著作权上的“复制”存在本质区别，将其纳入“生产”范畴更为准确。正是基于上述原理，在“迪比特诉摩托罗拉”一案中，法院认定“摩托罗拉公司按照印刷线路板设计图生产线路板的行为，是生产工业产品的行为，不属于著作权法意义上复制行为”。[1]在叶庆球诉香洲船舶修造厂一案中，法院也认定“船厂根据设计图纸建造渔船的行为不是侵犯著作权的行为”。[2]

显然，在将“产品设计图”“工程设计图”转化产品的过程中，由于其不被视为法律上的“复制”，因此原告方也没有办法主张著作权保护，当然，最好的办法便是，管好自己的图纸，必要的时候，可以主张商标秘密保护。

最后，在讨论“生产”与“复制”的抉择问题上，还有一类凸显的法律问题，即建筑作品的立体复制权，具体而言，即完成从建筑作品平面到立体的转化。首先需要明确，何为建筑作品？摆在这一问题面前有两张图，第一张是具有美感的建筑物平面图形，第二张是只有专业人员才能看得懂的建筑设计图？这里的建筑作品指的是“具有美感的建筑平面图”。我国《著作权法实施条例》也将建筑作品定义为以建筑物或者构筑物形

1　芮文彪：《按照设计图生产印刷线路板是否属于著作权法意义上的复制——上海迪比特实业有限公司诉摩托罗拉（中国）电子有限公司、上海百联集团股份有限公司著作权纠纷案》。刘华主编、上海市高级人民法院知识产权审判庭编：《知识产权案例精选（2006）》，知识产权出版社2008年版，第20页。

2　最高人民法院《关于叶庆球与珠海市香洲船舶修造厂等著作权侵权纠纷案的函》，最高人民法院［1997］知监字第48号函。

式表现的有审美意义的作品。[1]因此，将建筑作品从平面到立体的转化，属于典型的“复制”范畴。当然，如果是将“建筑工程设计图”从平面到立体，这则属于“生产”范畴。

五、立体复制权与产品类别无关

在个别案件中还会涉及立体复制权与产品类别的关系。在国家体育场公司诉熊猫烟花集团公司等“鸟巢”侵权案件中，原告是“鸟巢”建筑作品权利人，而被告制造、销售了外形和鸟巢极为近似的“盛放鸟巢”烟花产品。被告方则提出如下的抗辩理由：被告烟花虽使用“鸟巢”立体形象，但原告与被告的产品类别完全不同，原告属于建筑产品，而被告则属于烟花产品，故而不属于侵权。[2]

因此需要特别指出，法律保护“立体复制权”，这是一个著作权法的问题，著作权法关注的是艺术层面上“复制”，因此任何范围的复制都可能构成侵权，与产品类别无关。法院认为，对建筑作品著作权的保护，主要是对建筑作品所体现出的独立于其使用功能之外的艺术美感的保护，只要未经许可，对建筑作品所体现出的艺术美感加以不当使用，即构成对建筑作品著作权的侵犯，而不论此种使用是使用在著作权法意义上的作品中，还是工业产品中。

六、3D打印与合理使用

“立体复制权”理应属于《著作权法》保护的范畴，这也使3D打印在很多情况下存在法律障碍。在《著作权法》上，排除侵权的一个重要方法便是主张合理使用，那么，少量打印是否

1 《著作权法实施条例》第四条：著作权法和本条例中下列作品的含义：……（九）建筑作品，是指以建筑物或者构筑物形式表现的有审美意义的作品……

2 北京市第一中级人民法院民事判决书（2009）一中民初字第4476号。

属于《著作权法》合理使用的范畴呢？

根据《著作权法》的规定，“为了个人学习、研究或者欣赏的目的”属于合理使用而非侵权。[1]问题在于，随着3D打印的普及，每家都开始普及3D打印机之后，如果都在主张所谓的“合理使用”，这对于商家意味着什么？比如耐克的运动鞋，如果每家都在合理使用，那对于企业无疑是致命打击。

显然，3D打印对于合理使用制度也提出了挑战。在3D打印之前，这种从立体到立体的复制要付出很高成本，即便偶尔被少量复制，对于权利人利益也不会产生任何影响。所以，合理使用制度有它存在的道理。但在3D打印语境下，如此合理使用甚至意味着对企业利益的致命打击，还能适用合理使用制度吗？原有的合理使用制度还能发挥利益平衡之效果吗？显然，在3D打印条件下，上述问题都有必要认真反思。

传统的“合理使用”制度或将从根本上动摇经营者利益。这也势必会引发“合理使用”条款的完善，一场公众与著作权人利益的博弈在所难免。当然，对于商家而言，一方面要呼吁修改合理使用制度；另一方面又可以追寻“技术保护手段”。[2]比如要打印一双耐克鞋子，由于其3D打印软件受到技术保护，需要支付相关费用后才能使用该软件。因此，在未来3D打印时代，商家的盈利模式也将急剧转型，会从传统的“卖鞋”，转变成为“软件许可”。为此，美国专利与商标局近日就推出了针对3D打印的控制系统。比如，如果3D打印涉及外观专利或者

1 《著作权法》第二十二条规定，在下列情况下使用作品，可以不经著作权人许可，不向其支付报酬，但应当指明作者姓名、作品名称，并且不得侵犯著作权人依照本法享有的其他权利：(一)为个人学习、研究或者欣赏，使用他人已经发表的作品。

2 根据《著作权法》第四十八条规定，破坏技术保护措施的行为属于违反《著作权》行为，具体为：未经著作权人或者与著作权有关的权利人许可，故意避开或者破坏权利人为其作品、录音录像制品等采取的保护著作权或者与著作权有关的权利的技术措施的，法律、行政法规另有规定的除外。

著作权保护，打印会自动终止。

在未来3D打印时代，人们将习惯于在家里打印东西，而不是在网上买东西，在那样的时代，“商品”的概念将被渐进淡化，如果说这个世界还留有最后一件商品的话，那就是“知识产权”。[1]

1 杨延超：《版权战争》，法律出版社2017年版，第255～256页。

第十九篇
PART 19

人工智能与法学研究

“经验”“逻辑”“外语”可以说是传统法学研究的“三大法宝”：有经验的法学家更容易优化选题，有逻辑的法学家更容易“言之有序”，懂外语的法学家更容易“言之有物”。然而，人工智能却将颠覆传统的法学研究格局，机器人会大幅弱化外语和翻译的优势，大数据的运算也会远超人的逻辑和经验。因此，未来的法学家需要借助人工智能展开学术研究。离开了数学，未来的法学研究将寸步难行。与其说公平和正义系被研究出来，倒不如说是被计算出来。

法学研究方法的变革

一、翻译研究方法的没落：从“学术泰斗”走向机器人

因为有了“他山之石，可以攻玉”的理念，所以才有了翻译。回顾人类社会的法治历史，各国发展水平参差不齐，发展样态也“多姿多彩”，在这一过程中有必要借鉴他国经验，实质上就是将他国已经试验成熟的规则或者法治思想借鉴到本国，以推动本国的法治建设。翻译实现了法律文化在国与国之间的移转，这种移转在客观上促进了大陆法系与英美法系之间的法律融合，甚至在同一法系内部国与国之间法律规则的融合。

在法学研究过程中，“翻译”一般体现在以下方面：(1)对法律条文的翻译；(2)对法学著作的翻译；(3)对判例的翻译。当然，翻译的研究方法也分层级，一般的翻译即仅仅完成忠实学术著作的翻译，不加评述；更高级的翻译则是对翻译成果进行解读和分析。在法学研究相当长的历史时期，“翻译”甚至成为法学家们最为乐于做的事情，尤其是互联网产生之前，“翻译”也几乎成为公众了解国外法学的唯一渠道，翻译者便是对这一渠道的控制者，翻译者亦即权威者。为此，法学家们争先

翻译着国外的法学名著，这一局面还呈现了法学研究领域的独特的“圈地运动”。

在互联网诞生之后，翻译者控制信息的局面彻底改变。在搜索引擎的帮助下，人人皆可以快速查阅相关信息，翻译的研究所呈现的强势局面逐渐淡化。除了互联网的影响，翻译优势地位的降低还与外语教育的普遍有很大关系。拥有翻译能力的法学家已不再是少数几个人，甚至成为所有进入法学研究门槛的必备能力。因此，翻译所带来的学术研究的优势越来越小。

人工智能更是让翻译者面临失业的风险。机器通过对大量语句的学习，完成对相关语句的自主翻译，无论是效率还是准确率都远高于人。当然，机器翻译还需要在“信、达、雅”等方面继续提升，但随着数据量的持续增加以及机器学习算法的优化，这一切都将可以解决。在人与机器的界限上，翻译的工作最终应当交给机器。因此，在法学研究领域，一个在传统上由法学泰斗完成的工作，最终也将转由机器人完成。

二、从逻辑推演到数据优先原则（“DATA FIRST”）

长期以来，逻辑推演的研究在法学研究中一直占据着主导地位。在认证一个法学命题是否成立的问题上，几乎都需要运用：“大前提 + 小前提 = 结论”的推论方法。然而，按照这种推论方法得到的结论又是一个不正确的结论。

以“违法建筑物（现称违法建设）租赁协议效力”的研究为例，如果按照逻辑推理，或许会得出协议无效的结论。逻辑推理中的大前提：违法的协议是无效的；小前提：违法建设租赁协议是违法的；结论：违法建设租赁协议无效。如果说这一结论是正确的，那也就意味着租户在租赁结束后还有权主张协议无效，并据此请求返还租金，这显然是一件极不公平的事情。常识和经验告诉我们,逻辑推理的结论有些问题。

如果用大数据去还原违法建设的租赁情况,又会发现,绝大多数的违法建设的租赁与合法建设的租赁一样相安无事,建筑物本身是否违法并没有影响到出租人与承租人关于协议的履行;再进一步对有关违法建设出租协议争议案例的数据统计又会发现,双方争议的点也几乎与建设物是否合法无关,更为重要的则是关乎租金是否按期支付等相关问题。总之,大数据统计分析之后发现,在违法建设物的租赁协议中,无论是正常履行的,或是发生争议的,几乎与建设物本身是否合法无关。这一切也让人们开始动摇违法建设出租无效的结论。

主张违法建设物出租无效的学者们,还试图通过其他逻辑推理的方法来佐证其观点。比如,如果认定违法建设物出租无效,那么将增加违法建设物建设者的成本,这对于打击违法建设是有好处的,并可以有效减少违法建设物的数量。如果仅从逻辑推理的角度来看,这一结论似乎也是没有问题的。然而,大数据依然会给出不同的答案。事实上,数据显示:确认违法建设的出租协议无效,并没有减少违法建设物的数量。如果从数量量化的角度来研究问题,更容易找到问题的症结,即人们考虑的是违法收益与违法成本的关系,然而在计算违法成本时,如果违法建设可能会被拆除,还需要考虑违法制裁的时间和可能性:时间越是靠前,违法者的成本越大、收益越小;反之,违法者的成本越小,收益越大;至于可能性,当被拆掉的可能性系100%或者1%的时候,违法成本的大小计算则会天壤之别。因此,在前面的推理过程中,合同无效并不等于违法建设出租者拿不到租金,因此真正被诉的概率是极小的,正如他在考虑违法建设可能会被拆除时同样有着极大的侥幸心理。

显然,在违法建设出租协议的效力问题上,逻辑推理与数据分析总是出现一致的现象。至于为何会出现这种现象(文章稍后会有详述，此不赘述）。然而，一个不可回避的命题：是逻辑让位于数据，还是数据让位于逻辑。为了有效解决这一问题，我创立了“Data First”准则，而这一准则的背后是，数据不会说谎，然而逻辑推理有时会用谎言迷惑我们。正如在涉及违法建设出租协议效力的推论中，“违法建设出租协议是违法的”这一小前提就有极大的迷惑性，它看来是无懈可击的，却又是漏洞百出的。首先，《合同法》中违法协议，仅指违反法律（全国人大常委会制定）或者行政法规（国务院制定）的“强制性规定”[1]，而并不包括各部门的规章以及其他“非强制性规定”。事实上，在法律层面上并没有强制性规定，违法建设不能出租，这与禁止枪支买卖或者毒品买卖的情况不同，后者的危害性较大，所以法律作出了明确的禁止性规定；然而，违法建设物出租并不属于法律绝对禁止的情形。当然，违法建设本身在法律上有瑕疵的，或是违法的，因此与合法建筑相比较，在其交易时法律容易作出负面评价，但这与法律禁止其出租却是两个层级的问题，然而在前面的推理中小前提本身“违法建设出租协议无效”，却混淆了法律评价的层级。

因此，我强调“Data First”原则，数据往往能够帮我找到隐藏逻辑中的错误。强调“Data First”绝不是要将数据和逻辑对立起来，恰恰相反，两者是相互补充，相得益彰：（1）数据可以进一步佐证逻辑的正确性；（2）逻辑可以为找到正确的数据提供方向。

1 《合同法》第五十二条第（五）项明确规定，违反法律、行政法规的强制性规定的合同无效。《最高人民法院关于适用〈中华人民共和国合同法〉若干问题的解释（二）》第十四条又明确解释“强制性规定”仅指效力性强制性规定，在合同法的基础上进一步明确缩小了合同因违反法律、行政法规的强制性规定而无效的情形，并非所有违反法律、行政法规的强制性规定就必然导致合同无效。

三、实证研究：从“抽样调查”到“大数据运算”

现有实证研究方法往往是采用问卷、抽样调查等局部小数据的研究方法，然而人工智能却给了我们利用大数据完成研究的契机。小数据与大数据在研究方法上的区别：

1.在提出问题时，小数据与大数据会呈现两种倾向：“假问题”与“真问题”

以往，围绕着一个或者少数几个案例提出问题并展开研究的方法是常用的。然而，这种方法却存在一个疑问：由此提出的问题到底有多大的普遍性？小数据容易把个例的问题抽象成普遍存在的问题，这是传统法学研究推理中常犯的错误。然而，这种错误也导致了法律研究中出现了一系列的“假问题”。

一些学者常犯的错误是：针对个案（或少数几个案例）提出问题，进而提出诸多的解决问题的方案，类似的文章在逻辑和字面上是很漂亮的，然而，每一个解决方案，比如要进一步增强警力保障公民安全；比如要进一步加大对法官培训的力度等，在实施时都是需要巨大社会成本的，并且，在解决一个问题时还有可能会产生新的问题，然而这一切在个别学者眼中都是无足轻重的。

当然，还有学者会针对一类社会现象提出问题，比如关于妇女遭受家庭暴力的社会现象提出问题，这显然会比针对某一个案例提出问题更有普遍性，更容易成为一个真问题。然而，人对法律现象的认知同样是针对一个个具体的案例开始的，或许这里不是一个或几个案子，而是看到或听到类似的上百个这样的案子，于是在人的大脑中便成为一个法律现象，但在缺乏大数据统计的情况下，人对法律现象的认知仍然是支离破碎的，于是在针对这一法律现象提出问题的时候，仍然存在一定的片面性，以至于人们还会忽视在某些地方男性同样是家庭暴力的受害者。

长期以来，我们的法学研究就是在小数据的格局下“匍匐前行”，以至于“提出问题”已经进入了一个“瓶颈”。在缺乏数据的情况下，法律上再难提出好的问题。不是缺少问题，而是缺少发现。大数据和智能算法则有助于我们发现更有价值的问题，一个简单的例子：当把所有民事侵权案例用人工智能的算法做大数据分析后，竟然可以发现，像精神损害赔偿，如此捉摸不定的东西竟然可以数学公式为其制定赔偿方法，这简直是一个难以想象的事情！事实上，随着人工智能和大数据的普及运用，法学各领域也将陆续提出新的问题。

2.在分析问题时，人工智能将提供更有价值的论据

法学论题的分析，会涉及评价（一个事务好与不好或应该与否）、选择（选择即意味着取舍）、证明（一个事务方向和结果）等多种方法，但无论哪一种方法，都需要提供有力的论据。

民法上涉及民事行为能力与年龄的关系问题。《民法总则》制定也讨论限制民事行为能力人的年龄是10岁、8岁还是6岁的问题。尽管《民法总则》最终将限制民事行为能力人年龄确定为8岁，然而在回答为何为8岁而不是其他的时候，就特别需要一个由人工智能算法来提供的论据。

这个模型需要确定10岁、9岁、8岁、7岁、6岁等各年龄阶段的数据，并据此建立一个交易数据模型，人工智能的算法最终将帮助我们找到一个确定限制民事行为能力的最佳年龄。在这一问题上，大数据将为我们提供一个强有力的论据。如果没有人工智能，我们便永远无法找到类似的论据。

事实上，在几乎所有的法律问题的分析过程中，人工智能和大数据都可以为论题提供最有力的论据。

3.在解决问题时，人工智能将提供最有价值的方案

研究成果是否真的解决问题，这是法学研究最终必须要回答的问题。为此，法学家们在提出问题、分析问题之后总忘

不了要提出一系列解决问题的建议，似乎是建议越多思路越成熟，事实上恰好相反，建议越多说明离重点越远。

法学家们还容易忽视另一个重要问题，每一个建议——无论是修改法律的建议，还是执法措施改进的建议，都需要付出巨大的社会成本；并且，试图解决一个问题的建议，又会带来一堆新的问题，如《劳动合同法》中有关要求用人单位与劳动者签订无固定期限劳动协议的规定[1]，目的是保障劳动者利益，然而它又会导致企业劳动力成本的增加，尤其对于初创企业，企业劳动力成本可能会影响经营，最终并不一定会真正让劳动者受益；再如《婚姻法》中有关与军人离婚时需要征得军人的同意，[2]其目的是保护军人利益，然而它又同样会产生另一个后果：由于担心失去了婚姻自由权而不愿意与军人结婚。因此，任何一个建议都连带着其他问题的解决，然而这一切在既有的法律研究的过程中都几乎被忽略了。

证监会融断的案例，同样表现的是这里的问题——试图减少下跌对股市的影响，反而导致股市全面下跌。这样，当一个解决方案在对一件事情发挥正面作用的同时，永远不要忘记它还可能会产生一系列新的问题。社会是一个体系，各个要素之间都不是孤立存在的。这里的道理，犹如在人工神经网络的设置中，神经元与神经元之间关系，神经元并非孤立的，而是相互

1 《劳动合同法》第十四条规定，无固定期限劳动合同，是指用人单位与劳动者约定无确定终止时间的劳动合同。用人单位与劳动者协商一致，可以订立无固定期限劳动合同。有下列情形之一，劳动者提出或者同意续订、订立劳动合同的，除劳动者提出订立固定期限劳动合同外，应当订立无固定期限劳动合同：（一）劳动者在该用人单位连续工作满十年的；（二）用人单位初次实行劳动合同制度或者国有企业改制重新订立劳动合同时，劳动者在该用人单位连续工作满十年且距法定退休年龄不足十年的；（三）连续订立二次固定期限劳动合同，且劳动者没有本法第三十九条和第四十条第一项、第二项规定的情形，续订劳动合同的。用人单位自用工之日起满一年不与劳动者订立书面劳动合同的，视为用人单位与劳动者已订立无固定期限劳动合同。

2 《婚姻法》第二十六条规定，现役军人的配偶要求离婚，须得军人同意。

交互的，任何一个神经元的变化，都将导致其他神经元发生变化。因此，在涉及重大问题的建议实施前，便可以采用人工智能模型来整体评估一项建议所带来的法律格局的整体影响。

未来的法学家

一、一个未来法学家的工作场景

Miss Luo是环境保护法方面的专家，她接受政府的委托，起草最新版的环境保护法。政府为她开放了所有与环境保护数据的接口，为了这部重要的法律，她编辑了一款机器人HOW帮她分析和梳理数据。以下是她与机器人之间的对话：

Miss Luo：帮我分析一下当前导致空气污染最严重的原因是什么？

How（机器人）：根据分析，当前空气污染物排放最高的是企业基于生产加工的气体排放，第二位的是汽车尾气。

Miss Luo：帮我计算一下，企业违规排放的情况？

How：根据您的提示，我用圆饼图的方法展现给您，会更加清楚。

圆饼图：根据企业废气排放数据和法律规定，有近15%的企业存在违规排放情况。

Miss Luo：如果我将现在法律规定的处罚严厉程度再增加1倍，帮我评估一下违规排放企业的情况？

How：根据概率分析，如果是这样的话，违规企业可从15%降低到6%，但需要注意，环境处罚方面的执法人员却需要增加12%。

……

看似这是一科幻电影中的场景，但却是未来法学家们研究法律问题常态。事实上，未来已来，我在实验室针对很多问题的研究也已经开始利用人工智能模型了。尽管还做不到上面那样的科幻，但其针对法律问题评估模型的原理却是一模一样的。因此，未来的法学研究少不了采用编程的方法，了解编程语言同样也是法学家们应当必备的素质。

二、立法中的计算机语言现象

根据立法语言学的要求，法律语言理应更加通俗易懂，以便法律的理解和执行。然而，当涉及计算机行为越发普及的情况下，甚至连传统的“扒手”已经迭代为“网络盗窃”的情况下，法律语言中再也无法回避使用计算机专业词汇，尽管立法者试图尽量回避技术的专业词汇，但这一现象再也无法避免，并且它将成为一种趋势。

法律中出现了越来越多计算机专业词汇。这首先表现在与科技紧密发展的《知识产权法》领域，《著作权法》中率先增设了“信息网络传播权”[1]，国家还专门规定《信息网络传播权保护条例》，例如《信息网络传播权保护条例》第五条规定：未经权利人许可，任何组织或者个人不得进行下列行为：(一)故意删除或者改变通过信息网络向公众提供的作品、表演、录音录像制品的权利管理电子信息，但由于技术上的原因无法避免删除或者改变的除外；(二)通过信息网络向公众提供明知或者应知未经权利人许可被删除或者改变权利管理电子信息的作品、

1　参见我国《著作权法》，《著作权法》一共规定了17项权利，其中“信息网络传播权”的分量最重，国务院还专门出台了《信息网络传播权保护条例》。

表演、录音录像制品。事实上,《信息网络传播权保护条例》全文都大量使用了计算机专业词汇。

不仅仅是知识产权法,即便是传统的民法和刑法中也渐渐地增加了越来越多的计算机专业词汇。

例如,《民法总则》第一百二十七条规定:法律对数据、网络虚拟财产的保护有规定的,依照其规定。《民法总则》第一百三十七条规定:以对话方式作出的意思表示,相对人知道其内容时生效。以非对话方式作出的意思表示,到达相对人时生效。以非对话方式作出的采用数据电文形式的意思表示,相对人指定特定系统接收数据电文的,该数据电文进入该特定系统时生效;未指定特定系统的,相对人知道或者应当知道该数据电文进入其系统时生效。当事人对采用数据电文形式的意思表示的生效时间另有约定的,按照其约定。

这是《民法总则》中一段关于意思表示的规定,大量电子协议、网络协议的出现,使当事人普遍采用电文形式表示邀约和承诺。

例如,《刑法》第二百八十五条规定:违反国家规定,侵入国家事务、国防建设、尖端科学技术领域的计算机信息系统的,处三年以下有期徒刑或者拘役。违反国家规定,侵入前款规定以外的计算机信息系统或者采用其他技术手段,获取该计算机信息系统中存储、处理或者传输的数据,或者对该计算机信息系统实施非法控制,情节严重的,处三年以下有期徒刑或者拘役,并处或者单处罚金;情节特别严重的,处三年以上七年以下有期徒刑,并处罚金。

例如,《刑法》第二百八十六条规定:违反国家规定,对计算机信息系统功能进行删除、修改、增加、干扰,造成计算机信息系统不能正常运行,后果严重的,处五年以下有期徒刑或者拘役;后果特别严重的,处五年以上有期徒刑。

上述条文是《刑法》中关于“黑客”犯罪的规定，具体为第二百八十五条的“非法入侵计算机信息系统罪”和“非法破坏计算机信息系统罪”。

例如，《反不正当竞争法》第十二条规定：经营者利用网络从事生产经营活动，应当遵守本法的各项规定。经营者不得利用技术手段，通过影响用户选择或者其他方式，实施下列妨碍、破坏其他经营者合法提供的网络产品或者服务正常运行的行为：（一）未经其他经营者同意，在其合法提供的网络产品或者服务中，插入链接、强制进行目标跳转；（二）误导、欺骗、强迫用户修改、关闭、卸载其他经营者合法提供的网络产品或者服务；（三）恶意对其他经营者合法提供的网络产品或者服务实施不兼容；（四）其他妨碍、破坏其他经营者合法提供的网络产品或者服务正常运行的行为。

例如，《最高人民法院关于审理涉及计算机网络著作权纠纷案件适用法律若干问题的解释》第一条规定：网络著作权侵权纠纷案件由侵权行为地或者被告住所地人民法院管辖。侵权行为地包括实施被诉侵权行为的网络服务器、计算机终端等设备所在地。对难以确定侵权行为地和被告住所地的，原告发现侵权内容的计算机终端等设备所在地可以视为侵权行为地。

立法中使用了大量的计算机专业词汇，就连法学家们也很不适应。[1]事实上，这种计算机语言的使用是立法无法回避的，所以，对于法学家而言就只剩下两个选择：要么回避，要么学习。

三、法律事实（或法律行为）的进化

完全避开计算机从事学术研究终究是不可行的，这里涉及

1　在《反不正当竞争法》起草的过程中，我参加由中国社会科学院主办的学术讨论会，在涉及其第12条的相关规定时，与会的专家（尤其是老专家们）大都反对立法中使用计算机词语。

对未来法律事实或法律行为(既包括合法的也包括不合法的)的预测。随着人工智能算法和数据提升,大量传统的法律事实(或法律行为)也将在人工智能的背景下完成如下进化:

1.货币

传统的纸币将被数字货币取代,电子支付将彻底取代纸币交易。电子货币还将进一步迭代为数字货币,比特币等去中心化的数字货币将在全球被广泛运用。弗里德里希·冯·哈耶克的私人发行货币的理论将在“去中心化”的区块链技术时代变成现实。

2.所有权

传统对物的绝对所有权,也将演化为物联网时代的“特殊物权”。每一物既是物理世界中物,其作为物联网的一个结点又同时存在于虚拟世界当中。厂家将东西卖给了消费者,但基于大数据运算和云存储的必要性,厂家依旧对其享有支配权,这让传统的绝对物权渐渐消失,进而衍生为物联网时代的“特殊物权”。

3.人身权

A.名誉权(如口头的侮辱和诽谤)将进化为网络名誉权侵权。

B.隐私权侵权将进化为借助大数据和人工智能完成隐私侵权。基于对公民数据挖掘而形成的用户画像将洞察到用户的所有隐私,这犹如在“卧室里的摄像头”,不仅可以洞察用户的行为,还能洞察到用户的内心。传统隐私保护的话题也将衍生为对用户数据的保护。

4.契约

传统的民事协议将被“智能合约”取代。由计算机代码所编写的“智能合约”将取代纸质协议,人们通过点击确认来表明意思表示,天南海北的人通过“智能合约”达到合意。区块链技术的发展还将产生“智能合约”一经订立便不能篡改的信用优势，技术建构信用的格局终将形成。

5.盗窃、欺诈

传统的盗窃（扒手）将彻底失业，由此而产生的网络安全问题，真正让小偷失业的不是警察，而是科学技术。人工智能时代，小偷的职业被黑客取代，公民的财产既安全又不安全。说安全，不再使用现金，小偷无从下手；说不安全，黑客偷的不再是一个钱包，而是你的全部。因此，在人工智能时代，网络安全关系整个社会秩序。

6.故意伤害

面对面的故意伤害将进化为远程遥控伤害，尤其是借助（物联网）完成对物的控制，黑客进入无人驾驶的控制系统操作汽车危害公共安全。在物联网时代，网络安全将成为社会的头等大事。

7.交通事故

无人驾驶全面实施，《道路交通安全法》将全面改写。适用交通事故的赔偿，将由传统的过错责任原则进化为严格的产品责任原则。

8.医疗事故

医疗机器人的参与，传统的医疗事故也将成为机器人的产品事故。传统的医疗事故鉴定也将演化为产品质量安全性鉴定。

9.金融服务

传统的金融顾问将被智能投顾取代，机器人将通过大数据算法为客户提供理财建议并完成智能投资，在相关诉讼中，律师们争议的不再是投资顾问的专业性，而是机器人的算法。

10.法庭审判

A.远程庭审将取代当面庭审，借助投影技术和智能算法实现远程互动，无论你身处何地，都可以参加庭审，降低成本、缩短周期本身就是在践行法律的正义。人工智能将让正义不再迟到。

B.单独的法官审判将进化为机器人辅助审判。虽然人工智能被明确定位为辅助工具，但辅助工具在高度理性化的社会中却完全有可能喧宾夺主，成为一种异化的主宰。[1]

11.强制执行

“智能合约”的广泛运用将实现契约的自动执行，从而取代传统的法院的强制执行。区块链和数字货币的广泛运用将助推“智能合约”的发展，缔约方可以将意思表示写入代码，并由“去中心化”的“智能合约”自动执行。传统由法院和金融机构完成的强制执行将渐渐被“智能合约”的自动执行所取代，“智能合约”也将重构社会的信用体系。

12.犯罪侦查

传统的低效犯罪侦查方法将进化为人工智能破案。公民时刻处于国家的监控之中，犯罪者将无处遁形。

总之，未来几乎所有法律事实或法律行为都将与人工智能产生关联，或者以人工智能的方式完成。法律事实或法律行为又是从事法学研究的基本对象，因此未来的法学家们在从事法学研究时难以避免会脱离人工智能而单独完成，人工智能理也应当成为法学研究的重要工具或者方法。

四、法学研究格局的演变

1.打破“饭碗法学”

从传统的法学研究方法迈向人工智能时代的法学研究方法，这并不是一件十分容易的事情。传统法学研究理念已经根深蒂固，尤其体现在学科划分壁垒森严，对于跨学科的研究普

1 李晟:《略论人工智能语境下的法律转型》，载《法学评论》2018年第1期。

遍不被看好，这种现象还被称为“饭碗法学”[1]，即把自己研究的科学看作自己的饭碗，如果他人越雷池一步就视为侵入了自己的领地。在“饭碗法学”的眼中，诸如法社会学、法经济学的研究都是不适宜的；即便在一部法律内部，如民法学中又分为合同法、侵权法，在“饭碗法学”看来，同时研究“合同法”和“侵权法”的情况也是不被理解的。

“饭碗法学”的形成是有其原因的。随着社会分工的细化和专业化，法学学科也完成了细化分工，相继分为民法、刑法、行政法、经济法、知识产权法、金融法等学科；仅民法又分为合同法、侵权法、婚姻法、继承法、收养法等学科。应当承认，学科分工的细化为法学的专业研究提供了重要保障。

这里强调要打破“饭碗法学”，绝不是要打破学科分工，更不是回归大一统的法学研究，而是要基于交叉学科的研究进而形成新的学科，如人工智能法学，这是法学与计算机学科之间完成的交叉协作，无论是法学的，还是计算机学科的人员，或是兼学法律与计算机的人员，都可以从事这一学科的研究。关于人工智能法学的研究成果，无论是对于传统法学的演化升级，还是对于计算机理论的应用研究，也将提供更有力的理论支撑。从人类社会学科发展规律来看，交叉学科（interdisciplinary research）的出现本身就是符合科学发展趋势的结果，因此它最终也容易演变成为一个强有力的独立学科，如化学与物理学的交叉形成了物理化学和化学物理学，化学与生物学的交叉形成了生物化学和化学生物学，物理学与生物学交叉形成了生物物理学等。此外，自然科学和社会科学之间也可以相互结合发展，形成新的交叉学科，如进化金融学（Evolutionary Finance）就是近年来兴起的介于生物学和金融学的一门交叉学科，演化证

1　王利明：《“饭碗法学”应当休矣》，载《法学家茶座》2003年第4期。

券学则是介于生物学和证券学之间的交叉学科。

同样,人工智能法学恰是法学与人工智能交叉的结果,这一学科才刚刚开始!并且,随着交叉研究理念的深化,还会迸发围绕人工智能的法学研究,诸如人工智能民事主体制度研究、刑罚的人工智能算法等。

2.与计算机结合中的法学研究格局

"工欲善其事,必先利其器。"这句话同样适用于法学研究。在法学研究的初期由于需要大量借鉴国外立法,所以,"外语"便成为利器,精通德国法的专家便在这领域形成垄断优势。当然,法学家们清楚学习外语的目的不是转行做翻译,而是更好地查阅和借鉴外国法学方面形成优势。同样的道理,在人工智能时代,计算机又成为另一种利器,当然,法学家们学习计算机同样不是为了转行做计算机工程师,在这里,计算机是作为一种研究工具或者研究方法存在的。

在社会科学领域提倡计算机学习早已不是法学家的专利,经济学家很早就使用计算机来设计经济模型,其中较为流行的是R语言。[1]当然,与经济学研究不同的是,法学与计算机编程语言或高等数学的关系还没有紧密到那种程度,但一旦法律行为和法律事实大量聚焦到智能算法场景之下,对于法学家而言,关于计算机编程的掌握就变得十分迫切了。最先引领潮流的是美国斯坦福大学,该院教授保罗·布里斯特(Paul Brist)、汤姆·赫勒(Tom Heller)和鲍勃·穆肯(Bob Muken)在1984年开始组织人工智能与法律研讨课。随后,美国东北大学法学院、乔治城法学院、密歇根州立大学等高校皆已设立人工智能与法律的相关专业。在2017年7月8日国务院发布的《新一代人工智能

1　R是统计领域广泛使用的诞生于1980年左右的S语言的一个分支。可以认为R是S语言的一种实现。而S语言是由AT&T贝尔实验室开发的一种用来进行数据探索、统计分析和作图的解释型语言。

发展规划》中，提出打造“人工智能”+“经济、社会、管理、标准、法律”等横向复合型人才，鼓励高校在原有基础上扩宽人工智能专业教育内容，形成“人工智能”+X复合型培养模式。

关于计算机编程的学习应当契合法学研究的目的展开，并且随着由浅入深的路径，至少可以分为三个阶段完成，这三个阶段的关键词分别是“数据”“模型”“机器学习”：第一，数据。学会用大数据计算方法，完成法学研究所需要的数据统计，这是计算机编程在法学研究中的首要价值。几乎所有的法学研究都会涉及数据问题，比如在论及酒驾入刑[1]的社会效果时，就需要对比该法条出台前后酒驾实际发生的数据；在论及要提升知识产权侵权赔偿金额时，也有必要统计既有知识产权各类案件的赔偿金额。总之，在对法律问题展开论证的过程中，大数据论证的说服力明显优于小数据。第二，学会用Phthon等计算机编程语言，完成法学研究的基本模型构建。法律是一个动态演进的过程，当法律的惩罚金额发生变化时，由于违法成本的增加，违法的数量自然就会减少。法律研究者就可以利用人工智能算法完成法律模型的设计，借助模型化研究，法学研究也将真正从逻辑推理走向数学模型阶段。第三，学会用机器学习，帮助完成更加深入的法学研究。法学家可以设计机器人，让机器人辅助法学家进行研发，这不是空想，在未来它将变成现实。我所在HOW实验室正在致力于这项工作，在“未来法学家”文章首部所出现的“人机互动”场景终将实现。法学家可以利用机器人了解到法学研究的各种数据，借助机器人判断每一个可能的立法选择所引发的场景变化，总之，法学家们将在其研发机器人与机器人的交流中，寻找最优的正义价值。

1　2011年5月1日起，《中华人民共和国刑法修正案（八）》将正式实施，醉酒驾驶作为危险驾驶罪被追究驾驶人刑事责任。

后记

科幻与理性

一、科幻与理性

我在给研究生们讲授与人工智能有关的法律课程时，被学生们问及最多的问题便是：科幻电影中机器人的场景，真的可以成真吗？科幻电影中，机器人不仅可以与我们下棋，[1]而是已经深度进入我们的生活，包括机器人保姆、机器人服务员、机器人警察、机器人女友等，涉及社会生活的各个方面。

未来10～20年，人工智能对我们的生活会有什么样的影响？类似这样的问题，不仅同学们关注，产业界的朋友也特别关注，朋友们甚至会时常与我玩笑：作为法律和人工智能的研究者，哪只科技股票未来潜力最大？产业界关心，投资人关心，普通民众关心。法学家们也学会了开始凑热闹，各个大学相继

1 AlphaGo下围棋的例子总是被学者谈及，事实上，机器人如果只会下围棋，那么它对于我们生活几乎不会有任何改变。同时，机器人会下棋的例子也推不出来机器人就可以深刻地影响到我们的生活，因为在其他方面的应用，机器人算法与下棋的算法完全不同。

成立人工智能法学院[1]，那些原本研究法制史的老师们也开始转向人工智能法学的研究，或许可从诸葛亮“木牛流马”中受到些许启示。“风来了，猪都可以飞起”，难道，未来真的已经来了吗？

二、机器 + 人≠ 机器人

（一）长得越像机器人，越不是机器人

人工智能的概念会让很多人兴奋，正所谓闻“机”起舞。号称人工智能的企业如雨后春笋般层出不穷。从调研的情况来看，其中绝大多数的企业根本不属于人工智能企业。当然，什么是人工智能？需要对这一概念有最基本的认知。从60年前的达特茅斯会议至今，人工智能虽不断被学者修正，但它至少应当具备“人工神经网络”“机器学习”“大数据运算”这些基本要素，我在HOW实验室做过不少人工智能的实验，至少要用到“高等数学”要用到“Python”等编程语言以及人工智能神经网络的构建，至少要实现一到两项“智能”目标。

我几乎每年都会参加国际机器人大会，那上面参展的有一半以上“机器人”（可以唱歌、跳舞）从其本质上都属于前面所说的玩具。我曾与这些产品的工程师聊过，这些产品底层的编程语言大都是Java、Python，或是Php（这三种语方居多），程序大都事先写好，对话的语言和数据也几乎是固定的，如机器人能够背诵的诗词是固定的，整个计算过程与传统的计算机程序并没有本质区别，这并非是真正意义上的人工智能产品。因此，从这一意义上讲，人工智能与传统计算机程序的区别并不在于产品的表面，比如把它做成一个机器人样子，或者表面上可以对话，恰恰在于底层的算法。一般投资人在考察人工智能

1　据了解，很多大学的人工智能法学院尚没有一个能教授人工智能法律的老师，当然这并不影响对外挂出人工智能法学院的牌子。

产品时恰恰忽视了这一点。近年来，人工智能神经网络的算法尤其引人关注，无论是S形神经元算法、卷积神经网络，或是梯度算法，每一种算法的背后还涉及大量数学、微积分和统计学的推导过程，这些人工智能的算法在应用到具体产品时还需要体现出独特的产品创意。人工智能概念更为确切定义是：计算机编程＋神经网络＋问题解决，三者缺一不可。

然而，很多项目完全缺少这些要素，仅有“机器人”的概念或者机器人的LOGO，就开始以“人工智能”自居，当然投资人不懂，被人工智能概念迷惑的也大有人在，于是，所谓“人工智能”企业就开始满天飞。事实却是，这个世界上长得越像机器人的，越不是机器人。

首先，机器人领域的问答机器人。市场上有一群人热衷于研发问答咨询机器人，还把它放到公共平台上，试图让它能自动回复用户提出的各种问题。事实上，这类设计从一开始就注定是失败的。这个投资人的钱有接近一半不是死在路上，而是死在开始。类似这样的机器人设计有很多，银行的大厅里、酒店的大厅里、火车站、飞机场都能看到这样的机器人。但这样的项目从一开始就注定要失败。因为它只能回答最简单、初级的问题，远远达不到像人一样思考和回答。我以法律机器人为例，法律问题何等复杂，它需要多层“复杂”逻辑的综合运算，然而，现在的人工智能还基本停留在“一维逻辑”层面。啥叫多层复杂逻辑？比如，我问机器人：我应该如何维权？事实上，要回答这个问题，需要多方位综合分析才能解决这一问题，要考虑到案件的具体情况，要找到其所适用的法律依据，还要考虑到当事人的实际情况（如支付能力等），通过多层复杂逻辑完成运算和博弈，最终才可能给当事人一个靠谱的法律建议。这种多层复杂逻辑甚至还需要律师在实践中不断学习才能最终完成。然而，当下的机器人在解析法律问题时，还只是“一维逻辑”，它只能从大数据中匹配出一个最靠谱的答案，却无法按照“多层复杂逻辑”帮助当事人解决实际问题。

有人会说，AlphaGo不是已经战胜李世石了吗？怎么能说，机器人的思维能力不如人呢？AlphaGo所做的事情是下围棋，这是“运算”，不是“思维逻辑”，在机器人的研究中，如果分不清这两个概念是很可怕的，当下机器学习的最大优势还是“运算”，所以，我在实验中让机器人学习很多国家的法律，它的确很牛，记忆力和回答的准确性，具有不可比拟的优势。然而，如果我让它帮我分析一个具体的案例，这时候需要“多层复杂逻辑”，它就显得“力不从心”了！所以，在有关机器人的项目中，一定要清楚机器学习的优势到底在哪里？搞不清楚这些基本问题，就只有白花钱。所以，那些摆设在大厅里试图回答你问题的机器人，注定从一开始就是摆设或玩具。不要说复杂问题它回答不了，即便是最简单的检索问题，碍于“语音识别”的误差以及内部数据的有限性，它所检索到的也更多是“不知道”。这种不能解决任何实际问题的摆设，对于投资人而言，显然无法达到投资的预期和目的。

（二）并不是所有行业都适合用人工智能

并不是所有的行业都适合人工智能，也并不是所有场景都适用于人工智能。有的饭店推出机器人端菜，很多酒店的大堂还推出机器人客服咨询，事实上，这些机器人除了广告宣传之外几乎毫无用处，并且，该聘请的人员一个没少，该付出的劳动一点没小，在这里机器人除了“噱头”还是“噱头”。

“无人餐厅”的概念也曾火爆一时，甚至跻身于人工智能要闻之首，[1]事实上，就智能点餐而言，手机APP可以实现，平板iPad可以实现，化身为桌面的触摸屏当然也可以，这并非是人

1　许亚岚：《问题多！无人餐厅能走多远？》，载《经济》2017年第24期。

工智能所要追求的本质。“无人点餐”炒作的成分居多，当然，从商业运营的角度，这一切无可厚非，但作为人工智能的研究者切不能人云亦云。

类似的情况在服务业、司法系统也大量存在，如某某法院又在全面实现人工智能，对于人工智能在法律行业中运用我是十分看好的，但这并不等于神化它的作用，“员额制”[1]已经让法官们心惊胆战了，再来一个人工智能，法官们深感前景黯淡，事实则不然，在接下来相当长的时期内，审判过程中法官的作用还必须凸显，机器人更多的应用场景还是在数据处理和分析方面，即便是匹配到了相似的案例，也仅仅只能作为参考，要知道，人对“正义”的理解远胜于机器。当然，从人工智能发展更远的预期来看，机器人能否取代法官并不可知，但就目前或者相当长的时间内，有必要对人工智能的发展节奏有正确的预期。

三、建构机器人战略中的理性思维体系

（一）机器人需要“工匠”精神

四种机器人产业中，应当说市场占比最大的当数工业机器人，无论是德国的“工业4.0”，还是我国的《2025制造业大国》都论及工业机器人布局。[2]当今世界的工业机器人几乎被“四大家族”垄断，像日本的发那科（Fanuc）、安川（Yaskawa），还有德

1　所谓“法官员额制”是指法院、检察院在编制内根据办案数量、辖区人口、经济发展水平等因素确定的法院的法官、检察官的人员限额。员额一旦确定，在一定时期内不能改变，没有缺额就不能递补。迄今为止，通过法官员额制改革，全国地方各级法院共产生了近12万名入额法官，约占中央政法专项编制总数的32.8%。《法官员额制改革推进司法精英化》，载中国法院网https：//www.chinacourt.org/article/detail/2017/07/id/2914083.shtml。

2　贺正楚、潘红玉：《德国“工业4.0”与“中国制造2025”》，载《长沙理工大学学报》（社会科学版）2015年第30卷第3期。

国的库卡（Kuka）以及瑞士的ABB等作为工业机器人的龙头老大，已经占据了全球绝大多数市场份额（80%以上）。[1]美国特斯拉汽车制造流水线所采用的正是库卡的机器人，整个车间几乎看不到人。我国很多制作业已开始广泛使用工业机器人，以至于我国已成为全球最大的工业机器人的消费市场。[2]

未来10～20年，我国工业机器人消费市场还将持续增加，传统家庭式的手工作坊将逐渐淡出江湖。我国已有一些企业开始着手研发工业机器人。无论是外在“颜值”，还是内在“性能”方面，与“四大家族”相比，都还存在较大差距。当然，工业机器人在中国还有巨大的市场空间。由于中国有巨大的市场空间，工业机器人的制造也具有巨大潜力。

从智能手机的发展历程来看，先是苹果一家独大，最终国内的华为、小米群星荟萃，打破了苹果在华一股独大的局面，可以肯定，国内也一定会产生具有较大竞争力的工业机器人企业。不过，对于此类企业的成长周期，不要抱太乐观的态度。与生产智能手机不同的是，工业机器人除了对算法具有较高要求，还要求制造精准、工艺完美、材质精良，我把它统称为“机器人工匠精神”，所以，为什么工业机器人四大家族企业会诞生在德国、瑞士这些具有“工匠精神”的国家。中国人数学很好，算法应当不是问题，但“工匠精神”的培养还需时日。

（二）被曲解的法律机器人

法律机器人总体上属于“思考型机器人”的范畴，它旨在帮助用户解决法律问题。总体而言，思考型机器人在现有市场中占比较小，不是因为它的市场需求小，而是因为它的难度最

1 黎文娟、乔标、王海龙：《工业机器人市场竞争新格局》，载《政策瞭望》2016年第3期。

2 陈婕：《国内机器人产业：需求为机　创新为器》，载《中国知识产权报》2015年9月23日第5版。

大，当然，未来发展的潜力也最大。思考型机器人依赖于深度学习和神经网络布局。运用神经网络和深度学习，它还可以广泛适用于医疗、经济、金融、教育、代理、咨询、办公等诸多领域。尤其需要指出，传统服务行业亟须人工智能的改造，思考型机器人可以帮助人们解决疑难复杂问题，可以预见，未来人工智能将在这些行业释放巨大的红利。

根据英国科学家阿兰·图灵1950年提出的“图灵测试”，[1]一部机器人的智能化程度取决于人在与其交流后能否区分出其是否为机器人。机器人“智能”的标准，从一开始便是围绕“思考”展开的。李开复博士早期研究的语言识别，也可以理解为思考型机器人最初的模型。在近60多年里，无数科学家围绕思考型机器人展开研究，但限于计算机计算能力的限制，人工智能的思考问题一直处于严冬季节。如今，计算机大数据的运算能力都比以往有了很大提升，这也为思考型机器人带来了前所未有的发展机遇，可谓“卷土重来”。我甚至把它称为“思考型机器人的第二次勃兴”。

尽管如此，当前法律机器人仍然面临着算法与数据方面的困境。如国外比较代表性的Legalzoon、DoNotPay等法律机器人。这类机器人值得投资吗？目前市面上见到的这类法律机器人也只是顶了个机器人的外壳，并不能替代律师解决问题。还只是拥有一些简单的模板提供或者搜索的功能。再以

1 1950 年，图灵在《计算机器与智能》的开篇就提出了一个令人类深思的问题：“机器能够思考吗？”（can machines think）图灵认为，关于机器是否能思考的争论之所以难以解决，是由于我们没有一个关于“机器”（machine）和“思考”（think）的明确定义。他指出，用常规方法定义是“危险的”和“荒唐的”，为此，图灵设计了一种实验的方法来判定机器是否能够思考，或机器是否具有智能，试图为机器能不能思考的争论双方提供一种判决准则。图灵的目的是找到一个与之相关的问题来解决此问题，并且用“没有歧义的语言来表达”。这个方法就是著名的“图灵测试”。宋勇刚：《图灵测试：哲学争论及历史地位》，载《科学文化评论》2011年版。

Legalzoon为例，它是让用户通过自己提交信息，然后由机器人根据用户需要自动撰写（生成）所需要的合同。这里的问题是，类似这样的项目值得投资吗？

机器人在撰写合同领域到底能发挥多大作用呢？我在实验室也做过很多这样的实验，应当说，人工智能通过机器学习后是可以发挥很大作用的，尤其是在语句修改或者不规范的用语方面，问题的关键是营利模式不是这样玩的。在所有人工智能的项目中，都必须回答一个问题：它给谁来用？它能解决什么问题？

如果这样的合同机器人是开发给律师或者法务等专业人员用，当然可以提升他们的工作效率，这种开发是有价值的。然而，Legalzoon以及目前市场上开发的主流机器人却是供当事人直接用的。这种机器人可能发挥不了太大的作用。道理在于，机器人找不到核心利益条款，这在短期内是无法突破的。何为核心利益条款？比如说，一个合同可能有1000条，但真正为双方当事人关键的条款可能就只有其中的3～5条，当然，当事人关心什么，这需要结合每一个具体案件以及应用情景来确定，比如，同样是买东西，有的买家关心产品质量；有的买家关心付款周期；有的买家关心卖家的信誉等，总之，它很复杂，有经验的律师就会在类似的案件中，精准找到当事人的核心条款，并把主要精力放在完善核心利益条款方面。然而，短期内机器人却无法找到合同的核心利益条款。所以，这样的机器人切切不能直接给用户使用，否则真的是“诲人不倦”了。

事实也表明，Legalzoon项目长期以来的营利情况不容乐观，当然，有消息称其升级后近期开始营利了。其实，其升级后的场景下，与其说是一个机器人帮助撰写合同，倒不如说是一个海量合同的版权池。众所周知，国外的律师收费很高，而且知识产权的保护也是极为严格的，所以一般的当事人更愿意花100美元下载一个合同模版。如果把这样的项目移植到中国来会怎么样呢？一个“惨”字了得。国内有一家企业，效仿Legalzoon，也融到了资，还在新三板[1]挂牌了，可结果如何呢？一直亏损。其实对于初创企业，亏损不可怕，可怕的是没有希望。在国内合同模版网上随处可见，如果缺少人工智能的核心竞争力，仅仅依靠模版收费，当事人会付费吗？答案显然是否定的。

（三）生活机器人的“算法”困境

以扫地机器人为代表的生活机器人，近几年来表现出强劲发展势头。[2]在每年国际机器人展会上都会展出不少生活服务型机器人，除了扫地机器人，还有保姆机器人、教育机器人、机器人秘书等，我看过这些机器人的宣传和展示，准确地说，这些机器人大多还只是概念，目前还很难进入市场。

这与现有计算机算法的研究水平有关。即便是采用当下最先进的人工智能算法，也还难以满足生活场景的极致复杂性。在某年的国际机器人展会上展示了一款“助残机器人”，它主要用于给老年人喂饭、洗澡等应用，事实上，如果仅仅是简单的稀饭，机器人尚且可以派上用场，但如果还有米饭，还有鸡蛋，外加上牛肉土豆，显然，现有机器人手臂外加勺子组合的算法就难以满足需求了。保姆机器人也遇到了同样的问题，它虽然可以回答“今天天气如何？”或是“现在几点了？”但人们对保姆的需求绝不仅仅是这些，即便是一个最普通的场景：想让机器人帮助自己拿一包餐巾纸出来，它既需要机器人对场景、物理、意途等方面的准确理解，还需要配合机器人动作，其中的

1 全国中小企业股份转让系统（俗称新三板）是经国务院批准设立的全国性证券交易场所，全国中小企业股份转让系统有限责任公司为其运营管理机构。

2 《消费升级拉动吸尘器增长 扫地机器人产品结构持续改善》，载《中国电子报》2018年8月7日第5版。

算法同样是十分复杂，即便如此，这个动作都难以让人满意。

(四)无人驾驶的"安全"价值考验

毫无疑问，无人驾驶是未来发展的趋势。每一次无人驾驶成功上路，都会让很多人"欢欣鼓舞"，甚至毫不犹豫地购买无人驾驶股票。当然，如果你有足够的钱，或者足够的耐心，一切都无可厚非，但如果是"一万年太久，只争朝夕"，这种狂热就急需降温。投资，节奏很重要！时机很重要！目前普遍存在一个概念混淆：无人驾驶与自动驾驶。深圳的无人驾驶公交车，[1]准确地说是自动驾驶，而不是无人驾驶。这两者最大的区别就在于，自动驾驶，驾驶员虽然省力，但还是要监督的，必要的时候，要恢复人工驾驶；然而无人驾驶呢？你可以躺在里面睡觉。事实上，要解决劳动力问题，市场真正需要是什么？是无人驾驶，而不是自动驾驶。

我走访过特斯拉等企业，他们的工作人员也曾给我介绍特斯拉的诸多优势，其中就包括它的自动驾驶技术，体验了自动驾驶技术之后，就会发现，虽然让你的手暂时离开了方向盘，可是你并没有因此而轻松。或者说，你会变得更紧张，要知道，马路上最可怕的不是车，是人，尤其是不守规则的人，因此，与其盯着车子的行驶状态，随时准备出手还不如把好方向盘，习惯踏实的感觉更为重要，因此，人类社会需要的是真正意义的无人驾驶。

我在上海举办的无人驾驶高端论坛上演讲时说，无人驾驶不可能马上到来。要知道，Google的人脸识别系统经过多年的迭代，已经处于世界领先水平了，然而它还会将黑人朋友识别为黑猩猩。由此可以判断，无人驾驶还需要时间。从2018年3月Uber无人驾驶事故以及此前2016年1月特斯拉的无人驾驶事

1　邱海峰：《深圳街头跑来"无人"驾驶公交》，载《人民日报》(海外版)2017年12月6日第11版。

故都可以说明，无人驾驶的安全价值仍然在路上。

比无人驾驶"上路技术"更为严峻的一个话题：网络安全。即便是有一天，无人驾驶汽车图像识别、自动刹车等安全技术已经十分成熟，无人驾驶依然面临着网络安全的严峻考验。在互联网时代，可以自由出入银行账户的黑客们对社会的危害，无非是会在账户上多加几个零或删掉几个零；然而，在无人驾驶时代，每一辆汽车都是一部可以远程操控的智能设备，黑客一旦黑入了无人驾驶系统，它在瞬间就会变成危害公共安全的"杀人工具"，由此所造成的危害将远胜于互联网时代的系统入侵。

因此，无人驾驶上路的法律绿灯要打开，就必须要解决这些问题。当然，对于未来全社会的无人驾驶场景的到来，我毫不怀疑，这也将极大扩展所有人的驾驶权利，包括残障人士都将迎来出行的自由。但这一天什么时候会到来，就需要有一个正确的预判。还是那句话，投资的节奏很重要，比眼光更重要的是节奏，是时点！

（五）区块链概念股背后的故事

区块链现在很火，据说很多朋友也买了区块链概念股，可是亏得一塌糊涂。很多人不解，为什么区块链概念这么火，股票却不赚钱？很显然，投资区块链的大部分人被割了韭菜。

我在实验室做了不少区块链的实验，至少目前我依然认为，除了数字货币，区块链的应用场景十分有限。区块链不是一个具有革命性的新技术吗？为何得出如此结论呢？区块链的弊端和它的优势一样，都在于"去中心化"。然而这个世界，或许在我们能看得见的年代里恰恰是需要"中心"的。这里首先需要思考：为什么直到今天，除了数字货币，竟然还没有一个能让大家信服的区块链应用？今天没有，明天就会有吗？很难。再进一步说，区块链的"去中心化"，需要把数据同步到所有结点上，由此来构建信用。这使区块链的应用需要具备以下几个条件：第一，数据量不能过大，否则，要把数据同步到每一个结点，将成为全社会最耗费资源的事情。人工智能和区块链几乎是同一个时代的产物，但它们的发展方向又几乎是反向的，人工智能要求大数据，需要“中心化”，而区块链恰恰不能有太多数据，是“去中心化”。“中心化”恰恰能体现高效率。我也看到一些企业，布置了区块链技术，但为了解决效率问题，只好控制结点的数量，然而，只有少数结点的时候，真正“去中心化”的信用又是难以建立的。第二，隐私性不能太强，区块链的交易数据是要公开的，所以涉及隐私的问题不行。第三，即时性要求不能太高，账本同步到每一个结点是需要时间，比特币汇款不能马上到账的原因也在于此。

人们恨不得把全部传统产业都搬到区块链上，似乎在研究领域中不谈点区块链就已经OUT了，可事实却是，现实世界中有99%的项目不能用区块链。这就好比是这个世界上有99%的事情都需要一个中心的道理是一样的。当然，如果区块链能解决剩下1%的事情，那么它已经足够伟大了！再来看一下所谓的区块链概念股，它们是真正意义的区块链应用吗？事实上，它们仅仅是区块链概念股，而不是区块链应用股。纯粹的炒概念，短期可以，但是长期泡沫终会破灭。所以，可以理解，为啥区块链概念很火，而买了区块链股票的却赚不到钱。

（六）“无人超市”的概念与本质

直至今天，“无人超市”这个概念依旧很火，它强调超市不再需要售货员。所以曾几何时，最悲伤的家庭被设计成：一个售货员和一个公共汽车的司机结婚了，而刚刚结婚不久，无人超市来了，无人驾驶汽车来了。然而，好消息是，直至今天他们两个都没有失业。

无人超市不同于自动售货机。自动售货机售卖东西实在太有限了(主要是饮品),然而无人超市里面的商品却可以琳琅满目。毫无疑问,无人超市也一定是未来发展的方向,这里的问题仍然是,你看好遥远的未来,还是可以预期的现在?在这里说的依然是投资的节奏。

如果当下要在投资中作出选择:一个是无人超市,另一个是自动售货机,我宁愿选择后者。诚如格雷厄姆在《聪明的投资者》里说,在投资的道路上,倒下的往往是空追时髦的人,而最终活下来往往是踏实而守旧的人。

这里要明白一个道理:无人超市到底是怎么实现"无人"的?试想一下,你去一个超市,没有售货员,你拿了东西用不用结账,直接走人,然后,从你的支付宝(或微信)直接扣除货款,这一流程是怎么实现的呢?把这个问题说清楚了,你也就知道,要不要投资无人超市了。

要真正做到无人,机器人就需要计算两个问题?第一,你是谁?第二,你买了什么?机器人要知道第一个问题,你是谁?这样机器会在对应的账户中扣减购物费用。同时,机器人还要知道第二个问题,你买了什么?这样,机器才可以准确地扣减费用。事实上,机器人要知道第一问题在技术上并不难实现,人脸识别和身份验证已经是很成熟的技术了,然而第二个问题——你到底买了哪些东西,却是无人超市最难解决的关键问题。

要准确地判断,用户到底买了哪些东西,在人工售货的场景中,这是由人工来逐一核实和计算的,每次超市结账时需要排长队就是这个道理,但是在无人超市中却是完全没有人监管的,当购买者将商品从门口带出去的那一瞬间,机器就需要知道他(她)到底买了哪些东西(如一瓶水、一袋泡面)。当下普遍采用的是射频识别技术(Radio Frequency Identification,RFID)。公交卡、饭卡、宾馆里的门卡所应用的大都是RFID技术，它是物联网时代对物体进行识别、追踪、计算的重要技术。应用在无人超市领域，就需要在每一个商品上贴一个RFID标签（大约1元）。这是可以准确捕捉购买者购买了多少商品的最佳办法。这样，无人超市会因此支付更高的运营成本，由此也导致无人超市的运营成本将远高于普通超市聘请售货员的工资。更为重要的是，诸如像水果、猪肉、包子等这样的商品，又很难放置RFID标签。

因此，无人超市要迎来自己的未来，就需要在机器学习和视频识别领域实现突破，简单地说，机器人要准确计算客户买了哪些东西，所依靠的不再是RFID射频识别卡，而是依据购买者的动作，自动判断你购买了哪些东西，这需要一个长期的机器学习的过程。当购买者进入一个无人超市，也就意味着进入了一个360度的全景监控系统，每一个动作（拿起与放下），机器都能准确识别意思表示（购买还是放弃）。不过，这对于机器学习而言，还有相当长时间的路要走。

四、机器人的理性投资策略

（一）人工智能最值得投资的地方

人工智能最值得投资的地方是什么？要回答这一问题，需要准确地认识人工智能产业机遇与挑战，现在与未来。《十九大报告》指出，当下中国的主要矛盾已经演变为“人民日益增长的美好生活需要和不平衡不充分的发展之间的矛盾”[1]。现如今人们已基本解决了温饱等生活问题，然而摆在人们面前的医疗、企业服务、法律服务等问题，还未能有效地给予解决，人工智能的红利将首先在这些行业被释放。

在医疗行业中存在大量需要人工智能可以解决的问题。

1 《十九大报告》，载人民网http：//cpc.people.com.cn/n1/2017/1028/c64094-29613660-2.html。

在美国旧金山一家年轻的创业公司恩尼提克试图通过机器自我学习来解决癌症诊断，这家公司甚至被评为全球最有科技含量的50家公司之一。[1]在中国，这一问题显得更为迫切。中国面临医疗资源严重不足的情况。据统计，中国十几亿人中，平均每人每年挂号次数是7次，总计要达到100亿次以上，然而医生资源又主要集中在大城市，中小城市又面临着医疗优质资源配备不足的现实。如何通过人工智能优化配置医疗资源？如何通过人工智能自我学习诊断疑难杂症？其空间和潜力巨大。

再以企业服务为例，中国现有企业多达7000万家，其中每一家企业所需求的企业服务又是五花八门，包括“公司注册、税务申报、商标代理、专利代理、社保、法务咨询”等各个方面，由此所形成的企业服务更是呈现几何基数增长局面。为此，HOW实验室也于2017年正式提出了创建“企业服务大脑”的计划，将多元、交织、复杂的企业服务化归于“一元模式”，设置企业服务大脑，建构机器人集群，实现数据共享、协同作战。

还有法律服务行业，也将迎来人工智能大发展的时代。在法律机器人研发过程中，我甚至发现，越是复杂、专业的法律文书越容易被机器人取代；尤其在未涉及大数据计算、统计数据论证，机器人所具有的撰写能力更是具有无法取代的优势。事实上，反倒是那些看似非专业的撰写，诸如给女朋友写一封情书，由人来写效果会更好；反之，像法律中专业的代理词、律师调查报告等，机器人对数据的引用以及强大的统计逻辑都会显示出比普通人更厉害的能力！

（二）大数据的投资价值

人工智能与大数据可谓如影随形。大数据或将成为未来最宝贵的资源，于是现在有很多人投身于数据行业。HOW实验

1 恩尼提克公司网址：https：//www.enlitic.com/。

室的建设过程中就用到了很多大数据，我们与很多数据商也有合作。事实上，在人工智能时代，最有价值的不是数据，而是数据的算法，再向上一层便是数据算法所形成的终端产品。与数据相比，算法属于食物链的更上一层。像科大讯飞用于训练机器识别语音的语料很多也需要购买，然而对语料计算的算法却成为科大讯飞最为核心的竞争力。

在人工智能时代，也就形成了一个由“产品设计”“算法应用”“程序撰写”“数据提供”四条产业链互动的格局。无疑，在整个产业链中，产品设计属于食物链的最顶端，其次是算法应用，程序撰写，最后才是数据提供。如果把机器人视为一个产品的话，数据可以视为这个产品的原材料。

我曾到过不少数据公司调研，当下的数据公司总体上营利情况不佳。事实上，官方很多数据未充分公开的情况，使很多数据商尚有一些利润空间，随着官方数据的充分公开，数据商们的日子会越加难过。

在人工智能时代，真正具有价值的数据是垄断数据，比如像京东商城、滴滴打车这些大的商户所采集的数据是独一无二的，机器人会根据这些数据推演出科学的结论，而这一切是其他机构无法办到的，这才是人工智能时代最有价值的数据。

（三）人工智能投资的三个原则

一个行业，或是一个企业是否需要人工智能，还取决于三方面：第一，行业痛点是否与人工智能相契合？第二，市场空间是否足够大？第三，现有最先进的算法能否解决问题？事实上，一旦回答了这三个问题，产业的投资价值也就相对清晰了。首先，行业痛点要与人工智能相关，这是应用人工智能的前提条件，有一些传统行业，如保姆等行业，还是需要人来解决问题的，其行业痛点与人工智能的契合度不大。其次，市场空间要足够大，人工智能的研发需要投入足够的资金，如果市场空间太小，其投入成本或将小于产生的收益，这样的行为也不适合用人工智能。最后，现有最先进的算法能够解决问题。事实上，人工智能技术的发展也需要一个过程，有一些场景，比如婴儿保姆机器人、炒菜机器人这些都具有广阔的市场空间，然而，由于应用场景的复杂性，即使是当前最先进的算法也难以有效解决问题，类似这样的产品都还需要等待人工智能算法的长期进化，这也不属于人工智能投资的最佳选择。

五、结语

这是一个最好的时代，这是一个最坏的时代。无论你是否喜欢，我们都将迎来人工智能时代。要么拥抱它，要么被它彻底替代，除此之外，几乎没有其他更好的选择了。

至此，《机器人法》将暂告一段落，接下来，笔者还将继续讨论人类应当如何构建属于自己的未来社会新秩序。阿西莫夫在1942年提及的机器人三大定律之首，便是机器人不得伤害人类（参见科幻小说《环舞》）。在接下来人工智能的研究中，这一法则无疑还将被反复提及和论证。毕竟，人工智能研究的目的是让人类社会变得更加美好，而不是创造一个新物种去取代人类。

尽管在“后记”部分说了很多人工智能的“坏话”，旨在于对人工智能话题理性解读！毫无疑问，它在新闻、医疗、法律、科学研究、企业服务、智能管理等很多方面一定会大放异彩！但这一切却需要理性面对，人工智能有其特定适用的领域，并不是所有的产品都需要人工智能，尤其是在当下的“弱人工智能时代”。一个产品出来，面对投资的时候，我们就需要回答几个问题：第一，这个产品真的需要人工智能吗？第二，现有的人工智能算法能实现目的吗？第三，这是一个短期投资，还是一个长期投资？事实上，任何对新生事物的狂热最终都将走向它的反面，人们就会看多了失败的案例，最终又会将它定性为“庞氏骗局”。为避免恶果的出现，“理性”又恰恰成为人工智能的至宝！

在任何新科技面前，我信奉“迟钝投资”的理论。一个新科技出来了，可以关注研究，但如果投资要拿你自己的钱，最好“迟钝”一点。新技术往往不是投资的最好时机，而且，如果街边市场上的大妈都在谈论“区块链”的时候，你最好离它远一点。人们讨论最火的所谓前沿科技投资往往是赔钱的，因为它需要支付大量的试错成本。除了像Google这样的可以随便“花钱”的企业，对于普通投资者，看得准、投得稳，依然是一个最要命的问题，现实中也就有很多企业，把大量的资金花在最新技术研发方面，绝大多数都死在了新技术的试错成本的道路上。再反观那些成功的企业，它们拼的反倒不是技术，而是用技术解决问题的思路。

图书在版编目(CIP)数据

机器人法：构建人类未来新秩序 / 杨延超著. --
北京：法律出版社，2018
ISBN 978-7-5197-2777-2

Ⅰ. ①机… Ⅱ. ①杨… Ⅲ. ①机器人－科学技术管理法规－研究－中国 Ⅳ. ①D922.174

中国版本图书馆CIP数据核字(2018)第230596号

机器人法：构建人类未来新秩序
JIQI REN FA：GOUJIAN RENLEI WEILAI XINZHIXU

杨延超 著

责任编辑 李云虹
装帧设计 乔智炜

出版 法律出版社
总发行 中国法律图书有限公司
经销 新华书店
印刷 中煤(北京)印务有限公司
责任校对 李景美
责任印制 张建伟

编辑统筹
开本 A5
印张 19.25
字数 485千
版本 2019年3月第1版
印次 2019年3月第1次印刷

法律出版社 / 北京市丰台区莲花池西里7号(100073)
网址 / www.lawpress.com.cn
投稿邮箱 / info@lawpress.com.cn
举报维权邮箱 / jbwq@lawpress.com.cn
销售热线 / 010-83938336
咨询电话 / 010-63939796

中国法律图书有限公司 / 北京市丰台区莲花池西里7号(100073)
全国各地中法图分、子公司销售电话：
统一销售客服 / 400-660-6393
第一法律书店 / 010-83938334/8335 西安分公司 / 029-85330678 重庆分公司 / 023-67453036
上海分公司 / 021-62071639/1636 深圳分公司 / 0755-83072995

书号：ISBN 978-7-5197-2777-2
定价：78.00元